A SOCIEDADE PERFEITA

AS ORIGENS DA DESIGUALDADE SOCIAL NO BRASIL

Conselho Acadêmico
Ataliba Teixeira de Castilho
Carlos Eduardo Lins da Silva
Carlos Fico
Jaime Cordeiro
José Luiz Fiorin
Tania Regina de Luca

Proibida a reprodução total ou parcial em qualquer mídia
sem a autorização escrita da editora.
Os infratores estão sujeitos às penas da lei.

A Editora não é responsável pelo conteúdo deste livro.
O Autor conhece os fatos narrados, pelos quais é responsável,
assim como se responsabiliza pelos juízos emitidos.

Consulte nosso catálogo completo e últimos lançamentos em **www.editoracontexto.com.br**.

JOÃO FRAGOSO

A SOCIEDADE PERFEITA

AS ORIGENS DA DESIGUALDADE SOCIAL NO BRASIL

Copyright © 2023 do Autor

Todos os direitos desta edição reservados à
Editora Contexto (Editora Pinsky Ltda.)

Foto de capa
Detalhe alterado de *Le diner* (1835),
de Jean-Baptiste Debret

Montagem de capa e diagramação
Gustavo S. Vilas Boas

Coordenação de textos
Carla Bassanezi Pinsky

Preparação de textos
Lilian Aquino

Revisão
Mariana Teixeira

Dados Internacionais de Catalogação na Publicação (CIP)

Fragoso, João
A sociedade perfeita : as origens da desigualdade social no Brasil / João Fragoso. – 1. ed., 1ª reimpressão. – São Paulo : Contexto, 2024.
352 p.

Bibliografia
ISBN 978-65-5541-394-6

1. Igualdade – Brasil – História
2. Estratificação social – Brasil – História
I. Título II. Série

24-0107   CDD 305.50981

Angélica Ilacqua – Bibliotecária – CRB-8/7057

Índice para catálogo sistemático:
1. Igualdade – Brasil – História

2024

Editora Contexto
Diretor editorial: *Jaime Pinsky*

Rua Dr. José Elias, 520 – Alto da Lapa
05083-030 – São Paulo – SP
PABX: (11) 3832 5838
contato@editoracontexto.com.br
www.editoracontexto.com.br

A Eduarda, Maria, Fátima (*in memoriam*)
e ao Manolo (*in memoriam*)

Sumário

INTRODUÇÃO 11

A ANTESSALA DA *SOCIEDADE PERFEITA*:
A EUROPA ENTRE OS SÉCULOS XIV E XVI 17
    Uma sociedade dominada pelo sobrenatural 20

A FORMAÇÃO DO ANTIGO REGIME
CATÓLICO LUSO E A EXPANSÃO ULTRAMARINA 45
    Os processos de constituição
        da sociedade aristocrática lusa e do Reino 46
    De reino a uma monarquia pluricontinental 53

RESGATES DE CATIVOS NA ÁFRICA E NA TRAVESSIA
ATLÂNTICA E ESCRAVIDÃO AFRICANA NO BRASIL........................ 71
(Roberto Guedes)

    A norma canônica e as normas sociais impostas pelo
        escravismo e pelas orientações do Antigo Regime........ 74

    África, escravismo e historiadores.. 81

    Escravismo em documentos:
        o exemplo de Angola e seus sertões....................................... 90

    O mercado desigual de cabeças:
        fornecimento e distribuição... 99

    Quantos e de onde?... 102

    A conversão de cativo em escravo
        na monarquia católica portuguesa da América............ 106

AMÉRICA LUSA NO SÉCULO XVI:
UMA SOCIEDADE AMERÍNDIA, MAMELUCA,
MAS PROGRESSIVAMENTE ESCRAVISTA E CATÓLICA..................... 109

    Capitanias hereditárias:
        um projeto de senhorios jurisdicionais abocanhados
        pelos tupinambás.. 110

    "Entre uma bala de canhão e outra, centenas de flechas
        envenenadas atravessavam os céus": Governo-Geral,
        escravidão indígena e a conquista da América............ 116

A *SOCIEDADE PERFEITA* NA FORMAÇÃO
DA ECONOMIA COLONIAL.. 127

    As instituições e as práticas do Antigo Regime
        católico nestes trópicos: século XVII................................. 128

    O Antigo Regime nos trópicos:
        as tensões vindas pelo Atlântico (Guerra dos
        Trinta Anos e Restauração Bragantina de 1640)
        e a recriação da economia escravista................................. 179

A CONSOLIDAÇÃO DA *SOCIEDADE PERFEITA*
NOS TRÓPICOS: ESCRAVIDÃO, CIRCUITOS REGIONAIS
DE MERCADO INTERNO E SUAS RAMIFICAÇÕES
PELA MONARQUIA PLURICONTINENTAL LUSA (SÉCULO XVIII).... 211

    O *achamento* das minas e os primeiros
tempos da economia na "Morada do Ouro":
as negociações entre as repúblicas ultramarinas
e a Coroa, mais os embates entre as nobrezas da terra.... 215

    A praça mercantil do Rio de Janeiro:
as tensões entre redes comerciais e sistema agrário.... 229

    O espraiamento da sociedade católica perfeita
do Piauí ao Chuí: a formação de uma cadeia
de áreas produtoras e de mercados regionais
ao longo do século XVIII... 282

Conclusão.. 305
Notas.. 315
Bibliografia comentada.. 327
Referências bibliográficas.. 337
O autor... 351

INTRODUÇÃO

"Trago nas veias o sangue do açoitado e do açoitador."
Chico Buarque de Holanda

Traços marcantes do Brasil, como a concentração de riqueza e a distinção social, em que atos de mandar e ser servido eram interpretados como fenômenos naturais (mesmo por quem obedecia e servia), são examinados neste livro. Antes de continuar, alerto que não estou tratando do Brasil contemporâneo, urbano, industrial e do agronegócio com seus subprodutos: miséria, racismo e machismo. Estudo uma época em que as desigualdades sociais e políticas eram explicadas pelo pensamento cristão medieval e entendidas por todos como fatos imutáveis do destino: afinal, a sociedade com sua ordem desigual foi criação de Deus-Pai. Naquele tempo, as diferenças sociais eram vistas com resignação e *desejadas*. A autoridade de uns sobre outros, a miséria e também a opressão dos homens sobre mulheres eram tomadas como fatalidades. Acreditava-se que a *sociedade perfeita* era uma cópia da família submetida à autoridade do pai, pois os filhos deviam ao pai a *dádiva* da vida, algo impagável, daí sua compreensível gratidão e *obediência* amorosa. Essa obediência se estendia aos senhores de terras e demais mandatários porque eles, como os pais, garantiam o bem comum. Naquela sociedade, os filhos dependiam dos pais, os escravos dependiam de seus senhores e os lavradores dependiam dos donos das terras. Entretanto, todos sabiam que tais relações eram *pessoais* e, portanto, recíprocas. Os *castigos justos* eram aceitos pelos subalternos. Em contrapartida, pobres, escravos e lavradores esperavam *favores* de seus patronos. Quando a contrapartida ao castigo justo, o favor merecido, não acontecia, a ordem pública corria risco.

Nesse instante, o leitor pode inferir que o livro volta-se à sociedade brasileira dos séculos XVII e XVIII. Aqui, analiso um Brasil cuja organização social teve como ponto de partida a ideia de *sociedade perfeita*, entendida pelos cristãos como *desigual*. Camponeses e aristocratas compreendiam a Europa cristã sob esse prisma. Com base nesse modelo social, os portugueses estabeleceram alianças e catequizaram as populações indígenas e, depois, submeteram os escravos africanos.

No Brasil do século XVIII, a desigualdade como modelo social deixou de ser apenas ideário vindo da Europa medieval cristã para se tornar criação da sociedade escravista e objetivo de sua economia. O Antigo Regime foi recriado nestes trópicos a partir da escravidão e da concentração fundiária. Tornar-se senhor de escravos era pretensão de todos, ou quase todos. A contínua recriação das relações escravistas consolidou-se como objetivo econômico, e isso era realizado, cada vez mais, por meio de atividades para o mercado interno. Naquela altura, a *sociedade perfeita* resultava da combinação do contínuo comércio de escravos africanos com ondas de alforria e completava-se pela transformação de parte dos forros em senhores de cativos. Progressivamente, a população descendente de açoitados e de açoitadores ampliou-se. Por seu turno, a desigualdade social adquiria o formato final na existência de uma pequena elite com domínio sobre a terra, direta ou indiretamente. De resto, em fins do século XVIII, era mais fácil ser dono de pessoas do que de terras.

No primeiro capítulo, apresento as respostas das populações europeias às crises de mortalidade do século XIV e da longa depressão agrária entre 1350 e 1450. No ocaso do feudalismo, dou atenção ao definhamento das aristocracias regionais e da autoridade universal da Igreja Romana Cristã e, com ele, a formação das grandes monarquias territoriais. Contudo, fundamentado na historiografia recente, sublinho o equívoco de definir o período como uma era de monarquias absolutas. A Coroa não possuía burocracias civis e militares capazes de impor uma direção política à sociedade. Na verdade, o rei aparecia como *cabeça* política da sociedade sem, contudo, se confundir com ela. Assim, os príncipes reconheciam a capacidade de autogoverno das diferentes comunidades políticas (senhorios, cidades, principados etc.), compartilhando com elas o governo sobre os povos. O capítulo também analisa os diferentes cenários econômicos e sociais nessa época. A Europa permanecia camponesa submetida ao mando local das aristocracias, apesar de a urbanização e a mercantilização de algumas regiões e de parte da península ibérica serem sustentadas pelo comércio transatlântico. Naquele mundo diverso, grosso modo, homens e mulheres continuavam interpretando suas vidas a partir do cristianismo e, consequentemente, naturalizavam a desigualdade social. O capitalismo e o liberalismo teriam que aguardar o longínquo século XIX.

O segundo capítulo trata das respostas da sociedade portuguesa à crise do feudalismo. O reino luso teve início num território adverso em recursos naturais e concretizou-se pela Reconquista cristã. Nesse cenário, a Coroa comandou as lutas contra o "infiel" e, como *dádiva,* distribuiu riquezas entre os nobres cristãos. Com isso, a Coroa criou uma nobreza dependente, pois a continuidade de tais dádivas garantia seu sustento, diante da penúria rural. A expulsão dos muçulmanos impôs a Portugal a necessidade de alargar suas fronteiras para o além-mar. Porém, isso ocorreu após crises no reino e tentativas frustradas de expansão territorial para Castela, na Europa, e para o atual Marrocos.

Adiante analiso a Monarquia pluricontinental lusa presente nos quatro cantos da Terra. Entretanto, à exceção do Brasil, o Império ultramarino nos séculos XVII e XVIII consistia principalmente em redes de feitorias e fortalezas nas costas da Ásia e da África. Portanto, aquele império era tributário das conjunturas dos impérios regionais do Índico e das sociedades africanas. Ao mesmo tempo, a expansão lusa resultou na única sociedade da Europa Moderna sustentada majoritariamente pelo comércio ultramarino e pela escravidão, ao invés de ser por aldeias camponesas.

Nesse aspecto, o comércio atlântico de almas terá importância fulcral. Por isso, o capítulo "*Resgates* de cativos na África e na travessia atlântica e escravidão africana no Brasil" trata das sociedades africanas conectadas pelos portugueses e ligadas ao Brasil via comércio de escravos. O texto é de autoria do historiador Roberto Guedes, um dos principais especialistas brasileiros nas conquistas lusas no continente africano, especialmente dos séculos XVII e XVIII. Além do trabalho com as fontes, há um balanço historiográfico sobre aqueles temas.

Os capítulos "América lusa no século XVI: uma sociedade ameríndia, mameluca, mas progressivamente escravista e católica" e "A *sociedade perfeita* na formação da economia colonial" examinam a formação da sociedade na América lusa e a maneira como os portugueses se valeram do modelo social conhecido por eles: o Antigo Regime católico e seus princípios de desigualdade. Tal modelo implicou a escravidão indígena e depois a africana. Ao mesmo tempo, esse modelo contribuiu para uma organização social na qual suas comunidades políticas tinham a prerrogativa do autogoverno (a exemplo dos municípios reinóis) e baseavam-se na distribuição de terras aos conquistadores como *dádiva* por serviços prestados à Coroa. A partir desses pressupostos, é possível entender melhor os traços da economia nascente. Por exemplo, o *exclusivo comercial* de Lisboa com relação às exportações brasileiras sofria interferência das elites rurais locais por meio dos municípios. Assim, progressivamente, as Câmaras municipais, valendo-se de suas prerrogativas políticas de "cuidar do bem comum", começaram a intervir na determinação do preço dos produtos e no valor dos fretes das frotas reinóis. Tal fenômeno, não raro, criou tensões com os negociantes dessas frotas. Outro exemplo: práticas do Antigo Regime católico custearam a economia brasileira via empréstimos oriundos das doações pias às irmandades, como a da Santa Casa de Misericórdia e de heranças guardadas no Juízo dos Órfãos. Essas práticas foram ainda mais acentuadas depois da década de 1640. Na época, a economia, especialmente a de exportação, teve que ser recriada em razão da escassez monetária e da queda internacional dos preços do açúcar. Nesse cenário, os comerciantes reinóis preferiram vender suas mercadorias por moedas e resistiram em comprar o açúcar brasileiro. Diante dessas tensas negociações políticas com a Coroa, as Câmaras municipais e os governadores da Coroa forçaram a exportação do açúcar e a retenção de moedas na América. Imbricado a tudo isso, analiso a construção da hierarquia social. As elites sociais locais, autodenominadas *nobreza da terra*, formaram-se pelas *dádivas* concedidas pelo rei aos conquistadores e pelo controle sobre as Câmaras municipais. No plano local, isso reverberava nas relações entre tais potentados rurais com escravos e lavradores. Nesses capítulos, sublinho a autoridade dos potentados sobre as freguesias rurais, mas isso só era possível pelas negociações com a Coroa e as relações clientelares com os segmentos sociais subalternos; as últimas relações se baseavam em *favores* impagáveis como a alforria e o acesso à terra.

As transformações do século XVIII serão a tônica do último capítulo. O fio condutor é o *achamento* de metais preciosos e, a partir dele, a constituição de uma ampla rede de mercados e áreas produtoras (lavoura de alimentos e pecuária) interligadas e voltadas ao abastecimento interno, a exemplo da farinha de mandioca paulista e dos currais do Ceará. Essa rede se estendia da bacia do rio Parnaíba no Piauí até o sul da capitania de São Pedro do Rio Grande do Sul. O complexo de mercados regionais, via Salvador e Rio de Janeiro, ligava-se a outras partes da Monarquia lusa, como as fortalezas da Costa da Mina, Angola e o Estado da Índia. A partir desse comércio transoceânico adquiria-se, por exemplo, escravos, em troca de fumo baiano e tecidos da Índia. Eram tratos mercantis, em grande medida à margem das manufaturas europeias. Destaco ainda que a dinâmica econômica e social setecentista consolidou nobrezas da terra capazes de negociar com a Coroa, conferindo-lhes um projeto político: o controle de territórios e, com isso, o domínio político de suas populações. Tal dinâmica econômica reverberou, igualmente, no processo de transformação dos representantes e caixeiros dos grandes negociantes reinóis em comunidades mercantis das praças brasileiras; isso, ao lado do retorno desses caixeiros enriquecidos a Portugal, ou seja, depois de "fazerem a América".

De modo especial, o foco do livro recai no processo de produção brasileira de seu modelo de *sociedade perfeita*. Aquela desigualdade naturalizada teve por base a combinação do crescimento do comércio atlântico de escravos, das alforrias e do acesso de parte dos forros à propriedade cativa. Argumento, respaldado em inúmeras pesquisas bibliográficas e investigações em arquivos, que a difusão da propriedade cativa entre livres e forros transformou a ideia de *sociedade perfeita como sinônimo de desigualdade* – modelo trazido da Europa cristã – em um modelo (re)criado pela população brasileira.

Ao longo dos capítulos enfatizo determinadas regiões e seus temas, e pouco discorro acerca de outras. Parte disso deve-se à juventude de nossa historiografia profissional, pois nem todas as regiões têm pesquisas consolidadas, indicando que ainda há muito para se conhecer sobre o Brasil de antanho. Parte também se deve aos interesses das minhas pesquisas empíricas. Espero que a minha experiência como investigador permita ao interessado em História entrar em contato com a problematização de fontes e práticas metodológicas na construção do conhecimento histórico. Espero ainda, ao localizar suas origens, colaborar para a compreensão – e possível redução – da desigualdade social existente no Brasil ainda hoje.

A antessala da *sociedade perfeita*:

a Europa entre os séculos XIV e XVI

"De quem é homem?" "Sou servidor, porém não tenho senhor". Diante dessa resposta inesperada, o interlocutor exclama: "Como pode existir isso?". Essa passagem é de uma peça de teatro, *Mayor of Queenborough*, escrita por Thomas Middleton (1580-1627), dramaturgo inglês de fins do século XVI. Mais ou menos na mesma época, cerca de 1600, outro autor rascunhava a peça *Troilio e Créssida*, sublinhando que, abalada a hierarquia social, e com ela suprimidos os direitos de berço e nascença da nobreza, inevitavelmente "catástrofes, horrores, abalariam a calma dos Estados". O segundo autor é um pouco mais conhecido por suas peças, entre tantas outras, como *Romeu e Julieta* e *Sonhos de uma noite de verão*. Trata-se de William Shakespeare (1564-1616). Estamos diante de dois representantes da Europa de fins do Renascimento, cujas encenações encantavam plateias de diferentes segmentos sociais, inclusive plebeus. Ou seja, homens e mulheres sem berço e muitos dependentes de senhores.

Passando para os tratadistas cristãos de diferentes matizes dessa época, encontraremos preocupações semelhantes das dos trovadores e dramaturgos. Tanto os tratadistas católicos quanto os luteranos e calvinistas consideravam, para a manutenção da ordem pública e o sossego das gentes, a importância de uma hierarquia zelosa de suas diferenças. Semelhante preocupação pode ser encontrada em autores menos cristãos como Maquiavel (1469-1527) e mais cristãos como o autor de *A utopia*, Thomas Morus (1472-1538), cuja sociedade "igualitária" dos seus sonhos não abria mão da escravidão.

Para quase todos os adeptos da alta filosofia, independentemente de sua orientação religiosa e política, a ordem social devia ser resguardada. A preocupação com a hierarquia social e a permanência das desigualdades estava presente mesmo entre os que defendiam a democracia e o domínio das assembleias de cidadãos na direção nos negócios da república.[1] Por exemplo, a corrente do pensamento político dos denominados *republicanos italianos*, presente nas cidades da península itálica dos

Quinhentos, defendia que uma população só usufruía a liberdade ao exercer o mando político, não o delegando a ninguém. Provavelmente os mesmos *republicanos*, na categoria de população, excluíam *naturalmente* as mulheres, os criados e os lavradores sem terras. Algo semelhante pode ser visto no *Pacto do povo*, escrito pelos niveladores radicais ingleses da Revolução Puritana de 1640: para eles, mulheres, criados, lavradores, miseráveis etc. não faziam parte do povo.

A insistência com a desigualdade social deixa de ser uma surpresa caso olhemos ao rés do chão das sociedades da Europa da época moderna. Em fins do século XVI, o continente possuía cerca de 105 milhões de almas, o número de cidades com mais de 100 mil habitantes em 1600, com boa vontade, chegava a 12, entre elas: Paris, Londres, Veneza, Amsterdã, Antuérpia, Sevilha e Lisboa. Tratava-se de um continente ainda esmagadoramente rural. O ritmo das colheitas, boas ou más, determinava o ritmo dos negócios e a qualidade de vida nas cidades. As cidades, na verdade, eram apêndices do campo. Uma má colheita para os burgos significava a fome e, quase inevitavelmente, epidemias e mortes. Daí não ser raro nas pinturas da época, mesmo nas dos ricos Países Baixos, a insistência com o tema da morte. Como é o caso do *Triunfo da morte*, de 1562, pintado por Pieter Bruegel, o velho.

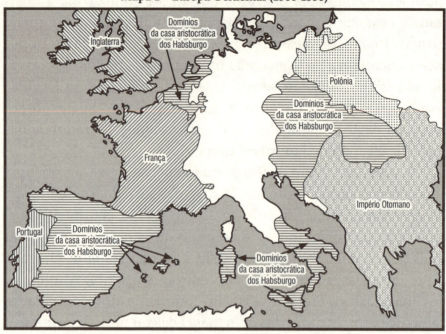

Mapa 1 – Europa Ocidental (1500-1550)

Apesar de, na época, a nobreza partilhar sua autoridade política com monarquias territoriais como as da Inglaterra, França e Espanha, a esmagadora maioria dos europeus vivia em aldeias dominadas por casas aristocráticas. Por seu turno, a paisagem rural estava longe de ser uniforme. Voltaremos a esses temas com mais cuidado adiante. Porém, desde já, é importante sublinhar a importância dessa Europa rural e hierarquizada, pois é ela que vai conquistar a América lusa e aí estabelecer uma sociedade de Antigo Regime.

UMA SOCIEDADE DOMINADA PELO SOBRENATURAL

Na Europa do século XVI, o acesso à terra era feito, principalmente, mediante o reconhecimento da autoridade política e jurídica de um nobre por parte do lavrador. O mercado de terras estava longe de prevalecer. Daí a surpresa do personagem da peça de Thomas Middleton ao encontrar um homem sem senhor. O camponês, em geral, se entendia e era entendido como *doméstico* da casa senhorial. O tributo, aos olhos do camponês, pago ao seu senhor ultrapassava, em muito, o simples pagamento pelo uso da terra. Na verdade, tal pagamento consistia no reconhecimento da sua dependência política e jurídica ou ainda do seu pertencimento à casa senhorial. Em razão desse pertencimento advinha a obrigação do *doméstico* em sustentar a casa do seu senhor; ou seja, consistia nos *direitos da senhoria*. Ao mesmo tempo, esse ato encerrava um pacto de reciprocidade desigual: o camponês devia sustentar a sua casa senhorial que, em troca, deveria garantir a proteção militar e o acesso à terra ao lavrador. Assim, o vínculo senhor-camponês era sancionado pela tradição. O rompimento dessa reciprocidade implicava revoltas populares amparadas no direito costumeiro.

Nessa altura, a pergunta que não se cala é: qual a razão de os camponeses, homens de carne e osso, considerarem os aristocratas, afinal, também outros homens de carne e osso, como seus senhores e, portanto, melhores do que eles, camponeses? Em outras palavras, qual a razão de os aldeões entenderem a aristocracia como um segmento de semideuses? Uma resposta tentadora é explicar esse fenômeno como resultado do fato de os castelões terem a propriedade da terra e o domínio das armas. Talvez essa não seja a melhor resposta, pois o domínio fundiário estava longe de ser sinônimo de propriedade privada, um bem protegido pelo Estado e com sua violência legitimada. Afinal, no século XVI, o Estado com sua burocracia civil e militar simplesmente não existia, como discutiremos adiante.

Ao mesmo tempo, a autoridade dos senhores não pode ser resumida à cavalaria medieval. Porém, a violência da aristocracia sobre as aldeias existia e era legitimada. Em outras palavras, os camponeses consideravam tal violência possível e justificável, pois, aos seus olhos, estava ancorada pela tradição. A punição senhorial era entendida como castigo dos pais sobre seus filhos: ambos educavam os castigados.

Os fenômenos acima eram aceitos naturalmente pelos homens. A superioridade dos senhores sobre camponeses decorria da natureza, pois assim Deus determinou. Deus concedeu à aristocracia um conjunto de direitos exclusivos. A possibilidade de os nobres serem percebidos como senhores, cuja honra todos reconheciam, permitia-lhes viver de sua honra. Isso não se achava na esquina, os nobres *nasciam* com honra. Com a última frase, voltamos à pergunta inicial: como era possível os camponeses perceberem os senhores como senhores? A pergunta permanece, pois na época todos os homens eram vistos como a imagem e semelhança de Deus, portanto os camponeses tinham discernimento e eram dotados de razão.

Hoje, as Ciências Sociais sabem que para a existência de uma organização social – ou seja, para que os homens e mulheres deixem de ser uma multidão caótica e se transformarem em uma sociedade – é necessário que as pessoas compartilhem de conhecimentos que as permitam se entenderem. Ou ainda, é necessário que elas, da mais iletrada à mais erudita, usem os mesmos conceitos e o mesmo sistema de representações ou de conhecimento. Mediante tal compartilhamento, homens e mulheres estabelecem pactos políticos e culturais entre si, viabilizando o convívio e, com ele, o próprio funcionamento da sociedade. Émile Durkheim[2] acreditava que esse sistema de representações resultava da experiência social e era espontâneo. Posteriormente, autores como Pierre Bourdieu[3] demonstraram que esse sistema, na verdade, era uma criação de intelectuais, fossem feiticeiros nas religiões neolíticas, sacerdotes cristãos ou intelectuais modernos.

Os homens e as mulheres que viveram na sociedade medieval e na Europa Moderna cristã entendiam-se como uma dádiva de Deus. Na base desse modelo, criado pelos tratadistas cristãos e pelo clero romano, está a família patriarcal, formada por pais, filhos e agregados. Os filhos possuíam uma dívida eterna e, portanto, impagável aos seus pais: a vida. Nada era capaz de pagar esta dívida: a *graça* da vida. A partir dessa constatação, *naturalmente* estabelece-se uma relação de gratidão eterna dos filhos para com os pais. Ou, que é o mesmo, uma relação de poder entre pais e filhos. Sendo tal relação de autoridade assentada na gratidão e no amor, trata-se, na verdade, de uma obediência amorosa. E essa relação ocorre para todo o sempre, pois sempre existiu e existirão pais e filhos. A família existirá até o final dos tempos. Portanto, trata-se de uma *relação de poder natural*, tão natural como o céu, a terra, os oceanos etc. Assim, estamos diante de uma hierarquia social natural e uma ordem social, também, natural.

A elaboração dessa interpretação será o arquétipo da sociedade hierárquica e desigual daquela Europa cristã. A partir desse modelo, temos um Deus onipotente e onipresente para com quem o homem tinha uma dívida eterna, impagável. Assim como o pai gera o filho e o educa, Deus faz com a humanidade. Deus criou a natureza e, nela, a humanidade. A atenção dos homens e, em especial, dos camponeses, para as orientações do Criador na Europa rural, violenta e sacudida por doenças, garantia boas colheitas, garantia a proteção contra epidemias e guerras. Assim, a sujeição a Deus era desejada e transformava-se em um sentimento cardinal na ação do homem. Além disso, principalmente para os católicos, Deus distribuía *graças* conforme o comportamento dos homens. Deus era justo, ou seja, realizava uma *justiça distributiva*.

Por seu turno, a sociedade era entendida como obra e graça de Deus e, portanto, para ser aceita por todos como naturalmente hierárquica, era necessário o homem estar, ao menos, bem convencido desses princípios. Era necessário o homem ter *fé* e, portanto, não ter dúvidas de ser criatura de Deus e, consequentemente, seguir suas orientações. A *fé* possibilitava ao homem compreender, como uma revelação, que a sociedade ideal é hierarquizada. Aliás, a humanidade resultava da hierarquia da criação e, portanto, do poder de Deus. A introspecção de Deus, a fé em sua autoridade criava um sentimento de autocontrole e, com ele, uma disciplina social no início da Época Moderna mais eficaz que os aparelhos de repressão das sociedades totalitárias contemporâneas.[4] Para tanto, e a todo instante, a fé como revelação devia ser ensinada e, com ela, o convencimento de que a hierarquia social não só é dada para sempre, ela estava na origem do mundo, mas também que essa hierarquia, ou que é o mesmo, a desigualdade social, é algo desejado, pois significa a sociedade ideal, a *perfeita*. O que acabo de afirmar consistia em ideias pré-concebidas, ou ferramentas cognitivas (sistema de conhecimento), a partir das quais os diferentes segmentos sociais interpretavam a vida. Tais conceitos, como interpretação de mundo na Europa católica, serão ainda mais continuamente ensinados e vigiados depois do Concílio de Trento (1545-1563). Não por acaso, instituiu-se e regularizou-se as visitas paroquiais aos Bispados em sua ampla rede de paróquias disseminadas pelo mundo.[5] Enfim, a partir desses princípios e conceitos, camponeses, aristocratas, damas e mendigos compreendiam seu cotidiano.

Não custa reforçar que aqueles preceitos funcionavam como substrato da hierarquia social, das relações pessoais e de dependência que impregnavam a ação dos homens. A obediência amorosa a Deus servia de protótipo às relações de mando do senhor diante de suas aldeias, ao poder do pai sobre a família e da Câmara municipal sobre os citadinos. Educado nessa maneira de ver a sociedade, o camponês do século XVI entendia a aristocracia, formada por homens de carne e osso, como *senhores*. Estes tinham o *dom* de conferir o sustento e a proteção militar àqueles. Porém, isso não implicava que o camponês fosse descerebrado ou sem neurônios. Da mesma forma que o rústico foi ensinado a compreender o senhor como Deus, ele sabia que tal relação era uma *relação* e, portanto, uma reciprocidade. O *senhor*, como Deus e seus coadjuvantes, devia ser obedecido; porém, devia, por sua vez, garantir a existência da aldeia. Caso não o fizesse, as sublevações seriam legítimas. Essa reciprocidade se traduzia até na relação com o Além. E ainda, nesse mundo persistiam as culturas agrárias pagãs e pré-cristãs. Por exemplo, o não atendimento de um pedido considerado legítimo e justo, ocasionava atitudes como virar o santo de cabeça para baixo.

Mas havia outros conceitos, como o de *corporação*. Na tratadística cristã e nas práticas costumeiras, prevalecia a ideia de sociedade humana composta por corpos ou corporações dispostas hierarquicamente. Famílias, aldeias, senhorios, burgos eram corporações dotadas da capacidade de se autogovernarem, de viverem conforme as normas estabelecidas por tradições e leis. Cada um desses corpos tinha uma cabeça política – pais nos domicílios, castelões nos senhorios, autoridades municipais nas cidades etc. – dirigindo e guardando suas normas. A família consistia na interação de parentes sanguíneos e cônjuges com os parentes políticos (compadres, agregados, criados e escravos). A família formava um domicílio na aldeia, também conhecido como *fogo*, e possuía uma hierarquia política e regras de convivência. O *domicílio* era a base da identidade das pessoas. Em tese, não existiam pessoas sem famílias, as que não a possuíam eram os mendigos e os miseráveis. A hierarquia e o pertencimento ao corpo se traduziam na administração: os vilarejos respondiam e mediavam a justiça do castelão. Senhorios rurais e cidades livres compunham um reino, reconhecendo a capacidade da Coroa em dirimir conflitos. Assim, um reino reunia várias comunidades políticas com autogoverno e, ao mesmo tempo, dispostas hierarquicamente. Nelas, o príncipe consistia na cabeça da sociedade, mas não se confundia com ela.

Vejamos mais de perto a compreensão da aldeia como corporação. Para os camponeses a aldeia era um conjunto de relações sociais que em muito ultrapassava um conjunto de moradias. O vilarejo consistia numa comunidade política capaz de ordenar diferentes aspectos do cotidiano das famílias, como acesso e distribuição das terras, organização de festas, recolha dos impostos e os preceitos morais da localidade. Cabia às assembleias, por exemplo, organizar as sementeiras e as colheitas, pois as terras eram apropriadas de maneira coletiva; daí serem conhecidas como campos abertos ou sem cercas e, conforme as normas dos vilarejos, os rios, os pastos, os bosques e outros eram também espaços comunais.

Da mesma forma, as comunas rurais intermediavam o pagamento de tributos aos nobres, geralmente pagos em dias de trabalho nas reservas senhoriais; ou seja, parte do território do senhorio era dedicado ao sustento do castelo, percebido como *casa senhorial*. Em suma, as aldeias, por serem comunidades políticas, interpretavam as normas tradicionais que sustentavam as relações de dependência dos lavradores diante de seus senhores. Essas normas legitimavam a subordinação e, com ela, a resignação diante do mando senhorial, todavia, como já dito, também podiam justificar sublevações aldeãs.

Essa era a maneira pela qual os homens e as mulheres dos Quinhentos entendiam a vida ao seu redor e, a partir de tal visão de mundo, agiam no cotidiano. Na verdade, não raro, esses homens e essas mulheres se valiam das incoerências e fissuras das normas rotineiras, para driblarem os senhores e Deus e, com isso, viverem melhor.

Seja como for, a sociedade europeia cresce e aparece tendo o cristianismo como sistema de representação e base de sua ação.

O feudalismo e a chegada da "estrela da morte": a expansão da sociedade senhorial e a crise do século XIV

No século IX, a Europa cristã correspondia, grosso modo, às fronteiras do antigo Império Carolíngio mais as terras dos anglo-saxões. A Cristandade da época se resumia à península itálica, à atual França, ao oeste da atual Alemanha e ao noroeste da península ibérica. No decurso dos séculos XI ao XIII, essa Europa viveu a combinação de processos que mudaram sua história, criando a antessala da Modernidade e preparando a conquista do Novo Mundo. Entre tais fenômenos destaco o imbricamento dos processos de crescimento demográfico, o alargamento da fronteira agrícola, as mudanças nas técnicas de cultivo e o crescimento das cidades.

Nesses movimentos, temos a conquista da Inglaterra pelo duque da Normandia em 1066. Temos também o início da Reconquista cristã na península ibérica e, com ela, a constituição de reinos cristãos como o de Portugal. E, acompanhando tais processos, temos fluxos migratórios de camponeses holandeses e da pequena nobreza alemã (denominados de *junkers* ou *jovens nobres*) em direção ao leste do rio Elba, ocupando a parte oriental da atual Alemanha e a Polônia. Naquele contexto, a sociedade cristã com seu modelo de sociedade, onde a hierarquia e a desigualdade social imperavam, inicia sua expansão secular. Essa expansão nos tempos seguintes trará fortes mudanças na sociedade senhorial e camponesa de então, também conhecida como feudalismo.

De imediato, ocorre maior interferência do mercado no cotidiano dos domínios rurais. A manutenção da autoridade e do estilo de vida senhorial será realizada por compras no mercado. Os senhores dos domínios irão, cada vez mais, ao mercado para adquirir roupas e mesmo contratar guerreiros (mercenários). O problema estava que esse crescimento das despesas devia ser feito respeitando-se os pactos costumeiros. Em outras palavras, os tributos pagos pelos camponeses eram fixados pela tradição e, portanto, não podiam ser aumentados conforme cresciam as despesas do castelão. Quando os tributos senhoriais subiam sem o devido embasamento no direito costumeiro, podiam ocorrer sublevações.

Entretanto, a sociedade feudal apresentou elasticidade suficiente, nos séculos XII e XIII, para se adequar aos novos cenários. A seguir, alguns fenômenos que permitiram tal elasticidade. Um deles foi o crescimento da população camponesa. Isso permitirá a entrada de novas famílias de lavradores nos senhorios e o estabelecimento de normas diferentes das vividas pelos antigos *domésticos* da casa aristocrática. Para as famílias recém-chegadas, o castelão estabelecerá normas de acesso à terra que previam, como contrapartida, o acréscimo mais flexível dos tributos. Ao mesmo tempo, a ampliação demográfica ocasionou um contingente excedente de aldeões nos vilarejos dispostos a trabalhar como jornaleiros nas reservas senhoriais, pois encontravam dificuldades em adquirir terras para o cultivo ou migrar para as cidades. Assim, por meio desses e outros mecanismos, a aristocracia pôde enfrentar as despesas no mercado sem alterar as relações tradicionais com as famílias aldeãs protegidas pelas seculares normas consuetudinárias.

Porém, o acúmulo das mudanças demográficas e econômicas restringiu a continuidade do feudalismo como sistema social. Em fins do século XIII, tal sociedade apresentava fortes sinais de crise. A aristocracia, ao cobrar pesados tributos dos lavradores, impedia-os de investir nas terras de modo a ampliar a oferta de alimentos. A isso se acresce o gasto senhorial voltado para a manutenção de suas cortes e exércitos privados, ao invés de proporcionar melhoria das técnicas agrícolas. Diante do contínuo crescimento demográfico, entre os séculos XI e XIII, os camponeses não puderam alargar a produção de alimentos e os castelões também não o fizeram. Assim, em fins do século XIII, ocorreu um aumento da fome e, com isso, a redução das taxas de natalidade e dos casamentos e a multiplicação da taxa de mortalidade. Por essa altura, o feudalismo, como sistema econômico, não garantia mais o sustento de suas populações. A razão disso, insisto, eram as próprias relações sociais que o organizavam. Isso fica mais evidente quando lembramos que, nas regiões onde a hierarquia social senhorial não dominava ou era mais frágil, as aldeias puderam responder ao crescimento populacional com o aumento da produção de grãos por área plantada. Esse foi o caso de regiões da atual Holanda e da Toscana (Itália). Nessas áreas, por exemplo, a alternância de terras (descanso periódico de parte do terreno) foi substituída pela rotatividade de culturas, na qual a recuperação da terra ocorria pelo cultivo de lavouras propícias à revitalização do solo e, ao mesmo tempo, produzia alimentos, como as leguminosas. Nessas localidades, por vezes, ocorreu ainda a combinação do gado com a lavoura, levando ao aumento do consumo de proteínas entre a população e a adubação das terras. Uma e outra técnica implicavam gastos; mas acarretavam mais alimentos. Contudo, nas regiões nas quais prevalecia uma forte hierarquia social feudal, houve fortes obstáculos para que tais mudanças ocorressem.

As primeiras décadas do século XIV sofreram mudanças climáticas e, com elas, sucessivas más colheitas, principalmente na década de 1310. Na Europa senhorial, tais fenômenos implicaram o aumento da fome rural e, na sequência, migrações camponesas para as cidades em busca de seus armazéns públicos de cereais. Desse modo, rapidamente a crise alcançou os burgos e os preços de grãos dispararam. Estima-se que, em cidades como Paris, o custo do trigo subiu sete vezes, e em cidades importadoras de alimentos, como Flandres (parte da atual Bélgica), a alta foi da ordem de 14 vezes. A falência das oficinas artesanais e das manufaturas e o desemprego desenharam as crises urbanas.

A miséria e a fome de meados do século XIV criaram o caminho da chegada da "estrela da morte", leia-se, da peste bubônica e de outros flagelos. A Europa vivenciou um verdadeiro massacre de famintos. Aldeias desaparecem e cidades medievais, confinadas em suas muralhas, se transformaram em cemitérios. Acredita-se que, entre 1348 e 1350, cerca de 25 milhões de pessoas morreram, ou o equivalente a um quarto da população do continente. A mortalidade epidêmica atingiu, especialmente, velhos e crianças. A morte das últimas impediu a reposição geracional da população. Ou seja, o desaparecimento de milhões de crianças não permitiu sua transformação em pais e mães das gerações futuras. Assim, depois de 1350, por décadas, houve seguidos vazios demográficos. Estima-se que a Europa só voltou a ter a mesma população de 1350 entre 1450 e 1470. O desastre demográfico secular foi acompanhado pelo também secular declínio da agricultura, traduzido pela queda dos preços dos cereais. Afinal, os principais compradores de alimentos eram as cidades e parte delas se transformou em cemitérios, daí a queda dos preços dos grãos. Ao mesmo tempo, o vazio nos campos permitiu aos lavradores sobreviventes plantar mais alimentos. Assim, entre 1350 e 1450, houve o recuo físico da sociedade europeia, fenômeno conhecido como depressão agrária. Somente em fins do século XV o continente recuperou-se dos flagelos de 1350. Porém, a essa altura, a Europa era outra. Os fenômenos da chamada Idade Moderna começavam a redesenhar o continente e interferir, em diferentes graus, em outras sociedades e civilizações do globo.

As mil e uma Europas rurais com suas monarquias territoriais e compósitas: o início dos tempos modernos, séculos XV e XVI

A Europa que viveu a depressão agrária também presenciou as crises de autoridade da aristocracia e da Igreja Romana e, com isso, a formação das monarquias territoriais (maior centralidade da Coroa) e as sementes das Reformas religiosas do século XVI. As vigas que sustentavam a velha Europa cristã apresentavam fissuras cada vez maiores. Vejamos mais de perto tais fissuras.

As tentativas da aristocracia em transferir as perdas das crises do século XIV para o campesinato e demais grupos populares tiveram como resposta a disseminação das revoltas camponesas e urbanas pelo continente. Aldeias, valendo-se do direito costumeiro, se recusaram a pagar mais impostos e a trabalhar nas reservas senhoriais em substituição dos jornaleiros mortos pelas pestes. Diante do impacto de tais sublevações, os castelões recuaram e o senhorio teve que se adequar aos novos tempos. Em diversas regiões, as reservas foram abandonadas e a aristocracia teve que buscar outras receitas para seu sustento, pois apenas os tributos pagos pelas aldeias eram agora insuficientes para manter o estilo de vida da nobreza. Na França, parte da pequena nobreza transformou-se em mercenários nos frequentes conflitos entre a Coroa e os duques de França. Já no sudeste inglês, a aristocracia, por estar próxima a centros de lanifícios, expandiu o arrendamento de frações da reserva senhorial para pastagens de ovelhas. Seja como for, diferentes aristocracias europeias procuraram mudar suas atividades econômicas para garantir a continuidade de seu domínio social na Europa, ainda rural. Assim, as casas nobres tiveram que se adequar aos novos ares e se reinventar.

Para a Igreja Romana, aqueles tempos implicaram lidar, especialmente, com a descrença dos camponeses e dos demais grupos populares. Afinal, o clero não garantiu a proteção dos céus contra a *estrela da morte*. Milhões de pessoas sucumbiram diante da fome e, depois, das pestes, e de nada adiantaram as preces dos padres. Essa crise de legitimidade da Igreja Romana, mas não do cristianismo, pode ser observada pelo espraiamento dos movimentos milenaristas e messiânicos. Nesses movimentos, homens e mulheres procuravam encontrar Deus a partir da introspecção, abandonando a intermediação do clero. A introspecção difunde-se a partir da crença na volta de Cristo e, também, no sentimento de impotência. Nesses Quatrocentos constituiu-se a geração de teólogos críticos à Igreja Romana do século seguinte. Daí a possibilidade de, em 1517, Lutero negar a autoridade de Roma e declarar que todos os homens, inclusive os padres, eram pecadores. Em meio à crise de autoridade da Igreja Romana, os luteranos propunham a substituição do padre pelo sacerdócio universal. Da mesma forma, postulavam que o único caminho para alcançar Deus consistia na introspecção, ou seja, na autorrevelação dos homens como pecadores, e na fé na onipotência e onipresença de Deus.

Ainda alargando as fissuras da velha Europa, desde o século XIII, cidades como Florença sublinhavam sua autonomia política diante do Sacro-Império Romano Germânico. Nesse movimento, temos a recuperação do pensamento greco-romano, conhecido como Renascimento, para subsidiar a tese do autogoverno de comunidades políticas. Uma população entendida como *comunidade política* tinha o direito de escolher sua organização política: monarquia, democracia, aristocracia, oligarquia e tirania. Tendo por base esses embates, emergiu o *humanismo*. Este entendido como conjunto de preceitos que enfatiza a possibilidade de o homem ter livre-arbítrio em sua vida, valendo-se, para tanto, do uso da razão formada pela erudição. Cabe salientar que os humanistas, grosso modo, consideravam a aristocracia cristã naturalmente predisposta à direção política da sociedade. Os humanistas, como os bardos do século XV ao XVII, atuaram como defensores do *status quo* aristocrático. Assim, eles acabaram sendo decisivos, principalmente na educação dos príncipes e da nobreza.

As fissuras da velha Europa foram mais ampliadas pela Queda de Constantinopla diante da casa de Osman, centro político do Império dos turco-otomanos. Uma das consequências do avanço dos otomanos foi abalar o controle de Gênova e Veneza sobre as rotas do Mediterrâneo. Em meio a esse movimento, iniciou-se a transferência do centro da economia-mundo europeia das cidades italianas para o noroeste europeu, especialmente a Antuérpia.

A Antuérpia, em princípios do século XVI, pertencia, por direito hereditário, à casa aristocrática dos Habsburgo. O mapa da Europa da época (ver Mapa 1) é quase ininteligível a nossos olhos acostumados com os Estados-Nação do século XXI. Naquela época, os domínios territoriais das grandes casas aristocráticas estavam longe de desaparecer, especialmente quando tais domínios se confundiam com reinos e monarquias. Pelo contrário, a ação política daquelas casas foi facilitada pelas dificuldades da pequena e média nobreza na depressão agrária e pelas revoltas camponesas.

A geografia política da Europa do século XVI foi desenhada política e militarmente por poderosas dinastias aristocráticas. Esse processo resultou na transformação dessas dinastias aristocráticas em casas reais, ou seja, à frente das monarquias territoriais e compósitas. Refiro-me, particularmente, à França, Espanha, Inglaterra e ao Sacro Império Romano-Germânico. Nessas Monarquias, a Coroa se apresentava como cabeça política de um vasto território formado por diferentes comunidades políticas, senhorios e cidades; e mesmo reinos e principados. Tais comunidades reconheciam a centralidade da Coroa e esta, por sua vez, respeitava o autogoverno daquelas. Assim, o soberano era a cabeça da sociedade, porém, não se confundia com ela. Em outras palavras, em tais Monarquias territoriais, as entidades políticas que a constituíam – fossem reinos, cidades autônomas ou senhorios – em *respublicas*, guardavam certa autonomia política e jurídica diante do rei. Os poderes regionais, diante de determinações da Coroa com as quais não concordavam, em nome do *bem comum* e assentados na tratadística da época, recorriam a uma prática comum e conhecida em Castela (Espanha): "*obedezco, pero no cumplo*" (obedeço, mas não cumpro).

Ainda sobre isso, os senhores jurisdicionais e/ou as câmaras urbanas tinham a prerrogativa do mando político sobre suas populações e, desse modo, partilhavam com o rei a autoridade sobre elas. O rei respeitava e defendia tal autonomia. Afinal, cabia-lhe o bem-estar de seus súditos ao abrigo da Monarquia: dirimir os conflitos, garantir a defesa militar e impedir a carestia de alimentos.

O mapa do século XVI leva em conta tal geografia política da monarquia compósita, formada por diferentes entidades políticas. Por seu turno, tais comunidades políticas, sob a autoridade de um rei, podiam estar encrustadas no território de outras monarquias.

Por conseguinte, estamos distantes do Estado contemporâneo ou daquele que prevalecerá no decorrer do século XIX. Nos Quinhentos, o centro político das Monarquias, personificado no rei e/ou no imperador, não impunha uma direção política às suas populações. À Coroa faltavam as burocracias civil e militar necessárias para mediar as relações sociais e impor um sentido ao cotidiano das populações. O Estado não tinha como interferir no dia a dia das pessoas como ocorre hoje em dia. Essas não dependiam, por exemplo, de carteiras de identidade e de registros na Receita Federal (CPF) para conseguirem emprego, alugar residências, matricular os filhos nas escolas, realizar compras a crédito etc. Portanto, o camponês, ou o citadino do século XVI, vivia perfeitamente sem o aval de repartições do Estado e seus registros. Enfim, na época de Maquiavel (1469-1527) e de Thomas Hobbes (1588-1679), o Estado ainda não se materializava em um corpo impessoal (burocracias), cuja ação resultava de leis, quer democráticas ou autoritárias.

A França transformou-se em uma Monarquia territorial depois da vitória de Luís XI, em 1467, sobre a Liga do Bem Comum, formada por duques opostos às pretensões da Coroa em ampliar sua autoridade sobre o Reino. O duque de Borgonha, Carlos, o Temerário, continuou a resistir à Paris até sua morte, em 1477. Entre as medidas para conter o avanço Luís XI, aliou-se a Maximiliano de Habsburgo – futuro arquiduque da Áustria e imperador do Sacro Império Romano-Germânico –, aliança oficializada pelo casamento do último com sua filha, Maria de Borgonha. Carlos Habsburgo, neto do referido casal, tornou-se rei da Espanha em 1516 e imperador do Sacro Império em 1519.

A Monarquia espanhola, cuja base foi o casamento de Isabel de Castela com Fernando II de Aragão em 1469, foi concretizada depois da guerra civil de Castela (1474-1479). Nessa guerra, Isabel disputou o trono de Castela com sua sobrinha Joana, esposa de Afonso V, rei de Portugal. Isabel venceu com o apoio de parte da aristocracia e das cidades, organizadas na liga da Santa Irmandade. A filha, Joana, casou-se com Filipe de Habsburgo, herdeiro de Maximiliano. Em 1516, assumia a Coroa espanhola Carlos I (1500-1558) de Habsburgo, neto materno dos reis católicos; em 1519, ele foi eleito imperador do Sacro Império Romano-Germânico, tornando-se Carlos V. Com isso, temos o domínio da casa dos Habsburgo sobre grande parte da Europa cristã: da atual Áustria, passando pelos Países Baixos, até a Espanha e suas conquistas ultramarinas. Nas terras dos Habsburgo ou Áustrias, especialmente os espanhóis, o sol nunca se punha.

A extensão europeia dos domínios dos Habsburgo, encabeçados por Carlos V, já foi ilustrada pelo Mapa 1, referente à primeira metade do século XVI. Olhando essa geografia política, pode-se entender a razão de a Monarquia espanhola estar envolvida, todos os dias dos Quinhentos, em conflitos militares: guerras contra a França de Francisco I (1494-1547) e seu filho Henrique II (1519-1559); embates com os príncipes protestantes (Liga de Esmalcalda) do Sacro Império Romano-Germânico, enfrentamento com os otomanos etc.

A partir da gestão da Espanha dos Habsburgo é possível entender mais o funcionamento de uma monarquia compósita. Os domínios espanhóis dos Áustrias na época de Carlos V compreendiam diferentes reinos e principados da península ibérica (com exceção de Portugal até 1580), territórios no norte e sul da península itálica (como o reino de Nápoles) e o noroeste europeu (a exemplo do condado de Flandres e dos Países Baixos do Norte). Parte dessas geografias políticas era representada na corte por conselhos territoriais, a exemplo do Conselho da Itália, de Flandres e de Castela. Nesses conselhos, as elites aristocráticas locais tratavam dos interesses de suas populações junto ao rei. Talvez essa seja uma das melhores representações do funcionamento da monarquia compósita, ou seja, das relações entre centro e periferia. Ao lado desses conselhos regionais temos os de Estado, da Fazenda, da Guerra, entre outros. No topo desse organograma político encontramos o rei com a sua capacidade de distribuir *graças*, como títulos nobiliárquicos, comendas militares e ofícios da Coroa.

Por seu turno, Carlos V, como bom príncipe renascentista, custeava sua política imperial e suas guerras através das receitas de seus *estados*, leia-se: por meio das rendas dos senhorios, rurais e urbanos, diretamente por ele administrados. Quando tais rendas não bastavam, o rei convocava as cortes dos reinos e das comunidades políticas envolvidas nessas operações para aumentar impostos, de modo a financiar as guerras. Na prática, os financiamentos das guerras resultavam de negociações da

Coroa com as elites políticas daquelas comunidades. Nas guerras contra a França, Carlos V valeu-se das boas relações com os Países Baixos do Sul e do Norte. Afinal, era conhecido como Carlos de Gante e fora educado por preceptores dessa região flamenga. De qualquer forma, com o passar do tempo, ele e seu filho, Filipe II, tiveram de negociar, progressivamente, com as elites aristocráticas de Castela e demais reinos espanhóis. Essas negociações, cada vez mais, implicaram a venda e/ou doações de senhorios jurisdicionais da Coroa. Portanto, tais transferências significavam a perda da jurisdição de terras e populações da Coroa para a nobreza. Como resultado, a aristocracia ampliava seus *estados*[6] senhoriais.

Na época de Carlos V, temos as lutas contra as Reformas protestantes e o embate com os príncipes alemães luteranos. O antigo Sacro Império Romano-Germânico, portanto, virou um imenso campo de batalha. Para efeito deste livro, interessa sublinhar principalmente a Contrarreforma da Igreja Romana.

Coube ao Concílio de Trento (1543-1565) implementar medidas para tornar mais eficiente a disciplina social das populações católicas. A partir dela, o sistema de conhecimento, acima mencionado, adquire maior refinamento para convencer o paroquiano da naturalidade da sociedade hierarquizada e desigual, tão natural como os pássaros e os mares. Além disso, foram criados mecanismos para verificar a eficiência da visão de mundo católica sobre os paroquianos. Entre as medidas estavam a obrigatoriedade dos postulantes a padres cursarem seminários eclesiásticos; a obrigatoriedade de os católicos serem registrados nos livros paroquiais de batismos, casamentos e óbitos; o reforço da divisão da Cristandade em Bispados. Além dessas, instituiu-se as *visitações eclesiásticas* às paróquias, cabendo ao bispo ou seu representante realizá-las periodicamente, de preferência anualmente. A partir das visitas verificava-se a eficiência do ensinamento do catolicismo na localidade e puniam-se comportamentos indesejados.

As visitas eclesiásticas ocorriam em várias etapas e cada uma gerava livros-relatório. O primeiro livro, chamado de Capítulos, continha as recomendações feitas pelo visitador à população e ao seu pastor. Em seguida, iniciava-se a visita temporal ou a devassa. Esta se baseava no *rol de confessados*, ou seja, os paroquianos que confessavam e comungavam no domingo de Páscoa. O rol de confessados continha informações demográficas e socioeconômicas detalhadas dos domicílios da paróquia e era entregue pelo vigário ao visitador. Consoante tal lista, o visitador convocava os paroquianos para saber os pecados públicos (bigamia, blasfêmia, feitiçaria, sodomia etc.) cometidos por seus vizinhos. Por *pecado público* compreendiam-se os praticados diante de outros paroquianos ou que eles sabiam da existência. Consistiam, portanto, em pecados que colocavam em risco a disciplina social católica da localidade. Os denunciados eram chamados pelo visitador e podiam sofrer vexações.

Contudo, a Europa dos Quinhentos não se resumia ao cristianismo, parte era povoada por mulçumanos. Além dos conflitos entre cristãos, a Europa vivenciou contínuos confrontos entre os Habsburgo e a casa de Osman, esta dominante no Império Turco-Otomano. A primeira metade do século XVI correspondeu ao apogeu desse Império sob o comando de Solimão (1520-1556). Em 1526, a maior parte da Hungria estava nas mãos dos otomanos; antes disso, Belgrado (1521) já lhes pertencia. A Hungria, mais tarde, seria reconquistada pelos cristãos; porém, o Sacro Império e, em especial, os *estados* dos Habsburgo, tinham por vizinhos aquele Império asiático. O Mediterrâneo ocidental sofria contínuas ameaças dos otomanos, cujo domínio compreendia o Oriente Médio, o Mar Vermelho e a África do Norte até a Argélia. Nessas áreas dominadas prevalecia certa tolerância religiosa: as populações locais podiam continuar com suas antigas religiões mediante o pagamento de taxas. Na Europa controlada pelos muçulmanos, grosso modo, o regime senhorial recuou em favor das aldeias e cidades. Entre outros traços, a administração otomana foi singularizada pelo uso de escravos nas elites militares (os janízaros) e nos altos cargos civis (os *mamluks*), estes mais comuns na parte asiática do Império.

* * *

A sociedade – ou, se preferirem, o sistema econômico – da América lusa teve por modelo, em parte, essa Europa da maior centralidade da Coroa e da Contrarreforma católica. Contudo, a Europa estava longe de presenciar o absolutismo e, muito menos, um Estado capaz de impor um sentido à sociedade e interferir no cotidiano das relações sociais. Naquelas monarquias territoriais, na verdade, compósitas, prevaleciam os governos locais das cidades e os *estados* senhoriais; como vimos várias vezes anteriormente.

A esse cenário acrescenta-se o confronto e interações de impérios como o cristão dos Habsburgo e o Turco-Otomano. A esses incluem-se o Império Mongol, cujo crescimento especialmente no século XVII deslocou os lusos (entre 1580 e 1640 sob o mando dos Habsburgo espanhóis), ameaçando seu Estado da Índia, isto é, domínios portugueses na Ásia. Em meio a tal movimento, a Monarquia lusa restaurada em 1640 teria por base material, cada vez mais, o Atlântico Sul e, nele, o Brasil.

AS DIFERENTES PAISAGENS AGRÁRIAS E A *ECONOMIA-MUNDO* DA EUROPA MODERNA

O cenário político europeu, com suas predominantes monarquias compósitas, assentava-se num mosaico de paisagens agrárias. No condado de Flandres, e nos Países Baixos do Norte, encontramos no litoral a ampliação de uma pulsante agricultura camponesa capaz de responder por parte do abastecimento da Antuérpia e de Amsterdã. Mais para o interior, nas mesmas regiões, havia aldeias dedicadas à confecção de têxteis para o consumo popular; fenômeno conhecido como protoindústria.

O regime agrário do sudeste inglês, no início do século XVI, vivia as mudanças da *economia-mundo* irradiada a partir do noroeste europeu.[7] Na época, Londres estava sob influência da Antuérpia e, consequentemente, sofreu transformações quando a última cidade se tornou o eixo da economia da Europa do centro-oeste. Uma delas foi o aumento da procura pela lã e de lanifícios ingleses por diferentes mercados da Europa. Essa demanda maior contribuiu para minimizar a penúria do conjunto das grandes casas aristocráticas (pariato[8]) após as dificuldades criadas pela longa Guerra das Duas Rosas (1455-1485). Esta guerra entre facções do pariato causou o avanço da Monarquia Tudor e o enfraquecimento econômico e político daquela aristocracia inglesa. Basta lembrar o desaparecimento de diversas casas de *lords*.

O pariato percebeu as novidades da Antuérpia como oportunidade de aumentar suas rendas mediante arrendamento de suas terras para os donos de rebanhos vinculados aos negócios da lã; entre eles inclusive a pequena nobreza (*gentry*). Aliás, o pariato conhecia esse expediente desde a crise do século XIV. Porém, os campos dos Quinhentos estavam novamente repletos de aldeias, cenário bem diferente do vazio populacional resultante da peste negra. Assim, o aluguel de terras nas primeiras décadas do século XVI significou a destruição de vários vilarejos das cercanias de Londres. O arrendamento, naquela altura, significava retirar terras comunais dos camponeses, mas também destruir seu modo de vida. Cabe sublinhar que essa ação do pariato, conhecida como *cercamento dos campos*, sofreu resistência por parte do campesinato e da Monarquia. No final do século XVI, portanto, os cercamentos permaneciam mais circunscritos às proximidades de Londres. Por exemplo, em Leicestershire, norte de Londres, os cercamentos correspondiam a aproximadamente 10% das terras e apenas avançaram depois da Revolução Puritana (1640), quando os camponeses perderam seus direitos fundiários costumeiros. Depois disso, aquele número ultrapassou 50% do território Leicestershire. Seja como for, tais transformações rurais prenunciaram o surgimento de um sistema social baseado no trabalho assalariado. Nesse sistema, o trabalhador, sem terras ou outro meio de produção, vende sua mão de obra como uma mercadoria. Na verdade, no capitalismo, o trabalho *e* a natureza foram transformados em mercadoria. Entretanto, o capitalismo só será um sistema social dominante na Europa da passagem do século XVIII para o XIX.

Voltando para o outro lado do canal da Mancha, na França, temos outra realidade agrária. Ao contrário da inglesa, os resultados da depressão agrária e das sublevações no campo (as *jacqueries*) sorriram mais para os camponeses franceses, que ampliaram suas terras, muitas retiradas da antiga reserva senhorial, além de conterem o desejo da aristocracia de aumentar os impostos. Nesse cenário, para se manter, a pequena e média nobreza, grosso modo, teve que complementar os ganhos com os tributos pagos por suas aldeias com os soldos adquiridos por meio dos seus serviços como mercenários; por exemplo, nos conflitos entre Luís XI e os duques franceses no século XV. Assim, os nobres franceses, no século XVI, reforçaram sua vocação militar, ao contrário dos ingleses, cada vez mais próximos dos negócios mercantis e menos envolvidos com as armas.

* * *

Para alguns historiadores, como Immanuel Wallerstein e mais recentemente Dale Tomich,[9] o noroeste europeu do século XVI já consistia no centro do sistema mundial capitalista. Para eles, esse sistema seria desenhado por rotas comerciais que forjavam uma divisão internacional do trabalho. Essas rotas e a divisão do trabalho convergiam para a Antuérpia, Amsterdã e Londres. Na verdade, essas cidades surgem como ponto de encontro de rotas mercantis europeias e de fora do continente. Assim, conforme aqueles historiadores, a crise do feudalismo resultaria na expansão comercial ultramarina europeia, e, com ela, o surgimento do capitalismo. Coube aos portugueses e espanhóis desencadear a expansão comercial europeia dos Quatrocentos: primeiro para norte e oeste da África; em seguida, na direção das Américas e da Ásia. A expansão comercial nas Américas resultou na formação de economias coloniais agrícolas e mineradoras exportadoras voltadas à Europa. A mão de obra dessas produções era proporcionada pela escravidão e/ou outras formas do trabalho compulsório. Na verdade, parte das economias coloniais do Novo Mundo era suprida por mão de obra através de outro comércio implementado pelos mesmos europeus: o tráfico atlântico de escravos capturados em diferentes regiões do continente africano.

Ainda no século XVI, os negócios do noroeste europeu cresceram ao norte do Atlântico, no caso o mar Báltico. As exportações de cereais das economias feudais aí situadas, Polônia e Prússia, estavam sob o controle da Antuérpia e Amsterdã. A base dessas economias era a servidão, mas uma servidão, também, a serviço do capital localizado no noroeste europeu.

Assim, no século XVI, considerando apenas o Atlântico, e segundo Wallerstein, estamos diante de um sistema econômico de escala global desenhado pelo comércio. Nesse sistema, o noroeste europeu surgia como centro mercantil e, também, manufatureiro e financeiro do Atlântico. Na condição de cabeças do sistema, Antuérpia, Amsterdã e Londres recebiam os ganhos desse comércio e das finanças internacionais. As mercadorias do Novo Mundo e os cereais do Báltico eram reexportados por aquelas cidades para todos os cantos da Europa. Daquelas cidades saíam também manufaturas europeias para abastecer as Américas e o leste do Elba, assim como os empréstimos necessários para o funcionamento das produções coloniais das diferentes partes do Atlântico. Por fim, os lucros do comércio e das finanças transatlânticas custeavam a montagem das formas de trabalho assalariado situadas no noroeste europeu ou, o que é o mesmo, a economia assalariada.

Na "segunda servidão", os interesses do capital modelaram senhorios cujos cereais produzidos pelos servos abasteciam a Europa Ocidental via rotas do Báltico. No Brasil, aqueles capitais europeus viabilizaram *plantations* exportadoras trabalhadas por escravos vindos do comércio negreiro da Costa da Mina e depois do Congo-Angola. Nesse quadro explicativo historiográfico, construído para economia-mundo europeia dos séculos XVI e XVII, os camponeses poloneses, prussianos e os escravos das *plantations* do Novo Mundo aparecem como "criaturas do capital".

Por conseguinte, para os autores citados, a expansão comercial europeia, a partir do século XV, realizada pelos ibéricos, mas capitaneada pelas cidades do noroeste europeu, teve o dom de criar e recriar formas sociais de produção assentadas no trabalho compulsório; a exemplo da escravidão colonial nas Américas e da segunda servidão no leste do Elba. Essas formas de trabalho compulsório teriam outra particularidade em comum, qual seja: estavam subordinadas aos interesses do capital do noroeste europeu e, ao fazê-lo, criaram o sistema mundial capitalista. Na verdade, para os autores, aquela escravidão, a segunda servidão e o trabalho assalariado seriam formas da mesma relação de produção capitalista.

Contudo, desde os anos de 1980, ao menos, a interpretação da economia-mundo europeia como capitalista é alvo de várias críticas. Algumas lembram que a Europa Ocidental, do século XVI ao XIX, era camponesa e pobre. Os camponeses correspondiam aproximadamente a 80% da população e viviam de suas lavouras de subsistência; ou seja, pouco consumiam. Portanto, naquela altura, o mercado era restrito, seus maiores consumidores viviam nas cidades das quais apenas três possuíam mais de 200 mil habitantes em 1600. Além disso, as compras feitas pelas populações urbanas se resumiam, basicamente, a cereais e produtos de primeira necessidade. Nesse mercado restrito, os principais compradores dos produtos americanos e asiáticos consistiam na aristocracia e nos patrícios urbanos; no caso, menos de 10% da população europeia. Assim, dificilmente se pode falar em um grande comércio internacional. Com certeza existia uma economia-mundo centrada na Europa e também rotas internacionais. Porém, os lavradores, os seus pobres senhores rurais e os jornaleiros urbanos europeus desconheciam essa realidade.

A essas críticas, acrescem-se outras que sublinham a natureza a-histórica do comércio. Comprar mais barato e vender mais caro consiste em uma atividade antediluviana, ou seja, existiu antes do Dilúvio e da Arca de Noé com seus bichinhos. O comércio sempre existiu e daí a dificuldade de destacar sua capacidade de gerar um sistema econômico historicamente definido e chamá-lo de capitalismo. Acreditar na associação de comércio com capitalismo implica naturalizar o capitalismo: sempre existiu, como o céu e a terra.

Outras pesquisas mais pontuais, como a de Witold Kula,[10] confirmam a ligação da Polônia feudal do século XVII com o comércio internacional. Porém, destacam que a existência do feudalismo não dependia do capital de Antuérpia. O feudo polonês de então, para funcionar, dependia, sim, de terras e da mão de obra camponesa, e nenhum dos dois, desnecessário insistir, eram comprados no mercado e, muito menos, no de Flandres. O ritmo do feudo polonês estava ligado ao das colheitas e não do comportamento dos preços do mercado internacional. As ligações com o último eram importantes apenas para os grandes senhores que consumiam produtos de luxo. Pesquisas mais recentes, como a de Jerzy Lukowski,[11] enfatizam que apenas 2,3% da aristocracia polonesa do século XVI estava ativamente envolvida com o comércio de exportação de grãos. Crítica semelhante estende-se à interpretação dos otomanos no Mediterrâneo como semiperiferia do sistema capitalista.[12]

Veremos, nos capítulos seguintes, as restrições feitas ao conceito de sistema mundial capitalista para os engenhos de açúcar e à sociedade da América lusa.

Apesar dos limites impostos pelas paisagens camponesas europeias para a formação de grande mercado internacional, com certeza no século XVI notamos a ampliação do comércio transoceânico e a constituição de monarquias europeias ultramarinas. Na mesma época e sob o domínio de tais monarquias, também observamos formação de sociedades e suas economias, como ocorreu nas Américas. Notamos ainda que tais economias estavam vinculadas ao comércio atlântico, basta apenas lembrar o tráfico de escravos africanos. Entretanto, daí afirmar que tais interações eram comandadas pelo capital como um *deus ex machina* e base de um suposto sistema mundial capitalista, *parece um tanto quanto exagerado,* como comentou Mark Twain diante das notícias de sua morte.

Talvez fosse o caso de pensar uma economia-mundo que conectasse e levasse em conta a interação de diferentes sociedades, com suas respectivas lógicas sociais ou ainda portadoras de culturas próprias. Afinal, para os contemporâneos dos séculos XVI e XVII, salvo engano, já era clara a existência dessa multiplicidade. Ao menos os lusos do reino de Benim, na África Ocidental, de Diu (no Estado da Índia) e nas terras *Brasilis* sabiam disso. Assim como sabiam da existência de outras culturas diferentes da Europa cristã. Provavelmente, o sentimento de não serem os únicos e mais poderosos do planeta foi vivido de perto pelos cristãos de Belgrado e de Viena assediados pelos otomanos no século XVI.

A formação do Antigo Regime católico luso e a expansão ultramarina

OS PROCESSOS DE CONSTITUIÇÃO DA SOCIEDADE ARISTOCRÁTICA LUSA E DO REINO

Em fins do século X, a base do que é hoje Portugal (Condado Portucalense) era mais um dos senhorios aristocráticos do norte da península ibérica. Esses senhorios se constituíam na barreira militar às investidas do Islã contra a Europa cristã de então. Tal cenário começa a mudar no século XI quando aquela Europa, como vimos no capítulo anterior, experimenta o crescimento populacional e a expansão da fronteira agrícola. Em meio a esses fenômenos, temos o início da Reconquista cristã da península ibérica e, com ela, a formação dos reinos cristãos, como o de Portugal.

O Condado Portucalense no século XII estava sob o comando de Afonso Henrique da casa de Borgonha e, a exemplo dos demais senhorios da região, achava-se envolvido em contínua luta contra o Islã. Contudo, Afonso Henrique, diferente dos demais potentados cristãos, lutou tendo por base alianças com as cidades e integrantes da pequena nobreza. Entre as cidades estavam praças mercantis como o Porto, entreposto entre o Mediterrâneo e as cidades do noroeste europeu. Em troca da proteção contra razias de cristãos e muçulmanos, as referidas praças comerciais lusas pactuaram com a casa de Borgonha, inclusive contribuindo para o custeio da guerra de Reconquista cristã. Quanto aos cavaleiros da pequena nobreza, eles eram cavaleiros empobrecidos, portanto, *sem eira nem beira*; entre eles, vários eram *condottieres* estrangeiros vivendo do aluguel de seus serviços militares. Com essas alianças, o Condado de Borgonha rapidamente adquiriu a liderança dos senhorios do norte em direção à Reconquista cristã e, em 1139, após a vitória na Batalha de Ourique, Afonso Henrique foi aclamado rei de Portugal.

Grosso modo, a formação da sociedade aristocrática e católica lusa resultou dos embates contra os muçulmanos do século XI ao XIII. Em meio a esse processo, a organização do Reino ocorreu conforme os princípios cristãos da época, vistos no primeiro capítulo, mas vale insistir: a ordem política ideal é a hierárquica e nela a cabeça política é o rei. A Coroa, apesar de centro da sociedade, não se confundia com ela. O príncipe compartilhava a autoridade com comunidades políticas formadas por senhorios e municípios. Além disso, seguindo a tratadística da época, a autoridade do rei sobre o reino tinha por modelo a do pai sobre a família. Cabia ao príncipe, como um pai, conceder a vida aos filhos, distribuir *graças* impagáveis aos vassalos. A partir disso, criavam-se relações de reciprocidade desiguais. Os vassalos, ao receberem dádivas impagáveis, respondiam com a *obediência* amorosa à Coroa.[13]

A partir desse modelo, o rei distribuiu senhorios aos que o acompanharam nas guerras de Reconquista, transformando-os em *senhores* de homens e de terras. Com isso, o rei alçou os cavaleiros da pequena nobreza *sem eira nem beira* a casas aristocráticas, concedendo-lhes a jurisdição sobre aldeias e/ou burgos. Outros cavaleiros, conforme o serviço prestado, adquiriram ofícios régios (exercício da justiça, da fazenda, militares etc.). Conforme a tratadística política da época, o príncipe surgia na condição de cabeça da sociedade, como o único capaz de mudar o destino de seus súditos e, consequentemente, alterar a ordem social, por definição natural. Numa situação ou noutra, temos a criação de uma nobreza a partir de *dádivas* impagáveis.

Enfim, a partir da justiça distributiva, a Coroa produzia, em tese, uma elite social e política leal, pois esta se percebia como sua devedora.

Nesse instante é importante sublinhar a precariedade dos recursos naturais do território luso, conforme o padrão tecnológico da Idade Média. A escassez de recursos agrários e, com ele, o déficit alimentar eram problemas postos desde o início da formação do reino português. Na verdade, a sucessiva incorporação de terras e recursos proporcionados pela Reconquista cristã foi fundamental para o sustento da sociedade lusa com sua hierarquia social aristocrática, bem como a manutenção da ordem política cujo centro era a Coroa. Assim, grosso modo, desde o início do reino, a distribuição de dádivas pela Coroa aos cavaleiros empobrecidos significava a retribuição de serviços prestados e a produção de sua lealdade à Coroa; portanto, da legitimidade social da última, mas também a produção da nobreza possível, conforme os recursos materiais da região. Em outras palavras, dificilmente o estilo de vida da aristocracia poderia ser sustentado pelas colheitas das aldeias. O reino luso, para ser uma *sociedade perfeita*, logo, hierarquizada, devia contar com a contínua incorporação de mais recursos, o que na época era feito pelas guerras de Reconquista contra o Islã. Com as riquezas da *guerra santa*, a Coroa promoveu os cavaleiros à nobreza senhorial; e com a continuidade das guerras, sustentou-a.

Assim, em Portugal, a contínua distribuição de dádivas régias à nobreza constituiu na principal fonte de renda desse grupo social. Com isso, a nobreza lusa era mais de serviços à Coroa do que fundiária, pois seu sustento não vinha das rendas rurais pagas pelas aldeias, mas da prestação de serviços à Coroa. Dessa forma, a aristocracia lusa se diferenciava da francesa e inglesa, nas quais a manutenção decorria de suas terras. Dito isso, uma vez terminada a Reconquista em 1249, a ordem social hierárquica no reino entrou em risco. Com a tomada do Algarve das mãos dos muçulmanos, naquela data, o equilíbrio entre Coroa e nobreza ficou ameaçado, dando margem, assim, à configuração do pior pesadelo da Coroa: a *nobreza desempregada*.[14] Esses problemas só seriam resolvidos com a conquista ultramarina. Antes disso, vejamos mais de perto a constituição da Monarquia lusa.

A partir da justiça distributiva realizada pelas elites sociais com as camadas subalternas, temos a constituição de uma sociedade hierárquica ciosa de suas diferenças de qualidade social; por exemplo, dos senhores com relação aos camponeses sem terras. Tratava-se de uma sociedade desigual, a começar pela nobreza, cujo acesso à riqueza se dava por dádivas, ou seja, privilégios. Portanto, essa economia estava longe de ser regulada pelo mercado. A distribuição da riqueza, antes de tudo, ocorria por meio da política, da *graça*, e das relações desiguais dela derivadas. Assim, alguns grupos possuíam maior *qualidade social* do que outros, pois tinham a prerrogativa de conceder dons impagáveis. Porém, essa reciprocidade desigual, conforme observei, era sempre uma *reciprocidade* e todos tinham direitos e obrigações. O rei devia ser obedecido, mas cabia a ele o bem comum da população, zelar pela *respublica* (bem comum) e negociar com os senhorios e municípios. O senhor e o patrício urbano tinham os mesmos compromissos com os seus clientes.

Como afirmei, a Coroa era a cabeça política da sociedade. Procurando controlar a ação da nobreza, de tempos em tempos a Coroa inspecionava (*inquirições gerais*) os senhorios. Essa preocupação foi seguida, especialmente, por D. Dinis (1279-1325) de modo a impedir os excessos e abusos da nobreza senhorial na cobrança de rendas e no exercício das jurisdições. Além das inquirições gerais promovidas em fins do século XIII, D. Diniz procurou controlar o crescimento fundiário de instituições eclesiásticas, proibindo-as de adquirir terras por compras e por heranças de seus membros.[15] Pela lei de 1305, D. Diniz estabelecia o privilégio da Coroa em armar vilões; ou seja, somente ao rei cabia a promoção social de vilões em cavaleiros. A última medida implicou tirar da nobreza senhorial a *graça* da promoção nobiliárquica de seus clientes. A política da Coroa de contenção da autoridade da nobreza teve como resposta sublevações desse grupo. D. Afonso IV (1325-1357), contudo, continuou a política do pai, deixando claro para a nobreza senhorial, clero e municípios a centralidade da Coroa na monarquia. Afonso IV reservou à Coroa a justiça do crime e restringiu a justiça civil dos senhores.

Quanto aos municípios, Afonso IV continuou respeitando seu autogoverno. Cabia a estes, ou mais precisamente, a seus cidadãos escolher os componentes da Câmara municipal. Uma vez empossados, os camaristas, juízes ordinários e vereadores estabeleciam as normas do cotidiano dos moradores dos municípios e redondezas. Era sua responsabilidade, por exemplo, regular o mercado do município e o cuidado com a justiça. Esta era exercida pelos juízes ordinários, ou seja, camaristas sem formação universitária em Direito. Consequentemente, tais juízes leigos resolviam os atritos locais e regulavam o comportamento dos citadinos a partir do direito costumeiro e de seu conhecimento, precário ou não, das Ordenações do Reino. Essa autonomia dos municípios convivia com oficiais régios da Justiça, da Fazenda Real e da Guerra.

Por seu turno, não raro, o autogoverno municipal permitia às famílias mais tradicionais e ricas da região se enraizarem no mando político local. Conforme o modelo político em voga, em tese, aquelas famílias podiam ter acesso privilegiado a bens e atividades públicas (como o açougue e os armazéns do município), em detrimento dos interesses das populações locais. Assim, os municípios, desde a Idade Média, tornaram-se cenários de domínio de famílias de potentados. Afinal, o poder local se alicerçava em um modelo de sociedade cujo ideal era a desigualdade. Considerava-se que a hierarquia social garantia os interesses da *respublica* e, portanto, do conjunto da população. Desse modo, não sem motivo, a elite sociopolítica local foi conhecida como *nobreza da terra*, pois apesar de muitos dos seus não possuírem o foro de fidalgo ou hábito militar – e, portanto, não pertencerem à nobreza –, na prática sua qualidade social era superior à dos demais. Essa nobreza da terra, ao controlar os cargos cimeiros da *respublica,* exercendo o poder local, tinha a capacidade de negociar com a Coroa e concorrer com ela na gestão da Monarquia; como, aliás, ocorria em outras sociedades corporativas e polissinodais da Europa. O outro lado desse modelo de sociedade era o enraizamento das famílias mais poderosas na Câmara em detrimento do conjunto da população e, portanto, da *respublica*.

O reinado de D. Afonso diminuiu, nos maiores municípios, a autoridade das elites locais mediante a substituição do juiz ordinário pelo juiz de fora (1330). Com essa medida, a justiça nos municípios mais importantes saiu das mãos de camaristas leigos e passou aos oficiais nomeados pela Coroa e graduados em Direito. Nas cidades menores, a figura do juiz ordinário continuou.

Como dissemos diversas vezes, o exercício dos cargos públicos na época era bem diferente das atuais burocracias do Estado: servidores profissionais com ação norteada pela lei. No decorrer do período estudado e do Antigo Regime, os oficiais adquiriam seus cargos como remuneração por seus serviços e de seus familiares à Monarquia. Eles tinham a *propriedade dos ofícios* (exercício do ofício durante a vida do agraciado) ou seu exercício temporário (*serventias*). No primeiro caso, o proprietário podia passar o cargo, com aval do rei, a seus filhos ou genros, como dotes de casamento. Assim, um capitão de fortaleza da Coroa tinha a sua *capitania*, ou seja, sua propriedade; o mesmo ocorria com o juiz da alfândega ou com o provedor da Fazenda. Ao receber tais *dádivas* do rei, os beneficiados tinham o destino de suas vidas alterado nessa ordem social natural.

Porém, nesse modelo político, a distribuição de *graças* acontecia não apenas para beneficiar um dado homem e sua família. Isso ocorria, principalmente, em nome do *bem comum*, ou seja, do interesse do conjunto da população. Assim, o beneficiado devia reunir as condições necessárias para exercer o *ofício* a ele concedido; caso o ofício fosse militar, por exemplo, o contemplado deveria ter a expertise necessária e condições materiais para sustentar suas funções. Em tese, a principal função do oficial régio era defender a *respublica*. Dessa forma, ele podia, em nome do bem comum e com o devido respaldo legal, "obedecer, mas não cumprir" uma determinação do seu superior hierárquico e até do rei.

Conforme a hierarquia administrativa da Coroa, acima dos ofícios régios nos municípios, havia os ofícios palacianos ou do Paço (centro da Monarquia) com a função de aconselhar o rei. Entre os últimos temos: o Conselho da Fazenda, de

Estado, o Tribunal da Relação etc. Em 1642, foi criado o Conselho Ultramarino, cuja tarefa era de intermediar a comunicação política entre a Coroa e o Ultramar e, por conseguinte, aconselhar Sua Majestade nos assuntos das conquistas do além-mar. Cabe observar que tal conselho não mantinha correspondência apenas com os oficiais régios e com os municípios, mas também com os vassalos do ultramar. Nos capítulos a seguir veremos que uma das principais funções do Conselho Ultramarino era o auxílio ao rei na justiça distributiva de ofícios. Nesse caso, era da alçada do Ultramarino o aconselhamento do rei na escolha, por exemplo, de governadores de capitanias, escrivães da Fazenda, tabeliães etc. Vários candidatos àqueles cargos circulavam pelas geografias da Monarquia pluricontinental em busca de *mercês* que lhes permitissem o sustento. Para tanto, submetiam seus papéis informando os seus serviços e de seus familiares à Coroa.

Por sua vez, ao redor do rei, reuniam-se as Cortes, ou seja, a assembleia representativa do clero, da aristocracia e dos municípios; estes incluídos desde 1254. Convocadas pelo rei, as Cortes discutiam assuntos econômicos como aumento de tributos e subsídios pedidos pela Coroa; nelas, os *povos* apresentavam suas reinvindicações. Cabe sublinhar, como dito, que os municípios mantinham uma comunicação política direta com o Paço; ou seja, não dependiam da reunião das Cortes para fazê-lo.

A disciplina social na monarquia estava a cargo, principalmente, da Igreja com sua rede de paróquias. Desde 1212, Roma concedeu à Coroa o *padroado* sobre as dioceses lusas, prerrogativa confirmada em 1514. Via padroado, a Coroa compartilhava com Roma a autoridade sobre o clero e, em contrapartida, deveria mantê-lo. A Coroa seguirá, grosso modo, os preceitos redigidos pelo Concílio de Trento (1545-1563) na Contrarreforma.

DE REINO A UMA MONARQUIA PLURICONTINENTAL

Em 1249, terminou a Reconquista cristã com a tomada do Algarve. Desde aí, foram colocados limites aos mecanismos de reprodução econômica que até então viabilizavam a sociedade aristocrática que dependia da contínua incorporação de riquezas para retroalimentar a sua hierarquia social; pois a agricultura era precária. Até então eram as guerras contra o Islã que sustentavam, grosso modo, o reino e sua aristocracia. Com os butins da guerra, a Coroa, a partir da justiça distributiva, mantinha uma hierarquia social ciosa de suas diferenças. Através das guerras de Reconquista, o rei garantia o sustento da nobreza lusa, que era de serviços e, portanto, vivia mais dos serviços ao rei do que das rendas de seus camponeses. Assim, a ordem pública, cuja cabeça era o rei, mantinha-se, mesmo que vivendo sobressaltos como qualquer ordem política. O fim da Reconquista cristã, como foi dito, colocou em perigo toda essa arquitetura social. Basta lembrar os perigos representados pela nobreza armada e desempregada. A ameaça dos nobres desempregados, na época, juntou-se ao permanente déficit grãos e, consequentemente, a sua frequente importação, ao menos, desde o século XIII. Enfim, a precária agricultura lusa tinha sérias dificuldades de alimentar, em sentido estrito, a sociedade.

A esse quadro junta-se a conjuntura de fomes e de pestes vividas pela Europa no século XIV. Nesse cenário, ao ficar ao lado dos ingleses na Guerra dos Cem Anos (1339-1453) contra os franceses, o reinado de D. Fernando (1367 a 1383) aumentou as tensões com a vizinha Castela. O rei, talvez procurando emprego para sua nobreza e tentando amenizar as tensões de seu reino, realizou três campanhas contra Castela: 1369-1371, 1372-1373 e 1381-1382. A última campanha foi, particularmente, um desastre para os portugueses. Ao tentar remediar as perdas no campo de batalha, o rei promoveu o casamento de sua filha herdeira

D. Beatriz com D. Juan I de Castela; habilitando-o, portanto, a assumir a Coroa lusa; assunção que ocorreu com a morte do velho rei, em 1383. No mesmo ano, as tropas de Castela entraram em Portugal. Diante da investida, o mestre da ordem de Avis, D. João – irmão bastardo de D. Fernando – encabeçou a resistência dos segmentos da nobreza e dos demais grupos sociais contra D. Juan. Os confrontos se prolongaram até 1385, quando o mestre de Avis deteve as tropas de Castela e esta aceitou o armistício. Na ocasião, Castela vivia atritos com o reino muçulmano de Granada, no sul da península ibérica.

O reinado de D. João I (1385-1433), antigo mestre de Avis, implicou, sob vários aspectos, a refundação do reino. Para além da dinastia de Avis, temos o fortalecimento da autoridade realeza a partir de medidas como a criação dos poderosos ducados de Coimbra e de Viseu dados, respectivamente, aos filhos D. Pedro e D. Henrique. Ao mesmo tempo, a Coroa estendeu seu comando sobre as ordens militares. Em 1434, instituiu a Lei Mental, que entre outros pontos, regulariza o vínculo no sistema de herança da nobreza. A partir dela, para a aristocracia, passa a prevalecer o sistema de herança no qual apenas o filho (ou filha) mais velho herdava o patrimônio material e imaterial da família, sendo preteridos os demais. Tal sistema garantia a integridade dos bens da família na passagem de uma geração à outra, possibilitando a permanência legal da casa aristocrática através dos tempos: a prática era chamada de *morgadio*.[16] O morgado[17] e, com ele, a imortalidade da casa estavam alicerçados numa série de leis que dificultavam vender ou penhorar os bens vinculados à casa. O morgado adquiria, assim, uma existência à margem do mercado. Com isso, a casa aristocrática tornava-se eterna, compatibilizando-se com a ordem social existente que se via como natural. Outro tipo de vínculo, na mesma ordem social cristã, era a *capela*. Por meio desta, um sujeito deixava bens para sustentar missas para sua alma até o final dos tempos. A contrapartida da naturalização ou eternidade, dada à aristocracia, consistia na sua obrigação de servir à Coroa às custas de sua casa. Porém, tais serviços, uma vez realizados, continuavam a ser remunerados pela justiça distributiva do rei.

Entre as várias consequências da Lei Mental, encontramos um certo congelamento da estrutura fundiária, já que a maior parte das terras – bens ou não da Coroa – estava nas mãos da nobreza e assim permaneceria *ad aeternum*. Outra consequência foi a transformação dos casamentos entre famílias da primeira nobreza em assuntos da realeza; afinal, o rei devia ficar atento às possibilidades do aumento exacerbado do poder material e simbólico que poderia decorrer das alianças entre casas nobres via matrimônios. Da mesma forma, a Lei Mental criava a figura dos *filhos segundos* na aristocracia: os preteridos do patrimônio paterno. A partir dos filhos preteridos, criou-se um grupo de nobres educados, na infância e adolescência, para mandar, mas que, quando adultos, não exerciam tais ensinamentos na administração dos bens da família. O resultado disso foi a geração de nobres segundões educados para os ofícios da Coroa que viabilizariam vários ofícios régios na administração ultramarina.

Por seu turno, desde o início do reinado de D. João I, a realeza estava ciente das dificuldades econômicas de Portugal e suas possíveis funestas consequências políticas. Acresce-se a isso a permanência de um sistema de representações mentais que via no Islã algo a ser combatido. Pois bem, foi nesse cenário que começaram os preparativos da Coroa para a expedição de tomada da cidade de Ceuta, norte da África.

Em princípios do século XV, Ceuta era um ponto estratégico para a conquista das terras do Islã no atual Marrocos. Apesar de decadente, a cidadela compunha a Rota do Saara, um complexo comercial ligando regiões da África Ocidental, com ramificações no Sahel, como o Mali, até Damasco (atual Síria) e a península arábica. Por essa rota passavam, por exemplo, especiarias, metais preciosos e escravos. Assim, a expedição arquitetada pela Coroa contemplava não apenas interesses da nobreza. Porém, nem tudo ocorreu como o esperado. Depois de conquistar Ceuta, logo os cristãos foram sitiados pelas forças muçulmanas. Assim, uma operação militar que visava minimizar os gastos dos cofres da sociedade e da Coroa rapidamente se transformou num imenso dispêndio para a Monarquia. Tal situação perdurou, ao menos, entre 1415 e fins da década de 1430.

Entre 1415 e 1430, no reinado de D. João I e de seu filho D. Duarte (1433-1438), formaram-se dois partidos divergentes quanto à política para o norte da África. O primeiro, encabeçado pelos infantes D. Henrique e D. Fernando, defendia a continuidade das operações terrestres nos moldes das guerras europeias, daí tal partido ser conhecido como da *Cavalaria*. O segundo partido, dos infantes D. Pedro e D. João, conhecido como do *Siso*, considerava imprudentes as insistentes investidas terrestres e recomendava mudanças na estratégia da Coroa, aconselhando a adoção de práticas semelhantes às seguidas por cidades italianas no comércio mediterrâneo (instaurando pontos estratégicos, como fortalezas e feitorias no mediterrâneo, os italianos controlavam as rotas comerciais).

O ponto de inflexão das disputas entre os dois partidos ocorreu nas campanhas para tomar a cidadela de Tânger, próxima de Ceuta, no final da década de 1430. Em meio a essas batalhas, diversos fidalgos morreram. D. Fernando tornou-se prisioneiro dos muçulmanos em 1437; estes, como resgate, exigiram a saída dos portugueses de Ceuta e de suas cercanias. Esse dilema resolveu-se por si próprio: D. Fernando morreu no cativeiro. Em 1438, durante a menoridade de D. Afonso, D. Pedro assumiu a regência, prevalecendo o partido do Siso. A empresa marroquina só foi retomada quando D. Afonso assumiu a Coroa em 1448.

Nesse ínterim, sobressaíram as ações de corso e as comerciais na costa africana realizadas especialmente pelo infante D. Henrique. Seu senhorio marítimo, concedido por D. Duarte em 1433, ganhava feições mais claras. Além disso, ainda na época de D. João I, D. Henrique recebeu a incumbência de proteger e explorar a costa marítima da África Ocidental. Desde o início da década de 1420, ele organizou viagens para conhecer pelas vias marítimas o atual Saara ocidental, entre o Marrocos e a Mauritânia. O cabo do Bojador só foi alcançado por Gil Eanes em 1434.

Nessas viagens, como bons senhores feudais, D. Henrique, o irmão D. Pedro e seus respectivos cavaleiros realizaram incursões corsárias capturando escravos, metais e especiarias nas cidades e rotas marítimas africanas. Aliás, a exemplo dos muçulmanos. Por volta de 1441, realizou-se a primeira operação comercial propriamente dita, consistindo na aquisição de escravos e especiarias. A partir dessa época, as práticas comerciais na costa da Mauritânia tornaram-se mais regulares.

Em 1443, além do cabo do Bojador, D. Henrique recebeu do regente D. Pedro o monopólio do comércio e do corso. Com isso, ele adquiriu o direito, antes pertencente à Coroa, de deter 20% das mercadorias e escravos resultantes daquelas atividades. Em 1444 e 1445, o golfo da Guiné foi alcançado e nele repetiam-se as mesmas práticas e direitos. Para o infante D. Henrique, a exemplo dos demais nobres, não existia contradição entre sua qualidade social aristocrática e a atividade comercial. Da mesma forma, por essa época, começamos a perceber traços do funcionamento da Monarquia pluricontinental lusa, quais sejam: um reino, e nele a sua sociedade aristocrática, sustentado pelo comércio ultramarino, no caso, por suas redes ultramarinas, alfândegas etc. Além disso, percebe-se a constituição de um mercado ultramarino entranhado pela política. Em outras palavras, a formação de um mercado cujo funcionamento não resultava apenas da oferta e da procura ou *livre concorrência*, mas regulado pela política, leia-se: pelos direitos da Coroa e pela justiça distributiva, na forma de mercês. A justiça distributiva chegava ao ultramar acompanhando o comércio.

Através do *senhorio marítimo* de D. Henrique (duque de Viseu) e de seus herdeiros (também duques de Viseu), percebemos o experimento de alguns dos mecanismos da futura economia escravista de Antigo Regime da América lusa. O senhorio tinha por base o Arquipélago da Madeira, os Açores e Cabo Verde, áreas povoadas, no século XV, por integrantes da casa de Viseu. Na Madeira, de início, tentou-se o cultivo do trigo, mas foi rapidamente substituído pela cana-de-açúcar para o mercado internacional. A plantação e posterior moagem da cana-de-açúcar começaram a ser feitas em domínios territoriais concedidos aos fidalgos da casa de Viseu. Nessas áreas, com seus engenhos, prevalecia um regime de trabalho à base de escravos dos ditos cavaleiros e mais lavradores livres sem terras; estes com suas famílias e recorrendo, ou não, ao uso de cativos. Esse sistema de plantação será conhecido como o "da Madeira" e caracterizou os engenhos brasileiros, o que será visto nos capítulos posteriores. Diversos senhores de engenho empregavam os ganhos do açúcar para o sustento de atividades guerreiras no norte da África e mais adiante no Índico contra o Islã. Os ditos senhores, como fidalgos, instituíram morgados para a fixação de suas casas aristocráticas na Madeira. Os escravos da cana-de-açúcar e de outras atividades eram trazidos de Cabo Verde. A ilha dominaria as exportações de açúcar de Portugal até meados do século XVI, quando foi superada pelas ilhas de São Tomé e Príncipe, situadas no golfo da Guiné.

Os Açores destacaram-se pela produção de grãos, especialmente dirigidos para o Reino, o que acabou reduzindo o déficit alimentar da Coroa. À semelhança da Madeira, os fidalgos do arquipélago usaram de sua qualidade social para dominar a Câmara dos seus municípios e do vínculo para fixarem casas aristocráticas locais. O arquipélago dos Açores presenciou uma das maiores concentrações de morgadios nas geografias da Monarquia lusa, o que se traduziria na escassez de terras diante do crescimento demográfico.

O arquipélago de Cabo Verde fica próximo à Senegâmbia, região formada pelos rios Gâmbia e Senegal, uma das principais áreas de comércio de escravos da África Ocidental no século XV e posteriores. Assim, os municípios do arquipélago logo se transformaram em praças ligadas ao comércio de cativos do Atlântico luso para a Europa e depois para o Novo Mundo. Devido às difíceis condições de clima e solo, para incentivar o povoamento, a Coroa concedeu aos residentes das ilhas o monopólio do tráfico de escravos. Em outras palavras, os lusos que pretendessem participar do comércio de escravos da região deviam ser moradores nos municípios no arquipélago.

Mais uma vez, a política aparecia como mediadora nas atividades mercantis. Em Cabo Verde, como posteriormente em São Tomé e Príncipe, parte dos membros da elite local, os mandatários do município, ficou conhecida como *brancos da terra*, ou seja, mestiços de brancos e negras, muitas alforriadas. Por conseguinte, um dos resultados do pequeno afluxo de brancos para Cabo Verde foi a política da Coroa em favorecer a alforria aos escravos e a promoção social de alguns de seus descendentes. O senhorio marítimo seria incorporado à Coroa quando D. Manuel, duque de Viseu, tornou-se rei em 1495.

D. Afonso V assume de fato o trono em 1448 e reinará até 1481. Ele retomou as investidas contra os muçulmanos no norte da África, conseguindo apossar-se de Alcácer Ceguer, Arzila, Tânger, entre outras cidades. Em seu reinado reapareceu a tentação ibérica, leia-se as investidas em Castela, apesar das atividades ultramarinas se mostrarem cada vez mais importantes para o sustento da Monarquia. Por exemplo, em 1471, expedições portuguesas alcançaram a Mina, permitindo o acesso português às suas importantes rotas comerciais, entre elas a do ouro e a dos escravos. Paralelo a esses acontecimentos, D. Afonso, uma vez viúvo em 1455, casou-se com sua sobrinha D. Joana – filha de D. Henrique IV, rei de Castela – com o intuito de juntar as duas Coroas: de Portugal e de Castela. Entretanto, o desenrolar dos acontecimentos ocorreu de forma diferente da concebida por Lisboa. A morte de D. Henrique IV, em 1474, não implicou a coroação de sua filha, mas uma guerra (1474-1478) entre os partidários de D. Joana, com o apoio de D. Afonso V, e a facção de D. Isabel, irmã do rei falecido e esposa de D. Fernando de Aragão; ou seja, os futuros Reis Católicos da Espanha. Em 1479, com a vitória dos Reis Católicos, a Monarquia espanhola foi fundada e, com ela, as bases do futuro domínio dos Habsburgo sobre a Europa: em 1516, o neto Carlos I subiria ao trono e, em 1519, passaria a ser Carlos V do Sacro Império Romano. Do lado português, após a derrota de D. Afonso V, Portugal virou as costas para a Europa moderna para se tornar uma Monarquia pluricontinental sustentada por recursos vindos do comércio e das conquistas ultramarinas.

A opção ultramarina portuguesa ganhou mais força no reinado de João II (1481-1495). D. João herdou um reino marcado pela hegemonia da aristocracia sobre o território português, ou seja, cujos domínios fundiários da nobreza haviam sido ampliados por mercês adquiridas nas campanhas na África e contra Castela. Diante dessa situação, D. João adotou várias práticas para tentar recuperar a autoridade da Coroa. Entre elas, por exemplo, a obrigação dos nobres de jurar fidelidade e devolver as fortalezas régias à Coroa e a retomada das inquirições reais nos senhorios. Além disso, o rei sublinhará que a nobreza, como grupo social, depende das mercês concedidas pela Coroa.

Mapa 2 – Monarquia pluricontinental lusa

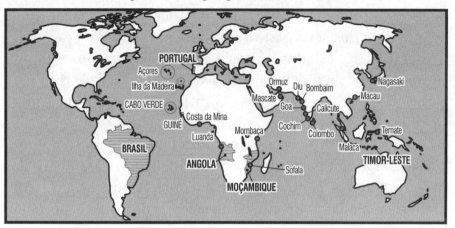

A Monarquia pluricontinental lusa estendia-se por quatro continentes e era composta pelo reino de Portugal, com as ilhas da Madeira e dos Açores, e mais os seus domínios ultramarinos. Esses domínios, em princípios do século XVIII, estavam disseminados pela África, pela Ásia e na América do Sul. No ultramar temos desde territórios contíguos, como o atual Brasil (Estados do Brasil e do Grão-Pará e Maranhão) e Angola (reino de Angola), até uma rede de feitorias e fortalezas espalhadas do oceano Índico até o mar da China. Essa última rede, com início na costa oriental africana e estendendo-se até ao extremo oriente asiático, chamava-se Estado da Índia e sua sede administrativa e política estava em Goa.

D. João remediou as dificuldades dos cofres reais deixadas por Afonso V através da política ultramarina, ao invés de aumentar os tributos sobre a população. A peça-chave de tal política foi a edificação do Castelo de São Jorge de Mina, em 1482, na atual cidade de Elmina no litoral de Gana. Com isso, marcou a presença lusa no tráfico de escravos e nas rotas comerciais da região. Durante o reinado de D. João, também foram planejadas incursões ao Índico. Essas investidas, em consonância com espírito cruzadista da época, pretendiam livrar Jerusalém do domínio do Islã.

No reinado de D. Manuel (1495-1521), a Coroa lusa era sustentada majoritariamente pelos recursos vindos do ultramar.

Com isso, tornou-se a única monarquia europeia mantida por negócios e conquistas ultramarinas. A Coroa, para fazer frente ao aumento dos seus gastos, não dependia da convocação das Cortes (dos três estados) e de sua aprovação para aumentar impostos.[18] Mais do que isso, algo semelhante pode ser dito para a sociedade aristocrática lusa com sua hierarquia de Antigo Regime. Aliás, na primeira metade do século XVI, verifica-se a normatização dos graus da nobreza lusa. O acesso à nobreza passa a ocorrer a partir dos foros de fidalgo da Casa Real e das ordens militares, controlados pela Coroa. Ambas as gradações eram sustentadas por recursos da fazenda da Coroa e, portanto, pelo erário público.

Portugal sofreu dramáticas inflexões no reinado de D. Sebastião (1554-1578) depois da Batalha de Alcácer Quibir. A derrota diante dos muçulmanos no Marrocos foi acompanhada pelo desparecimento de D. Sebastião e de parte da nobreza. Como resultado, Filipe II Habsburgo, mencionado no primeiro capítulo como rei de Espanha e filho de Carlos V, assumiu em 1580 a Coroa lusa como seu legítimo herdeiro. Portugal, entre 1580 e 1640, aparece como mais um reino da monarquia compósita espanhola e, como tal, suas tradições e leis preexistentes se mantiveram. Entre 1580 e 1640, Portugal foi governado por um conselho encabeçado por um integrante dos Habsburgo e por membros da aristocracia lusa.

Um dos traços da época foi transformar o ultramar luso em alvo dos adversários dos Áustrias, especialmente os holandeses (Países Baixos do Norte). Carlos V mantinha boas relações com as nobrezas belga e holandesa, tolerando a fé protestante na região. Entretanto, no reinado de Filipe II esse cenário mudou radicalmente: a tolerância religiosa deu lugar à política de imposição do catolicismo pelos espanhóis. O resultado foi a ocupação militar e o saque da Antuérpia pelos *tercios* de Castela em 1576. Logo depois, em 1583, a proclamação da República holandesa e, com ela, a guerra contra a Espanha por cerca de oitenta anos. Nesse cenário, as conquistas ultramarinas passaram a ser alvo das incursões holandesas.

Já na segunda metade do século XVI a Monarquia espanhola experimentou uma série de dificuldades econômicas e sociais prenunciando sua decadência no século seguinte. Desde a década de 1560, a agricultura de Castela tornou-se incapaz de garantir o abastecimento da população, aumentando as crises alimentares. Depois de 1590, a fome abriu espaço para o crescimento da mortalidade decorrente das epidemias. Por essa época, a Coroa espanhola demonstrou sua incapacidade de arcar com a sua política internacional. O conde-duque de Olivares, responsável pela política de Filipe IV (1621-1665), procurou mudar esse cenário iniciando reformas econômicas e políticas que, grosso modo, implicavam a mudança na arquitetura compósita da monarquia. Olivares pretendia ampliar a centralidade da Coroa reduzindo a autonomia dos reinos da Monarquia e de suas nobrezas. Tais reformas, entre elas a União das Armas, implicavam o aumento dos impostos nos reinos e maior envolvimento nas guerras dos Habsburgo. Catalunha e Portugal responderam às reformas com revoltas em 1640. Em Portugal, o levante provocou a restauração da Monarquia capitaneada pelos Bragança.

O comércio regional no Índico como a joia mais preciosa da Coroa lusa

A formação do Estado da Índia, na passagem do século XV para o XVI, ocorreu numa Ásia marcada pela presença de dois tipos de Estado. O primeiro era desenhado pelo avanço de grandes impérios territoriais como o dos turco-otomanos, o Mongol no norte do subcontinente hindu e o Persa dos safávidas. O segundo tipo consistia nos Estados assentados em redes de comércio estendidas pelo Oceano Índico. Entre estes, Áden (atual Iémen), Ormuz (Pérsia-Irã) e Malaca (na Malásia).

Quando da chegada de Vasco da Gama, em 1498, no oceano Índico, suas seculares rotas comerciais criavam um cenário cosmopolita marcado pelo convívio de diferentes culturas, crenças religiosas e com sofisticadas civilizações. Algo, portanto, diferente da pobre Europa rural. Para as sociedades da Ásia, os portugueses eram mais um dos povos presentes em seus mares.

O primeiro dirigente do Estado da Índia foi Fernando de Almeida. Porém, coube ao governo de Afonso de Albuquerque (1509-1515) sua organização. Ele tinha claro que o comércio regional no Índico e das demais rotas asiáticas era mais lucrativo do que o comércio com a Europa. Sobre isso é preciso destacar que o Velho Mundo não possuía manufaturados ou produtos à altura dos asiáticos. Tornava-se, assim, mais rentável aos portugueses intermediarem o comércio regional asiático. Afonso de Albuquerque tinha clareza de que o Estado da Índia devia atentar para os mercados regionais asiáticos: trocas de têxteis indianos por drogas do Sudeste Asiático, participação no comércio de marfim da África Oriental e da porcelana chinesa etc. Na verdade, uma vez formado, o Estado da Índia será, durante muito tempo, o principal responsável pelo sustento da Coroa e da aristocracia lusas.

No século XVII e no seguinte, com a consolidação da economia escravista na América lusa, os têxteis da Índia servirão como intermediários no comércio de escravos africanos no Atlântico Sul. A partir dos Seiscentos, cada vez mais, os tecidos saídos de praças como Diu e Damão, na Guzerate (noroeste da Índia), apareciam como moeda de troca para a compra de cativos africanos que se destinavam a atender as plantações americanas. Daí os cativos, não raro, serem designados *peças*: era uma referência a peças de tecidos. Com isso, temos o circuito português Índia-África-América, que sustentava o comércio atlântico de cativos e, com ele, as plantações e demais atividades da América lusa escravista – um comércio à margem do mercado europeu.

Mapa 3 – Estado da Índia

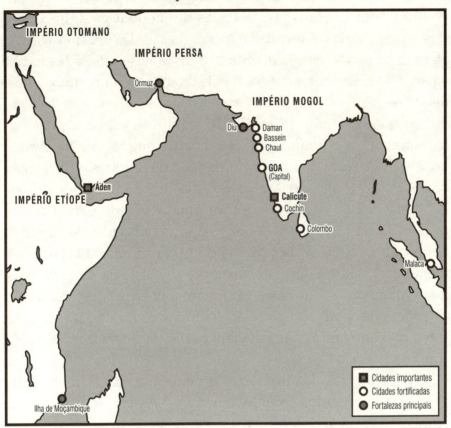

O Estado da Índia não possuía uma configuração territorial, ou seja, não tinha uma geografia contígua. Esse Estado consistia em uma vasta rede de cidades (algumas com o estatuto de municípios) mas, principalmente, de feitorias e de fortalezas presentes da costa oriental da África (atual Moçambique) até o mar da China. As suas conexões eram feitas principalmente pelo mar. O mapa apresenta algumas das áreas importantes dessa vasta rede.

Voltemos ao século XVI e a Afonso de Albuquerque. Naquela época, a Ásia portuguesa consistia numa rede mercantil e militar fundamentada no controle de pontos-chave do comércio do Índico. No caso, o domínio de praças como Ormuz, no golfo Pérsico, Goa e Malaca. Esse controle foi efetivado mediante operações militares nessas áreas estratégicas, seguidas de pactos políticos com as elites preexistentes de modo a garantir a presença de feitorias e fortalezas portuguesas. Da mesma forma, atentou-se para o enraizamento dos lusos nas sociedades locais a partir de casamentos mistos e pela criação de municípios onde fosse possível, a exemplo de Goa e Malaca.

Assim, o Estado da Índia não significou mudança nas estruturas sociais e políticas das sociedades que tocou. Na verdade, insisto, tratava-se mais de uma rede de feitorias e fortalezas dispostas ao longo do Índico do que um domínio territorial. Por conseguinte, não representava uma novidade para a cultura política da região, seu modelo já era conhecido. Ao mesmo tempo, aproveitou-se da experiência lusa na Guiné. O funcionamento do Estado da Índia ocorria por um sistema de fortalezas que protegiam as feitorias e garantiam a presença lusa nas rotas consideradas vitais. A isso se acrescentam os *cartazes*, espécie de salvo-conduto que as naus deviam portar para navegar nas rotas controladas pela Coroa.

As capitanias das fortalezas e demais cargos administrativos eram concedidos como *ofícios régios*. Assim, as práticas de Antigo Regime se estendiam às conquistas ultramarinas. Isso fica mais evidente quando percebemos tais ofícios, civis ou militares, como o exercício da autoridade familiar, como privilégio régio sobre a sociedade e a economia. Em outras palavras, os titulares de tais privilégios tinham acesso a recursos negados ao restante da população; à qual cabia, porém, pagar por tais privilégios. Portanto, o exercício daqueles ofícios reforçava o modelo de sociedade cuja ideia de *perfeição* consistia na diferença política e econômica. Algumas pessoas eram melhores que outras, pois recebiam do rei o poder do mando e, insisto, o exercício de tal poder era remunerado pela sociedade, ou seja, pelos que obedeciam. Na Índia e, como veremos, no Estado do Brasil, os oficiais da Coroa interferiam no mercado concorrendo com os comerciantes, seja por decisão régia (apropriação de fração do comércio a título de remuneração) ou de maneira ilegal. De uma forma ou de outra, tais mercados sofriam ingerência política, em detrimento da livre concorrência.

Os ofícios régios eram disputados, em especial, pelos filhos segundos da nobreza, os preteridos pela sucessória da Lei Mental de 1434, e por várias outras gentes que viam no ultramar a oportunidade de fugir da pobreza de Portugal. Considerando que vários daqueles cargos incidiam em serventias, havia contingentes lusos que circulavam nas diversas geografias ultramarinas (Brasil, África e Ásia) em busca de ofícios. Os cargos militares da Ásia e da África do Norte atraíam especialmente a nobreza, pois representavam embates contra muçulmanos e lutas pelo cristianismo; mesmo assim com certa resistência do grupo. Cabe destacar que, durante séculos, a primeira nobreza – os titulares das primeiras casas do reino – pouco se sentia atraída em servir no ultramar. Somente depois da Restauração de 1640 e, portanto, com os Bragança, a partida da primeira nobreza para o ultramar passou a ser determinação da Coroa.

A Coroa, através dos seus ofícios (dádivas do príncipe), intrometia-se em diferentes sociedades e economias de sua vasta Monarquia, com isso, realçava sua centralidade. Um dos principais temas discutidos no Conselho Ultramarino era a concessão de ofícios nas diferentes regiões da Monarquia. Claro está que tal distribuição dependia dos jogos políticos palacianos, assim como a autoridade de um oficial dependia de seus entendimentos com a Câmara e com potentados regionais. Porém, isso não retirava da Coroa sua centralidade, apenas tornava mais complexo o funcionamento daquela sociedade e economia.

Na Índia do século XVI encontramos oficiais régios cujos serviços ao rei seriam recompensados via concessão de capitanias donatárias no Brasil. Esses foram os casos de Duarte Coelho, Francisco Pereira Coutinho e de Vasco Fernandes Coutinho, donatários, respectivamente, de Pernambuco, Bahia de Todos os Santos e do Espírito Santo. Provavelmente, parte dos primeiros engenhos de açúcar pernambucanos resultou dos recursos previamente adquiridos por Duarte Coelho e seu cunhado Jerônimo de Albuquerque, no Índico.

Ao longo do século XVI o Estado da Índia e os lucros do comércio do Índico foram os responsáveis, em grande medida, pela manutenção da Coroa lusa e de sua sociedade aristocrática. Tal cenário, contudo, foi progressivamente alterado por mudanças conjunturais políticas e militares no Índico. Entre outros, o avanço territorial do Império Mongol e da Pérsia implicou o recuo dos portugueses naquela região. Posteriormente, esse processo foi acelerado pelas investidas dos holandeses em sua guerra contra os Habsburgo. Em fins do século XVII, a Monarquia lusa deixava de ter na Índia a joia principal da Coroa, substituída pelo Atlântico Sul. Por essa época, e ao longo do século XVIII, a América lusa e as conquistas africanas, especialmente Angola, passavam a ser a base material da monarquia.

Nessa altura, cada vez mais, descortinamos uma monarquia pluricontinental, no caso, um sistema formado pelo Reino e suas conquistas ultramarinas e, nelas, a administração periférica da Coroa (governadores e oficiais com autonomia garantida por suas cartas patentes) e, especialmente, municípios com a prerrogativa do autogoverno. Estes com a capacidade de comunicação política, ou seja, de negociação com a Coroa.

Alguns autores, como vimos, consideraram a conquista de Ceuta em 1415 decisiva para a formação do sistema mundial capitalista; já em funcionamento desde o século XVI e com centro no noroeste europeu; especialmente em Antuérpia, Amsterdã e Londres. Para Immanuel Wallerstein, entre outros, a expansão ultramarina se desdobrou num mercado em escala mundial contendo, na sua base, uma divisão internacional do trabalho formada pelo tráfico atlântico de escravos, a agroexportação escravista e a rota das especiarias. Pois bem, o comércio de cativos africanos organizado pelos portugueses no século XV e XVI, como vimos, tinha na política um momento decisivo. O exercício dessa atividade entre Cabo Verde e Senegâmbia era privilégio conferido pela Coroa aos moradores daquelas ilhas. Mais adiante, isso foi agregado ao papel central do Castelo de São Jorge de Mina, controlado também pela Coroa. Ao longo do século XVI e do XVII, os governadores de Angola adquiriram papel fundamental nesse comércio.

Em outras palavras, o tráfico atlântico de escravos, naquela época, não ocorria em um mercado dominado pela livre concorrência. O comércio com a Índia era deficitário, pois a Europa não possuía produtos à altura dos produtos asiáticos. Lisboa lucrava no Índico principalmente via comércio regional ali presente. A produção de açúcar no Atlântico terá por base o "sistema da Madeira", que combinava famílias de trabalhadores livres sem terras e com escravos. Posteriormente, na América lusa, a produção açucareira como o conjunto da sua economia escravista será custeada não tanto pelo capital mercantil europeu, mas principalmente pela sociedade local através de irmandades como a Santa Casa de Misericórdia e o Juízo dos Órfãos. Assim, a expansão mercantil lusa dificilmente pode ser vista como início de um sistema capitalista mundial. Com certeza, tal expansão ampliou as rotas internacionais e ligou diferentes sociedades. Porém, apenas investigações consistentes permitirão maior compreensão desse possível sistema econômico em escala mundial.

Resgates de cativos na África e na travessia atlântica e escravidão africana no Brasil

Roberto Guedes

Relacionaremos o tema do comércio atlântico de cativos durante a época moderna ao catolicismo da monarquia pluricontinental portuguesa. Isso significa destacar, por mais que hoje nos pareça absurdo, que, mais do que uma cadeia mercantil, o trajeto entre os sertões de África, a travessia atlântica e as fazendas do Brasil converteram cativos em escravos cristãos, politicamente submetidos e inseridos no mundo do trabalho. Essa conversão, que podia levar anos, é parte da história do êxito de Portugal na América para o qual o cristianismo foi fundamental.

O cristianismo conviveria com a produção e o comércio de cativos e a escravidão de homens até bem avançado o século XIX, ainda que, a partir de meados do século XVIII, em algumas de suas vertentes, paulatinamente a mesma fé que os justificava passasse a condená-los moralmente.

Porém, antes de o *escravismo* – o conjunto que engloba (1) produção, (2) comércio de cativos e (3) posse, submissão e exploração de escravos – tornar-se uma distopia ocidental cristã, bulas papais, defesas veementes de dignitários da Igreja Católica e de religiões protestantes lhe deram caução moral e teológica. Sobre a América portuguesa, por exemplo, padres escreveram manuais de conduta senhorial e de obediência escrava sem questionar a escravidão e o trato de seres humanos. Sobre a África, teólogos se preocuparam com a legitimidade da produção e da comercialização de cativos, que, a seus olhos, deveriam ser cristãmente justas, não condenadas de antemão. Nas Américas católicas, maus senhores e maus escravos, sim, podiam ser criticados, mas não o escravismo e as condições senhorial e escrava. Senhores cristãos deveriam governar cativos cristãos e estes deviam obedecer. Enfim, padres abonaram não apenas a escravidão, mas igualmente o cativeiro e o comércio de gente.

Respaldados moral, cognitiva e socialmente, cativação, comércio de cativos e escravidão eram vistos por livres, escravos e alforriados como fenômenos naturalizados. O batismo foi decisivo em tudo isso. O ritual de João Batista assinalava a remissão do pecado original e a entrada dos homens na Cristandade, mas, nas monarquias católicas ibéricas modernas, a cerimônia também serviu como porta de entrada na escravidão mundana e ponto nodal no comércio atlântico de cativos. O primeiro sacramento cristão escravizava, e, em termos simbólicos e práticos, dava bênçãos e força para o escravismo. Era um longo processo que se iniciava ainda na África, onde se produzia cativos. Com exceções de áreas escravistas da Monarquia portuguesa na própria África, como Luanda e Benguela, nas quais se batizava escravos que lá viviam, na cadeia mercantil africana entre os sertões e os portos exportadores só havia *cativos*, depois transformados em *escravos* quando recebiam o batismo e um nome cristão no Brasil.

Fundamentalmente, havia três eixos mercantis em que os cativos ainda eram apenas cativos, isto é, não eram plenamente escravos inseridos no processo produtivo: 1) os caminhos entre os sertões e os portos litorâneos africanos; 2) a travessia atlântica entre os portos africanos e o desembarque na América; e 3) entre as cidades portuárias e as várias fazendas e cidades brasileiras. Apenas na etapa 3 nomeava-se os cativos como escravos, atestando a posse dos senhores por meio do batismo. Para fabricar escravos, era preciso dar nome cristão – a escravidão era, também, um ato de nomeação moldado pelo catolicismo.

Para escrever essa História com ênfase em Angola e no Rio de Janeiro, respectivamente a maior área exportadora e a maior praça importadora de cativos entre os séculos XVI e XIX, usamos, para fins do século XVIII e inícios do século XIX, alguns registros de batismo da cidade de Luanda e alguns da cidade carioca, e um relato de um bispo de Angola de inícios do século XVIII, além da contribuição de historiadores. Começamos pela postura da Igreja Católica e pelas normas eclesiásticas que demonstram que a própria legislação canônica costurava muito bem a intimidade entre o catolicismo e a escravidão.

A NORMA CANÔNICA E AS NORMAS SOCIAIS IMPOSTAS PELO ESCRAVISMO E PELAS ORIENTAÇÕES DO ANTIGO REGIME

Além de justificar o escravismo, a Igreja Católica moderna viu nele um meio de evangelizar escravos africanos e seus descendentes comumente chamados de *crioulos*, mas também os *forros* e os seus descendentes *ingênuos*, isto é, nascidos livres. Para tal fim, a Igreja Católica incentivou a devoção a santos pretos e pardos, como Santa Efigênia, Santo Elesbão, São Benedito, entre outros, assim como estimulou a proliferação de irmandades de escravos e forros, de pretos e pardos. Ao fazer isso, o objetivo da Igreja era realçar a virtuosidade de santidades pretas e pardas que servissem de exemplo a escravos, forros e seus descendentes, como demonstrou o historiador Anderson de Oliveira. Evidentemente, ela não deixou de fora os cuidados com o batismo, a porta de entrada na Cristandade. A legislação que se criou no Brasil seguiu, com adaptações do Antigo Regime aos trópicos, as orientações do Concílio de Trento, já analisado no primeiro capítulo. Essa mesma legislação canônica valia no bispado de Angola, Congo e São Tomé.

A elaboração dos registros de batismo foi normatizada pelas Constituições Primeiras do Arcebispado da Bahia, publicadas em 1720. As Constituições davam vetores para a feitura de cada tipo de registro paroquial (batismo, casamento e óbito) e, sobre os registros de batismo, postulavam que deviam informar data, local, nome do padre que batizava, nome do batizado, de seu pai, de sua mãe, o recebimento dos santos óleos, os nomes do padrinho e da madrinha, seus estados matrimoniais e a paróquia onde moravam. Era a forma de registrar e, pedagogicamente, estabelecer parentesco espiritual entre os paroquianos.

Na prática, ia-se além do que as Constituições preconizavam. As diretrizes das Constituições não exigiam informações sobre qualidades da escravidão e categorias afins (pardo, preto, branco, crioulo, mulato etc.) ou as condições jurídicas de pais e padrinhos (livres, forros e escravos), de quem se demandava apenas anotação de nomes e estado matrimonial. Muito menos as Constituições estipulavam que se assinalassem atributos sociais de dona, capitão, tenente etc. dos envolvidos no batismo, o que era muito frequente. Assim sendo, essas classificações correntes na própria sociedade, anotadas pelos padres nos assentos de batismo a despeito das normas canônicas, demonstram valores próprios de uma sociedade escravista de Antigo Regime.

Todavia, na perspectiva do catolicismo, antes de tudo, os assentos batismais eram documentos religiosos, porque as Constituições consideravam que o sacramento causava "efeitos maravilhosos", posto que, por ele, eram perdoados tanto o pecado original como os atuais. O batizado era "adotado em filho de Deus e feito herdeiro da glória e do reino do céu. Pelo batismo professa o batizado a fé católica, a qual se obriga a guardar". Os padrinhos se transmutavam em pais espirituais de seus afilhados ficando obrigados a "lhes ensinar a doutrina cristã e os bons costumes". Mais ainda, o apadrinhamento criava um vínculo de parentesco espiritual entre compadres e comadres que implicava, inclusive, certas interdições entre eles. Tal como entre pais, filhos, irmãos, estava vedado a padrinhos e madrinhas se matrimoniarem com seus afilhados, assim como não haveria consórcio entre comadres e compadres. Talvez denotasse uma espécie de incesto religioso.

A preocupação maior da Igreja Católica era evangelizar. Diferente das áreas de colonização protestante nas Américas – que tendiam a não batizar escravos, porque supostamente geraria igualdade entre livres e escravos –, nas Américas ibéricas batizava-se escravos sem nenhuma contradição, pois a igualdade entre eles e os senhores não seria mundana, mas espiritual. O senhor devia, idealmente, tratar bem os seus escravos e estes, obedecer. As contas perante Deus seriam pagas na vida após a morte, no paraíso ou no inferno.

Raramente senhores, mas não os seus parentes, serviam de padrinhos de filhos de escravos, e igualmente livres e forros apadrinhavam filhos de escravos, entre outros arranjos. Entretanto, nem sempre e nem em toda a parte o batismo e o compadrio significaram aliança social ou parentesco espiritual. Em especial no porto de Luanda, para a maioria dos cativos tratou-se apenas, como adiante demonstraremos, de ministrar o sacramento às chamadas *cabeças* e *crias*, exatamente assim designados nos registros batismais. A força do comércio de gente era tão intensa que, nas consagrações, não se dava nomes cristãos às *cabeças* e *crias* e também não havia padrinhos e madrinhas. Mas essa maneira de batizar era dirigida somente aos cativos destinados ao comércio atlântico para as Américas, pois as crianças batizadas como escravas, cujos pais também eram escravos que viviam na cidade, recebiam nomes cristãos. Já nos rituais envolvendo *inocentes*, todos (filhos, pais, padrinhos, senhores) eram identificados com nomes cristãos e os pais e padrinhos se aparentavam pelo compadrio.

Ademais, o local das cerimônias fazia diferença. Os sacramentos dados a *cabeças* só ocorriam às vésperas do embarque na freguesia de N. S. dos Remédios, na cidade baixa de Luanda, onde se localizava o porto. Isso era muito diferente do que sucedia na freguesia de N. S. da Conceição, na cidade alta, zona administrativa, local em que só houve sacramento de *inocentes*. Diferente dos batismos coletivos das *cabeças* que seriam exportadas ao Brasil, os rituais dedicados às crianças cujas mães escravas residiam na cidade luandense eram individualizados. Exemplos que atestam dessemelhanças entre os modos de batizar *inocentes* e *cabeças* são, respectivamente, os seguintes:

Lourenço

Aos dezessete de junho de mil setecentos e setenta e um batizei nesta Freguesia da Sé [N. S. da Conceição] a Lourenço, filho natural de Manoel Francisco **escravo** de Álvaro Matoso e de Luiza Diogo **escrava** do mesmo e lhe pus os santos óleos. Foram padrinhos Manuel Antônio, **escravo** de Francisco Martinho, e Luísa Manuel, **escrava** do Tenente Coronel Domingos da Fonseca Negrão etc.

O Cura Antônio Rodrigues da Costa[19]

Adultos

Aos seis dias do mês de março de mil oitocentos e quatro batizou solenemente o reverendo coadjutor Manoel Teixeira de Carvalho quinhentas e dezenove **cabeças** e sete **crias** do coronel Anselmo da Fonseca Coutinho, de que mandei fazer este assento e assinei.

O Vigário João Pinto Machado[20]

Como se verifica, à margem esquerda de cada assento já se nota o nome do *inocente*, Lourenço, e o anonimato dos adultos. Também chama atenção o fato de as *cabeças* e *crias* não serem aludidas como escravas, enquanto pais e padrinhos já ambientados na escravidão de Luanda eram considerados escravos de algum senhor. Isso demonstra que as *cabeças* e *crias* ainda eram apenas *cativas* e que transformar um *cativo* embarcado em Luanda em *escravo* no Brasil requeria, em algum momento, o recebimento de um nome cristão e de uma enunciação como *escravo*. Portanto, o recebimento de um nome cristão, já no Brasil, transformava o cativo em um *cativo cristão*, completando o processo iniciado em Angola.

Enunciar, pelo batismo, como *escravo* alguém que havia sido cativado também acontecia nas cidades africanas impactadas pelo escravismo católico do Brasil, porque, além de as Constituições Primeiras terem validade no Congo-Angola, o Brasil também influenciou sociedades africanas e "portuguesas" a ele vinculadas pelo comércio de cativos. Isso, contudo, só era corrente em cidades e áreas visceralmente conectadas ao Brasil pelo comércio de cativos em que o intercâmbio cultural era fortíssimo. Para que se tenha uma ideia das influências mútuas entre Brasil e portos africanos e suas adjacências, gastava-se menos de dois meses de viagem entre portos africanos e cidades como Salvador, Recife e Rio de Janeiro, ao passo que se despendiam seis ou cinco meses de viagem entre o Rio de Janeiro e Cuiabá, no Mato Grosso, por exemplo.

No porto de Luanda, as *cabeças cativas* recebiam os primeiros sacramentos cristãos católicos, certamente sem entendê-los na imensa maioria dos casos.

A propósito, a palavra *tráfico*, raríssimamente usada na época moderna, passou a ser corrente em fins do século XVIII e no século XIX, sobretudo quando o comércio de seres humanos se tornou ilegal; ilegal no Brasil em 1831, mas definitivamente aqui golpeado em 1850 pela lei Eusébio de Queirós. O vocábulo *tráfico* começou, depois, a ter o significado de atividade mercantil ilegal, mas, antes, o comércio ilegal era chamado de *descaminho*, *desvio*; ou *contrabando*. Por isso mesmo, o Vocabulário Português e Latino, de autoria do padre Raphael Bluteau, publicado em 1712, não contém o vocábulo *tráfico*, apenas *tráfego*, que deriva do "italiano *traffico* ou do francês *trafic*" e queria dizer, segundo o padre, negócio, comércio, inclusive, entre outros, o "tráfego humano, o tráfego da vida", "tráfego de gente". O verbo "trafeguear" significava "negociar com muito tráfego", mas o próprio padre acrescentou que era "pouco usado".[21]

Mapa 4 – Volume e direção do comércio transatlântico de escravos para algumas das principais áreas escravistas americanas (c. 1500-c.1850)

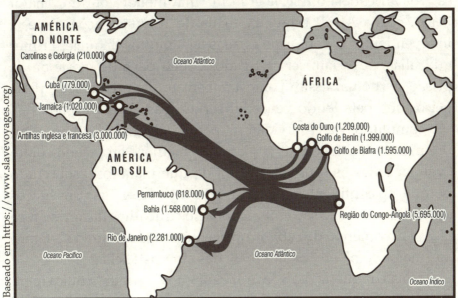

Os números entre parênteses correspondem à quantidade de cativos negociados pelo tráfico atlântico de escravos e transportados dos portos africanos para as Américas.

Realmente, a palavra era de raro emprego, assim como *tráfico*. Como o negociar *cativos* era justificado religiosamente, o termo mais usual para caracterizá-lo era *resgate*. Por exemplo, no regimento (instruções de governo) do governador de Angola, de 1611, permitia-se no porto de Benguela "abrir resgate de escravos de maior rendimento que o de Angola".[22] Essa concepção atravessou a Era Moderna. No avançado ano de 1808, o padre Joaquim da Cunha Azeredo Coutinho, que foi o último inquisidor-mor do Santo Ofício de Portugal, publicou a primeira edição portuguesa de sua obra intitulada *Análise sobre a Justiça do Comércio do Resgate dos Escravos*, na qual ele fez uma contundente defesa da escravidão e do comércio atlântico de cativos. Todavia, tratava-se, igualmente, de "resgatar almas" do paganismo a partir do comércio de gente e da escravidão nas Américas.

Nesse sentido, o padre Azeredo Coutinho dizia que, para os cativos africanos, o *resgate* era um "mal menor" ou um "maior bem", pois a África estava povoada de "muitas nações livres e independentes e, conforme as suas leis, muitos daqueles crimes que, aliás, deveriam ser castigados com a pena de morte ou de prisão perpétua, assim como também muitos daqueles prisioneiros que pela lei do vencedor seriam passados à espada [...], são comutados na escravidão perpétua e degredados para sempre para fora de seu país [...]". Seria "melhor" ou "menos pior" "vender antes os seus cativos [...] do que matá-los", sobretudo porque, no continente africano, não se sabe fazer "uso dos braços supérfluos que não são empregados nos trabalhos da agricultura [...]".[23] O comércio de cativos uniria o útil não ao agradável, mas ao "maior bem" ou "menor mal" das circunstâncias.

Uma vez que as "paixões e os caprichos" seriam "a única regra de todas as nações" africanas, coube ao *resgate* atlântico de cativos livrar o continente do "abuso de sexo", da "paixão insaciável de aumentar o número de suas mulheres" (poligamia) e "de ter muitos filhos para se fazerem poderosos e temidos dos seus inimigos". Por isso, Azeredo Coutinho afirmava que a comunicação entre os homens, mesmo via resgate e escravidão, é o que vai "polindo e civilizando", o que tira as nações do seu "estado de barbaridade até levá-los ao seu maior estado de civilização". A comunicação dos *bárbaros* da África com os comerciantes estrangeiros, nesse ponto de vista, os tornaria "mais humanos", porque eles aprenderiam "alguma civilização e costumes mais doces". Desse modo, o que se nota em suas palavras é que o resgate era considerado útil, polia e adocicava os costumes, livrando os africanos dos abusos do sexo, das paixões, das superstições etc., avessas à moral católica. A escravidão cristã americana teria, evidentemente, sua parte na *civilização* dos africanos porque lhes dava a luz do cristianismo.

Em síntese, o comércio atlântico de cativos africanos também fez parte do catolicismo da Monarquia portuguesa pluricontinental. Porém, o que sociedades africanas pensavam sobre isso?

ÁFRICA, ESCRAVISMO E HISTORIADORES

Sobre sociedades africanas que comerciavam cativos, considerar suas práticas como capitalistas ou de Antigo Regime católico significaria dizer que elas foram meras marionetes nas mãos dos europeus e cristãos quando, de fato, estes não gozavam de nenhuma superioridade em territórios africanos. Os motivos das participações de sociedades africanas no negócio foram variados. Mas, como quer que tenha sido, no dizer do historiador Roquinaldo Ferreira, os europeus só "controlavam o comércio costeiro a partir de entrepostos comerciais – fortalezas, fortes ou feitorias –, mas os africanos tinham controle absoluto das rotas internas de comércio".[24] Assim, os europeus precisavam de permissão para se estabelecer no continente, para construírem feitorias, fortes etc., e mesmo para comerciar. Precisavam constituir alianças. Desconhecedores do terreno de batalha, as armas de fogo europeias (arcabuzes e mosquetes em geral, e mesmo as artilharias, que eram pequenos canhões), embora importantes, não eram decisivas nos combates na África. Em termos de contingente militar, a superioridade africana equivalia à de um elefante contra uma formiga. Além disso, doenças como a malária ceifavam tropas europeias em solo africano. No que tange a produtos, a gente que saía da Europa ou das Américas para comprar cativos na África não tinha nada a oferecer às sociedades africanas que as tornassem dependentes ou fossem fundamentais à sua sobrevivência, embora africanos cobiçassem bens externos que eram frequentemente usados na compra de cativos no continente, a exemplo de tecidos, armas, tabaco, cachaça, ouro etc.

Em resumo, as sociedades africanas que atuaram no apresamento e comércio de gente, como várias outras sociedades de épocas e lugares diferentes, fizeram-no a partir de seus próprios interesses econômicos, religiosos, políticos etc. Mais do que isso, como argumenta o historiador John Thornton, africanos também moldaram o mundo atlântico, o que quer dizer que o Atlântico moderno não deve ser visto como um oceano estritamente europeu. Tampouco o Ocidente é uma construção apenas europeia, ao menos no Atlântico e nas Américas. Tratou-se, assim, da importância da *Africa and Africans in the Making of the Atlantic World* (*A África e os africanos na formação do mundo atlântico*),[25] adequado título que o autor deu a seu livro clássico.

Na verdade, a África, como ensina Randy Sparks sobre produção de cativos e comércio de gente até os portos de embarque, era o lugar *onde os negros eram senhores* (o título de seu livro: *Where the Negroes were Masters*).[26] Sendo assim, sociedades africanas compreendiam o escravismo baseadas em suas próprias visões de mundo religiosas, culturais, políticas, econômicas etc. Por exemplo, na região do Congo-Angola, a noção de *desventura*, com implicações religiosas, era usada para explicar os motivos do escravismo. A travessia do oceano Atlântico (*Kalunga Grande*) era vista por alguns como uma passagem para o mundo dos mortos. Esse tipo de observação foi feita por pesquisadores e autores como Georges Balandier, Jan Vansina, Vicente Fox, John Thornton, Linda Heywood, Cécile Fromont, entre outros. Portanto, para os africanos, não era o capitalismo nem o cristianismo que davam sentido ao que lhes acontecia.

Por sua vez, o historiador nigeriano Harris Memel-Fotê[27] estudou as representações da escravidão e do comércio de gente em sociedades linhageiras da Costa do Marfim, na África Ocidental, dos séculos XVIII e XIX, especialmente sociedades localizadas às duas margens do rio Bandama. As sociedades linhageiras consideravam que ser traficado e se tornar escravo representavam decadência e/ou desqualificação social plena, e os escravos eram tidos por perigosos, portadores de enfermidades transmissíveis, inferiores. Nessas sociedades estava presente a dimensão metafísica dos fenômenos.

Em suma, havia várias formas de as sociedades africanas explicarem o escravismo, mas sempre a partir de suas perspectivas. Igualmente, europeus em geral e ibéricos em particular não entendiam a ordem do mundo e os destinos de suas vidas ancorados no pensamento cartesiano e nos métodos científicos. Também não leram nenhum sociólogo ou filósofo laico dos séculos XVIII, XIX, XX e XXI para conduzir seus pensamentos, nem Karl Marx nem Adam Smith, e muito menos seus seguidores.

Evidentemente, o dito acima não quer dizer que a demanda por escravos africanos nas Américas não impactasse o escravismo no continente africano. Mas, quaisquer que fossem os impactos, nada na participação africana no trato de gente foi fruto de uma estrita imposição do Antigo Regime europeu e tampouco do suposto mercado capitalista ocidental. Na segunda explicação repousa uma grande encruzilhada sobre esta participação africana. Por um lado, há uma quase unanimidade historiográfica sobre a fragilidade política europeia na África, mas ela é acompanhada da ideia de que o mercado capitalista moderno e/ou a demanda por escravos africanos nas Américas alteraram decisivamente o escravismo em sociedades africanas, além de outros aspectos sociais, culturais etc. dessas sociedades – o que leva à conclusão de que o imbricado mercado atlântico de cativos e as escravidões nas Américas venceram, superaram, os interesses e os destinos de sociedades africanas que, quando muito, apenas responderam a estímulos externos.

Essa perspectiva contraditória adormece em uma concepção maior sobre o lugar do escravismo moderno, especificamente o comércio atlântico de cativos, na história. Como notamos, o conceito de *economia-mundo* de Immanuel Wallerstein e a forma como foi divulgado geraram a perspectiva de que o capitalismo comercial, centrado na Europa, teria sido o grande condutor da economia e das sociedades modernas. Mas Wallerstein deu pouca atenção ao trato de gente na África e no Atlântico. Antes dele, foi Eric Willians, em *Capitalismo e escravidão* (1944) – estudo voltado basicamente ao Atlântico Norte –, quem difundiu a ideia de *comércio triangular* (Europa-África-América) aplicada ao comércio de cativos. No caso, essa caracterização do capitalismo que seria vigente na Época Moderna era, frequentemente, apreendida a partir do volume de circulação de mercadorias e não da formação social, nesta incluídas as relações sociais de produção, as modalidades predominantes de trabalho, as relações de poder. Assim, teria sido o capital mercantil europeu o financiador das expedições negreiras, comprando cativos na África e os vendendo nas Américas, de onde matérias-primas eram levadas para o centro do capitalismo na Europa. Evidentemente, nesse modelo triangular, as áreas ditas coloniais, desprovidas de interesses e capacidade de financiamentos próprios, seriam "dependentes e passivas perante os fluxos mercantis e os capitais europeus".[28] A Europa, por sua vez, dinamizava sua economia interna porque o tráfico causava efeito multiplicador, por exemplo, na construção de embarcações, portos etc. Esse processo foi chamado de "acumulação primitiva de capital".

Complementavam esse quadro de dependência e subordinação das Américas e da África teorias sobre o Estado moderno europeu que o concebiam como *absolutista*, uma entidade que submetia politicamente as colônias às suas metrópoles. Então, o Estado moderno absolutista europeu, representado pelas metrópoles europeias, seria altamente centralizado e seus longos e tentaculares braços políticos controlariam, eficazmente, mesmo à distância, as veias abertas das áreas coloniais, inclusive seus cursos mercantis, suas formas de trabalho e suas possibilidades de reprodução. Em síntese, as sociedades coloniais americanas e africanas seriam "guiadas por Estados absolutistas sediados na Europa que agiam em prol da acumulação primitiva de capital sob os auspícios do comércio capitalista". Este comércio triangular imporia, em linhas gerais, uma divisão internacional do trabalho, na qual cabia à Europa o controle via financiamento e fluxos mercantis, à África a oferta de mão de obra escrava, e às Américas a produção escravista de matérias-primas.

Essas noções começaram a ser produzidas há quase cem anos, mas ainda latejam em muitos livros didáticos de História espalhados pelo mundo, apesar de, hoje em dia, caracterizar-se sociedades africanas e americanas como "condutoras de suas histórias".[29] Contudo, há explicações sobre o negócio de comprar e vender gente em sua dimensão atlântica integrada que colocam o *resgate* atlântico de cativos no centro do entendimento sobre a escravidão na Monarquia católica portuguesa na América. Mas em momento algum essas explicações desvinculam o *resgate* da história da África, haja vista que ele foi um fenômeno afro-americano, não apenas por envolver as duas margens atlânticas, mas sobretudo porque o comércio de cativos decisivamente moldou sociedades no Brasil e na África. O século XVIII, como veremos adiante, foi a centúria em que o comércio de cativos cresceu enormemente em relação aos séculos XVI e XVII, trazendo modificações para o Brasil e para sociedades africanas a ele vinculadas. Além disso, o capital não partia da Europa, predominantemente.

Seguindo os passos do antropólogo Pierre Verger, autor do clássico livro *Fluxo e refluxo do tráfico de escravos entre o golfo de Benin e a Bahia de Todos os Santos* (1968), que percebeu que o comércio – além de outras relações sociais – entre o golfo de Benin e a Bahia era bilateral e prescindia da intermediação portuguesa, o historiador Manolo Florentino elegeu como foco essencial de sua obra magna, *Em costas negras*, os comerciantes da praça mercantil do Rio de Janeiro durante o período de 1790 a 1830, mas também se reportou a outros momentos do século XVIII. A partir de meados do século XVIII, o Rio de Janeiro tornou-se o maior porto do Brasil recebedor de cativos africanos vindos, em sua maioria, da região do Congo-Angola. Tal como no Rio de Janeiro, também predominou a bilateralidade entre a Bahia e os portos africanos.

Entender o *resgate* é essencial também para conhecer sociedades africanas. Afinal, na África, ele não se resumia a uma imposição externa, principalmente em uma época em que europeus e americanos não tinham nenhuma supremacia no continente. Logo, o *resgate* desempenhou papéis importantes conforme interesses econômicos, políticos e sociais africanos. A natureza política se explica por basicamente duas razões. Primeiramente, permitia o exercício do poder por parte de membros das sociedades africanas que vendiam cativos em troca de produtos externos (armas, tecidos, cachaça, fumo, ouro etc.). Daí resultava que os que monopolizavam a captura e a venda de cativos conseguiam recursos externos (europeus, americanos e asiáticos) não acessíveis a todos os membros da sociedade. Distribuí-los no âmbito interno de suas sociedades propiciava poder, já que contribuía para alianças políticas, enriquecimento, *status*. Como entre os bens externos adquiridos com a venda de cativos havia armas, os que as controlavam se fortaleciam militarmente no plano interno. Em outros casos, a produção de cativos depois vendidos nas cidades portuárias africanas era feita pelo sistema judicial alterado pela demanda atlântica por cativos. Como resultado da alteração do sistema judicial de sociedades africanas, que passaram a punir com cativeiro o que antes era punível de outra forma, fortaleceu-se o poder de quem tinha atribuição de julgar. Assim, internamente, inimigos políticos ou quaisquer "súditos" puderam passar a ser cativados e vendidos por motivos "banais" aos nossos olhos. Em segundo lugar, externamente, havia sociedades que guerreavam para fazer cativos em outras sociedades. Para tanto era preciso poder militar, isto é, armas compradas com a venda de cativos. Em outros casos, tratava-se de questões de geopolítica africana, de cujas guerras os cativos eram subproduto, mas igualmente trocados por bens externos. Portanto, interna ou externamente às sociedades africanas que participaram da produção e venda de cativos na África, não se tratava de lei da oferta e da procura. Os africanos não haviam lido Adam Smith.

Em suma, o resgate de cativos fez confluir interesses do Brasil e de sociedades africanas, cada uma atuando a seu modo.

E Portugal? O débil capital mercantil português reinol, de mentalidade arcaica aristocratizante, não era prioritariamente reinvestido na mercancia atrelada ao resgate. Assim, ele só foi dominante no resgate atlântico de cativos *antes* do enorme crescimento dessa atividade no século XVIII, a partir de quando se tornou incapaz de responder à demanda americana. No entanto, é preciso compreender que os papéis ativos das comunidades mercantis estabelecidas na América portuguesa se intensificaram no século XVIII, mas não se iniciaram nesse século. Em *A Bahia e a carreia da Índia* (1968), o historiador José Roberto do Amaral Lapa constatou que a fragilidade do capital mercantil português reinol que abriu portas ao capital brasileiro residente afetou igualmente a rota Carreira da Índia, que era o fluxo que ligava a Bahia ao Oriente. Conforme o autor, do século XVII ao século XVIII, a fragilidade do capital mercantil português tirava inteiramente de Portugal a possibilidade de exercer hegemonia sobre o Atlântico e o Índico, ainda mais depois da União Ibérica, quando Portugal perdeu possessões na África Ocidental e no Oriente para holandeses, ingleses, franceses etc. Diferente do século XVI e das primeiras décadas do século XVII, os mares, as ilhas e os continentes extraeuropeus já eram partilhados por causa da expansão de países mais poderosos, principalmente Holanda e Inglaterra. Dessa maneira, a Carreira da Índia não subsistiu sob controle português e só foi possível pelas novas riquezas que, principalmente através da Bahia, estruturaram sua circulação, mantendo os interesses comerciais principalmente de comerciantes estabelecidos em Salvador, através da conquista de novos mercados (como Mombaça, na costa leste africana), atraídos pelos novos produtos (como têxteis indianos). Exemplos de atuações ativas de comerciantes residentes no Brasil no resgate de cativos na África foram a retomada de Luanda das mãos dos holandeses, em 1648, e a retomada da praça de Mombaça, na África Oriental, em 1698, ações financiadas respectivamente pelas comunidades mercantis do Rio de Janeiro e de Salvador.

Pelo exposto, não causa estranheza que, no século XVIII, a comunidade mercantil carioca (residente), assim como as de

Salvador e Recife, fosse hábil em se converter em fonte principal de crédito para o funcionamento do resgate atlântico de cativos. Ela foi capaz de alugar e comprar embarcações, produtos de escambo (cachaça, fumo, material bélico e, sobretudo, têxteis indianos), montar companhias de seguro etc.

No entanto, a produção de cativos na África coube às próprias sociedades africanas, a partir de suas motivações políticas, econômicas e sociais, entre as quais o fortalecimento de elites guerreiras e mercantis e a geração de riquezas para, enfim, estabelecer hierarquia social local. Como? Os capitais mercantis residentes carioca, soteropolitano ou recifense eram o ponto de partida e a grande fonte de crédito da cadeia de adiantamento-endividamento de mercadorias[30] que fazia o negócio negreiro girar, tornando comunidades mercantis em portos africanos, até certo ponto, deles dependentes. Mas a cadeia se estendia às áreas interioranas de apresamento de cativos. De fato, a produção social do cativo na África, principalmente por guerras, antecedia sua chegada aos portos litorâneos na África e às Américas. No interior do continente africano, inalcançável para portugueses e europeus em geral, as guerras eram um meio essencial de produção de cativos, que, depois, seriam vendidos no litoral.

As autoridades africanas que vendiam cativos ganhavam acesso a diversos tipos de mercadoria e material bélico. Consequentemente, aumentavam sua capacidade de produzir mais cativos e de controlar os bens envolvidos nas trocas. Mas esse fenômeno seria, sobretudo, intensificado a partir de fins do século XVII, e mais ainda no século seguinte, guardando, portanto, estreita relação com a economia nas Américas, especialmente com o Brasil.

No caso do Brasil, o *boom* aurífero no século XVIII, aliado ao desenvolvimento dos complexos açucareiros e da produção de alimentos da Bahia, Rio de Janeiro etc., criou ou estimulou aquele movimento de produção de cativos, via guerras no continente africano, que atendia à demanda americana.

Na África Ocidental, os séculos XVII e XVIII assistiram ao apogeu de grandes Estados interioranos da Baixa Guiné (Daomé, Oyo, Ardra, Ashante etc.). Estas sociedades, que já dominavam as rotas do interior, passaram também a controlar áreas litorâneas de partida para as Américas. Nesses casos, reinos litorâneos que intermediavam o resgate acabaram conquistados por Estados interioranos. Por esses mecanismos, a África Ocidental remeteu às Américas, entre 1650 e 1850, aproximadamente 5 milhões de cativos, a maior parte adquirida na Costa do Ouro e na baía do Benin. O papel modelador do resgate de cativos foi, em suma, alterar relações de poder e fortalecer determinados Estados na África, ou seja, produzir hierarquia política e diferenciação social.

Processo muito similar se deu ao sul, na África Central Atlântica, região congo-angolana onde Portugal até que tentou, nos séculos XVI e XVII, tomar as rédeas do negócio. Aliás, já havia tentado, sem sucesso, implementar em Angola do século XVII uma colonização nos moldes produtivos do Brasil. Supõe-se que a tentativa ocorreu porque Portugal, atendendo aos anseios do capitalismo comercial, que seria "o sentido da colonização", quisesse impor em Angola o resgate apenas para atender à demanda das fazendas do Brasil. Ou seja, o projeto do capital mercantil português reinol seria fazer do tráfico atlântico de cativos um instrumento para estabelecer uma divisão do trabalho para suas áreas de conquista, cabendo ao reino o capital, à África o fornecimento de mão de obra e ao Brasil a produção de matérias-primas (açúcar, ouro etc.).

Porém, admitir a ideia de que o resgate atlântico de cativos na África foi "um instrumento a serviço do capitalismo europeu/português" seria supor que a atividade tenha sido conduzida pelo seu capital mercantil. Por exemplo, o historiador Fernando Novais afirmou que foi o resgate de cativos que implementou a escravidão no Brasil, não o contrário.[31] Com isso, o autor quis dizer que não se priorizou a escravidão de índios, porque o tráfico de cativos africanos era mais um negócio lucrativo do capitalismo comercial. Se fosse o caso, repetiríamos, novamente, a velha mania de conceber a África e a América como sociedades historicizadas exclusivamente pelo capitalismo comercial. Sequer se cogitou a possibilidade de sociedades africanas rejeitarem o sistema produtivo implantado no Brasil.

Supor que o capitalismo moderno europeu foi o motor da história do resgate de cativos atlântico retira de sociedades africanas as suas motivações para atuar nele, nos seus protagonismos exclusivos de produzir cativos no continente e de conduzi-los até os portos litorâneos. Aquela ideia, no fundo, subtrai de sociedades africanas suas racionalidades e suas atuações na história. Contudo, acresça-se outra razão para a vigência daquele tipo de pensamento que é, além da culpa cristã incutida na cabeça de historiadores também imbuídos de noções atuais de mercado, o fato de que, em nossa época, o escravismo ser uma das maiores distopias, se não a maior. É um fenômeno inconcebível por nossos valores morais, políticos etc. E que assim sempre seja. Mas esta é, como demonstra Moses Finley em *Escravidão antiga e ideologia moderna*, a visão de mundo *da nossa época* totalmente avessa ao escravismo. Não era assim antes na África, na Europa, nas Américas, na Ásia, na Oceania; e nem nos polos norte e sul. O mundo sem escravismo é uma experiência recente da humanidade. No Brasil, talvez sejamos apenas a quarta ou quinta geração sem conviver com ele.

ESCRAVISMO EM DOCUMENTOS: O EXEMPLO DE ANGOLA E SEUS SERTÕES

Como o escravismo da Monarquia portuguesa católica, que transformou os cativos em escravos no percurso entre os sertões da África e os portos e as fazendas do Brasil, pode ser visto em documentos de época?

Para responder a isso, devemos atentar à perspectiva cristã católica moderna sobre o escravismo sem julgá-la a partir dos nossos valores de hoje. É preciso observar como o cristianismo que proliferou a partir da criação e do desenvolvimento de uma monarquia pluricontinental lidou com o escravismo.

Voltemos aos batismos e iniciemos pela análise das palavras de um bispo de Angola que se encontram registradas em um documento armazenado na Biblioteca Pública de Évora (Portugal). Quando o bispo de Angola, Luís Simões Brandão (1702-1720), escreveu sua *Memória a El Rey*,[32] preocupado com questões da evangelização nas áreas escravistas do Brasil e da África, o Brasil vivia, além de suas atividades agrárias voltadas à produção de cana-de-açúcar, de alimentos etc., a intensa exploração de metais preciosos na capitania de Minas Gerais, e depois Goiás, Mato Grosso, ou seja, havia uma grande demanda por mão de obra escrava, que era suprida pelo comércio atlântico de cativos africanos. Ciente disso, o padre relacionou a produção de cativos na África com a economia brasileira. Suas palavras demonstram que já havia a ideia de complementariedade das sociedades e economias do Brasil e de Angola, que formavam uma totalidade integrada pelo resgate de cativos na África, a travessia atlântica e a escravidão no Brasil. Complementariedade, aliás, observada por vários historiadores, inclusive para outras partes do continente africano ligadas pelo comércio de cativos às Américas.

Cristãmente angustiado em averiguar se havia *justiça* no modo de apresamento de cativos, o bispo lamentava que, entre o sertão africano até a chegada a Angola – Angola entendida como um espaço político sob jurisdição da monarquia portuguesa –, não existisse qualquer fiscalização. Segundo ele, em Angola, os *armadores* (que eram os que financiavam as embarcações negreiras) compravam os cativos sem fazer qualquer "exame" e os detinham em seu poder por "largo tempo como escravos", "muitos em grilhões e cadeias de ferro". Apenas no momento de embarcá-los para o Brasil, ou poucos dias antes, é que os armadores conduziam os cativos, "assim mesmo em ferros", à presença de um padre nativo que falava línguas locais. Então, o padre nativo pergunta aos cativos sobre as terras em que nasceram e se já eram escravos daqueles que nas suas terras os venderam aos primeiros compradores. Os cativos confessam "que eram escravos ou que suas mães o eram", ou o próprio dono que os comprou havia afirmado que já os tinha e possuía "como escravos". O bispo lastimava que os cativos fossem "uns miseráveis rústicos, sem capacidade" para "alegarem pela sua liberdade". Depois dessa averiguação, contudo, os cativos são "julgados escravos perpétuos e como tais se lhes põe a marca de Sua Majestade para passarem para o Brasil". A marca real dava legitimidade ao processo de produção de cativos.

Todavia, antes de legitimar escravos perpétuos no litoral às vésperas de os embarcarem para o Brasil, era preciso produzir os cativos na África. Isso estava fora da competência de portugueses, ingleses, franceses, holandeses, dinamarqueses, espanhóis etc. Aqui adentramos o tópico dos agentes da produção e do comércio interno de cativos até Angola.

Para o bispo são três as formas de produzir escravos. A primeira é a "guerra entre os senhores das terras" ou "destes com outros que ficam mais pelo sertão adentro" que são "gentios" que vivem "no paganismo". É "fama constante" que, "injusta e barbaramente", na opinião do bispo, se faz "guerras sem outra causa mais que o fim de roubar e prender gente". Depois, esta gente é vendida aos *pombeiros*, que são os comerciantes que levam os cativos até o litoral de Angola, mas também a outros portos de embarque.

Como se constata, os senhores das terras (autoridades africanas) eram controladores do processo de cativação. Os cativos eram espólios de guerras nos sertões e nas terras dos senhores inimigos, e frequentemente se guerreava exclusivamente para produzir cativos. As guerras que geravam cativos tinham motivações geopolíticas quando os senhores das terras expandiam seus domínios ainda mais ao interior aonde o cristianismo não chegava. Em quaisquer casos, as guerras que faziam cativos eram um negócio africano.

Para o bispo, a segunda causa dos "cativeiros perpétuos" é a imposição desta "pena aos réus de certos delitos por leis ou preceitos dos senhores das terras ou por costume antigo de seus antepassados".

Aqui a produção de cativos não resultava da beligerância entre duas sociedades africanas comandadas por suas autoridades, mas das dinâmicas jurídicas e políticas internas de cada sociedade africana, alteradas ou não pelo trato de cativos. Já havia leis em sociedades africanas ou julgamentos dos seus senhores que puniam certos delitos com cativeiro perpétuo, ou por força do costume. O que a demanda atlântica fez, como indicam pesquisas recentes, foi estimular a intensificação de punições com cativeiro em sociedades africanas. Ainda assim, a cativação continuou nas mãos de sociedades africanas. Provavelmente, criou ou fortaleceu poderes locais em função da possibilidade de certos homens imporem a pena de cativeiro sobre outros, hierarquizando a sociedade a partir do sistema judicial. Em resumo, pelo sistema judicial, o processo de produção de cativos gerou desigualdade política em solos africanos no interior de cada sociedade.

A terceira causa dos cativeiros, conforme o bispo, é a "venda que fazem os pais, avós, tios e parentes dos filhos negros, sobrinhos e parentes, e os senhores de terras de seus vassalos, quando não têm outros negros que dar aos pombeiros".

Aqui é preciso ser muito cauteloso para não reforçar noções equivocadas. Sabe-se que portugueses usavam uma linguagem do parentesco cristão ocidental (filhos, avós, sobrinhos etc.) para caracterizar laços de dependência e formas de hierarquia variadas entre sociedades africanas. De todo modo, mesmo que se vendesse parentes, isto não era uma aberração para eles, posto que havia muitos modos de ser parente e os graus de parentesco nem sempre atavam pessoas (para compreender isso não é preciso discorrer sobre guerras fraticidas sucessórias e vendas de parentes em várias partes do planeta). A bagagem conceitual europeia não valia apenas para nomear a seu modo o parentesco africano, uma vez que o bispo também recorreu a ela no que concerne a conceitos de poder político de matriz europeia: senhores de terras e vassalos. Em outros documentos, comumente os poderosos africanos da África Central são chamados de sobas, dembos, potentados, mani etc. Contudo, descontando os referenciais de poder e de organização parental que o bispo levou da Europa para a África em sua cabeça, ele constata, quaisquer que fossem as noções de maioridade e menoridade nos sertões, o poder dos mais idosos sobre os mais jovens, já que não seriam os "filhos" que vendiam os pais e avós, mas o contrário. Provavelmente, o impacto do comércio atlântico e da escravidão nas Américas tenha reforçado ainda mais esse poder.

Ao mesmo tempo, o bispo reconhecia poderes africanos pessoalizados nos que ele chamou "senhores das terras". Como salienta o historiador Joseph Miller, nas sociedades africanas da África Central não prevaleciam "modernas noções de 'Estado' ou 'reinos'", o que denota que os cativos resgatados "chegavam às Américas não com noções de instituições estáveis como 'Estado' em suas mentes". Ao contrário, os africanos cativos que depois chegaram às Américas "pensavam em metáforas de poderes protetores exercidos por benfeitores (patronos) pessoais e poderosos em favor de clientes leais". Era desse modo porque preponderavam "sentimentos políticos do tipo patrono-cliente", ao invés de "conceitos mais estruturados de Estados institucionalizados". Tudo indica que era esse o caso de muitas sociedades africanas ligadas ao trato de cativos interno e externo à África, embora houvesse organizações sociais africanas que centralizavam poder, além do parentesco, em bases militares.

Todavia, as três formas básicas de produção de cativos mencionadas pelo bispo não encerravam o escravismo. É preciso, ainda, aludir à própria escravidão e ao comércio interno de cativos. Havia escravidões variadas entre as sociedades africanas. Uma delas seria o que se pode chamar de *escravidão geracional*. O próprio bispo Brandão registrou que muitos senhores de terras possuem "famílias de escravos descendentes de outros" escravos "de seus avôs, bisavôs, ascendentes, parentes ou amigos", o que impossibilita saber "o princípio do cativeiro dos primeiros escravos progenitores dos que hoje existem". No princípio, assim, dava-se o cativeiro e depois daí advinha a escravidão transmitida geracionalmente. Além disso, as escravidões não eram iguais. Em certas sociedades, havia escravos que não podiam ser vendidos, mas em outras, como observa Joseph Miller em *The Way of Death*,[33] as distinções entre valor de bens e valor de pessoas não eram bem definidas, o que abria amplas margens para a venda de pessoas.

É a partir daí que, como salientou o bispo, entram em cena os pombeiros (atravessadores de todo tipo: africanos súditos portugueses, africanos não vassalos, cristãos-novos etc.). Os pombeiros fazem a "primeira compra" às autoridades africanas "que cativaram", despreocupados em saber se "os cativeiros dos negros" são "justos ou injustos". Esses primeiros pombeiros fazem a "segunda venda" ao "segundo comprador" pombeiro, também alheio à justiça do cativeiro por só querer saber de "vender os negros dentro de Angola". Daí em diante, os cativos passam ao "terceiro, quarto e quinto" compradores. No final, todos os cativos ficam em Angola a "serviço dos moradores referidos como escravos perpétuos". Então, apenas antes de embarcar há a averiguação feita por um padre falante das línguas locais ou pela declaração dos comerciantes armadores de navios.

Esse circuito mercantil que abrangia diversos comerciantes revela o modo de se fazer o trato interno de cativos do sertão para Angola ou das várias paragens africanas para os portos litorâneos. Os comerciantes atravessadores (pombeiros ou tangomãos) muitas vezes não eram os donos do negócio, mas se valiam de redes, entre outras, de parentesco, incluindo a poligamia, para transacionarem com as autoridades africanas locais. Muitos pombeiros eram financiados por homens estabelecidos no litoral. No entanto, também havia situações em que, a partir do litoral, no caso de Angola e Benguela, os comerciantes *filhos da terra*, que eram súditos portugueses mestiços lá nascidos e falantes de português e de línguas africanas, ocupavam postos militares necessários ao comércio nos presídios do interior (pequenas unidades militares, administrativas e mercantis) e lidavam, por si ou por seus representantes, com sobas (autoridades africanas) fornecedores de cativos, que o bispo chamou de *senhores das terras*.

Em Cabinda, ao norte, entre muitas outras paragens, era um tanto diferente. Lá as autoridades africanas dominavam todo o processo até o litoral, vendendo cativos para ingleses, franceses, dinamarqueses, espanhóis e portugueses sem, necessariamente, dar exclusividade a ninguém.

Por fim, o bispo afirma que, antes da partida dos navios se gastam "dois a três dias" para averiguar a "justiça do cativeiro". Nesse breve tempo se julgam "trezentos, quatrocentos, quinhentos e às vezes mais escravos". Aí é que se dava o primeiro batismo dos cativos, ou seja, o início do processo que os convertia em escravos pelo cristianismo. Em certas paragens onde os portugueses não tinham fortes, como era o caso da África Ocidental, depois que holandeses e autoridades africanas os expulsaram da região em meados do século XVII, não há certeza da realização de batismos. Mas onde os portugueses estavam estabelecidos, como Angola e Benguela, batizava-se cativos antes do embarque, como *cabeças*, como vimos. Os batismos de cabeças eram feitos daquele modo exemplificado pelo caso das de Anselmo da Fonseca Coutinho, que eram adultas.

Salientamos pelo exemplo que, à margem dos batismos de cabeças, os padres da freguesia anotavam "adultos". Mas não podemos perder de vista que, em termos fiscais, um alvará de

25 de janeiro de 1758 determinava que pelas *crias de peito* (em idade de amamentação) não se pagariam taxas, pelas *crias de pé*, de "quatro palmos para baixo" (que já andavam), se cobraria metade dos direitos de cada uma, mas pelos escravos adultos que ultrapassassem "quatro palmos" se arrecadaria o valor total de 8.700 réis cada. Com isso em vista, observamos 3.888 assentos batismais da freguesia dos Remédios que contemplam 52.093 *cabeças* (adultos) e 1.593 *crias*, que totalizam 53.686 cativos batizados entre março de 1798 e junho de 1804 (cerca de seis anos e três meses). Para que se tenha uma ideia do volume de cabeças adultas batizadas em Luanda, cabe relacioná-lo com a própria população luandense, com os cativos exportados e com os desembarcados nas Américas. Pelo Quadro 1, nota-se que havia pela cidade mais cativos exportados do que pessoas (livres ou escravas) nela residentes entre 1798 e 1804. Logo, os *adultos* exportáveis formavam o grosso da população luandense, porém eles eram um contingente passageiro, ainda que permanente na paisagem da urbe. Como outras cidades exportadoras africanas, Luanda era, antes de tudo, um local de trânsito forçado, e, pela própria magnitude do fluxo perene de cativos, vários grupos sociais lidavam com o comércio de gente, pois alimentar as cabeças, mantê-las em quintais, conduzi-las aos navios etc. envolvia uma série de agentes sociais. Como essa enorme população mercadejada era constantemente presente, no ano de 1798, por exemplo, apenas as cabeças batizadas somadas (não o total de cativos exportados) equivaliam a 87,8% do total dos habitantes da cidade, ou a quase o dobro da população livre, e também ultrapassavam o contingente escravo residente. Logo, para os moradores livres da cidade, era quase impossível não estar de algum modo atado ao mercado de gente.

Quadro 1 – Estimativas da população residente, de cativos exportados e número de cabeças e crias batizadas (Luanda, 1798-1804)

Anos	Livre (a) Nº	Livre (a) %*	Escrava (a) Nº	Escrava (a) %*	Total (a) Nº	Total (a) % (1)	Cativos exportados por Luanda (b) Nº	Cabeças e crias batizadas em N. S. dos Remédios (c) Cabeças	Crias	Soma	(2) %	(3) %	Desembarques no Rio de Janeiro (d) Nº e % (4)
1798	3.651	45,6	4.362	54,4	8.013	76,0	10.544	6.830	209	7.039	66,8	87,8	6.780 (103,8%)
1799	3.150	49,1	3.264	50,9	6.414	76,4	8.394	6.312	151	6.463	77,0	100,8	8.857 (73%)
1800	-	-	-	-	-	-	8.110	7.054	221	7.275	89,7	-	10.368 (70,1%)
1801	-	-	-	-	-	-	10.140	7.487	318	7.804	77,0	-	10.011 (78%)
1802	4.093	59,1	2.832	40,9	6.925	57,8	11.978	10.142	393	10.532	87,8	152,1	11.343 (92,9%)
1803	3.560	51,5	3.347	48,5	6.907	48,2	14.342	9.714	224	9.938	69,3	143,9	9.722 (102%)
1804	3.587	51,7	3.352	48,3	6.639	49,2	13.498	4.554	77	4.631	34,3	69,8	9.075 (51%)

Fontes:
(a) CURTO, J; GERVASIS, R. R. "The Population History of Luanda during the Late Atlantic Slave Trade, 1781-1844". *African Economic History*, v. 29, 2001, pp. 50, 58; (b) CURTO, J. C. *Álcool e escravos: o comércio luso-brasileiro do álcool em Mpinda, Luanda e Benguela durante o tráfico atlântico de escravos (c. 1480-1830) e o seu impacto nas sociedades da África Central Ocidental*. Lisboa: Vulgata, 2002, p. 343; (c) Arquivo da Diocese de Luanda (ADL), Livro de Batismos da Freguesia de Nossa Senhora dos Remédios, 1797-1799, 1800-1802, 1802-1804; (d) FLORENTINO, M. G. *Em Costas Negras: uma história do tráfico de escravos entre a África e o Rio de Janeiro*. Rio de Janeiro: Arquivo Nacional, 1995, p. 59.
(1) Percentuais da população luandense em relação ao número de cativos exportados por Luanda.
(2) Percentuais de *cabeças* e *crias* em relação ao número de cativos exportados por Luanda.
(3) Percentuais de *cabeças* e *crias* em relação ao número total da população luandense.
(4) Percentuais de *cabeças* e *crias* em relação ao número total de cativos desembarcados no Rio de Janeiro.
Não há dados populacionais de Luanda para os anos de 1800 e 1801.
Para efeito de ajuste de cálculo, seis batismos de *cabeças* em outubro de 1797, que totalizam 127 cativos, foram agregados ao ano de 1798. O ano de 1804 só contempla batismos entre os meses de janeiro e junho.

O comércio de cativos era tão intenso em Luanda que o batismo foi mais orientado pela exportação de *adultos* do que pela salvação das almas de crianças que viviam na cidade, ao menos em termos de número de batizados, ainda que a preocupação da Igreja Católica fosse, além de receber os emolumentos por cabeças batizadas, salvar, pelo sacramento batismal, as almas das cabeças cristãmente inominadas que poderiam morrer de modo miserável ao atravessar o Atlântico.

O governador de Angola D. João Manuel de Noronha (1713-1717) queixou-se que iam muitas "cabeças por alto nos navios", excedendo a capacidade de suas "arqueações, acedendo assim a muita mortandade". Isto, segundo ele, gera "descaminhos" da Real Fazenda e "outros prejuízos não de menor importância", porque não vão "catequizadas as cabeças que se embarcam". Muitos cativos partem "por batizar", mas "morrendo pelo grande aperto e sem baptismo perdem suas almas".[34]

Ainda que não se batizassem todos os cativos remetidos por Luanda, vê-se, além das questões fiscais, a preocupação em salvar almas até nas palavras de uma autoridade leiga, mesmo que o batismo de cabeças sequer tenha sido previsto nas *Constituições Primeiras do Arcebispado da Bahia*, de 1720.

O MERCADO DESIGUAL DE CABEÇAS: FORNECIMENTO E DISTRIBUIÇÃO

Naquela sociedade permeada de desigualdades, os batismos de cabeças de Luanda demonstram que a função do comércio de cativos era, além de salvar almas que eventualmente morressem na travessia, fornecer pagamentos aos padres e produzir hierarquia entre os livres, já que o comércio propiciava ganhos diferenciados aos mercadores de cativos. Como demonstrou o historiador Daniel Domingues,[35] o luandense Anselmo Coutinho, dono de 519 cabeças, era um dos maiores comerciantes de cativos estabelecidos na cidade entre fins do século XVIII e inícios do século XIX, tendo sido responsável por 5% de todos os cativos embarcados em Luanda entre 1768 e 1806, índice próximo dos 7% das cabeças batizadas de que era dono entre 1798 e 1804. Ele estava no topo do ranking dos vendedores de humanos. Havia outros como ele, mas a grande maioria era de envergadura bem mais modesta.

Ao todo, naquele curto período, atuaram no comércio de Luanda 1.071 diferentes donos de cabeças na freguesia dos

Remédios. Nos poucos mais de seis anos, este milhar de comerciantes equivaleria a quase um terço da população livre luandense de 1804 (ver Quadro 1). Entre esses mais de mil donos de cabeças, porém, não há crianças e só existe meia dúzia de mulheres, o que significa que, se comparamos os donos de cabeças com a população livre masculina adulta de Luanda, certamente podemos afirmar que quase ninguém escapava de comerciar gente. Esse grande contingente de participantes expõe a abertura do mercado a homens como o coronel Coutinho, que fez batizar 3.778 cabeças, mas também acessível ao denominado "preto Camossanda", dono de uma cabeça, entre tantos outros pequenos donos. Isso quer dizer que grandes negociantes partilhavam cotas do negócio com vendedores eventuais, similar a outras searas africanas, como a cidade de Annamaboe, na Costa do Ouro do século XVIII, como demonstrou Sparks. O resgate de cativos era, ao mesmo tempo, concentrado e pulverizado.

Mais importante, os batismos de cabeças revelam que a cidade era, de fato, parte de uma *sociedade traficante* atlântica – feliz termo utilizado pela historiadora Ana Paula Bôscaro[36] para caracterizar a distribuição interna de cativos no Brasil a partir do porto do Rio de Janeiro de inícios do século XIX – comprometida até o pescoço com a compra e venda de gente, uma vez que todos negociavam: varejistas eventuais, grandes tratantes atacadistas, capitães de navios, marinheiros, homens, algumas mulheres, donas, militares de alta patente, soldados, civis, forros, brancos, pretos, pardos, solteiros, casados, viúvas, padres, entre outros. Não havia, portanto, fronteiras ocupacionais, de qualidade de cor (preto, branco, pardo etc.) ou de sexo que fossem um obstáculo intransponível à participação no negócio. Bastava ser livre ou forro (e talvez até cativo residente na cidade).

Contudo, havia uma elite: os homens do topo que quase monopolizavam a posse das cabeças. Antônio José da Silva Lisboa, por exemplo, que mandou batizar quase 5 mil cabeças entre 26 de março de 1798 a 3 de junho de 1804, estava no cume entre os mercadores luandenses de gente. A par do amplo compromisso moral, político e social para com o comércio de pessoas, o mercado era concentradíssimo nas mãos de menos de uma dúzia de homens, os verdadeiros donos do negócio. A elite mercadora de cativos, que era de apenas cinco (0,5%) pessoas/famílias donas de cabeças, respondeu por mais cabeças vendidas (4.034) do que os 767 comerciantes ocasionais (2.002 cabeças) ou os 170 pequenos (4.006 cabeças), cada um destes isoladamente. No sentido inverso, quanto mais se ia do topo à base, mais o negócio se disseminava. No alicerce da pirâmide, o grosso dos negociantes, os 364 que batizaram apenas uma cabeça, era formado por 34% dos vendedores, grupo que alienou apenas 0,7% dos cativos (Quadro 2).

Juntados, todos os 767 ocasionais e 170 dos pequenos (apenas os pequenos com até 20 cabeças) representavam 87,5% dos vendedores, porém só controlavam 26,2% das cabeças. Inclusive, parte substancial deles era composta por oportunistas ocasionais, especialmente os que alienaram até 10 adultos, porque nesse grupo somente 21% realizou mais de um batismo. Sintetizando: a hierarquia no negócio de cativos na cidade não era apenas entre os do topo e os da base; era escalonada.

Quadro 2 – Distribuição do mercado local
de cabeças batizadas em Luanda (1798-1804)

Número de cabeças batizadas	Donos		Donos com mais de um batismo no grupo		Totais de Cabeças Batizadas			Totais de Batismos		Média de Cabeças por Batismo
Nº	Nº	%	Nº	%	Nº	%	Média	Nº	%	Nº
Entre 1 e 10 (Ocasionais)	767	71,6	165	21,5	2.022	3,8	2,6	1.040	28,2	1,9
Entre 11 e 50 (Pequenos)	170	15,9	106	62,4	4.006	7,6	23,6	552	15,0	7,3
Entre 51 e 300 (Médios)	96	9,0	86	89,6	12.144	23,1	126,5	794	21,5	15,3
Entre 301 e 700 (Grandes)	27	2,5	27	100,0	11.226	21,3	415,8	628	17,0	17,9
Entre 701 e 1.000 (Elite)	5	0,5	5	100,0	4.034	7,7	806,8	196	5,3	20,6
Mais de 1.000 (Topo)	6	0,6	6	100,0	19.203	36,5	3.200,5	481	13,0	39,9
Total	1.071	100	395	36,9	52.675	100	49,2	3.691	100,0	14,3

Fonte: ADL, Livros de Batismo da Freguesia de N. S. dos Remédios, 1797-1799, 1800-1802, 1802-1804.

Obs.: Foram excluídos casos com margem a dúvidas de leitura.

Os mercadores do topo e da elite, que eram apenas 11 pessoas (1,1% dos donos), aglutinaram nada mais nada menos do que 23.237 (44,2% do total) cabeças batizadas naqueles pouco mais de seis anos. É como se naquele curto período tivessem alienado quase três vezes toda a população luandense de 1798 ou um pouco mais da metade da população urbana da cidade do Rio de Janeiro de 1799. Repita-se: 11 homens em apenas pouco mais de seis anos. Imediatamente abaixo da elite, estava o grupo dos grandes comerciantes, responsável pela remessa de 21,3% das cabeças. Estes três grupos (grande, elite e topo), que abrangem 38 (3,6%) mercadores, abocanharam, em resumo, 65,5% do mercado.

Mais uma vez fica claro que o resgate estabelecia diferenciação social entre os próprios homens livres, inclusive os mercadores de almas.

QUANTOS E DE ONDE?

A ênfase que temos dado até aqui ao Congo-Angola se deve ao fato de que, a partir dos portos de Luanda, Benguela, Cabinda, entre outros, a região foi a que mais exportou escravos para a América portuguesa. Frisamos, porém, que o comércio de cativos de origem africana destinados às Américas entre os séculos XVI e XVIII se transformou no tempo e nos espaços e em suas formas de operação, a começar pelo número de pessoas resgatadas e pelos locais de embarque e desembarque. Atualmente, a estimativa é que, entre 1500 e 1850, cerca de 12,5 milhões de cativos tenham sido embarcados na África (Quadro 3), mas não é muito arriscado falar em 15 milhões, e cerca de 10 ou 11 milhões teriam chegado vivos nas Américas, talvez uns 13, pelo menos.

**Quadro 3 – Estimativas de remessas de cativos
por grandes áreas africanas de embarque (1501-1900)**

	África Ocidental						África Central-Atlântica	África Oriental	
	Senegâmbia	Serra Leoa	Windward Coast	Costa do Ouro	Baía do Benin	Baía de Biafra	Congo-Angola		Totais
1501-1550	57.184	0	0	0	0	2.080	4.862	0	64.126
1551-1600	90.098	1.405	2.482	0	0	6.379	113.016	0	213.380
1601-1650	54.222	1.372	0	2497	9609	36.461	563.388	345	667.894
1651-1700	81.882	5.471	1.350	106.182	260.204	149.860	571.418	31.370	1.207.737
1701-1750	142.973	23.222	46.550	460.657	734.861	248.899	888.164	15.308	2.560.634
1751-1800	220.214	178.763	243.032	553.872	549.724	655.717	1.477.040	55.622	3.933.984
1801-1850	108.941	173.743	43.454	86.114	410.796	495.162	1.919.906	409.856	3.647.972
1851-1900	0	4.795	0	0	33.867	2	156.779	30.167	225.610
Totais	755.514	388.771	336.868	1.209.322	1.999.061	1.594.560	5.694.573	542.668	12.521.337

Fonte: Adaptado de https://www.slavevoyages.org.

Em geral, historiadores especialistas no resgate atlântico de cativos sinalizam três grandes áreas exportadoras: 1) a África Central-Atlântica (complexo Congo-Angola), 2) África Ocidental (Senegâmbia, Serra Leoa, Costa do Benin ou Costa dos Escravos, Costa do Ouro, Costa do Marfim) e 3) África Oriental (Moçambique e Baía de Lourenço Marques). Os fluxos de cativos embarcados nessas regiões variaram, mas, no cômputo geral, a África Ocidental foi a que mais remeteu cativos às Américas até 1800, cerca de 4 milhões, quase o dobro dos 2,3 milhões da África Central-Atlântica, mas o Brasil importou mais cativos dessa última região. O Brasil foi o maior importador de cativos das Américas, com predomínio de desembarques no porto de Salvador e de Pernambuco até inícios a meados do século XVIII e a supremacia do Rio de Janeiro a partir de então, que se intensificou ainda mais em fins do século XVIII. No conjunto, a explosão do comércio de cativos no século XVIII se deveu, principalmente, à intensificação da agricultura nas Américas em geral, e das atividades mineradoras no Brasil em particular.

Observando mais detidamente os movimentos no tempo, a Senegâmbia e o Congo-Angola foram as áreas que mais exportaram cativos até 1600. Nesse período, grande parte da mão de obra empregada nas lavouras americanas era indígena. As demais sub-regiões africanas exportadoras da África Ocidental passariam a participar fortemente do comércio atlântico no século XVII, sobretudo na segunda metade do século, quando ingleses, holandeses, franceses, espanhóis, dinamarqueses etc. dinamizaram suas estruturas produtivas no Caribe, na América espanhola e no Sul dos Estados Unidos. Essa hegemonia da África Ocidental se manteve até o fim do século XVIII, quando pressões inglesas e a revolta escrava de São Domingos (atual Haiti) desmantelaram o sistema caribenho, que teve uma sobrevida no caso cubano. O Congo-Angola reinou no século XIX graças à força da comunidade mercadora de escravos do Rio de Janeiro, que, à revelia das abolições e do fim do tráfico atlântico em várias partes, manteve-se arraigada ao trato. A propósito, como demonstra o trabalho do historiador Marcelo Oliveira, a Marinha Imperial brasileira foi financiada por traficantes e nasceu para proteger o comércio negreiro quando o Brasil se tornou independente. Por sua vez, sociedades africanas participaram do negócio até quando puderam e algumas até intensificaram formas de trabalho forçado na África quando sociedades americanas abandonaram o resgate, como demonstra o também historiador Sean Stilwell, entre outros pesquisadores.

É importante entender que o resgate de cativos para a América portuguesa, conduzido, principalmente, pela elite mercantil nela residente, também propiciou diferenciação social. A elite traficante adentrou o topo da hierarquia econômico-social no século XVIII, suplantando a antiga nobreza da terra. Assim, mais uma vez, o resgate de cativos estabeleceu desigualdade entre os homens livres, preservando a razão de ser de uma sociedade de Antigo Regime nos trópicos.

Onde os escravos desembarcavam nas Américas, e especialmente no Brasil? Entre 1501 e 1850, o Brasil, sozinho, superou todas as áreas caribenhas somadas, excetuando do cálculo a América espanhola, mas muito disso se deve à primeira metade do século XIX, ocasião em que ingleses, franceses, holandeses, entre outros europeus, abandonaram o tráfico de cativos. No século XVIII, a primazia coube às áreas caribenhas e, no século XVII, coube à América espanhola por causa da exploração de pedras preciosas, sobretudo prata. No entanto, o Brasil nunca foi superado por nenhuma área caribenha isoladamente, exceto pelo Caribe inglês na segunda metade do século XVIII. Mais ainda, o Brasil quase triplicou a importação de cativos entre a segunda metade do século XVII e a segunda metade do século XVIII (ver Quadro 4). O resgate de cativos do século XVIII, portanto, mudou as feições da sociedade de Antigo Regime nas Américas, tornando-a, definitivamente, escravista de base africana.

Quadro 4 – Estimativas de entradas de cativos
por grandes áreas de desembarque (1501-1900)

	Europa	EUA	Caribe inglês	Caribe Francês	Caribe Holandês	Caribe Dinamarquês	América espanhola	Brasil	África	Totais
1501-1550	452	0	0	0	0	0	44.457	0	0	44.909
1551-1600	188	0	0	0	0	0	124.913	29.275	0	154.376
1601-1650	85	100	27.206	545	0	0	179.191	320.406	172	527.705
1651-1700	2.896	15.047	283.270	38.140	124.158	18.146	46.313	464.050	2.950	994.970
1701-1750	4.126	145.973	637.620	294.471	126.464	12.574	55.291	891.851	516	2.168.886
1751-1800	1.113	149.509	1.175.703	700.662	168.751	56.034	90.242	1.097.166	1.801	3.440.981
1801-1850	0	77.704	194.452	86.397	25.355	22.244	588.558	2.054.726	132.132	318.1568
1851-1900	0	413	0	0	0	0	163.947	6.899	17.998	189.257
Totais	8.860	388.746	2.318.251	1.120.215	444.728	108.998	1.292.912	4.864.373	155.569	10.702.652

Fonte: Adaptado de https://www.slavevoyages.org.

Em função das transformações econômicas trazidas pela mineração no Brasil do século XVIII e do desenvolvimento de complexos agrários no Sudeste, a exemplo dos engenhos açucareiros de Campos dos Goytacazes, do recôncavo da Guanabara, das lavouras de alimentos nas próprias Minas Gerais, entre outros, alterou-se, também, a hegemonia dos portos de desembarque de cativos no Brasil (Quadro 5). Até 1750, o porto de Salvador liderou os desembarques de cativos africanos no Brasil, mas o Rio de Janeiro superou Bahia e Pernambuco juntos na segunda metade do século XVIII, o que se intensificou no século XIX.

Quadro 5 – Estimativas de entradas de cativos africanos no Brasil (1501-1900)

	Amazônia	Bahia	Pernambuco	Rio de Janeiro	Não especificado	Totais
1501-1550	0	0	0	0	0	0
1551-1600	0	5.647	18.571	4770	287	29.275
1601-1650	0	115.517	122.038	80.712	2.139	320.406
1651-1700	1.096	197.956	124.484	140.371	143	464.050
1701-1750	4.181	416.045	184.178	281.461	5.987	891.852
1751-1800	67.557	399.859	145.158	475.099	9.493	1.097.166
1801-1850	69.397	414.350	259.054	1.275.932	35.992	2.054.725
1851-1900	0	981	350	5.568	0	6.899
Totais	142.231	1.550.355	853.833	2.263.913	54.041	4.864.373

Fonte: Adaptado de https://www.slavevoyages.org.

A CONVERSÃO DE CATIVO EM ESCRAVO NA MONARQUIA CATÓLICA PORTUGUESA DA AMÉRICA

Depois de apresados ou punidos na África para serem feitos cativos nos circuitos mercantis internos do continente, as cabeças batizadas no litoral africano às vésperas do embarque ainda não eram consideradas plenamente escravas porque não tinham nomes cristãos e não eram chamadas de escravos. Aqui desembarcadas, porém, comumente dos portos do Rio de Janeiro, de Salvador e de Recife para várias paragens do Brasil eram chamadas de *escravos novos*. Somente nos locais de destino final no Brasil, quando saberiam quem seriam seus primeiros senhores, os cativos eram batizados como escravos e com nomes cristãos. Nessa etapa final de conversão de escravidão, não pode passar despercebido que a própria legislação civil, para além das orientações canônicas, se encarregou de fazer escravos e senhores pelo batismo católico. Assim, as Ordenações Filipinas ibéricas, de 1609, ameaçavam os senhores com a perda de seus escravos caso não os batizassem (Livro V, Título XCIX). Logo, antes mesmo da legislação canônica de 1720, batizar era uma obrigação legal e moral, que criava escravos e senhores cristãos. Batizava-se cativos para escravizá-los, para dá-los como posse e para enunciar seus senhores. Nesse sentido, as orientações legais civis e espirituais forcejavam em prol da legitimidade e da moralidade da escravidão que começava pelo batismo. Politicamente, pelo batismo, ato religioso, se nomeava, isto é, se constituíam escravos os mais inferiores entre os desiguais. Mas pela consagração também se fazia reconhecer os senhores, os livres, os forros. No caso dos escravos, em um mundo sem registro civil de nascimento, o rito proclamava seu nascer não apenas para a Cristandade, mas também para escravidão. Por isso mesmo, os registros de batismo atestavam a condição jurídica das pessoas daquela sociedade, tinham força jurídica. Comprovavam a escravidão, a liberdade e alforria. Hierarquizavam, enfim. Por isso mesmo, os senhores no Brasil não deixavam de batizar escravos, a exemplo do senhor de Josefa:

> Josefa
>
> Aos vinte dias do mês de julho de mil setecentos e cinquenta e três anos nesta freguesia de São José da cidade do Rio de Janeiro batizei *sub conditione* e pus os santos

óleos a **Josefa**, **adulta**, de nação Angola, **escrava de** Sebastião Pereira da Silva. Foram padrinhos Francisco de Mendonça, casado, e Rita Maria, preta forra.

O padre José da Fonseca, Coadjutor de São José[37]

Josefa saiu da condição de *cativa* e de *escrava nova* no fluxo mercantil para se tornar *escrava cristã* de um senhor na cidade do Rio de Janeiro. Ela foi uma das quase 5 milhões de almas cativas nomeadas escravas no Brasil pelos santos óleos do batismo de uma monarquia católica pluricontinental.

* * *

Roberto Guedes é professor titular da Universidade Federal Rural do Rio de Janeiro, especialista em História do Brasil e Angola entre os séculos XVII e XIX. Pesquisador do CNPq. Possui diversas publicações sobre sociedades do Congo-Angola e o tráfico de atlântico de escravos, para os séculos XVIII e XIX.

América lusa no século XVI

uma sociedade ameríndia, mameluca, mas progressivamente escravista e católica

CAPITANIAS HEREDITÁRIAS: UM PROJETO DE SENHORIOS JURISDICIONAIS ABOCANHADOS PELOS TUPINAMBÁS

Em 1500, no início da conquista lusa da América, estima-se que as populações indígenas, nomeadas como *tupinambás*, compreendiam cerca de 2.400.000 pessoas,[38] distribuídas em diversos grupos: tupiniquins, caetés, tabajaras, tamoios etc. Essas sociedades tinham na aldeia a base de sua organização social e política. Nas aldeias, prevaleciam as redes de parentelas e, nelas, a poligamia; os pactos via casamentos tinham papéis fundamentais. Refiro-me especialmente ao *cunhadismo*, prática na qual genros/cunhados eram incorporados a uma parentela. Ao mesmo tempo, os laços de parentesco e/ou amizade podiam unir várias comunidades.

Nas aldeias, a escolha da chefia passava pela habilidade militar. Os chefes, ainda, surgiam como guardiães das tradições e, portanto, da memória do grupo. Os xamãs ou pajés participavam também da liderança da comunidade. As ações dos líderes se fundamentavam nos valores presentes na tradição; como na vila camponesa europeia da mesma época. A identidade do grupo, sua história, assim como a autoridade do chefe eram continuamente relembradas e retroalimentadas a partir da guerra com outros grupos. Desse modo, o confronto guerreiro exercia papel central na lógica de tais sociedades. Além disso, com as guerras, as comunidades indígenas adquiriam terras, estabeleciam alianças com outras aldeias, promoviam uniões intergrupais, o cunhadismo, e incorporavam os valores dos prisioneiros mediante a prática da antropofagia.

A sociedade descrita viveu ao longo do século XVI e dos seguintes as tensões provocadas pela expansão de outra sociedade vinda do além-mar, no caso a do Antigo Regime português.

Como se sabe, a primeira tentativa de conquista das populações tupinambás foi a partir do sistema de capitanias hereditárias cujo modelo, grosso modo, provinha da experiência da Coroa portuguesa ao longo da Reconquista cristã entre os séculos XI e XIII. Utilizo a expressão "grosso modo", pois as terras retiradas do Islã pela Coroa não resultaram na cessão de regiões a capitães donatários com o exercício de direitos políticos e jurídicos, transmitidas a seus sucessores. Em realidade, refiro-me à aplicação, no Brasil, da *justiça distributiva*, já exaustivamente mencionada. As 12 capitanias hereditárias foram concedidas a vassalos como remuneração por serviços prestados à Monarquia; com elas, pretendia-se reforçar a dependência do beneficiado à Coroa, pois se tratava de uma *graça* impagável. As capitanias, em tese, assemelhavam-se a senhorios jurisdicionais e, assim, seu donatário tinha em suas mãos o exercício da justiça e da política. O donatário possuía a prerrogativa de distribuir sesmarias, coletar rendas, nomear funcionários para a administração fiscal e jurídica. E tais direitos eram passados para os seus descendentes. Entretanto, os municípios constituídos tinham os mesmos direitos e jurisdições dos presentes no Reino. Por conseguinte, as vilas das capitanias preservavam a faculdade de autogoverno, consistindo em uma comunidade política com a capacidade de regular a vida ao rés do chão (justiça e interferência no mercado local) de seus moradores, de escolher seus camaristas e ainda de se comunicar diretamente com o rei.

Os contemplados com as capitanias eram, em geral, fidalgos da Casa Real. Entre eles, vassalos que haviam servido no Estado da Índia, como demonstrei no capítulo "A formação do Antigo Regime católico luso e a expansão ultramarina".

Os capitães-donatários que se estabeleceram nas novas terras logo viram seus povoados sitiados pelos tupinambás. Essa foi, por exemplo, a experiência de D. Francisco Pereira Coutinho. Fidalgo da Casa Real, ele recebeu de D. João III a capitania da Bahia, por volta de 1534, como recompensa por seus serviços à Coroa na Ásia. D. Francisco Pereira Coutinho, às custas de sua casa, ou melhor, dos ganhos adquiridos no comércio do Índico, ergueu uma vila em 1536 e dois engenhos de açúcar. Depois de sete a oito anos de guerras contra os tupinambás, tais construções foram arrasadas e seu donatário devorado pela antropofagia. Algo semelhante ocorreu em Ilhéus e Porto Seguro. Vasco Fernandes Coutinho, em Vitória, na capitania do Espírito Santo, também com recursos amealhados nos tratos da Índia e de sua casa reinol, conseguiu montar três engenhos de açúcar em 1546. Entretanto, o povoado conviveu com incursões e cercos promovidos por tupiniquins. No mesmo ano, o donatário de São Tomé, Pedro de Góis, depois de ter erguido dois engenhos, teve de abandonar tudo e retornar para o reino fugindo de investidas indígenas.

Ao longo da década de 1540, ficou claro para Lisboa o fiasco do sistema de capitanias hereditárias. Das 12 capitanias, apenas as de São Vicente e de Pernambuco haviam vingado. Como consequência, temos a mudança dos rumos da política real e a opção pela centralidade, através da instituição do Governo-Geral. Porém, antes de nos determos nessas mudanças, vejamos rapidamente a constituição das duas capitanias que vingaram, pois, em seus processos, localizamos práticas e aspectos que caracterizam a montagem da sociedade de Antigo Regime nestes trópicos.

Em 1535, Duarte Coelho adquiriu como dádiva Paranambuco (a capitania de Pernambuco), por seus préstimos na Ásia, especialmente pela tomada de Malaca (Malásia). Em 9 de março de 1535, o donatário e sua parentela, incluindo o cunhado Jerônimo Albuquerque, aportaram no rio Iguarassu e lá criaram a vila de São Cosme e São Damião. Dois anos mais tarde, em 12 de março de 1537, Duarte Coelho concedeu foral de vila ao povoado de Olinda, transformando-a numa comunidade política cuja cabeça consistia em uma Câmara municipal; no mesmo ato, a vila tornava-se sede da capitania. Durante esses anos, Olinda e Iguarassu, outro povoado, sofreram incursões de caetés e de corsários franceses. Diante dessas dificuldades, a sobrevivência dos conquistadores, provavelmente, decorreu da percepção de traços da lógica da sociedade tupinambá: a guerra e o cunhadismo. Duarte Coelho e sua parentela se aproveitaram das rivalidades entre os tabajaras e os caetés, aliando-se aos primeiros contra os segundos. Tais pactos foram acompanhados pelo concubinato de portugueses, entre eles Jeronimo de Albuquerque e Vasco Fernandes Lucena, com filhas das lideranças tabajara, a exemplo de Arco Verde.[39] Por meio dessas práticas, de imediato, Duarte Coelho teve o acesso aos *frecheiros*, guerreiros indígenas sob o mando de portugueses, e a prisioneiros de guerra transformados em escravos. A longo prazo, essas práticas dariam início às linhagens da *nobreza da terra* pernambucana que dominaram a política das capitanias do Nordeste nos séculos subsequentes.

Assim, o sucesso da capitania de Pernambuco resultou das guerras entre indígenas, mais o cunhadismo, somado aos recursos acumulados na Índia por Duarte Coelho e parentes. No tópico sobre a Índia vale citar os escritos de época de Gandavo, senhor de engenho na Bahia:

> Gastou Duarte, o velho, muitos mil cruzados que adquiriu na Índia, a qual despesa foi bem empregada, pois nela resultou ter seu filho Jorge de Albuquerque Coelho dez mil cruzados de rendas, que tanto lhe importa a sua redízima e a dízima do pescado e os foros que lhe pagam os engenhos, dos quais estão feitos em Pernambuco cinquenta, que fazem tanto açúcar que estão os dízimos dele arrendados em dezenove mil cruzados cada ano.[40]

Por essa altura, a escravidão indígena era a base da produção local. Gandavo, escrevendo em 1576, constatava que os indígenas escravizados eram a "principal fazenda da terra", não só em razão de eles serem a base da produção açucareira, mas também do comércio de escravos para as capitanias vizinhas. Em fins do século XVI, e início do seguinte, as famílias da elite mameluca pernambucana se expandiram em direção à Paraíba e ao Rio Grande do Norte em busca de terras para os canaviais e de índios como escravos. Um dos resultados desse processo foi a constituição de uma elite supracapitanias: parentelas cujo raio de ação se espalhava pelo norte do Estado do Brasil. Sedimentando tal expansão, temos a difusão da fé católica a partir da formação da rede de paróquias.

Por seu turno, a vila de São Vicente foi criada por Martim Afonso de Souza em 1532; dois anos depois, ele tornou-se donatário da capitania homônima. Em 1567, a capitania foi desmembrada em duas: a parte norte, uma capitania régia e, portanto, administrada pela Coroa; a parte sul, no século XVII, esteve sob a administração da Condessa Vimeiro e do Conde de Monsanto. Nesse ínterim, a vila de São Paulo foi fundada por jesuítas e em seguida alçada à condição de município. O projeto de implementar a lavoura da cana-de-açúcar na região com o tempo demonstrou ser impossível. Porém, isso não implicou o abandono do modelo de uma sociedade ideal conforme os valores da tratadística cristã. A cana-de-açúcar foi substituída por lavouras voltadas ao abastecimento interno e cultivadas pela mão de obra indígena. Ao mesmo tempo, o apresamento e o comércio de escravos indígenas surgiram como *remédio* para a hierarquia social paulista. Isso foi possível via pactos com chefias indígenas especialmente com Tibiriçá, principal liderança dos Campos de Piratininga, ao lado de seu irmão Caiubi.

Assim, apesar das diferenças com a capitania açucareira pernambucana, em São Vicente a adequação dos portugueses à cultura política dos tupinambás, no caso as guerras e o cunhadismo, surgiu como caminho para o estabelecimento do Antigo Regime nestes trópicos.

Mapa 5 – Estado do Brasil e Estado do Grão-Pará e Maranhão (século XVIII)

A América lusa foi governada pela Coroa através de diferentes unidades político-administrativas. Em 1621, ao lado do Estado do Brasil, foi criado o Estado do Maranhão, mais adiante conhecido como Estado do Grão-Pará e Maranhão. O último Estado compreendia os atuais estados da Amazônia, Pará, Maranhão e Piauí. Na década de 1770, essas divisões desapareceram e prevaleceu o Vice-reinado do Brasil com sede no Rio de Janeiro.

"ENTRE UMA BALA DE CANHÃO E OUTRA, CENTENAS DE FLECHAS ENVENENADAS ATRAVESSAVAM OS CÉUS": GOVERNO-GERAL, ESCRAVIDÃO INDÍGENA E A CONQUISTA DA AMÉRICA

Quando da instalação do Governo-Geral no Brasil, com a chegada de Tomé de Souza em 1549, a Monarquia pluricontinental lusa estava sendo constrangida em suas diferentes geografias. Na Ásia, os otomanos, persas e mongóis ameaçavam pontos estratégicos do Estado da Índia. Por exemplo, Áden, na entrada do Mar Vermelho, em 1538, caiu nas mãos dos otomanos e, na segunda metade do século, foi a vez de Ormuz, no Golfo Pérsico, ser atacado pelos muçulmanos. A longo prazo, o avanço do Império Mongol no subcontinente hindu selou o destino luso na região. No norte da África, os portugueses abandonaram, diante dos xerifados marroquinos, as praças Safim, Alcácer Ceguer, Azamor e Arzila. A esse cenário dramático ultramarino acrescenta-se o fechamento da feitoria da Coroa na Antuérpia, nos anos de 1540, responsável pela comercialização dos produtos ultramarinos no continente. No reino, cofres da Coroa passavam por dificuldades e as crises de alimentos traziam o perigo das epidemias.

Como resultado disso, em meados do século XVI, a Monarquia lusa começou a viver a sua "viragem estrutural".[41] Em outras palavras, Lisboa teve que escolher para quais de suas conquistas ultramarinas suas atenções deviam se dirigir. No caso, acredita-se, a escolha recaiu sobre o Atlântico Sul em detrimento da Ásia.

Tomé de Souza chegou ao Brasil com a incumbência de garantir o domínio da Coroa sobre a Conquista; leia-se, enfrentar os franceses, dominar as incursões tupinambás e implementar o povoamento. Para tanto, provavelmente, tinha-se clara a necessidade de estabelecer alianças com parte das populações indígenas. Sem elas, a defesa do território era impossível. Apenas o uso de armas de fogo não protegeria a Monarquia contra as centenas de flechas envenenadas disparadas pelos tupinambás.[42]

A última frase adquire mais clareza com alguns números referentes às populações das vilas lusas em fins do século XVI. Salvador da Bahia em 1587, já *cabeça política* do Estado do Brasil, contava com 800 fogos (domicílio formado por uma família) ou cerca de 4.000 pessoas. Conforme as estimativas para a década de 1600, temos os seguintes números: o recôncavo baiano tinha 3.000 moradores portugueses, Olinda, 3.500 pessoas, Rio de Janeiro e São Paulo, respectivamente, 750 e 600 pessoas.[43] Apesar do caráter duvidoso desses números, o fato é que a população europeia naquelas vilas era muito pequena. Definitivamente, os tiros de arcabuzes e canhões não conseguiriam deter milhares de flechas ameríndias. Daí a necessidade de pactos políticos com frações daqueles grupos para permitir a sobrevivência aos ataques de outras aldeias indígenas.

Ainda não há pesquisas históricas para medir a eficiência do cunhadismo na realização daqueles pactos. Porém, existem indícios de tal prática ter contribuído na fixação de repúblicas na América lusa e, com elas, contribuído também na defesa dos interesses da Monarquia. Provavelmente, a formação da elite mameluca, resultado do cunhadismo, ao mediar culturas diferentes, foi decisiva para a conquista lusa. Coube à elite mameluca, portanto, a fixação do modelo da sociedade perfeita, pois hierarquizada, nestes trópicos. Para tanto, basta lembrar do papel de Jerônimo de Albuquerque Maranhão, neto materno do principal Arco Verde anteriormente mencionado e responsável pela conquista do Maranhão para a Monarquia lusa. Na Bahia, componentes das famílias mandatárias locais como os Guedes Pinto, os Garcia d'Avila (Casa da Torre) juntaram-se aos descendentes de Diogo Álvares Correa, também conhecido como Caramuru, degredado luso que havia casado com a filha de um dos *principais* (liderança indígena) da região.

O enraizamento das vilas lusas com base naquele modelo social implicou a montagem de uma produção social baseada na exploração do trabalho alheio.

Uma das medidas tomadas pelo governador Tomé de Souza para viabilizar tal modelo foi a instituição da prática de atrair indígenas aliados para *aldeamentos*. Estes consistiam em aldeias criadas pela Coroa para formar uma linha de defesa para as povoações portuguesas. Deles sairiam, por exemplo, os *frecheiros* e os trabalhadores das construções públicas e, também, das fazendas de particulares. Nos aldeamentos, as terras pertenciam aos indígenas e estavam sob o comando de um *principal*, também indígena. Contudo, a supervisão do dia a dia dos aldeados cabia a um agente da Coroa, em geral, jesuíta.

Para os clérigos, a elaboração dos aldeamentos implicou uma mudança decisiva nas práticas de catequese. Na Ásia e África, a base da conversão consistia na peregrinação; na América, teve por fundamento aldeias fixas. Nestas, os padres criaram a língua geral, alicerçada na língua tupi, e ensinaram insistentemente a fé católica. Basta lembrar que as horas vagas de trabalho eram preenchidas por ladainhas, rezas, cantos, aulas de escrever e ler.[44] Nas aldeias, procurou-se convencer os ameríndios de que a sociedade perfeita é a desigual. Nelas, os ameríndios aprenderam ainda que o amor a Deus se confundia com o reconhecimento da sua autoridade e, portanto, descobriram as ideias de *resignação* e de *destino*. O clero lhes ensinou, como antes na Europa camponesa, que a gratidão a Deus por ter criado a vida implicava obedecer a suas leis, logo, no temor aos seus castigos. Enfim, aprenderam a *obediência amorosa* e, por conseguinte, a disciplina social diante dos senhores e do rei foi devidamente ensimesmada. Em 1557, no recôncavo baiano existiam 2 aldeias, em 1562 o número subiu para 11, e elas abrigavam cerca de 34 mil indígenas.[45]

Para povoar as aldeias, o Governo-Geral incentivou os *descimentos*: expedições de missionários e moradores no sertão com o intuito de atrair populações indígenas. Em 1555, o padre Luís Grou, seguindo tal prática, promoveu a transferência dos índios chefiados pelo *principal* conhecido como *Gato* do Rio de Janeiro, na época acossados pelos tamoios, para a aldeia de Nossa Senhora da Conceição no Espírito Santo. Para a donataria de Vasco Fernandes Coutinho, essa transferência representou a ampliação da sua linha de defesa diante das incursões dos tupiniquins e de corsários. Em 1559, o jesuíta Antônio de Sá assim descreveu a relação entre os padres e a aldeia de Nossa Senhora da Conceição no Espírito Santo:

> Todos os índios [...] são-me muito afeiçoados; também Dona Branca, mulher do principal [o Gato, na altura batizado como Vasco Fernandes], é muito minha devota, e eu trabalho por estar bem com ela, porque tendo-a de minha parte, tenho toda a aldeia e não faz nada se não o que ela quer.[46]

Assim, uma das chaves para o bom relacionamento com os indígenas foi o ensino da fé católica e da disciplina que significava aos seus principais.

Depois de 1570, com a queda demográfica das aldeias, principalmente em razão das doenças vindas com os europeus, os descimentos passaram a ser cada vez mais realizados por moradores particulares. Na produção da fé católica, os clérigos também se valeram do medo dos indígenas às atividades predadoras dos portugueses e aliados. Assim, o medo surgiu como um mecanismo para povoar os aldeamentos, entendido como abrigo e proteção contra aquelas investidas.

Ao lado das aldeias, a *guerra justa* às agressões de *bárbaros* aparece como outra forma de subordinação dos indígenas. A legislação da guerra justa tinha suas origens na Reconquista e foi também aplicada nas campanhas africanas. No Brasil, a notícia da primeira guerra justa data de 1562. Com esse expediente era possível promover legalmente a escravidão. Os prisioneiros daquelas guerras, os "presos às cordas", podiam ser resgatados da morte ritual (antropofagia) promovida pelos índios aliados dos lusos por meio do cativeiro.[47]

O terceiro governador-geral do Brasil, Mem de Sá (1558-1572), continuou a política de conquista iniciada por Tomé de Souza, empregando a *guerra justa*, às vezes combinada à prática da guerra contínua presente na cultura política da sociedade indígena. Assim, em Ilhéus, como resposta ao ataque sofrido por índios cristãos, o governador e os aliados tupinambás destruíram mais de 60 aldeias inimigas. Conforme suas palavras, a operação militar ocorreu da seguinte forma:

> Na noite que entrei nos Ilhéus [...] destruí e matei todos os que quiseram resistir e na vinda vim queimando e destruindo todas as aldeias que ficaram atrás [...] constrangidos da necessidade, vieram pedir misericórdia e lhes dei pazes com a condição que haviam de ser vassalos de Sua Alteza, pagar tributo e voltar a fazer os engenhos. Tudo aceitaram e ficou a terra pacífica.[48]

A partir da violência narrada entendemos melhor como o medo derivado da guerra justa foi usado pelos jesuítas na catequese. Devemos, portanto, ter cautela ao lidar com o conflito entre jesuítas e moradores na questão indígena. Da mesma forma, cabe lembrar que, não raro, os guerreiros indígenas aprisionados preferiam a morte ritual, ou seja, conforme sua tradição, à escravidão.

A política de conquista comandada por Mem de Sá prosseguiu na capitania do Espírito Santo e nas regiões mais ao sul. Naquela capitania, como visto, os tupiniquins mantinham as povoações lusas continuamente sitiadas. Homônimo a seu pai, Vasco Fernandes Coutinho foi o segundo donatário e recebeu de Salvador da Bahia a ajuda de Fernão de Sá, filho do governador. Porém, a expedição não obteve o efeito esperado, foi desbaratada e seu capitão morto a flechadas. Apesar dessas dificuldades, o referido donatário conseguiu montar aldeamentos indígenas. Em 1562, o capitão Belchior Azeredo construiu uma aldeia para mil pessoas. Os índios, no caso, eram os temiminós chefiados por Arariboia (batizado como Martim Afonso de Sousa), que, pouco depois, tornou-se liderança-chave na conquista do Rio de Janeiro dos tamoios em 1565. As cartas jesuíticas assim o mencionam em 1562:

> O seu Principal é um homem entendido e desejoso de se fazer cristão [...] mostrou-nos o lugar que já tinha limpo para nos mandar fazer a Igreja. Determinaram os Padres de o casar cedo, fazendo-o cristão. A mulher para este, uma moça dos seus, é ensinada pela esposa do Capitão em bons costumes, a qual também é devota de nossa Companhia e em cousas semelhantes pode favorecer muito nosso ministério.[49]

Repare-se na importância dada pelos padres à escolha da esposa do principal na produção da disciplina católica. A noiva era uma "moça dos seus" e estava sendo educada pela esposa do capitão Belchior Azeredo: no caso, Luísa Correia, sobrinha de Luísa Grimaldi, mulher do donatário. Em fins do século XVI, Vasco Fernandes passou a donataria do Espírito Santo para Francisco de Aguiar Coutinho, cabendo a Belchior o posto de capitão-mor; auxiliado pelo irmão do último, o capitão Marcos Coutinho.

Desnecessário dizer que a política dos jesuítas também encontrou nas populações indígenas diferentes formas de resistência, como fugas, rebeliões e outras mais silenciosas. Os pajés, por exemplo, atribuíram ao batismo o crescente número de mortes resultantes do contágio com os europeus.

Seja como for, entre 1540 e 1570, temos o auge da produção econômica baseada na escravidão indígena, do chamado *gentio da terra*, na Bahia e em Pernambuco. As frequentes incursões no sertão para a captura de cativos, resultado ou não de guerras justas, transformaram-se em uma atividade comercial. Os paulistas ficaram especialmente famosos pelo apresamento e venda de gentios da terra, inclusive para outras capitanias. Nessa época, somente os portugueses mais ricos compravam cativos africanos do tráfico atlântico. Com base na escravidão indígena, portanto, as vilas da América lusa puderam se enraizar e multiplicar sua população e lavouras, entre elas, as de cana, nos engenhos de açúcar.

Algumas aldeias foram constituídas em terras de potentados rurais, ou seja, suas populações estavam à margem da jurisdição da Coroa e dos jesuítas. O jesuíta Manoel da Nóbrega, em uma de suas cartas, narra seu arrependimento por ter ajudado Garcia d'Ávila a convencer o governador Tomé de Souza a instalar, nas proximidades de sua fazenda, um aldeamento, com a promessa de levar as crianças ao Colégio de São Paulo, algo não realizado. Conforme Diogo de Campos Moreno, no seu *Livro que dá razão ao Brasil*, de 1612, em alguns engenhos no recôncavo baiano existiam aldeias pequenas. Da mesma forma, há notícias de povoações indígenas nas terras de Jeronimo Leitão, capitão-mor de São Vicente entre 1573 e 1592. Também no Espírito Santo existiam aldeias indígenas nas terras dos irmãos Belchior e Marcos de Azeredo Coutinho. Algo semelhante ocorreu nas fazendas de Tomé de Alvarenga e do governador do Rio de Janeiro, Martim de Sá, como veremos adiante.

Desse modo, estamos diante de processos de ampliação de fortunas privadas à custa do erário público, ou seja, do conjunto da sociedade. Afinal, o descimento de índios era uma empresa custeada ou, ao menos, auxiliada, pela Coroa e/ou pelos municípios. Esse foi um mecanismo de formação da elite escravista e, destarte, da concentração de riquezas nestes trópicos. Assim como o será a distribuição de dádivas pela Coroa aos conquistadores, como veremos. Na verdade, os princípios daquele mecanismo estavam presentes na Europa do Antigo Regime, embutida na *justiça distributiva* da Coroa.

A política indigenista somada à produção da fé pelos clérigos ou, sendo mais preciso, à introjeção nos aldeamentos da *ideia de que a sociedade perfeita é a hierarquizada*, resultou na defesa das vilas portuguesas na América. Esse fenômeno, assim como a produção de uma elite mameluca, permitirá a montagem do Antigo

Regime nos trópicos. Claro está que a combinação de alianças com os principais indígenas e os aldeamentos não deve ser entendida nem simplificada à "maldade e astúcia" portuguesas sobre as "inocentes" populações indígenas. É importante também lembrar da atração exercida, aos olhos das lideranças indígenas, pelo modelo de sociedade hierarquizada proposto pelos lusos. Tal modelo, para as lideranças e seus parentes, podia significar o reforço do mando político sobre as populações, a exemplo do acesso privilegiado às sesmarias: portanto, diferente das experiências vividas nas aldeias indígenas anteriores aos portugueses.

Em fins do século XVI, algumas das bases da economia do Estado do Brasil, inclusive da lavoura açucareira para exportação, estavam estabelecidas. Por exemplo, a soma de engenhos de açúcar de Pernambuco com os da Bahia ultrapassava cem unidades. Em São Paulo, temos as áreas com lavouras de alimentos consolidadas.

Por volta de 1612, o sargento-mor Diogo de Campos Moreno assim descreve as bases da riqueza da área da América lusa por ele conhecida: "Os bens dos vassalos deste Estado são engenhos, canaviais, roças ou sementeiras, gados, lenhas, escravos, que são o fundamento em que se estriba esta potência".[50]

Mais adiante o cronista lastima a grande mortalidade dos escravos, "pondo em perigo a *republica*",

> pois sem os quais não há que se tratar em fazendas ou rendas do Brasil [...] [a perda] dos escravos é a mais considerável, porque dela depende o remédio de todas as outras coisas.
>
> Estes escravos são de Guiné, vindos das conquistas ou comércios de Etiópia, ou hão de ser da própria terra ou de uns e de outros.
>
> Os escravos de Guiné, como se compram caros, por causa dos muitos direitos que deles se pagam em Angola, fazem difícil e custosos o crescimento desta republica [...].

> Os índios da terra, que parecem de maior facilidade, menos custo e maior número, como andam metidos com os religiosos [...] não dão ajuda aos leigos [...]. Daí resultam grande queixume aos religiosos.[51]

Por essa passagem podemos inferir diversos fenômenos. O primeiro é que a escravidão ou o trabalho compulsório, do *gentio* da terra ou da Guiné, era visto como a *solução/remédio* para a sobrevivência do Brasil. Em segundo lugar, diante da dificuldade do uso do trabalho do indígena, a solução era o tráfico atlântico de africanos, mais dispendioso aos bolsos da *respublica*. O recurso aos escravos africanos, segundo o cronista, deve-se à ação dos religiosos contra o cativeiro dos indígenas. Contudo, sabe-se que tal dificuldade em 1612 resultava do declínio demográfico indígena consumado sobretudo pelas epidemias e pelas fugas. Esse último motivo, aliás, era devidamente sublinhado pelo sargento-mor: "eles fugiam para os matos e juntavam-se aos negros da Guiné também fugidos".

O "número de arcos" e a formação da sociedade de Antigo Regime nestes trópicos

Segundo documentos da vila de São Paulo de fins século XVI, um dos critérios para classificar a qualidade social de uma família consistia no "número de arcos". A partir dessa mensuração evidenciava-se a capacidade da família para atividades como a manutenção da ordem política hierárquica e a econômica por meio do apresamento de índios no sertão. A quantidade "de arcos" era a de guerreiros indígenas ou de *frecheiros* (flecheiros) disponíveis à família considerada. Por exemplo, Manuel Preto, juiz ordinário na década de 1570, tinha sob seu comando centenas de *frecheiros*. Antônio Pedroso de Barros, casado com uma das filhas do capitão-mor Jeronimo Leitão, podia mobilizar cerca de 500 *arcos*. Assim, aquela expressão apresenta uma sociedade capaz de combinar traços tupinambás com os de Antigo Regime luso. Sendo mais preciso: de uma sociedade mameluca, cuja elite social confundia-se com famílias mestiças, se não em termos consanguíneos, ao menos, culturalmente.

Como vimos, isso não era uma particularidade paulista. A existência de tais famílias é mais evidente quando lembramos que a mestiçagem também envolveu os capitães-mores dos donatários das capitanias paulistas. Esse foi o caso de Jorge Ferreira, capitão-mor da capitania de Santo Amaro e depois capitão-mor (1556-1558 e 1567-1571) e ouvidor da capitania de São Vicente. Um dos filhos do capitão-mor Antônio de Oliveira e de sua esposa, Genebra Leitão de Vasconcelos, Tristão de Oliveira, casou-se com Joana Ferreira (bisneta de Tibiriçá); Tristão foi vereador paulista em 1599. Na Bahia e em Pernambuco, em maior ou menor grau, também se formaram famílias mamelucas na sua elite social e política, como indiquei anteriormente.

Em resumo: a possibilidade de a sociedade lusa existir, no século XVI, foi garantida pelo fato de ter em sua base a escravidão indígena subordinada e, no topo, a presença de uma elite mameluca.

* * *

Compreender o entrelaçamento entre o Antigo Regime luso católico e a lógica da sociedade tupinambá como a base da formação da sociedade de Antigo Regime e escravista nestes trópicos ajuda a reinterpretar o que a historiografia tradicional denomina de *sistema colonial*. Tradicionalmente, mas cada vez menos, a historiografia entende a sociedade brasileira de inícios do século XVII como marcada pela escravidão africana e pela exportação de açúcar como resultado da vontade do capital mercantil europeu. De acordo com tal interpretação, a economia brasileira da época resultava de flutuações dos preços internacionais e no mesmo mercado retirava seus empréstimos. Coube aos negociantes europeus o custeio da montagem da sociedade da América lusa e, ainda, a presença da escravidão africana. A economia brasileira foi escravista para ampliar os lucros europeus do preexistente tráfico de escravos no Atlântico Sul. Mais do que isso, a formação da chamada *economia escravista colonial* era um fenômeno subordinado à constituição de um sistema maior chamado *sistema mundial capitalista* (ver capítulo "A antessala da *sociedade perfeita*: a Europa entre os séculos XIV e XVI"). Portanto, o capital mercantil teria sido o grande o maestro das transformações presenciadas na época tanto na Europa como no Novo Mundo.

Resta saber até que ponto esse modelo explicativo é confirmado por pesquisas empíricas, ou seja, confirmado pelo cotidiano dos sujeitos que viveram o Estado do Brasil, cuja base era a escravidão africana nos engenhos de açúcar, entre outras lavouras. O que escrevemos neste capítulo apresenta resultados e interpretações diferentes daquelas conclusões. Vejamos um pouco mais a história destes trópicos.

A *sociedade perfeita* na formação da economia colonial

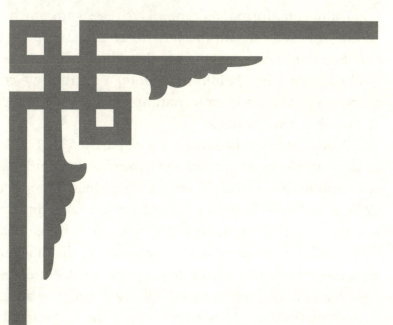

AS INSTITUIÇÕES E AS PRÁTICAS DO ANTIGO REGIME CATÓLICO NESTES TRÓPICOS: SÉCULO XVII

Em maio de 1564, a Câmara de São Paulo recebeu a ilustre visita de Estácio de Sá, capitão da armada, designada por seu tio, o governador-geral Mem de Sá para expulsar os tamoios do recôncavo da Guanabara. A visita pretendia convencer os paulistas a participarem, com *frecheiros* e mantimentos, daquela empreitada. Para a Coroa e seus ministros superiores no Brasil, a conquista definitiva da Guanabara tornava-se vital, pois do Rio de Janeiro partiam ofensivas dos tamoios e dos franceses para o Espírito Santo e para São Paulo. Vale ainda mencionar a localização estratégica da região nas rotas do Atlântico Sul e as constantes investidas de corsários na área.

Às solicitações de Estácio de Sá, os camaristas responderam com um pedido à Sua Majestade para que autorizasse a guerras dos paulistas contra os tamoios que ameaçavam a vila. Caso a última empreitada fosse consentida, os paulistas ajudariam com pessoas, fazenda e tudo que fosse necessário.[52]

Da mesma forma, os camaristas receavam que a constituição de uma vila no Rio de Janeiro resultasse na concorrência com São Paulo no apresamento de índios do sertão. Isso indica que, naquela altura, definitivamente, a captura e a comercialização do gentio da terra tornaram-se fundamentais para *remediar a pobreza dos paulistas*.[53]

Atendidas as solicitações dos camaristas, de São Paulo partiram expedições formadas, entre outros, por antigos ou futuros capitães-mores como Braz Cubas, João Pereira de Souza Botafogo, Roque Barreto e Jorge Ferreira. Este, num pedido de sesmaria, de 1573, declarava que "veio [ao Rio] por chamado do Governador Mem de Sá a tomar a fortaleza do Villegaignon aos franceses e tamoios com muita [...] gente e mantimentos; e armas com seus filhos e netos e cunhados, e parentes e amigos. Tudo isto às suas custas".[54] Esses dirigentes foram acompanhados por *homens bons* e apresadores de índios como Antônio de Sampaio, Antônio de Mariz, Miguel Aires Maldonado e André de Leão. Da Bahia, seguiram Mem de Sá e Estácio de Sá, entre outros, Julião Rangel de Macedo, Gaspar Vaz, Baltazar da Costa e Manoel Veloso Espinha. De outras partes do Brasil, partiram o provedor da Fazenda e depois capitão-mor Marcos de Azeredo, em 1605, e Julião Rangel de Macedo do Espírito Santo. Desta capitania sob comando de Martim Afonso de Souza, o Arariboia, saíram os índios temiminós, inimigos dos tamoios.

A partir dessas passagens, percebe-se que a conquista do Rio de Janeiro das mãos dos tamoios e franceses resultou de práticas recorrentes do Antigo Regime nestes trópicos, quais sejam: negociações entre as elites municipais e o Governo-Geral; a possibilidade de as elites municipais capturarem índios para suas repúblicas, garantindo, com isso, a viabilidade do modelo de sociedade desigual sustentada pela escravidão. Convém destacar que aquelas operações de guerra eram organizadas com índios aliados e chefes de famílias com seus parentes, clientes e flecheiros.

Na década de 1580 o padre jesuíta Fernão Cardim assim descrevia o Rio de Janeiro: "A cidade está situada em um monte de boa vista para o mar, e dentro da barra tem uma baía que bem parece que a pintou o supremo arquiteto do mundo Deus Nosso Senhor, e assim é coisa formosíssima e mais aprazível que há em todo o Brasil". Na ocasião, segundo o jesuíta, a cidade tinha 150 *vizinhos* ou cerca de 600 pessoas e muita "escravaria da terra". Havia duas aldeias indígenas supervisionadas pelos clérigos, São Lourenço e São Barnabé, ambas com aproximadamente três mil índios cristãos.[55]

A posição estratégica do Rio de Janeiro no Atlântico Sul transformou-a em praça comercial ligando a região do Prata (minas de Potosí) ao comércio de cativos de Angola.

Na mesma época, a vila de São Paulo tinha 120 vizinhos ou 600 moradores e também muita escravaria da terra. Nessas terras, destacavam-se as plantações de trigo e cevada; porém, o açúcar era "sofrível".[56] Em contrapartida, a Vila de São Vicente estava em decadência, entre outros motivos, pelo desgaste da terra e falta de índios. Nas últimas descrições, como nas anteriores, saltam aos olhos dois traços da América de então: o tamanho reduzido da população, e, mesmo assim, extremamente hierarquizada e sustentada pela escravidão, no caso indígena.

Apesar do mesmo pano de fundo, no norte do Estado do Brasil as descrições adquiriam outros traços. Na Bahia, por exemplo, sugiram lavouras de alimentos, mas também produtos destinados ao mercado externo, assim como a escravidão movimentada pelo comércio atlântico de cativos africanos. A cidade de Salvador contava com 3 mil vizinhos (cerca de 12 mil pessoas), 8 mil índios cristãos e 3 a 4 mil escravos da Guiné. Em suas cercanias, existiam 36 engenhos de açúcar e, nas terras dos ricos fazendeiros, havia igrejas e capelas. Esse aspecto, como veremos, conferia ao engenho de açúcar e às grandes fazendas a conotação de um povoado, pois eram compostos por famílias de diferentes qualidades sociais (senhoriais, livres sem terras e escravas) que mantinham entre si as mais variadas relações: de produção, de parentesco, vizinhança, clientela etc. Na primeira década dos Seiscentos, o número de engenhos da região girava entre 47 e 50. Em Pernambuco, na ocasião, a quantidade de engenhos estava entre 78 e 90.[57]

A partir das descrições de Gabriel Soares de Souza em 1587, os donos de engenhos podiam ter, simultaneamente, a propriedade e a serventia de ofícios da Coroa. Por exemplo, Francisco de Araújo, senhor de terras no rio Paraguaçu e também escrivão da Provedoria e Alfândega. Outros senhores eram parentes de oficiais régios. Por exemplo, Diogo de Sá da Rocha, dono de um engenho em Pirajá, era sobrinho do governador Mem de Sá e irmão do provedor da Fazenda Real da Bahia, Manuel de Sá Souto-Maior.[58]

Em Pernambuco, a combinação entre ofícios camarários, ofícios da capitania e o senhorio de engenho era personificada em

Duarte de Sá da Maia. Este senhor, em fins do século XVI, aparecia como camarista de Olinda, ouvidor do governador e dono de um engenho em Santo André.[59]

A relação entre o senhorio de engenhos de açúcar e os ofícios públicos sugere que a assunção de cargos contribuiu para seus detentores adquirirem seus engenhos de açúcar. Em outras palavras, os oficiais públicos se apropriaram de recursos produzidos em meio ao processo de formação da economia escravista. Cabe sublinhar que tal apropriação não foi interpretada pelos contemporâneos como imoral; mas decorrência da posição de mando nos ofícios reais e municipais. Naquele modelo de sociedade, os mandatários políticos, *naturalmente*, tinham *privilégios*, pois cuidavam da *respublica*. Daí denominarmos os mecanismos de apropriação como uma das características da economia do bem comum. Voltaremos a isso no próximo tópico.

Em fins do século XVI, a despeito das diferenças entre Rio de Janeiro, São Paulo e as capitanias ditas açucareiras, em todas prevalecia a escravidão, seja do *gentio* da terra ou do da Guiné. A escravidão, portanto, ocorria até nas vilas cuja população europeia se resumia a algumas dezenas de famílias, cuja economia era de subsistência e com contato praticamente nulo com o mercado. Essa situação ocorria na maioria dos povoados da América da época e confirma o predomínio do modelo de sociedade cristã (desigual) nas mentes dos conquistadores lusos desses trópicos e contraria a tese de eles serem criaturas do capital comercial europeu.

A economia do *bem comum*: as *dádivas* da Coroa, o município e as irmandades pias

O entendimento da sociedade de Antigo Regime na América lusa decorre do entrelaçamento de dinâmicas: o município capaz de negociar com a Coroa e, portanto, com seus ofícios e conselhos; o sistema agrário local, ou seja, as relações cotidianas nas freguesias rurais com a sede dos municípios; as conjunturas da Monarquia pluricontinental e da economia-mundo.

Esse modelo de sociedade nos trópicos foi possível a partir do que chamo de *economia do bem comum*, resultado da *justiça distributiva*. A apropriação, pela elite dos conquistadores, das terras, do trabalho alheio e dos ofícios públicos (da Coroa e do município) foi feita em nome do bem comum e da Monarquia. Os serviços prestados pelos conquistadores à Coroa e ao bem comum explicavam, para a população, aquelas apropriações.

Conforme a visão da época, uma sociedade, para existir, precisava de uma cabeça política ou, o que é o mesmo, de uma direção política. A sociedade, por ser naturalmente hierarquizada, só existia com uma elite à sua frente. Sem cumprir tal requisito, para aqueles homens e mulheres, era impossível a sociedade funcionar. Daí, nada mais razoável que vereadores da Câmara e juízes ordinários saírem das fileiras dos que comandaram a conquista. A desigualdade e sua respectiva economia eram, portanto, naturalizadas.

Vejamos mais de perto tais fenômenos a partir da experiência da conformação da *respublica* na cidade do Rio de Janeiro. Por conhecê-la mais, será possível descrever melhor ao leitor como se organizavam, ao redor dela, as relações sociais. Obviamente, também recorrerei a pesquisas referentes a outras áreas.

As campanhas militares contra os tamoios se estenderam até início do século XVII. Contudo, desde 1565, o Rio de Janeiro já consistia em um município. Assim, desde então, a região tinha uma *cabeça política*, ou seja, uma Câmara municipal. Nela, os *homens bons da terra* organizavam as instituições necessárias para o *bem comum* da população. A *sociedade perfeita* começava a ser engendrada no recôncavo da Guanabara. No âmbito do município, os vereadores e os juízes ordinários cuidavam da ordem pública, auxiliados pelos oficiais das ordenanças (milícias sem remuneração).

Tal como no Reino, cabia à Câmara municipal legislar e vigiar o abastecimento, ordenar o mercado e o fiscalizar por almotacés. Por conseguinte, a política intervinha no mercado de modo a garantir o bem-estar da *respublica*. Sem exagero, pode-se dizer que a elite camarista controlava a justiça cotidiana e o estômago da *respublica*. Acresce-se a isso a possibilidade de essa elite política comunicar-se diretamente com a Coroa. Em face de tais prerrogativas, a elite instalada na Câmara municipal materializava o autogoverno do município em meio à Monarquia pluricontinental lusa.

Para Salvador da Bahia há várias situações que informam sobre a interferência da Câmara no mercado.[60] Antes do mais, insisto na autoridade camarária sobre a economia local, especialmente sua prerrogativa em interferir no preço dos produtos de abastecimento. Da mesma forma, deve ficar claro que isso não foi uma invenção da América; mas algo corriqueiro nos mercados europeus da Época Moderna. Essa interferência, além das posturas municipais, estendia-se ao controle sobre lojas, oficinas artesanais, currais e açougues locais. Os currais e talhos pertenciam à Câmara e eram arrendados, em tese, nos pregões públicos. Da mesma forma, a Câmara possuía as balanças que pesavam os produtos comercializados na cidade.

Em Salvador, ao longo dos séculos XVII e XVIII, foram constituídas três Balanças Públicas: a da Praia, a do Peso Real e a do Pescado. Todas estavam localizadas em áreas estratégicas para facilitar a carga e a descarga dos produtos sujeitos à comercialização. No século XVII, a Balança do Peso Real era destinada ao açúcar e ao tabaco; portanto, mercadorias para a exportação. Dessa forma, os camaristas interferiam nas produções vendidas no mercado internacional.

A cobrança das multas dos infratores também ocorria em pregões municipais, exemplo das arrematações dos contratos dos açougues e das balanças.

No Rio de Janeiro, em dezembro de 1614, Aleixo Manoel, nobre da terra, solicitou licença à Câmara para construir uma Casa de Peso reservada aos açúcares e outras mercadorias; e a criação de um juiz da Balança e do Peso. Em contrapartida, a Câmara concederia o aforamento do dito Paço. Os camaristas aprovaram a solicitação e conferiram o arrendamento, salvo engano, por 27 anos.[61] Décadas depois, na vereança de 18 de dezembro de 1635, a cidade cedeu a exploração do Paço e do Peso público – inclusive da pesagem do açúcar embarcado para o Reino – a Salvador Correia de Sá e Benevides, alcaide da cidade e neto de um dos primeiros governadores da capitania e descendente do seu fundador: Estácio de Sá. O arrendamento deveria durar por 19 anos.[62] No ano seguinte, na carta de confirmação do arrendamento, o foreiro se comprometeu a construir, além da balança, lojas e uma casa de pedra coberta de telhas para armazenar as caixas de açúcar, breu, farinhas, carnes e demais itens de peso necessários para o uso da cidade. No mesmo contrato ficava determinado que "não haverá outro paço nem peso desta cidade senão o sobredito e querendo ter alguém será obrigado os oficiais e todos os mais que adiante forem a impedir e não consentir o haja".

Apesar do aforamento ter sido previsto inicialmente por 19 anos, a família Correia de Sá e Benevides ainda controlava a dita Balança em 1692. Nesse ano, a Câmara consultou o Conselho Ultramarino sobre a possibilidade de suspender o privilégio. Na época, a Balança estava nas mãos da viscondessa de Asseca, nora de Benevides e administradora dos bens do morgado da família.[63] Assim, ao longo de mais de 50 anos, os Correia de Sá e Benevides tiveram, ao menos, o monopólio da pesagem do açúcar destinado à exportação. Definitivamente, aquela praça mercantil, como outra qualquer do Antigo Regime, estava longe de viver uma situação de livre concorrência. Aliás, o fenômeno foi confirmado por certidão dada pelo escrivão da Câmara, Julião Rangel de Souza:

> Revendo os livros da Câmara que servem de acordão e os das rematações das rendas deles, não consta que desde o tempo que teve seu princípio o Conselho até o ano

de mil seiscentos e oitenta e quatro se rematasse propriedade alguma em praça na forma da lei, e todos se foram a avença das partes e do mesmo Conselho sem que de rematações haja livro.[64]

Julião Rangel de Souza, na ocasião, era detentor do Ofício de Escrivão e Tabelionato da Câmara. A pedido de sua mãe, Julião herdou o ofício de seu pai, Baltazar Rangel. Este era descendente direto de Julião Rangel de Souza que apresentei anteriormente como conquistador da cidade e um de seus primeiros ouvidores. Provavelmente, Baltazar Rangel recebeu o ofício como dote de casamento e/ou herança de seu sogro Francisco de Souza Coutinho. Este, por sua vez, era filho de Jorge de Souza Coutinho, sujeito que obteve a mercê do ofício de Sua Majestade. Como se pode observar, o cargo de escrivão da Câmara esteve por três gerações nas mãos da mesma família.

Para constar, o escrivão da Câmara, Jorge Coutinho, foi responsável pela escritura do contrato de arrendamento ao alcaide-mor Salvador Correia de Sá e Benevides. Salvo engano, em 1692, Julião Rangel de Souza era desafeto dos Correia de Sá. Verdadeira ou não, a afirmação do escrivão da Câmara do Rio em 1692 indica que o cotidiano dos moradores da *respublica*, definitivamente, estava nas mãos da Câmara municipal. Mais explicitamente: nas mãos de um grupo restrito de famílias que compunha sua cabeça política, pois dominava as eleições municipais.

A Câmara municipal, além dos bens da municipalidade, interferia num segmento sensível da economia: os impostos. Antes de avançarmos, vale lembrar que a Monarquia e o município não dispunham de burocracias fiscais para a arrecadação de tributos. Esta ocorria a partir de contratos arrematados por interessados, em pregões públicos. Após os contratos, os arrematantes cobravam a população. Os dízimos reais, como o nome sugere, estavam sob a alçada do ofício da Fazenda Real. Porém, isso não ocorria com outros impostos.

A Câmara intervinha, grosso modo, em três tipos de contratos: nos referentes à manutenção dos serviços públicos da cidade; naqueles que envolviam subsídios ou donativos solicitados pela Coroa; e os relativos às contribuições oferecidas pela Câmara à Monarquia. Os três deviam ser aprovados pelos camaristas. Assim, dependiam dos votos em vereança e, destarte, da vontade da elite política local. Entre os subsídios requeridos por Sua Majestade, havia os créditos de guerra solicitados, na década de 1640, após a Restauração promovida pelos Bragança contra a Coroa espanhola e as guerras contra os holandeses. Tal foi o caso do Subsídio dos Vinhos e o imposto sobre a aguardente da terra. A Bahia de meados do século XVII enfrentava a guerra contra os holandeses. Em razão disso, existiam os créditos municipais para o sustento dos contingentes militares estacionados na capitania e as medidas para a sua alimentação (conchavo da farinha). Entre as doações oferecidas pela Câmara do Rio de Janeiro à Coroa, encontramos a da Nau da Guarda da alfândega. Somente na década de 1720 esses contratos deixaram de ser administrados pelas Câmaras e passaram às mãos da provedoria da Fazenda Real. Voltaremos a esses temas; mas, desde já destaco que a aprovação dos donativos e subsídios à Coroa não raro resultava de negociações entre a Coroa e as municipalidades. Afinal, conforme a normas políticas da Monarquia, o município e o rei deveriam garantir o *bem comum*.

Ainda sobre a execução dos impostos, deve ser destacado que a arrematação de um contrato, da Coroa ou não, pressupunha que o arrematante e seus fiadores tivessem bens na praça da arrematação. Por exemplo: se ocorresse na praça do Rio de Janeiro, os arrendatários deviam ter bens no município. Essa medida só foi alterada na década de 1720.[65] A partir de então, os contratos puderam ser arrematados no Reino. Quando os impostos eram doações e ou subsídios dados pela municipalidade à Coroa, cabia àquela cuidar da arrematação do contrato. Da mesma forma, outros contratos régios eram administrados pela municipalidade.

O *sistema de frotas*, instituído em 1640, era um dos principais mecanismos da Coroa para interferir na economia da América lusa. Desde a década de 1640, o comércio externo americano era realizado a partir dessas frotas, materializando assim o chamado *exclusivo colonial* do Reino sobre América lusa. Em tese, isso significava o controle do capital mercantil reinol sobre a economia brasileira. Contudo, como veremos, o comércio entre conquistas e Reino resultava das negociações ou das relações de força entre, ao menos, o capital mercantil, o município (elites locais), os oficiais da Coroa na América e seus tribunais em Lisboa. O exclusivo colonial, não raro, transformou-se em instrumento de proteção dos interesses locais em meio às flutuações do mercado internacional. Pois a produção brasileira, para ser comercializada pelo Reino, devia sair antes do Brasil, ou seja, ela devia ser comprada pelos negociantes das frotas nas praças brasileiras. Em certas ocasiões, tais produtos eram vendidos nas praças brasileiras, sob os olhares atentos da Câmara municipal, por preços favoráveis aos produtores locais em detrimento das frotas e defasados diante do mercado internacional. Retornaremos ao tema mais tarde.

Assim, o comércio nos municípios da América lusa, por ser de Antigo Regime, estava longe de ser simples resultado da livre concorrência. Esse mercado era extensão da sociedade e de suas relações políticas. Daí o uso da expressão *mercado imperfeito* como contraponto ao *modelo liberal*; ou seja, não era regulado pela lei da oferta e da procura.

Por seu turno, a inexistência de um Estado e suas burocracias tinha como consequência reforçar a autonomia dos municípios; mas, também, a importância do governo nas freguesias, especialmente as rurais. Escrevo sobre municípios cuja população reduzida vivia em freguesias com imensa extensão territorial. Na prática, os moradores residiam em povoados rurais distantes da sede municipal. Logo, a organização do cotidiano das populações dependia do pároco local, do juiz da vintena e, em especial, da figura política do capitão de ordenanças.

O padre da freguesia ou, que é o mesmo, da paróquia, compunha o clero regular disseminado numa vasta rede eclesiástica cuja existência, como afirmei, foi intensificada pelo Concílio de Trento (1545-1563). Na verdade, para instituir-se uma freguesia, a paróquia deveria estar consolidada. Um povoado só adquiria estatuto de freguesia quando seus moradores estavam submetidos à disciplina católica de um pároco. A eficiência do ensino da cultura política católica era periodicamente verificada nas visitas pastorais promovidas pelo bispado à qual pertencia o município, como informei nos capítulos "A antessala da *sociedade perfeita*: a Europa entre os séculos XIV e XVI" e "A formação do Antigo Regime católico luso e a expansão ultramarina".

Claro está que a dimensão territorial das capitanias dificultava, e muito, a eficiência do clero romano. Por exemplo, para Pernambuco de 1700, estima-se que a população era de aproximadamente 68 mil pessoas distribuídas em 36 paróquias. Na média, eram aproximadamente 1.900 almas por padre. Uma proporção bem diferente à do Bispado do Porto, no qual, em 1710, o número de paroquianos por cura girava em torno de 513 almas.[66] Com isso, inevitáveis fissuras ocorriam naquela sociedade, porém tais tensões não impediram que ela deixasse de ser católica.

No âmbito das freguesias, a justiça camarária ficava a cargo do juiz da vintena e, sob sua tutela, as populações equivalentes ou inferiores a vinte fogos.

O governo local se completava com a figura do capitão de ordenanças. Este, de fato, exercia o papel de cabeça política da freguesia. Grosso modo, consistia no potentado rural. Ou seja, senhor de terras, de escravarias e com recursos para exercer o mando local: dirimir conflitos, oferecer assistência social, auxiliar o pároco etc. Ele era cabeça de uma rede de parentesco, de vasta clientela e de alianças com potentados vizinhos.

Em uma carta de 30 de setembro de 1670 do governador-geral do Brasil, Alexandre de Sousa Freyre, dirigida a Inácio Coelho da Silva, capitão-mor da Paraíba, ele descreve o procedimento de escolha dos postos da ordenança: cabe às Câmaras propor ao capitão-mor três sujeitos beneméritos para o comando da companhia de ordenanças.

No Rio de Janeiro, a nomeação dos oficiais da ordenança, desde ao menos fins dos Seiscentos, começava nas Câmaras, passava pelo governador da capitania, seguia para apreciação do Conselho Ultramarino, cabendo ao rei a última palavra. Ele concedia ao agraciado uma carta patente com suas obrigações e privilégios diante da população, dos oficiais camarários e régios.

Provavelmente, no município, a primeira fase de discussão sobre o comando das milícias ocorria entre as famílias mais importantes da localidade e, em seguida, na Câmara. Nas cartas patentes dos oficiais das ordenanças do Rio de Janeiro, o rei sublinhava algumas características dos habilitados ao posto: pertencer à nobreza da terra, ter ocupado os cargos mais honrados da república, o tempo e os tipos de serviço prestados à Monarquia. O oficial não recebia soldo da Fazenda Real e a Coroa esperava que ele pudesse, às próprias custas, e não nas do rei, arcar com as despesas de sua companhia militar, como afirmava a carta assinada pelo conde de Óbidos, D. Vasco Mascarenhas, em 1674, para o capitão da Vila de Penedo em Pernambuco.[67]

Considerando que o exercício do posto de capitão de ordenança resultava de lento processo, não recebia soldo e devia arcar com os custos de sua companhia, cabe perguntar a razão de serem postos cobiçados pelos potentados rurais? Quais os interesses desses sujeitos em exercer atividades como o recrutamento de soldados para as tropas regulares, o combate de quilombos, o auxílio na cobrança dos impostos, a perseguição dos acusados de crimes e, em poucas palavras, garantir a *quietação* dos moradores das paróquias? A resposta está no exercício do mando sobre os fregueses com o devido aval de Sua Majestade, ou seja, do poder central. O controle sobre a Câmara e seus estabelecimentos *públicos* era objeto de desejo entre segmentos da elite local com seus clientes, inclusive escravos.

No Rio de Janeiro e em outras municipalidades, algumas famílias vindas das conquistas controlavam os postos camarários e das ordenanças. Na verdade, esses cargos eram passados de geração em geração no interior das mesmas famílias. Essa repetição sugere que tais famílias viviam de suas honras *naturais* ou estamentais, na prática, através do controle de postos políticos e administrativos da sociedade. Tal é o caso de alguns dos descendentes de Salvador Correia de Sá e de Julião Rangel de Souza, como indicado anteriormente.

Ao lado da Câmara municipal, na mesma época, temos no Rio de Janeiro como capitania régia – ou seja, sem um capitão-donatário – a presença do governador e de oficiais régios. Entre os ofícios, havia o de provedor da Fazenda Real, ouvidor da justiça e o da capitania de fortaleza e o de capitão da infantaria paga da Coroa.

Como afirmei, nesse modelo da sociedade, a *justiça distributiva* da Coroa exerca um papel central, muito além da concessão de foros de fidalgo e de hábitos das ordens militares. A justiça distributiva também se fazia pela concessão de ofícios da Coroa. Isso ocorreu na montagem do Reino de Portugal, do Estado da Índia e se repetiu na formação da América lusa. A mercê de ofícios no Rio de Janeiro, como em outras geografias da Monarquia, contribuiu para o engendramento de uma sociedade marcada pela desigualdade social e política.

Ao ouvidor-geral cabia o exercício da justiça do rei. Já sob responsabilidade do provedor da Fazenda Real estavam os interesses econômicos do erário real; por exemplo, a supervisão dos tributos e o comércio. O juiz dos órfãos devia zelar pelos bens deixados a eles por seus pais. Essa prerrogativa conferia ao dito juízo acesso à parte da riqueza acumulada pela comunidade. Algo semelhante, mesmo ocorrendo em outro ofício régio, acontecia com a provedoria dos defuntos e ausentes. Ambos administravam arcas nas quais eram depositadas parte das fortunas dos órfãos e dos defuntos sem herdeiros na região. Uma maneira de preservar tais quantias consistia em convertê-las em empréstimos aos comerciantes e lavradores, ou seja, em créditos para a economia. No Rio de Janeiro e São Paulo, a arca dos órfãos teve papel essencial na viabilização da economia.

Por falar em crédito na sociedade de Antigo Regime, devemos abrir um parêntese. Outras instituições do Antigo Regime católico, apesar de não ser um ofício da Coroa, eram as irmandades pias e as ordens terceiras. As primeiras consistiam, a princípio, em redes de sociabilidade, cuja finalidade era amparar os confrades e acolhê-los sob a orientação espiritual de um religioso. As irmandades podiam ser ordens terceiras, organizadas por ofícios e/ou qualidade social etc. As ordens terceiras eram instituições universais, cuja organização é estabelecida por uma bula papal. A mais importante irmandade foi a Santa Casa de Misericórdia, fundada por D. Leonor, viúva de D. João II, em 1498. As irmandades contribuíam para o conforto da alma e, portanto, para a introspecção da fé e com ela da disciplina católica. Além disso, exerciam papéis fundamentais na assistência social: mantinham hospitais, cemitérios, amparavam viúvas, cuidavam de órfãos e desalentados em geral. A administração da irmandade ficava a cargo de provedores, tesoureiros, geralmente supervisionados por irmãos superiores. No caso da Santa Casa, esses cargos eram ocupados por integrantes da elite local. Para o sustento daquelas atividades assistencialistas, as irmandades recebiam anuidades de seus integrantes e doações em geral. Entre estas, podiam constar sobrados, fazendas, engenhos de açúcar, quantias de dinheiro, escravos etc.

Realizar doações e praticar a caridade implicavam prestígio social para o doador; para aquela sociedade, isso reduziria sua permanência no purgatório, seu martírio diante dos céus. Desse modo, a fé católica possibilitava a disciplina social e contribuía para a assistência social na *sociedade ideal* (hierarquizada). Outra característica era a de servir como uma caixa econômica de depósito de parte da riqueza social. A exemplo do que ocorria com os fundos das arcas dos ofícios régios, a riqueza acumulada nas irmandades era aplicada como crédito a juros no mercado. Essa atitude permitia aumentar os depósitos para a caridade, mas também financiar a produção e o comércio. Em Lisboa, como em Salvador da Bahia, as irmandades mais portentosas garantiam o crédito dos grandes empréstimos à economia. Em fins do século XVIII, a Santa Casa de Misericórdia de Salvador consistia na verdadeira caixa de empréstimos da cidade e suas vizinhanças:

> Saibam quantos este público instrumento de escritura de débito de obrigação virem que sendo no ano do Nascimento de Nosso Senhor Jesus Cristo de mil e Setecentos e dois anos aos vinte e três dias do mês de agosto do dito ano nesta cidade de Salvador Bahia de todos os Santos parecerão como devedor, o Capitão Jorge de Sá Pinto per si [...] e credores o Provedor e mais irmãos da Mesa da Santa Casa da Misericórdia como administradores e universais testamenteiros dos bens do defunto João de Matos de Aguiar. E logo pelo Capitão Jorge de Sá Pinto foi dito que era devedor do João de Matos de Aguiar e porque este era falecido da vida presente e no testamento com que falecera instituíra ao Provedor e mais irmãos da mesa da Santa Casa da Misericórdia por seus testamenteiros universais e como tais a eles recorrera pedindo-lhes quisessem continuasse nele a mesma obrigação da quantia de Seiscentos mil Reis, que são pertencentes a **consignação dos vinte e dois dotes que o dito defunto deixou, a razão de juro de seis e um quarto por cento como uso e costume nesta praça**.[68]

A partir da escritura citada, temos um bom exemplo do papel da Santa Casa de Misericórdia no mercado de crédito de Salvador. Os enxovais de casamentos ou o amparo a órfãos financiavam negócios mundanos da cidade. O Antigo Regime católico não tinha uma Wall Street ou um sistema de bancos e financiadoras para viabilizar o crédito à sociedade. Seu sistema de crédito eram o Juízo dos Órfãos, a provedoria dos defuntos e ausentes e as irmandades. Os três tinham em comum um dado modelo de sociedade, *criada por Deus* e, portanto, *desigual*. No caso das irmandades, o medo do além-túmulo aparecia como multiplicador de créditos para os mortais. Claro está que não era qualquer mortal. No caso de empréstimos, isso era privilégio conferido àqueles *de melhor qualidade* e ligados às redes sociais dos provedores da irmandade.

Retornando aos ofícios de Sua Majestade, eles apareciam como repartições indispensáveis para a sociedade. Sob a alçada deles estava a administração do *bem comum* da população. Mediante a importância dos ofícios régios no cotidiano das repúblicas, voltamos a lembrar da centralidade da Coroa como cabeça política da Monarquia. Igualmente, reforçamos o caráter pré-industrial da economia, pois sua centralidade se manifestava na distribuição de *dádivas*.

Além do poder político dos ofícios régios, dispunha-se de emolumentos: taxas extras cobradas pelos oficiais no exercício de uma dada atividade. Por exemplo, o provedor da Fazenda, ao acumular o juízo da alfândega, inspecionava os navios do porto e por esses serviços recebia emolumentos. O mesmo acontecia na supervisão dos contratos da Coroa. Na verdade, os emolumentos somados podiam superar o soldo do ofício. Por exemplo, um provedor da Fazenda, por volta de 1655, recebia 80 mil réis de salário, mas, com as propinas e emolumentos, o valor podia chegar a 800 mil réis; quantia suficiente, na ocasião, para comprar mais de cinco escravos adultos da Guiné. No caso do ouvidor, o salário era de 230 mil réis, e os emolumentos chegavam a 310 mil réis, resultando na cifra de 540 mil réis. Um governador, no final do século XVII, recebia cerca de 400 mil réis. E somado às propinas, aposentadoria e acréscimos outros, podia chegar a dois contos, duzentos e cinquenta mil réis, o equivalente ao valor de uma casa térrea ou de um sobrado, conforme a localização. A relevância que os emolumentos e pagamentos tinha estava relacionada, também, ao fato de que muitos cargos, a exemplo do juiz dos órfãos, não percebiam rendimentos. Seu pagamento era feito por emolumentos, conforme seus serviços.[69]

A autoridade dos oficiais de Sua Majestade se destacava quando o oficial detinha o direito de propriedade sobre seu cargo régio. Isso, entre outros motivos, em razão de seu titular ter a oportunidade de transferi-lo para o filho ou, como dote, ao genro. Como propriedade, parte da administração pública podia se transformar em patrimônio familiar. Consequentemente, tais famílias adquiriam o *direito* sobre o *destino* da população por décadas. Em tese, um conjunto restrito de famílias tinha esse privilégio estamental em relação aos demais mortais. Em outras palavras, quando a propriedade do ofício passava de pai para filho e deste para o neto, a família passava a viver de sua *honra*. Isso ocorreu, por exemplo, com os Teles Barreto quanto ao cargo de juiz dos órfãos. Antônio Teles Barreto foi juiz de órfãos, desde a década de 1720 até aproximadamente 1750, pois seu tataravô, Diogo Lobo Teles, recebera a dádiva da propriedade daquele ofício na década de 1640. Desde 1640, o rei permitiu a transmissão do cargo de juiz de órfãos às gerações seguintes. Por quase um século, portanto, os Teles Barreto controlaram uma das principais fontes de crédito na praça do Rio de Janeiro.

O proprietário de um ofício podia concedê-lo como dote de casamento ao genro. Inácio da Silveira Vilasboas, por exemplo, recebeu do sogro, Francisco da Costa Barros, como dote a propriedade do ofício de escrivão da Fazenda e da gente da guerra.[70] Cabe lembrar que a transmissão de um ofício régio de uma geração para outra dependia ainda da vontade da Coroa. Afinal, o ofício pertencia ao rei. Consequentemente, em tese, com a morte do detentor, o ofício voltava a ser objeto de disputa entre redes de poder e clientelas na Monarquia. Tratava-se, pois, de uma sociedade estamental, porém elástica. Uma família podia perder seu privilégio/ofício e este ser transmitido para outra; contudo, os privilégios estamentais permaneciam.

Os merecedores dos ofícios régios ou mercês de Sua Majestade no Rio de Janeiro do século XVI, e do seguinte, foram os conquistadores que, com "suas canoas, flecheiros, parentes e escravos", tomaram o recôncavo da Guanabara, como ocorreu na Bahia. Entre eles temos algumas das famílias que também compunham a cabeça política do município: Antônio de Mariz, juiz dos órfãos; Julião Rangel de Macedo, ouvidor-geral da justiça; Crispim Tenreiro da Cunha, provedor da Fazenda Real; Balthazar da Costa, escrivão da Fazenda e da gente de guerra, pai do citado Francisco da Costa Barros. A família mais agraciada com dádivas pela Coroa foi a do governador Salvador Correia de Sá (1570-1599).

Em 1643, o provedor das fazendas dos defuntos e ausentes João Castilho Pinto, estando em Lisboa como procurador da Câmara do Rio de Janeiro, pediu à Coroa mercê por seus serviços: um hábito de Cristo com 30 mil réis de tença,[71] a capitania da fortaleza de São Sebastião e o ofício de juiz da balança. Na justificativa de seus pedidos argumentava: "ter servido a vossa majestade nesse Estado do Brasil em todas as ocasiões de guerra que se ofereceram com sua pessoa, escravos e fazendas". Entre os papéis anexados, constavam os atestados assinados pelo governador da capitania, Duarte Correia Vasqueanes, e o ouvidor-geral, Francisco da Costa Barros. Em ambos, lê-se a seguinte passagem:

> É uma das nobres pessoas da cidade e da governança dela, filho e neto de seus primeiros povoadores. Em todas as ocasiões de guerra tem se oferecido com suas armas e escravos, mostrando sempre muito zelo no serviço de sua majestade e outrossim é bisneto legítimo de Francisco Dias Pinto, primeiro Alcaide-mor que teve a dita cidade, e bisneto legítimo de Jorge Ferreira Bulhões, capitão e ouvidor que foi dezenove anos da capitania de São Vicente.[72]

Os argumentos destacavam os serviços prestados por três gerações da família Castilho Pinto. Na época, o solicitante já era provedor da Fazenda e ausentes, o que lhe permitia ter o controle de parte da riqueza gerada na cidade. Assim, tratava-se de uma família que, por três gerações, controlava ofícios centrais no funcionamento do jovem Antigo Regime nestes trópicos. A mesma família acostumou-se a exercer o mando político sobre a população e, também, a viver às custas da riqueza que ela produzia. A razão de tais dádivas recebidas derivava do fato de a dita família, "sempre com seus escravos", cuidar do "bem comum".

A distribuição de dádivas por Sua Majestade e a sua justiça distributiva resultava também de embates de redes políticas no Paço. Havia redes e pactos políticos (governativos) que atravessavam o Atlântico, formados por potentados rurais da América profunda, comerciantes, ministros na Conquista, conselheiros dos tribunais palacianos que chegavam à sala do trono. Em 1706, por exemplo, Gaspar Rodrigues Paes, guarda-mor das Minas, escrevia ao conde Alvôr, do Conselho do Rei, pedindo interferência para arrecadar os quintos do ouro. Na mesma carta, solicitava ao conde que impedisse que seus inimigos, os Amaral Gurgel, adquirissem o ofício de provedor da Fazenda Real do Rio.[73] Os Paes e os Amaral Gurgel formavam bandos opostos e lutavam pelo mando das Minas Gerais. Voltaremos ao assunto no último capítulo.

As redes governativas deviam atuar nos dois sentidos: Conquistas-Reino e Reino-Conquistas. Assim como interfeririam na gestão da América lusa, influenciavam os destinos da Monarquia pluricontinental.

A *sociedade perfeita* engendrada nestes trópicos, a exemplo da do Velho Mundo, estava alicerçada em uma hierarquia social modelada por privilégios políticos e sociais e uma de suas expressões era a justiça distributiva. As famílias dominantes na hierarquia social da Conquista, para preservarem sua autoridade, na sucessão de suas gerações, deviam garantir, ao menos, duas condições: 1) manter o seu domínio nas freguesias rurais e, através delas, nas Câmaras; e 2) continuar inseridas nas redes políticas com acesso ao poder em Lisboa, ou seja, junto à Coroa.

Os traços do rosto da *nobreza da terra*: senhores de terras e de homens

Estou argumentando repetidamente, à exaustão, que a chamada sociedade brasileira surgiu desigual e hierarquizada como resultado de um *modelo*; não do capitalismo, mas de uma Europa papista. Podemos, a partir do Rio de Janeiro do século XVII, apreender as relações sociais das famílias da *nobreza da terra* que viveram a produção desse modelo nos trópicos ou, ao menos, traços das experiências de *alguns* protagonistas.

OS MAIS APARENTADOS E A TERRA: AS BASES DO MANDO NO GOVERNO

Tratarei, a seguir, das famílias que atuaram como elite social local e cabeça política dos municípios. Reafirmo a importância de tópicos semelhantes para as populações indígenas, escravos, forros e lavradores sem terras, entre outros segmentos. Afinal, tais grupos tinham valores e agiam, e ao fazerem isso interferiram e mudaram a história da América lusa. Infelizmente, foge do meu alcance um adequado conhecimento de tais grupos nos séculos XVI e XVII. Por outro lado, fica o convite para o leitor enveredar em pesquisas com essas temáticas. Assim, como historiador profissional, prefiro afirmar o meu desconhecimento a ser irresponsável. Obviamente, procurei apreender a agência daqueles grupos, em especial nas suas relações com as elites sociais.

Em 4 de novembro de 1573, no Rio de Janeiro, Antônio de Mariz, provedor da Fazenda de El Rey, diante de seu capitão-mor e governador, Cristóvão de Barros, franqueou uma sesmaria de terras a Martim Afonso de Sousa, cavaleiro da Ordem de Nosso Senhor Jesus Cristo e índio principal da aldeia de São Lourenço. Essa sesmaria situava-se na Banda do Além defronte à cidade (atual área metropolitana de Niterói – RJ), correndo ao longo da baía Salgada (atual baía de Guanabara). Com esse ato, Antônio de

Mariz e sua esposa, Isabel Velha, desistiam da sesmaria recebida das mãos de Mem de Sá, governador-geral. A justificativa para a desistência foi a existência de muitos serviços feitos por "Martim Afonso ao Senhor Deus, a El Rey nosso Senhor e à República".[74]

Anos antes, em 1568, em outra escritura pública, os motivos dessa cessão de terras eram detalhados: o capitão Estácio de Sá foi incumbido pela Coroa de conquistar e povoar o Rio de Janeiro, "em razão do seu gentio [tamoios] [estar] em guerra com o Estado de Portugal e tinham a seu favor os franceses". Com esse intuito, Estácio de Sá foi para a capitania do Espírito Santo e pediu a Martim Afonso de Sousa, "homem nobre dos principais do gentio temiminó", que, com sua gente, armas e mantimentos o acompanhasse na guerra. Após quatro anos, Martim Afonso pediu a mercê de terras para abrigar sua gente, no que foi prontamente atendido por El Rey.[75]

Na sequência do aldeamento São Lourenço, alguns dos personagens da escritura anterior estabeleceram pactos políticos entre si e com os temiminós. A partir deles observamos a formação da nobreza da terra, cuja autoridade sobre a região perdurou nos próximos 200 anos.

Naquela época, Isabel de Mariz, filha de Antônio de Mariz e Isabel Velha, contraiu núpcias com Crispim da Cunha Tenreiro, auxiliar do governador Cristóvão de Barros, e com passagens pela provedoria da Fazenda Real. Outro filho do casal, Diogo de Mariz, juiz de órfãos, uniu-se com Paula Rangel, filha de Julião Rangel de Macedo, fidalgo da casa do rei e ouvidor da cidade. Maria de Souza, filha do principal Martim Afonso de Sousa, casou-se com Gaspar Vaz, integrante da armada de Mem de Sá. Por três gerações consecutivas, os sobrinhos desse governador-geral governaram o Rio de Janeiro, respectivamente: Salvador Correia de Sá, Martim de Sá e Salvador Correia de Sá e Benevides. Outro sobrinho de Mem de Sá e irmão de Salvador Correia de Sá, chamado Manoel Correia, casou-se, em cerca de 1597, com Maria de Alvarenga, selando a amizade com os Mariz. Maria era neta do velho provedor

Antônio de Mariz. Ainda neste capítulo, um dos netos do casal Manoel Correia e Maria de Alvarenga, Manoel Correia Vasques, aparecerá com os seus flecheiros resolvendo os problemas fundiários da família. No capítulo seguinte, o mesmo Correia Vasques, detentor do ofício de juiz da alfândega, participará do crescimento da praça do Rio de Janeiro no Atlântico Sul dos Setecentos.

Eu poderia continuar listando esses enlaces, mas pouparei o leitor do enfado. Entretanto, devo dizer que os pais e filhos mencionados comporão a cabeça política do município e terão passagens nos ofícios da Coroa da capitania. Para completar, demonstrarei que as famílias daqueles sujeitos se casarão ou estabelecerão outros pactos entre si, e finalmente se multiplicarão. Em outras palavras, eles e outros conferirão carne e osso ao grupo que chamo de *nobreza da terra*.

A nobreza da terra teve na dádiva das sesmarias de terras um dos seus momentos fundadores. E, repare-se, não se tratava de qualquer terra, mas aquelas ao redor das aldeias temiminós, como indicado. Esse fenômeno sugere a possibilidade de defesa com flecheiros e de acesso à mão de obra para as suas lavouras. Essas práticas repetem o que ocorria no recôncavo baiano, em Pernambuco e em São Paulo.

Em 1676, Sebastião Cardoso dos Santos, desembargador sindicante nomeado pela Coroa para inquirir a respeito da distribuição de sesmarias na Bahia, afirmou que havia sesmarias no sertão cuja extensão era maior que muitas províncias em Portugal.[76] Segundo ele:

> De sorte, que a maior parte das sesmarias de terras, que se tem dado nesta capitania [no seu sertão] estão somente no poder e domínio de dez ou doze moradores [...]. O que implica em reduzir ao arbítrio e dependência de tão poucas pessoas à povoação. Ficando desta sorte todos os outros vassalos reduzidos à condição de pensionários e súditos daqueles poucos; já que aqueles só podem ter acesso às terras fazendo-se colonos dos senhorios delas.

Percebe-se que a concentração de terras resultava da ação das elites locais e da administração da Coroa na América. Porém, o dito desembargador alertou à Coroa que, na nova distribuição das sesmarias, considerasse os serviços prestados pelos conquistadores e povoadores, que deveriam ser devidamente remunerados.[77]

Na passagem do século XVII para o XVIII, algo semelhante ocorreu São Paulo. Na época, Lisboa solicitou aos governadores do Rio de Janeiro, primeiro a Arthur Cesar e Menezes e depois a Álvaro da Silveira de Albuquerque, a revisão da distribuição de sesmarias no planalto de Piratininga, alegando a concentração de terras em poucas mãos. A Câmara paulista resistiu o quanto pôde a tal determinação régia e, em 1704, conseguiu do ouvidor-geral de São Paulo a declaração de normalidade na repartição de sesmarias. Ou seja, a concentração de terras continuou.[78]

No Rio de Janeiro, a proximidade das sesmarias concedidas aos conquistadores, mais uma vez, pode ser observada nos livros de notas públicas da cidade; em especial, pela localização de terras e engenhos transacionadas. Em 1669, Catarina da Silva, neta de Diogo de Mariz, e seu marido, o coronel Francisco Pereira Sodré, contrataram o casamento de sua filha Izabel de Souza com o capitão Baltazar de Abreu Cardoso, descendente direto de Julião Rangel de Macedo. O noivo recebeu como dote terras do engenho São Lourenço situadas entre o aldeamento homônimo e as terras de seu pai, Francisco da Fonseca Diniz.[79] A proximidade das terras das duas famílias da Aldeia permitiu-lhes valerem-se da mão de obra indígena. Da mesma forma, cabe destacar a repetição dos pactos de aliança política entre aquelas duas famílias. Baltazar, dos Rangel de Macedo, e Izabel, dos Mariz, confirmavam a paz entre os vizinhos a partir de núpcias. Ou, o que é o mesmo, mediante a troca de mulheres e terras, as famílias de conquistadores e descendentes estabeleciam e reafirmavam compromissos entre elas, e com isso se produziam como elite social da localidade ou como nobreza da terra.

Com tal política marital de exogamia das famílias dos primeiros povoadores, mas endogâmica ao grupo, a ordem pública era afiançada e, com ela, a existência do grupo social dirigente. Observe-se, tudo isso ocorreu sem que aqueles sujeitos lessem as teses de Claude Lévi-Strauss acerca do tabu do incesto e sua importância decisiva na fundação da sociedade. Brincadeiras à parte, as núpcias entre vizinhos consistiram na opção com maior frequência entre potentados rurais por dois séculos, ou seja, enquanto o grupo existiu. Essa persistência por gerações revela a preocupação dessas famílias de manterem-se como elite social; algo inscrito em sua cultura política. Provavelmente, elas percebiam nesses enlaces a possibilidade de preservarem seu domínio, seu governo, sobre as freguesias. Afinal, a paz entre aqueles potentados garantia o domínio sobre as terras e seus moradores. Com essa estratégia, a terra ficava cativa, numa sociedade na qual a mão de obra também o era. No bojo desse domínio, o controle sobre os paroquianos garantia-lhes assento na Câmara municipal.

Desse modo, dos seis filhos de Crispim Tenreiro da Cunha e de Isabel Mariz, ao menos três, no início do século XVI, casaram-se com vizinhos: 1) Isabel Mariz casou-se com Francisco da Costa Barros, apresentado anteriormente como detentor do ofício real da ouvidoria da Fazenda, e dono de engenhos; 2) Maria da Cunha foi casada com Francisco Paes Ferreira, senhor de moendas de açúcar; 3) Antônia Tenreira da Cunha tornou-se esposa do capitão Domingos de Azeredo Coutinho, filho do mencionado Marcos de Azeredo, capitão-mor da capitania do Espírito Santo.

Nessa altura do texto, creio que algumas situações saltam aos olhos do leitor. Em primeiro lugar, sou obrigado a afogar o leitor em nomes com seus respectivos graus de parentesco. Em segundo, que tais matrimônios ocorriam ao arrepio da lei canônica que impedia uniões consanguíneas. Em terceiro lugar, a nobreza da terra foi produto, além das dádivas da Coroa e da ascendência sobre a Câmara municipal, de uma delicada engenharia marital entre vizinhos. O eixo dessa reciprocidade era a circulação de noivas e, com elas, dos bens de sua família. Em outras palavras, estamos diante de famílias da elite social cuja linha materna – essa formada a partir da mãe nascida na América lusa – dava identidade aos filhos e netos do casal. Esse fenômeno pode ser explicado pelo fato de no Rio de Janeiro, como na América lusa, prevalecer mais a imigração de homens solteiros lusos diante das mulheres provenientes do Reino; ou ainda, para o Brasil vinham mais homens do que mulheres saídas da Europa. Aqueles homens emigrantes, ao se casarem no Rio de Janeiro, o faziam com moças nascidas na localidade e, portanto, ingressavam em famílias preexistentes no município. Não raro, tais emigrantes e depois maridos de esposas nascidas na América eram oficiais da Coroa enviados para cá. Exemplo disso são os capitães de infantaria mandados para garantir o domínio da região pela Coroa.

Entre os resultados dos pactos políticos costurados pelos conquistadores vizinhos, temos o que denomino *terras de parentela*. Nelas, os casamentos entre vizinhos, ao se repetirem em sucessivas gerações, transformavam filhos e netos dos matrimônios em primos e tios. As alianças entre vizinhos geraram casamentos entre aparentados. Com isso, foi criado um *continuum* de terras imbricado em laços consanguíneos e de titularidade sobre as terras. Eram vastas extensões fundiárias cujo senhorio, em diferentes graus, pertencia à mesma parentela.

A *terra de parentela* possuía uma dinâmica social própria. Nela, os seus componentes se ajudavam em casos de dificuldades econômicas ou políticas. Os parentes se socorriam mediante empréstimos e compras, inclusive tentando a arrematação pública de seus engenhos. Esse foi o caso de Sebastião Lobo Pereira. Em 1669, ele tentou comprar a moenda de seu irmão, Diogo Lobo Pereira, inadimplente com os dízimos da Coroa.[80] A mesma prática, ainda, persistia no último quartel do século XVIII. Através desses procedimentos os senhores procuravam assegurar as suas terras de parentela.[81] Da mesma forma, esses potentados procuravam *ampliar* a dimensão dos domínios da parentela, adquirindo áreas e engenhos limítrofes. Esse movimento visava impedir a presença de estranhos na região.

Tais políticas criavam situações de enfrentamento entre integrantes de terras de parentelas diferentes. Os motivos podiam ser vários: disputas pelas mesmas terras e o domínio político sobre seus moradores ou, ainda, o desentendimento visando ao domínio da república, disputando cargos camarários, mas, principalmente, ofícios da Coroa. No início do século XVIII, os Gurgel do Amaral e os Gago da Câmara entram em conflito armado, não apenas por questões fundiárias, mas também pelo cargo da provedoria da Fazenda Real.[82]

Em fins do século XVII, os Gurgel viviam em atritos com os Correia Vasques. Em 1685, os dois *bandos* assinaram em cartório uma escritura de paz, como se vê a seguir:

> O capitão Fructuoso da Fonseca Varela e sua mulher, seus filhos Diogo da Fonseca Varela e Isabel e D. Mariana de Alvarenga viúva de Gaspar dos Reis, Natália Barbosa viúva de Frutuoso da Fonseca Varela davam perdão a Francisco Gurgel do Amaral pela morte de Manuel Fonseca Varela, irmão e cunhado dos signatários.[83]

Os cunhados Fructuoso da Fonseca Varela e Gaspar dos Reis se casaram com as sobrinhas-netas do conhecido capitão Manoel Correia e de Maria de Alvarenga. Os ditos cunhados possuíam terras contíguas com as do neto do mesmo Manoel Correia, no caso o provedor da Fazenda Real na época, Pedro de Souza Correia.[84] Por seu turno, as terras de parentela dos Correia Vasques faziam fronteira com as do Gurgel do Amaral. E as duas parentelas possuíam suas rusgas. Essas divergências continuaram em 1688, quando os Gurgel foram acusados de assassinar o citado Pedro de Souza Correia.[85] A razão alegada na devassa do crime foram as disputas pela arrecadação de impostos e o domínio do ofício de provedor da Fazenda. Portanto, eram lutas pela autoridade dessa sociedade de Antigo Regime. Por seu turno, no trecho adiante verifica-se que tais embates entre as parentelas envolviam seus respectivos flecheiros, escravos armados e clientes. Luís Cesar Menezes, governador da capitania na ocasião, assim relatou uma passagem desses conflitos:

> [Francisco e Bento do Amaral Gurgel] vieram da Vila de São Paulo para onde haviam fugido [...] trazendo em sua companhia várias pessoas de sua facção [entre eles] quarenta índios todos armados e chegando ao distrito dessa cidade [...] assaltaram as fazendas de alguns moradores roubaram sete peças de escravos de Manoel Teles, duas de Domingos de Azeredo, e [ameaçaram as de] Agostinho Paredes.[86]

Em carta escrita ao Rei, o tio do assassinado, Martim Correia Vasques, na época mestre de campo das tropas regulares da capitania, valia-se da posição de mando na hierarquia social para defender os interesses da família: "meu sobrinho é um fidalgo da casa de Vmagde alcaide-mor[87] desta cidade cujos pais e avós governaram sempre nela [...] com muita despesa de sua fazenda".

Além disso, como política para manter a integridade das terras de parentela, tios ou irmãos podiam interferir no casamento de seus familiares. Os mesmos Correia Vasques ilustram isso. No início dos Setecentos, com a morte de Tomé Correia Vasques, sua viúva, Ana Teresa Paes, tentou se casar com José Velho Prego, o que os seus cunhados não concordaram. Resultado: Manoel Correia Vasques, irmão de Tomé, invadiu, com seus índios flecheiros, o engenho de José Velho, raptando a viúva e futura noiva. Com isso, os bens do casal do viúvo Tomé continuaram nas mãos dos Correia Vasques; algo definitivamente consumado, em 1724, quando a viúva vendeu o engenho do casal ao cunhado Manuel Correia Vasques.[88]

A manutenção do equilíbrio político entre os potentados rurais na freguesia sempre foi almejada. Isso era levado ao extremo.

Por exemplo, uma dada família se via no direito de interferir nos casamentos de seus vizinhos. Por sua vez, a entrada na freguesia de um senhor de engenho estrangeiro podia alterar a ordem política local, pois ele teria acesso a redes clientelares, flecheiros, escravos armados etc. Daí Julião Rangel de Souza, antes mencionado como escrivão da Câmara, o capitão Domingos Morato Roma e o capitão José Barreto de Faria impedirem, com o uso da força, o casamento da viúva Bárbara de Barros com Amaro Fernandes, assassinando o noivo. O falecido esposo de Bárbara, o ouvidor Antônio de Moura, havia sido aprovado por seus vizinhos. O mesmo não ocorreu com o novo pretendente a esposo da viúva Barbara e, através dela, a potentado rural.[89]

Na verdade, o fenômeno iniciou-se pela concessão de terras como sesmarias aos capitães que comandaram a vitória contra os tamoios. Essas sesmarias dadas aos capitães, não raro, eram próximas umas das outras, transformando, assim, os seus detentores em vizinhos. Por seu turno, tais capitães e vizinhos, logo trataram estabelecer alianças entre si através de casamentos de seus filhos e especialmente filhas. Com isso, terras e mulheres circularam entre as famílias de conquistadores, gerando as *terras de parentela*, ou seja, famílias unidas pela consanguinidade e direitos sobre a terra. O domínio dessas famílias sobre a terra no primeiro século de existência da capitania é sugerido pelos registros de vendas de engenhos de açúcar nos Ofícios de Notas da cidade. Para o período entre 1600 e 1740 temos informações confiáveis para vendas de 59 engenhos. Destas, ao menos a metade foram transações entre vendedores e comparadores pertencentes à nobreza da terra. Destarte, o mercado fundiário, a exemplo de outros segmentos do comércio, era impregnado por relações políticas e estava longe de ser regulado pela livre concorrência.

Enfim, o território das freguesias rurais da república confundia-se com a malha de alianças tecida pelas famílias dos potentados. Para os fregueses, os potentados surgiam como responsáveis pelo governo local, pela viabilização de seu cotidiano.

Para eles, cabia aos senhores das terras o exercício da justiça, da assistência social e da repressão. Mais uma vez é evidente a inexistência do Estado na época: a Coroa não possuía burocracias para garantir o exercício da justiça e da assistência e a ordem pública no cotidiano das populações. No Reino e em outras partes da Europa rural prevaleciam os poderes locais das aristocracias. A ausência do poder central era sentida, ainda mais, nas conquistas ultramarinas.

A freguesia do Antigo Regime católico era o mundo da desigualdade, independentemente do tamanho da sua população. Nela conviviam camponeses com terras, lavradores sem terras, mas com escravos, lavradores forros etc. Os moradores tinham *qualidades* diferentes e eram ciosos de suas diferenças hierárquicas, a começar pelos senhores das terras. O tratamento dado ao lavrador com terras e escravos distinguia-se do conferido ao forro e, por sua vez, era diferente do concedido ao escravo pardo e assim por diante. Porém, esse mundo hierarquizado estava longe de ser petrificado.

O exercício da autoridade dos senhores de terras traduzia-se também naquilo que eles entendiam por justiça distributiva cristã. Eles tinham o poder de alterar a ordem natural das coisas na freguesia. Leia-se, a possibilidade de conceder dádivas impagáveis, como o acesso a suas terras, por preços módicos, a um dado lavrador; ou a alforria a um dos seus escravos. O potentado rural concedia *favores* em razão dos serviços recebidos. Com isso, a nobreza da terra produzia sua legitimidade social e reproduzia um mundo de hierarquias sociais sustentado em relações pessoais de dependência.

Em outras palavras, o domínio sobre a terra só era concretizado a partir do domínio sobre os seus moradores. A Igreja Católica, através de seu clero e rede de paróquias, forneceu os expedientes para tanto. Uma das práticas de difusão do catolicismo na freguesia consistia em direcionar um dos filhos da nobreza da terra para o clero, ou seja, buscando transformá-lo em cura da paróquia ou, ao menos, tê-lo entre os seus confessores. Com tal procedimento, a nobreza atuava de dentro do clero secular e, através dele, chegava aos moradores das freguesias, fossem eles livres ou escravos. Isso é comprovado, particularmente, nos registros paroquiais. Neles, não raro um dos filhos da nobreza da terra aparece como cura local e, mais, como padrinho de batizandos.

Aliás, não sem motivo as freguesias se confundiam com as paróquias eclesiásticas e os engenhos tinham o nome de um Santo. Em geral, os engenhos possuíam uma capela na qual eram rezadas as missas, realizados batizados, casamentos e feitas diversas outras cerimônias.

Por seu turno, tal autoridade local garantia à nobreza da terra o acesso à Câmara municipal e ajudava seu reconhecimento pela Coroa. Para a última, a nobreza, ao manter a *quietude* das imensas freguesias rurais americanas, surgia como grupo indispensável na manutenção da ordem pública nos rincões da Monarquia. Como tal, os potentados rurais recebiam postos de oficialato das ordenanças. Por seu turno, o comando das ordenanças para a nobreza, além de prestígio social, implicava, principalmente, ter sua autoridade local reconhecida pelo centro da Monarquia.

Assim, a manutenção da ordem pública nessa sociedade desigual, diante da inexistência de um Estado com suas burocracias, alicerçava-se também na paz entre potentados, algo extremamente delicado e tenso.

AS PRÁTICAS DE CASAMENTO DA NOBREZA DA TERRA:
IDEAL ARISTOCRÁTICO E CAPITAL MERCANTIL

A nobreza da terra, a partir de práticas maritais, procurava ampliar as oportunidades de ascensão social em meio à Monarquia pluricontinental. Isso, mais uma vez, podia ser feito via casamentos de suas filhas. No caso, mediante núpcias de suas meninas com integrantes da nobreza reinol; ou seja, com fidalgos da Casa Real e cavaleiros das ordens militares. Ao realizar tais manobras, os sogros nobres da terra aumentavam as chances de os netos ingressarem na aristocracia reinol, a partir da qualidade de seus genros. Principalmente se estes fossem moços fidalgos, pois esse foro implicava a hereditariedade: o foro passava de pai para filho. Isso não ocorria com as demais gradações da fidalguia, cavaleiro e escudeiro. Nestas, a manutenção pelas gerações seguintes dependia mais da vontade do rei e das redes políticas que o cercavam. Mais uma vez, fica evidente como a nobreza da terra se via no interior da Monarquia lusa: como um grupo de menos valia diante da aristocracia reinol hereditária. Portanto, para os potentados rurais, ascensão social significava estar mais próximo do rei. Por conseguinte, casar uma filha com um nobre reinol implicava, também, o aumento do prestígio social e político da família da terra no lado de cá do Atlântico.

O casal João Gomes da Silva e Isabel Mariz, senhores do engenho São Lourenço e "netos" de Antônio de Mariz, realizaram tal política com as bodas da filha, Catarina da Silva. Catarina, por volta de 1647, levou ao altar o moço fidalgo da Casa Real Francisco Sodré Pereira, filho segundo no morgado de Águas Belas, no Reino. Todos os filhos homens do último casal adquiriram o mesmo foro do pai e, assim, ingressaram na nobreza solar da Monarquia. Os benefícios daquela união alcançaram outra filha de Catarina da Silva e de Francisco Sodré Pereira: Izabel da Silva e seu esposo Baltazar de Abreu Cardoso, coronel das ordenanças; um dos comandantes superiores das milícias da cidade. Baltazar de Abreu Cardoso declarou no testamento de 1716 que, por seus serviços e qualidade social do sogro, alcançou o Hábito da Ordem de Cristo e o deixava para o filho João Pereira de Abreu; neto, portanto, de Francisco Sodré Pereira. O bisneto de Francisco Sodré Pereira, também chamado João Pereira de Abreu, devido à sua nobreza, recebeu a graça real de ingressar no oficialato nas tropas regulares da Coroa.

Um sogro nobre da terra, em geral, dava como dote, ao genro com foro de fidalgo da Casa Real engenhos, terras e escravarias.

Esse foi o caso, por exemplo, de Francisco de Souza Pereira, capitão de infantaria e fidalgo da Casa Real quando, em 1648, ele desposou Maria Barbosa Alvarenga, filha do capitão Manoel Correia e de Maria de Alvarenga, nossos conhecidos. O noivo, Francisco de Souza, mais tarde adquiriu a propriedade do ofício de provedor da Fazenda Real. Provavelmente, ele alcançou o ofício em face de sua nobreza, mas também e, quiçá principalmente, em razão de pertencer ao *bando* de Salvador Correia de Sá e Benevides, governador da capitania, primo da esposa Maria Barbosa.

Mais meio século depois, em 1717, o mesmo contrato se repetia nas núpcias de Matias de Castro com Maria de Andrade Souto Maior. O nubente recebeu como dote o Engenho Gericinó, escravos e terras. Em contrapartida, trouxe para a família da noiva o foro de moço fidalgo da Casa Real e os serviços à Coroa de seu pai, Gregório de Castro Moraes, mestre de campo da infantaria regular do rei no Rio de Janeiro e herói contra a invasão francesa em 1711. Em suma, o casamento fazia parte das estratégias na cultura política da nobreza da terra. Via alianças familiares, a distância geográfica da república em relação à Coroa era minimizada.

Por seu turno, essa estratégia de promoção social, ao transferir, como dote, o engenho de açúcar da família para o genro fidalgo da Casa Real, em tese, conflitava com outra política essencial da nobreza: a manutenção da ordem hierárquica local (autoridade sobre fregueses e escravos) mediante matrimônios com vizinhos potentados. Os pactos com outros potentados rurais eram essenciais, pois a sociedade ideal ou desigual, nestes trópicos, ainda estava sendo montada. Contudo, esses matrimônios implicavam no sistema de herança igualitário, no qual os irmãos tinham os mesmos direitos. Aparentemente, a política de ascensão social, via casamento com nobres reinóis com seu dote em engenhos de açúcar, estava em conflito com as bodas com vizinhos e a consequente herança igualitária.

No Reino, desde a Lei Mental de 1439, o mando da aristocracia sobre a terra e, portanto, o remédio contra a fragmentação fundiária e seu mercado, foi garantido pelo *sistema de vínculo*. A Lei Mental e o sistema vincular permitiram a aristocracia se transformar em um grupo social naturalizado para todo o sempre.[90] Nestes trópicos, os caminhos seguidos pelas famílias que pretendiam a eternidade foram, tendencialmente, outros e, mesmo, opostos aos do Reino. Aqui, a herança era igualitária entre os filhos. Contudo, a esse costume somaram-se medidas para garantir a integridade do engenho.

No Antigo Regime nestes trópicos, ao menos no Rio de Janeiro, o engenho de açúcar dificilmente acabava fragmentado entre os herdeiros. A unidade permanecia nas mãos de um herdeiro, fosse o genro estrangeiro (nobre reinol ou não) ou o irmão. Estima-se que no Rio de Janeiro, em fins do século XVII, havia 130 engenhos. Tomando esse número como base, consegui acompanhar 68 casos de sucessões de diferentes engenhos, ou seja, mais da metade daquele número. Daqueles 68 casos, em apenas 7 situações a herança foi fragmentada. Em todos os demais casos, um dos herdeiros manteve o engenho, seja por transferência de seus pais/sogro (dote, doação, venda, testamento etc.) ou pela compra aos demais legatários. Os resultados apresentados estão sujeitos à revisão por pesquisas empíricas. Dito isso, cabe sublinhar que os demais herdeiros eram ressarcidos.

O casal dono do engenho ou o cônjuge sobrevivente transferia o engenho a um único herdeiro via dotes, doações, vendas, manobras testamentárias etc. Entretanto, ao fazer isso, o casal ou cônjuge cuidava, também, de garantir os direitos dos demais sucessores. Nos testamentos ou na venda do engenho, os legados eram avaliados em moedas. Porém, na prática, diante da escassez crônica de moedas no século XVII, não raro, os valores se traduziam no acesso à terra via lavouras. Apesar de o engenho paterno ser vendido ao herdeiro preferencial, os legados de seus irmãos permaneciam e o novo senhorio os reconhecia. Portanto, o acesso à terra era mediado pelo direito rural costumeiro, muitas vezes oculto nas linhas das escrituras públicas. Obviamente, tal direito costumeiro tinha suas fissuras e os sucessores podiam contestá-lo. Para isso, se valiam das leis de transmissão do Reino que destacavam a igualdade entre os filhos.

Um exemplo de acordo entre parentes ocorreu em 1650. A viúva Bárbara Pinta vendeu o engenho de açúcar do seu casal, situado em Guaxandiba, a seu genro, mas também irmão, João Castilho Pinto. Na escritura da transação, o comprador comprometeu-se a pagar aos demais herdeiros todos seus legados.[91] O coronel Miguel Aires Maldonado fez algo semelhante. Em 1689, ele comprou da mãe, Isabel Tenreira da Cunha, o engenho de açúcar da família; contudo, responsabilizou-se pelos legados devidos a seus irmãos.[92] Anos depois, por volta de 1715, João Madureira Machado comprou dos pais e irmãos o engenho de N. S. da Conceição e S. Francisco.[93] Trata-se, pois, de estratégia reiterada no tempo.

Por sua vez, há situações mais complexas como a vivida por Carlos Soares Teles de Andrade, nos idos de 1757. Após a divisão dos bens de seu pai, Antônio Teles Barreto de Menezes, detentor do ofício do Juízo dos Órfãos, deixou para o filho Carlos Soares um partido de cana[94] e 11 escravos, e para Francisco Teles, o filho mais velho, o Engenho da Taquara e mais o ofício do Juízo dos Órfãos. O partido de cana de Carlos situava-se no Engenho da Taquara, portanto, nas terras de seu irmão.[95] Provavelmente, o fato de Francisco Teles ter recebido do pai o ofício do Juízo dos Órfãos tenha contribuído para herdar também os engenhos de açúcar da família. Seja como for, os bens do irmão Carlos Soares permaneceram, até a morte, nos domínios da família e, aparentemente, sem atritos.

Essa situação e outras semelhantes sugerem a produção de um direito costumeiro gerado por experiências no sistema agrário ao longo dos tempos. Esses costumes rurais tinham diferentes formas de acesso à terra, criando uma verdadeira sobreposição de relações sociais. Por exemplo: uns tinham o domínio sobre a terra; outros, as benfeitorias nela existentes. Tudo isso como resultado do direito de herança.

A complexidade dessas práticas consagradas pela sua repetição no tempo pode ser ilustrada também no caso de Inês Moreira da Costa. Em seu testamento, de 19 de maio de 1732, ela declarou que possuía uma legítima deixada por seus pais no valor de 126 mil réis no Engenho Novo de N. Senhora da Piedade que, na época, pertencia a José de Andrade Soutomaior. Em outras palavras, o engenho não pertencia mais à família da testadora, mas a alguém sem consanguinidade com ela. Apesar disso, Inês continuava a ser senhora de uma parte dos domínios do engenho, pois se tratava de um legado paterno devidamente reconhecido pelo novo senhorio.[96]

Sem exageros, posso afirmar que a nobreza da terra – no seu engendramento como elite social, e com ela a sociedade ideal nos padrões do Antigo Regime –, além de realizar diferentes pactos políticos, contribuiu para a produção de um direito rural consuetudinário.

A nobreza da terra, no processo de se construir como grupo social, também trouxe negociantes para suas famílias. Afinal, como potentados da terra, essas famílias deviam custear o bem comum da freguesia. Para tanto, seus recursos precisavam sustentar compromissos sociais: o serviço ao rei e à *respublica*, fazer oferendas aos céus (rezar missas pelas almas do purgatório, doações pias etc.), garantir as obrigações com a clientela e seus escravos. Para realizar com sucesso esses compromissos e, portanto, realizar a sociedade que tinham como modelo a ser seguido, a montagem das unidades de produção aparece como momento-chave. Daí a importância da concentração de terras, como sesmarias, nas mãos dos conquistadores da região e depois como nobreza da terra. Em fins do século XVI e princípios do seguinte, aquelas empresas se identificaram principalmente com fazendas de lavoura e currais, mais adiante, com a construção mais dispendiosa de engenhos de açúcar.

Apesar do envolvimento dos nobres da terra em atividades comerciais, até em razão da posição estratégica da cidade no

Atlântico Sul, o assentamento de empresas rurais exerceu funções políticas e militares essenciais para a existência do município e presença da Coroa nessas paragens. Antes, é importante lembrar que aquelas empresas, fossem currais ou engenhos de açúcar, permitiam o povoamento e a defesa da região para Coroa e para o município. Além disso, em seu território era realizada a produção necessária para honrar aqueles compromissos; caso tais atividades estivessem ligadas ao Atlântico, tanto melhor, pois isso implicava a aquisição de moedas e, portanto, inserção nas rotas do mercado internacional. Ao mesmo tempo, nas ditas terras, os senhores poderiam realizar a justiça distributiva concedendo acesso a terras a seus clientes, inclusive famílias forras saídas de suas senzalas.

Pois bem, a nobreza da terra, para cumprir seus compromissos, precisava de dinheiro para comprar cativos africanos, e peças das moendas e insumos. Parte desses investimentos foi garantida pelas próprias instituições do Antigo Regime. Cabe lembrar o que antes denominei de *economia do bem comum*: os ofícios da Coroa (como Juízo dos Órfãos) e as irmandades pias, instituições do Antigo Regime católico que permitiam a apropriação de parte da riqueza social da população. Contudo, além dos mecanismos mencionados, ter um genro negociante também era desejado pela nobreza da terra.

Atrair um negociante como esposo ou genro implicava ter acesso a linhas de crédito, a algo escasso durante boa parte do século XVII: a liquidez das moedas. Em tese, Pascoal Pais Vidigal, escudeiro fidalgo da Casa Real e neto do conquistador Crispim da Cunha Tenreiro, deve ter se alegrado quando contratou o matrimônio de sua filha Antônia Barbosa de Oliveira com o negociante reinol Tomé da Silva. Esse, em diferentes ocasiões da segunda metade dos Seiscentos, arrecadou impostos da Coroa, como o dos Dízimos e o Subsídio dos Vinhos. Os lucros dessas atividades devem ter ajudado a construir o imenso engenho com invocação à Nossa Senhora dos Remédios e, também, a manutenção dos compromissos sociais e políticos arcados por uma família da nobreza da terra. Isso numa ocasião em que a família do sogro, os Pais Ferreira, não possuía mais o Engenho de Meriti. Enfim, um genro negociante era peça fundamental no tabuleiro de Antigo Regime nos trópicos.

O ENGENHO DE AÇÚCAR COMO RESULTADO DE DIVERSAS RELAÇÕES SOCIAIS DE PRODUÇÃO E DE FORMAS DE ACESSO À TERRA

Os engenhos escravistas da América lusa, na verdade, estavam longe de conter apenas relações escravistas. Ao lado dessas, havia outras relações de sociais de trabalho e diferentes formas de uso da terra na plantação do açúcar. O sistema vigente na América ficou conhecido como "da Madeira", pois foi experimentado na produção canavieira na dita ilha desde fins do século XV. Em tal sistema, o senhor da terra e da moenda cultivava o açúcar via trabalho de seus escravos, mas também concedendo terras às famílias livres. Essas, por não terem áreas próprias de plantio, estabeleciam contratos formais ou informais para cultivar açúcar e alimentos. Tais famílias tinham acesso à terra como foreiras ou partidistas.

O pagamento pelo uso da terra era feito em açúcar ou conforme o combinado. O contrato de partido de cana, em geral, pressupunha o pagamento em açúcar, já o foro podia ter outra forma. Existia, ainda, o caso de foreiros e partidistas usarem a terra gratuitamente; estas eram situações, mais diretamente, tributárias de relações pessoais de dependência. O número de partidos de cana e foreiros variava de região para região, assim como de época para época. Na década de 1640, em Goiana, zona da mata de Pernambuco, o número médio de lavradores consistia em 6,5 por engenho. Na mesma época e capitania, em Porto Calvo, tal número limitava-se a 2,5. Na freguesia de Inhaúma do Rio de Janeiro, por volta de 1656, um engenho real movido à água, comportava 12 lavradores de cana. Nas lavouras dos foreiros e partidistas, o trabalho familiar podia ocorrer associado ao de seus escravos. Alguns partidistas tinham o mesmo número de escravos que os senhores dos engenhos.

Os donos de engenho e grandes senhores de escravos possuíam, em média, 30 escravos. Poucos eram os senhores com escravarias superiores a 100. Esse traço surgia como uma das diferenças diante dos senhores de plantações e moendas escravistas nas Antilhas de fins do século XVII. Além disso, nas *plantations* integradas caribenhas, em média, existiam cem cativos por plantação e o cultivo do açúcar era feito pelos escravos do senhor da plantação, sem o recurso do lavrador sem terras.

Mas, voltemos ao sistema da Madeira nestes trópicos. Os contratos entre lavradores sem terras e os senhores podiam ser escriturados nos Ofícios de Notas. O fato de o cultivo de parte dos canaviais, nos engenhos de açúcar no Brasil, ser feito através de contratos formais ou não por lavradores livres criava um mercado benfeitorias. No caso, essas benfeitorias consistiam nas culturas e prédios feitos pelos lavradores nas terras do senhor de engenho. Tal senhor tinha o domínio da terra, mas não daquelas culturas e prédios, os dois últimos pertenciam ao lavrador sem terras. A diferença entre quem detinha a terra e quem possuía as benfeitorias era algo reconhecido pela lei do rei e pelo direito costumeiro. Daí a criação de um mercado de benfeitorias (lavouras, prédios etc.) e de outro de terras.

Nesse instante, adentramos nos meandros do complicado regime fundiário em vigor entre os séculos XVI e XVIII, com suas variadas relações sociais e formas de acesso à terra.

Em 7 de agosto de 1728, em Salvador da Bahia de Todos os Santos, Catarina de Gouveia vendeu a José de Vasconcelos da Silva um conjunto de benfeitorias composto por uma roça, olaria e casa, em terras foreiras, cujo domínio pertencia à viúva de Simão Alves Mendes. Nessas terras, colocadas em foro pela família de Simão Alves Mendes, além das benfeitorias negociadas na escritura, existiam outros foreiros. Entre eles, o doutor

Domingos Afonso do Carmo e Manoel, preto forro. Assim, nas terras da família de Simão Alves Machado existiam foreiros de diferentes qualidades sociais. Além disso, na referida escritura, Catarina de Gouveia destacou que vendia as benfeitorias a José de Vasconcelos, mas também seus direitos de posse aos herdeiros e sucessores do comprador. Por conseguinte, nesse caso, Catarina de Gouveia mantinha com os donos da terra uma relação de foro contendo o direito de enfiteuse[97] sobre as terras. Ou seja, os herdeiros de Catarina de Gouveia tinham o direito de continuar usando a terra. Assim, quando Catarina vendeu a posse da terra também vendeu a enfiteuse a José de Vasconcelos e seus sucessores. Portanto, nesta forma de acesso foreiro à terra, a posse era transferida de geração em geração.[98]

A escritura anterior demonstra a possibilidade do partido de cana, ou de terras em foro, no interior de um engenho de açúcar ser vendido a outra pessoa às vistas do senhor de engenho. E Catarina de Gouveia fez isso. Antes dela, outros o fizeram. Em 22 de janeiro de 1610, no Rio de Janeiro, Afonso Gonçalves e esposa venderam a Pedro da Silva um partido de cana em terras do Engenho da Tijuca, cujo senhor era o capitão Gonçalo Correia de Sá.[99]

Ao longo do século XVIII, os negócios com partidos de cana (vendas, contratos de partidos etc.) foram desaparecendo dos livros de notas, ao menos para o Rio de Janeiro. Desconheço as razões desse fenômeno. Seja como for, a possibilidade de as terras foreiras e de partido passarem de uma geração a outra, em tese, independentemente da titularidade do engenho, era uma prática inscrita no direito rural costumeiro ainda em 1797, como veremos no próximo capítulo.

Como dito, os partidistas que contratavam terras nos engenhos podiam ter diferentes qualidades sociais. Podiam ser oficiais da Coroa, como Sebastião Coelho Amim, escrivão da alfândega e almoxarife da cidade; ou serem forros, saídos da escravidão, fenômeno mais comum no século XVIII. Entretanto, ao lado dos contratos e das vendas de partidos de cana, temos a possibilidade do acesso à terra mediante dote e outras relações parentesco com o senhor de engenho. O capitão Marcos de Azeredo Coutinho, ao se casar, por volta de 1641, recebeu de seus sogros como dote um partido de cana no Engenho São Lourenço. Foi também um partido de cana que Antônio de Andrade Soutomaior e esposa deram, em 1683, como dote ao genro Manoel Pacheco Calheiros, neto de André de Leão.[100]

Por seu turno, nem todos os integrantes da nobreza da terra construíram engenhos de imediato. Muitos, incialmente, eram partidistas em terras próprias, ou não, e moíam suas colheitas nas fábricas de outros senhores. Na verdade, nem todas as ramificações de netos e bisnetos de conquistadores adquiriam engenhos. Um caso emblemático para o Rio de Janeiro é o de Domingos de Azeredo Coutinho e de seus filhos, o capitão Marcos de Azeredo Coutinho e do coronel Crispim Cunha Tenreiro. Nenhum dos três tinha fábrica. Contudo, todos passaram pela Câmara municipal e representavam a fina flor da nobreza da terra. O coronel Crispim foi, por exemplo, em princípios do século XVIII, um dos dois comandantes gerais das ordenanças da cidade; ou seja, sua autoridade chegava a diferentes freguesias. Entretanto, ele era lavrador de cana nas terras do sogro. O outro oficial superior foi o já apresentado Baltazar Rangel de Macedo, senhor de engenho em São Gonçalo e primo de Crispim.

Ao lado desses sujeitos, temos diversos parentes do senhor de engenho que também podiam ser partidistas, por diferentes caminhos como direito de herança. A essa situação junta-se a possibilidade de o ex-escravo da família receber uma lavoura como foreiro. Outra possibilidade era a de escravos terem roças e canaviais. Enfim, os sujeitos da produção do açúcar eram diversos: do escravo ao lavrador livre, e do parente ou cliente ao arrendatário. Nesse sentido, um engenho podia conter diversas formas de acesso à terra. Apesar dessas diferenças, os ditos personagens se encontravam nas roças, mantinham relações de vizinhança e estabeleciam pactos políticos, como o compadrio e o casamento realizados na capela do engenho.

O ENGENHO VIROU FUMAÇA: A ALMA COMO HERDEIRA E OS INVESTIMENTOS NA HIERARQUIA SOCIAL IMAGINADA

Nessa altura do texto, cabe perguntar como a nobreza da terra, seus subordinados e os demais contemporâneos se entendiam e explicavam características da sociedade que construíram nestes trópicos. Depois de tantas páginas, o leitor deve saber a resposta: as explicações eram dadas pela fé católica.

Em tal sistema de representação, temos a resposta para o uso dado pela nobreza da terra, e outros mortais, dos ganhos subtraídos dos escravos e demais trabalhadores. Tais explicações ajudam a compreender a lógica daquela economia. Na verdade, trata-se de entender a razão de a nobreza da terra gastar parte da sua riqueza – daquilo que apropriou de escravos e lavradores – em missas e outras obras destinadas ao além-túmulo. Afinal, o que levava a elite social e política da época desperdiçar ou queimar em velas frações generosas de seus ganhos?

No ano da graça de Nosso Senhor Jesus Cristo de 1707, em 1º de março, José de Andrade Souto Maior acertava com os religiosos do Mosteiro do Carmo a última vontade de seu pai, o capitão Inácio de Andrade Souto Maior.[101] O pai, em testamento, ordenou que o restante de sua terça fosse aplicado a "juros para a realização de capelas por sua alma e dos defuntos e obras pias".[102] E assim ocorreu. Para custear os ofícios fúnebres foi destinado um sobrado do falecido capitão no valor de 3 mil cruzados.[103] Com os aluguéis seriam pagas as despesas das missas pela alma do devoto capitão. A instituição de *Capelas* por testadores na América e em Portugal tinha a princípio o mesmo fim: o da realização de missas para a salvação da alma do falecido. Algo só possível se caso fossem destinados bens (imóveis ou quantias) para arcar com as despesas das missas: velas, procissões, padres com seus auxiliares etc. Por exemplo, através dos aluguéis de um imóvel urbano, "posto em Capela", as missas eram pagas. Por essa razão, um bem "em Capela" era protegido pela lei, ele não podia ser penhorado. Em Portugal, através das Capelas, as famílias dos testadores procuravam, especialmente, manter a integridade dos seus bens diante do mercado e com isso garantir a preservação da fortuna da família. No Rio de Janeiro, as Capelas tinham mais uma função religiosa do que econômica, ou seja, elas não serviam para preservar a fortuna das famílias. Foram comuns as notícias de imóveis na condição de Capelas abandonados depois de um certo tempo pela família. Portanto, a elite local não se valia de tal expediente para viver. Porém, seja como for, em Portugal e mais no Rio de Janeiro, parte da riqueza social era destinada ao além-túmulo. Enfim, o medo diante do além-túmulo levou o capitão Inácio de Andrade Souto Maior a transformar um dos sobrados da família em orações e fumaça de velas.

Em 1702, o testamento do casal Belchior Dória da Fonseca e Mariana de Vasconcelos destinava dois dos seus sobrados, na rua Direita, a principal da cidade, para realizar duas Capelas anuais[104] pelas almas do casal, ou seja, para o além-túmulo. Para tanto, determinou que as casas ficassem aos cuidados da Santa Casa de Misericórdia. O casal solicitava ainda que, no dia de seu enterro, fossem celebradas centenas de missas em diferentes igrejas da cidade.[105]

As doações testamentárias ilustram o preço que as famílias da nobreza da terra pagavam por acreditar no além e, com isso, reforçavam o que chamamos de *disciplina social* e da sociedade a ela correspondente: o Antigo Regime católico. De fato, as somas destinadas aos céus – missas, doações pias etc. – garantiam a manutenção da ordem social sustentada pelo medo. As despesas dos senhores com as missas – não raro, milhares – para a salvação das almas do purgatório e de sua própria reforçavam na sociedade o medo, a resignação diante de Deus. Através das despesas com além-túmulo, em missas e na construção de templos, materializavam a superioridade de Deus, a natureza desigual do mundo e o poder dos senhores de escravos e de terras. Por meio dos dispêndios com sustento de órfãos e viúvas na Santa Casa de

Misericórdia, por exemplo, demonstrava-se a piedade e a superioridade senhorial frente à sociedade. Os gastos representados pelo acesso à terra por parte de lavradores livres e forros provavam que os potentados rurais cuidavam dos seus clientes como Deus fazia com os seus fiéis. A alforria concedida aos escravos, e com ela a perda de mão de obra, demonstrava a superioridade da nobreza da terra. Além disso, na manumissão (alforria) de escravos, a nobreza da terra evidenciava que, como Deus e o rei, ela tinha o *dom* de mudar o destino dos homens, ou seja, de transformar um cativo em "livre como assim tivesse nascido", como frisavam as cartas de alforria. Enfim, o conjunto dessas práticas justificava, aos olhos de todos, a autoridade da elite local. Além disso, destaca, aos nossos olhos, a importância da Igreja Católica na produção da disciplina social na época.

Por seu turno, a nobreza da terra, a partir das decisões de como lidar com parte das suas fortunas, apresenta mais uma de suas características, qual seja: estava longe de ser composta por empresários preocupados apenas com o investimento direto na produção material. Nada difícil de compreender, pois o além-túmulo garantia seu mando na terra.

COM SEUS CRIADOS, FLECHEIROS E ESCRAVOS

A nobreza da terra só podia ser mandatária nas freguesias e cabeça política do município caso tivesse legitimidade social; ou seja, credibilidade diante dos escravos, índios, lavradores sem terras e demais segmentos sociais. Assim, era necessário que, além dos clérigos, os potentados rurais justificassem a desigualdade entre os homens, realizando finas negociações com os demais sujeitos. Afinal, a hierarquia social cristã determinava aos mandatários obrigações diante dos *imbecilitas* (camadas populares) e dos escravos. Escravos e nobreza da terra tinham deveres e obrigações. Ou seja, suas relações eram desiguais, porém, recíprocas. A nobreza da terra só adquiria o trabalho de seus escravos, a proteção dos índios flecheiros e de seus criados armados quando cumpria suas obrigações. Por exemplo, direção política e *retribuição* de seus serviços.

Em 1645, Francisco Soutomaior, mestre de campo da Coroa, designado pelo governador do Brasil para pôr fim às desordens do Rio de Janeiro, ao tentar entrar num dos engenhos da família Correia de Sá e Benevides foi impedido pelo principal da aldeia indígena afirmando que: "obedecia somente ao General Salvador Correia de Sá". Essa aldeia havia sido resultado de um descimento promovido por Martim de Sá, governador da cidade e pai do general Salvador Correia de Sá. Apesar de feita às expensas da Fazenda Real, foi erguida nas terras do dito governador.[106] Diante da resposta de seu principal, percebe-se o mando dos Correia de Sá.

Aos flecheiros indígenas juntaram-se, posteriormente, os escravos armados. Ambos os grupos resolviam conflitos de terra, castigavam desafetos e garantiam o mando local, inclusive debelando quilombos. A historiografia relativa às reciprocidades entre potentados e seus escravos armados ainda está em elaboração. Infelizmente, prevalece a ideia de que o cativeiro se resumia à violência senhorial. Uma das sequelas dessas interpretações é retirar do escravo sua condição humana e sua capacidade de pensar e agir.

As pesquisas já feitas indicam que, na escravidão americana, a formação de famílias e o acesso a terras eram estruturantes nas relações senhor-escravo. Ter cônjuges e filhos, acesso a áreas de cultivo e possibilidade de vender suas colheitas compunha um complexo de relações sociais e *favores* senhoriais denominados: *bons serviços dos escravos*. Tais reciprocidades desiguais podiam ser usadas pelos escravos como fissuras no sistema. Por exemplo, a constituição de uma família escrava era referendada por conceitos católicos. Para os escravos, o batismo implicava várias possibilidades, como estabelecer alianças políticas com os padrinhos. Portanto, o casal e/ou a mãe com filhos constituía uma rede de solidariedade de compadres, fossem escravos ou livres. Assim, a relação entre cativo e senhor deixava, definitivamente, de ser um fenômeno solitário transformando-se numa relação mediada por uma rede de solidariedade. O batismo representava um compromisso entre os pais do batizando e o padrinho diante de Deus, mas também alianças políticas que alargavam as possibilidades de interferir no cotidiano.

Claro está que a escolha do padrinho era supervisionada pelo senhor do batizando e, também, por seus pais. Quando o padrinho era cliente do senhor, temos o fortalecimento das relações de dependência dos pais escravos para com os seus senhores. Isso beneficiava o senhor, mas também os pais escravos, já que seu compadre tinha acesso ao senhor daquela família. Não custa lembrar que estamos diante de um mundo ordenado por relações pessoais de dependência. Para começar, a dádiva concedida por Sua Majestade era nada mais que um favor. Na relação senhor-escravo, os favores podiam representar melhoria nas condições de vida do escravo e/ou do cliente.

Por exemplo, Tomé e Maria, cativos de Antônio de Ataíde, compartilharam a vida, ao menos, entre 1659 e 1664. No período, tiveram três filhos: dois deles apadrinhados por cativos de senhores diferentes e um terceiro por escravos de Antônio de Ataíde. Isso significa que, provavelmente, o referido casal fazia parte de uma rede de solidariedade escrava que unia e atravessava senzalas de diferentes senhorios. Essa situação podia ser útil para eles no momento de negociar com seus senhores.

Outro exemplo ocorreu nos domínios do capitão Jerônimo Barbalho Bezerra. Sob os olhos atentos do dito capitão, seu casal de cativos João e Valéria apadrinharam, entre 1649 e 1657, filhos de dois outros casais de suas senzalas: Luís e Violante, e Francisco e Vitória. Considerando que, naquele período, o casal Luís e Violante e o casal Francisco e Vitória tiveram seis diferentes compadres, todos do engenho de Jerônimo Barbalho, temos, nessas senzalas, uma ampla rede de amizade envolvendo, ao menos, doze adultos. Assim, como hipótese, o funcionamento do dito engenho de açúcar levava em conta recursos políticos reunidos pelas redes de parentesco fictício costuradas por escravos.

A hierarquia social no dia a dia dos engenhos e fazendas pode ser observada comparando os leques de escolhas de casais escravos com os de casais livres e libertos. Os dois últimos tinham muito mais oportunidade de ter compadres livres do que os cativos.

Nas senzalas, o formato da estratificação variava conforme a conjuntura social, demográfica e política. Por exemplo, no século XVIII, no Rio de Janeiro, a maior incidência do comércio atlântico de cativos acarretou a diminuição de casais no conjunto das escravarias. Ou seja, o incremento do tráfico produziu outros tipos de família no topo das senzalas. Refiro-me, especialmente, ao crescimento da importância das mães pardas e seus filhos. A classificação como pardas sugere que nasceram na América lusa e, provavelmente, em meio a uma rede de solidariedade prévia costurada por seus familiares. Essa rede podia estar enraizada na fazenda há mais de uma geração e incluir pessoas de outra condição, como forros e livres. A designação "parda" sugere ainda que a mulher tivesse por pai um forro, um livre ou um componente da família de seu senhor. Em qualquer situação, isso conferia às pardas maior proteção e ampliava seu leque de opções na produção de sua vida; como, por exemplo, a escolha de um parceiro.

Vale insistir que aquela sociedade era movida por *relações pessoais de dependência*. Um fidalgo da Casa Real, um cidadão ou escravo adquiria melhores oportunidades quando recebia uma dádiva de seu superior. Assim, *a dádiva ou o favor eram desejados por todos, independentemente da sua qualidade social*. Para aquele que concedia o favor, a contrapartida consistia na produção de pessoas obrigadas ou clientes. Provavelmente, a existência de escravos armados e o mandonismo senhorial tinham por base aqueles favores. A retribuição das senzalas àqueles favores, possivelmente, ajudou o capitão Inácio da Silveira Vilasboas a impedir, à mando da Câmara, a partida da frota reinol do Rio em

1678. No século seguinte, algo semelhante deve ter facilitado a ação do juiz da alfândega, Manoel Correia Vasques, ao invadir engenhos de seus desafetos na nobreza da terra, e ao brigar contra os grandes contratadores de impostos da Monarquia.

Voltando à mãe parda solteira. Quando seus filhos tinham por pais nobres da terra, isso podia gerar ganhos para a mãe e sua rede social (familiares e amigos) da qual faziam parte outros cativos, ex-escravos, forros. Em outras palavras, os familiares e amigos da dita mãe parda poderiam também ser batizados por integrantes da família senhorial. Claro está que tudo isso dependerá da capacidade de pressão de tal rede social das senzalas diante da família senhorial a qual pertencia o pai da criança mestiça. Isso pode ser observado no início do século XVIII, nas fazendas do capitão Manoel Alemão Freire Cisneiro e da família Sampaio, ambas ligadas à nobreza da terra. Nessas terras, aquelas uniões se traduziram em vários apadrinhamentos por integrantes das ditas famílias aos seus escravos. Entre os Sampaio, os filhos de mães escravas, além de receberem alforria, tiveram acesso à terra com a posse de lavouras.[107] Os pardos, na freguesia dos Cisneiro, chegaram a propor ao Conselho Ultramarino, nos anos de 1740, a constituição de ordenanças de cavalaria sob o comando desta família, os Alemão Freire Cisneiro.

No século XVII e no seguinte, era prática dos familiares da nobreza da terra apadrinharem filhos de escravos, fossem pardos ou da Guiné. Nas décadas de 1720 e 1730, essa situação foi vivida por João Pereira Ramos de Azeredo Coutinho na sua infância e adolescência.[108] Ele foi, ao menos, padrinho de cinco escravos ingênuos de seu pai, o capitão Manoel Pereira Ramos. Quando adulto, João Pereira Ramos tornou-se desembargador do Paço e secretário do Conselho do Príncipe, em Lisboa, e foi o primeiro titular do morgado de Marapicu. Um de seus irmãos foi bispo reformador de Coimbra, o outro seguiu carreira militar e foi governador do Maranhão. Assim, o secretário do príncipe era, também, compadre, parente espiritual, de famílias escravas. Resta saber o que isso representou para aquelas famílias nas senzalas. Deixo a questão para os jovens pesquisadores da escravidão.

Os Correia Vasques também seguiram a prática costumeira de tornarem-se parentes, via batismo, de escravos. Nessa última família, os padrinhos de escravos já eram adultos e com posição de mando na sociedade, como Alcaide Tomé Correia Vasques e seu irmão, o citado juiz da alfândega – algo diferente da experiência vivida por João Pereira Ramos, que apadrinhou cativos quando era criança e adolescente.

Do século XVIII há mais informações disponíveis. As relações dos moradores das terras senhoriais emergem mais claramente do que nos Seiscentos. Para iniciar, o topo da hierarquia das senzalas era composto, ao menos, pelas mães pardas e pretas com filhos de seus senhores e casais nos quais o escravo era qualificado (feitor, carpinteiro, ferreiro, barbeiro etc.). Eles tinham maior estabilidade em suas relações cotidianas e maior acesso a lavouras próprias, o risco de serem vendidos era menor e suas redes de solidariedade eram ampliadas. Esses recursos eram menos disponíveis aos casais sem qualificação e às mães solteiras sem ligação com a casa grande.

Januária e José eram pardos ou pretos forros e nasceram nas duas últimas décadas do século XVIII na freguesia rural de Campo Grande, no Rio de Janeiro. Portanto, chegaram ao mundo numa época em que a América lusa era bem diferente daquela do início dos Seiscentos. Para começar, a cidade do Rio de Janeiro deixara de ser a sede administrativa de capitania rural para se transformar na principal praça mercantil do Atlântico Sul e centro econômico da Monarquia pluricontinental lusa. Naquele contexto, a classificação daquelas crianças como forras, pela Igreja, ilustrava um ponto de inflexão na história do Antigo Regime nestes trópicos, pois atesta consolidação social e demográfica de um grupo social saído da escravidão. Ser classificado como *forro* indica um movimento de ascensão em uma hierarquia social estamental por definição e, portanto, pouco sensível a mudanças de *status*. No caso dos ditos inocentes, aquela inflexão tinha maior envergadura, pois além de forros, todos pertenciam a famílias de lavradores com acesso à terra e algumas até com escravarias.

Trazer tais personagens e suas histórias para um capítulo sobre o século XVII é explicado pelo fato de resultarem de processos históricos com início naquele século. Januária e companhia ilustram a trajetória de mais de quatro gerações de escravos e forros, de suas relações com a nobreza da terra e demais segmentos da sociedade. Aqui, interessa-me sublinhar, especialmente, as negociações das famílias das ditas crianças com os potentados rurais. Em outras palavras, demonstrar que, nessas negociações, a nobreza reiterava sua legitimidade, sem a qual não poderia continuar como elite social; já os escravos produziram recursos para viver e melhorar sua vida em uma sociedade cujo ideal era a naturalização da diferença.

Januária e José eram primos – irmãos e filhos, respectivamente, dos casais João Damasceno e Emerenciana Veronica da Cruz (ambos pretos forros) e José Vieira e Tereza de Jesus (preta forra). O parentesco dos inocentes derivava do parentesco de João Damasceno e Teresa de Jesus, que eram irmãos. Ambos tinham acesso a partidos de cana nos engenhos vizinhos. João, na fazenda de Viegas; Teresa, no Engenho dos Coqueiros. Seus pais e, portanto, os avós daquelas crianças, os escravos e depois forros Estevão Gonçalves e Mariana de Souza, passaram grande parte de suas vidas na vizinhança.

Seguindo os nomes de Estevão e Mariana, é possível recuperar parte de suas trajetórias. Ele era barbeiro e escravo preto de Roque Gonçalves, lavrador nas terras do Engenho do Viegas, que, por sua vez, estavam nas mãos de Antônio Garcia do Amaral desde 1730.

Na condição de cativo de Roque, Estevão apadrinhou escravos de diferentes senhores entre 1730 e 1735, como Rita Mina, escrava adulta de José Duarte, lavrador de cana nas terras do

Engenho do Retiro, da família Manoel de Melo. O fato de Estevão apadrinhar uma cativa da Costa da Mina adulta informa acerca de seu prestígio diante dos senhores da região. Ao mesmo tempo, Estevão tinha a confiança dos casais escravos. Isso fica demonstrado pelo batismo do inocente Inácio, um dos quatro filhos de Garcia Rodrigues e Feliciana Pacheco. Estes eram escravos de Manuel Pacheco Calheiros, senhor de engenho e descendente direto de André Leão, apresador de índios no século XVI.

Em 1740, Estevão tornou-se forro e incorporou o "Gonçalves" de seu antigo dono, passando a se chamar Estevão Gonçalves. Como tal, apadrinhou um filho de Leonor Freire parda, aparentada de João Alemão Freire, dono do Engenho do Guandú. Dois anos depois, ele e sua esposa, Mariana de Souza, levaram sua filha, Antônia, para ser apadrinhada por Francisco Alemão Freire e Úrsula Pinto. Conforme a localização anotada no assento, a família residia nas terras do Viegas. Portanto, surgem como lavradores no engenho no qual Estevão era escravo de lavrador sem terras. Os padrinhos de Antônia eram, portanto, o irmão do mencionado João Alemão e a madrinha, irmã da mãe da criança. Assim, a pequena Antônia, em tese, estava sob a proteção de uma família senhorial da região. Além disso, na última cerimônia em que seu nome aparece, Estevão e Mariana se transformavam em compadres ou parentes políticos de um potentado rural. Por seu turno, Mariana de Souza, antes de se casar com Estevão, em 1712, foi comadre de Manoel e Teresa parda, escravos de Francisco Teles Barreto, senhor do Engenho Coqueiros. O padrinho foi José Barbosa Corvinel, que suponho ser aparentado do senhor dos pais.

Por conseguinte, os avós dos forros pretos Januária e José estabeleceram ao longo da vida laços políticos com diferentes estratos sociais: escravos, lavradores sem terras e nobreza da terra. Essa característica transformava o casal em peça importante no tabuleiro político da região. Aqueles recursos, ao mesmo tempo em que ajudavam a manutenção da autoridade política da nobreza na freguesia, foram importantes na promoção social dos filhos do casal.

No capítulo sobre o século XVIII voltaremos a Estevão Gonçalves. Sua presença e família nas terras do Engenho do Viegas por décadas – apesar do seu domínio, conforme indicam as sucessivas escrituras de venda, ter passado por diversos senhores – informam a existência de uma estrutura fundiária que era resultado de práticas costumeiras. Em outras palavras, além da estrutura fundiária registrada nos Livros dos Ofícios de Notas, existia outra, vivida por sucessivas gerações de lavradores que, apesar de não terem o domínio formal das terras, permaneceram nelas ao longo de décadas.

Os cativos mencionados pertenciam a uma elite das senzalas. Estevão, por exemplo, tinha um ofício qualificado. Os escravos na base da hierarquia das senzalas não usufruíam dos mesmos privilégios e tinham menos oportunidades de alcançar a alforria e, menos ainda, acesso à terra. Infelizmente, faltam estudos para os séculos XVII e XVIII sobre tais grupos. É necessário, pois, dar mais atenção às famílias escravas, suas redes e estratégias. Naquela sociedade, o casamento era um dos eixos e se traduzia em qualidade social. Não por caso, o número de casamentos aumenta conforme há promoção social. Por exemplo, nos registros de batismo, as mães solteiras prevalecem nos livros de escravos e, em número menor, nos batismos de livres, especialmente entre mulheres de maior qualidade social. Sendo ainda mais preciso, faltam estudos sobre o cotidiano nas senzalas rurais.

Por fim, a autoridade das famílias da nobreza da terra não só se baseava em relações de clientela com escravos, forros e lavradores livres, mas também em reciprocidades com outros segmentos sociais. Refiro-me, principalmente, às alianças com oficiais e ministros da Coroa na Conquista americana e no Reino. A nobreza da terra tinha que se valer, também, de aliados na administração central da Coroa. A essa extensa rede de aliados de diferentes qualidades, algumas com a capacidade de atravessar o

Atlântico, denomino *bando*. Insisto, o *bando* (expressão medieval portuguesa) reunia componentes de qualidades sociais diversas: de escravos, forros, lavradores livres até senhores, podendo ainda alcançar segmentos da nobreza em Portugal. Desnecessário dizer que, em razão de sua composição social, o *bando* possuía uma hierarquia e era unido por relações clientelares, ou seja, reciprocidades desiguais, nas quais os interesses dos clientes são também considerados. Assim, por exemplo, a nobreza da terra levava em conta os interesses dos seus escravos armados; sem isso o *bando* perderia a sua eficiência. Pelas razões sublinhadas, o *bando* possui maior complexidade que uma rede política ou comercial. Nesse capítulo e no seguinte, temos o exemplo da ação do *bando* dos Correia Vasques, dos Azeredo Coutinho, dos Amaral Gurgel, assim como os demais agentes do processo histórico da América lusa do Antigo Regime nos trópicos.

  Com as práticas apresentadas, os conquistadores quinhentistas destes trópicos mudaram a ideia de camaristas como "nobreza da terra vinda do Reino". A nobreza da terra era mais do que a possibilidade de ingressar na Câmara municipal. Certamente, seu ingresso era importante. Contudo, isso consistia em produto de seu domínio político e econômico sobre as gentes que viviam em suas terras, num tempo em que o Estado inexistia.

O ANTIGO REGIME NOS TRÓPICOS: AS TENSÕES VINDAS PELO ATLÂNTICO (GUERRA DOS TRINTA ANOS E RESTAURAÇÃO BRAGANTINA DE 1640) E A RECRIAÇÃO DA ECONOMIA ESCRAVISTA

  Nas duas primeiras décadas dos Seiscentos, a economia escravista nas capitanias do norte do Estado do Brasil, grosso modo empurrada pela crescente alta dos preços internacionais do açúcar, estava montada. Na região do Cabo, localizada em

Pernambuco, os engenhos duplicaram entre 1593 e 1609. Em outra área pernambucana, Itapojuca, o aumento foi da ordem de sete vezes.[109] Em Pernambuco e na Bahia, diversas lavouras e a pecuária asseguravam o abastecimento de alimentos. Porém, a rápida montagem da produção açucareira, denominada como *época de ouro*, decorreu principalmente da escravidão indígena e, ainda, da política missionária católica em naturalizar a desigualdade social nos trópicos.

O papel da escravidão indígena foi a "mão de Midas" no crescimento econômico. Não sem motivo, o sargento-mor da Coroa Diogo de Campos Moreno lastimava a iminência da redução dos escravos indígenas e, com ela, a inevitável transformação dos lavradores e senhores de engenho em reféns do tráfico atlântico do dispendioso gentio da Guiné. Para ele, com a redução dos resgates de gentios do sertão americano não existiria outra solução senão o custoso comércio de escravos trazidos da Guiné.

Pouco antes do relato queixoso do sargento-mor Diogo de Campos Moreno acerca da falta de gentio da terra, em 1590, o inglês Anthony Knivet descrevia em sua crônica que o governador do Rio de Janeiro, Salvador Correia de Sá, e seu filho Martim praticavam, com ou sem guerra justa, a captura e o comércio de gentios da terra. Aliás, o dito inglês chegou a ser aprisionado por flecheiros de Martim de Sá, este último governador da capitania em dois períodos: de 1602 a 1608 e, novamente, de 1623 a 1632.[110] Em seu segundo mandato, os descimentos e apresamentos de índios continuavam em vigor.

Em 1616, uma carta sobre o resgate de indígenas escrita por Martim de Sá foi objeto de comentários nos conselhos palacianos de Lisboa. Na consulta, ele expunha sua intenção de descer o gentio do litoral de Cabo Frio para fundar aldeias e defender a costa das capitanias do Rio de Janeiro, Santos e São Paulo de ataques de navios estrangeiros. Como resposta, Lisboa destacou sua iniciativa e reiterou que "a gente do Brasil não pode fazer suas fazendas senão com estes índios que são todo o seu remédio".[111]

Ainda em 1635, o governador-geral do Brasil, Diogo Luís de Oliveira, e o conde do Prado lembram a importância das aldeias indígenas do Rio de Janeiro – a "capitania mais opulenta daquelas partes [do sul], e que tem mais gente de guerra, canoas e índios com poder de acudir onde for necessário" – para a defesa da costa sul do Estado. Entretanto, o conde do Prado, na ocasião, defende que a superintendência das aldeias indígenas deveria ficar nas mãos dos religiosos. Segundo ele, a razão para isso é que: "os capitães-mores querem vincular à sua jurisdição [os índios] tratando-os como escravos, servindo-se deles e repartindo-os por que lhes parece e convertendo em seu proveito o procedido de seu suor".[112]

O Rio de Janeiro, além do apresamento de índios, nas primeiras décadas dos Seiscentos estava envolvido no comércio de escravos africanos para a região do rio da Prata e no abastecimento de alimentos a Angola. Tais atividades rendiam moedas de prata para a economia local e, ao mesmo tempo, eram motivo de conflitos jurisdicionais entre os oficiais da Coroa e o município. A Câmara da cidade, em diversos momentos, reclamou da falta de normas claras para a alfândega, trazendo prejuízos do comércio Atlântico ao município. Numa de suas correspondências, os camaristas denunciaram o aumento das taxas pagas entre 1628 e 1636; desde o último ano, "os oficiais da Fazenda estavam oprimindo os navegantes com mimos e percalços, entradas e saídas das embarcações".[113]

Sobre importância do comércio na vida da época, não custa retomar o significado dos laços que emaranhavam casamentos e negócios. Os casamentos entre negociantes e a nobreza da terra interessavam a ambos os grupos. As famílias nobres não tinham nenhum problema em ter genros negociantes, sua liquidez era sempre bem-vinda. Por essas razões, torna-se mais fácil entender alianças comerciais como a de Antônio Pacheco Calheiros, genro do conquistador quinhentista André de Leão, com o comerciante Antônio Jacomé. A sociedade entre ambos visava a negócios de escravos em Angola, em 1612.[114] A família Pacheco Calheiros investiu seus ganhos na construção de engenhos de açúcar. De igual modo, não há estranhamento em o comerciante Pantaleão Duarte se envolver no comércio do rio da Prata em 1635[115] e, no ano seguinte, casar-se com Maria Coutinho, descendente dos Azeredo Coutinho, conhecidos por combaterem os tamoios nos Quinhentos.

A recriação da economia escravista pela *sociedade ideal* na Conquista

Depois de 1640, a América lusa viveu um turbilhão de conjunturas derivadas da Restauração portuguesa promovida pelos Bragança, das guerras do Atlântico contra os holandeses, da concorrência do açúcar antilhano, entre outras. Na América do Sul, o rompimento com a Monarquia dos Habsburgo resultou, entre outros fenômenos, na dificuldade de acesso à prata de Potosí. Com isso, houve um longo período de escassez de prata, complicando as operações mais simples do dia a dia das populações tuteladas pela recém-instalada Monarquia dos Bragança. Antes disso, a América lusa esteve envolvida na Guerra dos Trinta Anos (1618-1648), em particular, em meio aos confrontos entre Madri e a República holandesa. O resultado desses confrontos foi a guerra global dos holandeses contra as conquistas portuguesas espalhadas no planeta. Entre 1630 e 1654, os holandeses dominaram Pernambuco e os territórios vizinhos. Com isso, a Bahia passou a ser fronteira de uma guerra viva. Consequentemente, a produção açucareira e de outros produtos dessas regiões caiu, gerando oportunidades para a cana-de-açúcar produzida nos engenhos do Rio de Janeiro.

A ampliação da economia escravista e açucareira no recôncavo da Guanabara ocorreu na segunda metade do século XVII e em bases diferentes daquelas até 1640. Depois de 1640, entre as novidades, estava a mencionada falta de moedas do Prata, devido à ruptura com a Monarquia espanhola. Esse novo contexto também afetaria a recuperação e o crescimento da produção baiana depois de 1654. A escassez de moedas de prata na América lusa levou à resistência de os negociantes das frotas comprarem açúcar (preferiam moedas) e, portanto, aumentou as dificuldades de acesso por parte dos donos de engenho, dos lavradores e da população em geral a linhas de crédito por eles fornecidas. Isso sem falar no surgimento da concorrência das *plantations* integradas caribenhas, com suas imensas escravarias e crédito inglês e holandês, e nas dificuldades então enfrentadas pelo tráfico atlântico de escravos. Por fim, a maior concorrência do açúcar no mercado internacional ocasionou na queda de seu preço, ao mesmo tempo que ocorria um aumento do preço dos escravos da Guiné.

Apesar dessas adversidades, percebe-se o crescimento econômico na América lusa. Isso só foi possível graças à recriação da produção escravista nos trópicos feita pela sociedade de Antigo Regime aqui instalada. Vejamos tal movimento com calma.

Deve-se à ação das Câmaras, como cabeça política dos municípios e da administração periférica da Coroa na América, a possibilidade da expansão daquela economia. O crescimento dos engenhos no Rio de Janeiro e a recuperação da produção açucareira, seguida de sua multiplicação na Bahia, ocorreram em cenários de desvalorização da moeda no Brasil diante daquela em uso no Reino. Na ocasião, os municípios e os governadores, a despeito das determinações da Coroa, realizaram uma política monetária favorável aos interesses locais. Através dela, as Câmaras municipais, com o beneplácito de autoridades locais da Coroa, obrigaram os negociantes reinóis a comprar açúcar e demais produtos tropicais. Antes de tal política monetária local, os comerciantes das frotas, os negociantes reinóis, estavam mais interessados em vender suas mercadorias por moedas de prata (a cada dia mais escassas na Monarquia) em detrimento da aquisição do açúcar brasileiro.

Para combater as preferências dos negociantes das frotas, além de uma política monetária, os municípios brasileiros também se valeram das instituições de Antigo Regime: Juízo dos Órfãos, provedoria dos defuntos e irmandades pias que contribuíam para o crédito, a produção e ao comércio local. Além disso, desenvolveu-se aqui, especialmente nas cidades portuárias, uma comunidade de mercadores residentes como resultado, em parte, da acumulação de recursos obtidos em sua atuação como caixeiros de negociantes reinóis.

O governador-geral do Brasil, Antônio Teles da Silva, em carta de 28 de novembro de 1642, endereçada ao rei D. João IV, avaliou a situação do Estado do Brasil e, em particular, da Bahia: "Tenho apresentado a V. Mag. a grande saída de patacas que se tem feito desta Praça para esse Reino, e como a ocupação de Angola e a falta do Rio da Prata, era tão grande a falta de dinheiro, que quase estava parado o comércio".[116] Em outras palavras, a falta das moedas de prata do Potosí somada à falta de escravos decorrente da ocupação de Angola pelos holandeses resultou na escassez de numerário, ocasionando a quase paralisação do comércio, das lavouras, levando à penúria os cofres públicos. Esse fenômeno ameaçava o próprio pagamento da infantaria e demais despesas da Fazenda Real.

Diante desse cenário, o governador adotou providências para diminuir os gastos, inclusive reduzindo os efetivos militares e criando fontes alternativas para pagamento das despesas do Estado. Entre essas medidas, ele sequestrou canaviais de pessoas processadas em Portugal, como o conde de Linhares; recomendou que parte dos pagamentos da Fazenda Real aos jesuítas fosse feita na Bahia e não no Reino; ordenou a retirada do dinheiro da Provedoria dos Defuntos e Ausentes para o "socorro dos soldados". A última atitude foi interpretada como "extrema", pois contrariava as Ordenações Filipinas.

Cabe, novamente, salientar que tanto a Câmara de Salvador como o restante da América lusa sofriam com a escassa circulação de moedas decorrente da preferência dos comerciantes das frotas em venderem suas mercadorias por moeda, não comprando, portanto, o açúcar e demais frutos da terra. Essa situação paralisou a cidade, ameaçando sua existência. Diante dessa gravidade, os camaristas formularam a seguinte petição ao governador:

> A cidade de São Salvador da Bahia *em Câmara com os representantes dos três estados, clero, nobreza e povo* suplica ao Governador Geral do Estado do Brasil, Antônio Teles da Silva, a elevação do valor nominal da moeda na Conquista, o que implica na sua desvalorização real diante da presente em Portugal.[117]

Com a súplica, pretendiam estancar a saída de moeda do Brasil. Afinal, com uma moeda de menor valor do que a em circulação no Reino, o comerciante preferiria vender suas mercadorias por açúcar ao invés de fazê-lo por uma "moeda podre", sem valor na Europa. O governador, depois de ouvir uma junta de religiosos, oficiais fazendários e desembargadores régios e os camaristas, acatou o pedido. O problema disso era retirar do rei uma de suas principais prerrogativas: a de estabelecer o valor da moeda em seu reino, senhorios e conquistas.

Essa atitude, a princípio de *lesa majestade*, deve ser entendida no contexto do modelo político em vigor: o Antigo Regime católico, no qual o município tinha capacidade de negociar com o centro da Monarquia. Assim como os oficiais régios podiam argumentar com o rei em nome do bem comum.[118]

Na mesma conjuntura, um pouco antes, em 7 de fevereiro de 1640, a Câmara do Rio de Janeiro em vereança narrava o seguinte dilema da sua Praça:

> Neste porto estão de presente mais de quarenta navios os quais vieram ano passado de Portugal e de outras partes com carga de fazenda e mercadorias para venderem a este povo como costumam a troco de açúcares e tornarem a Portugal carregados em frota como é de costume.

[Porém, não fizeram isso e permanecem no porto.] Por razão de os [comerciantes] não quererem comprar açúcares pelo preço ordinário por que se venderam todos os anos passados.[119]

Os camaristas, para impedirem maiores prejuízos, sugeriram a diminuição no preço dos açúcares de modo a garantir a saída da frota. Dois anos depois, na vereança de 3 de novembro de 1642, os comerciantes tentavam comprar os açúcares da cidade a baixos preços. Para tanto, se valiam da combinação de dois cenários: 1) a grande falta de dinheiro e prata na cidade; 2) a dependência dos moradores ao capital mercantil, pois compravam fiado roupas, escravos e outros gêneros. Ainda conforme os camaristas, homens mercantis, capitães e mestres de navios das frotas combinaram só aceitar os açúcares "senão por um preço tão baixo e diminuto que ficarão destruídos os engenhos, partidos e mais lavouras dos moradores".[120]

Diante do problema, os camaristas, em nome do bem comum, determinaram o preço do açúcar e obrigaram os mercadores e capitães dos navios a recebê-lo e, ainda, ordenaram que o comboio zarpasse o quanto antes.

> Pelo dito preço serão obrigados os credores aceitarem os pagamentos de suas dívidas geralmente como fosse dinheiro de contado exceto o dinheiro de empréstimo que se fará por conveniência entre as partes do contrato. Determinam ainda o contrato usurário das arrobas de açúcar não haja efeito algum [...]. Assim ordenarão por serviço de sua majestade para o aumento e bem desta cidade, seus moradores e para que o comércio se continue entre eles e os mercadores e mandarão que esta postura se apregoe e se cumpra e se guarde inteiramente como nela se contém.[121]

Entre os signatários da postura, além dos camaristas, estavam os demais integrantes da nobreza da terra. A situação era tal que o documento também teve o apoio do ouvidor local da Coroa.

Um ano antes, em novembro de 1641, os camaristas haviam recusado o pedido do governador Salvador Correia de Sá e Benevides de renovar o subsídio voluntário dos vinhos, concedido pela capitania como donativo. O argumento dos vereadores era, grosso modo, de duas ordens: o subsídio aumentava a penúria da cidade, pois retirava dinheiro dos moradores e afugentava os navios mercantis do porto carioca; o donativo estava sendo desviado para outros fins que não a defesa da cidade, sendo que os oficiais da Fazenda Real não prestavam contas de seus rendimentos.[122] Enfim, nesse ano, os camaristas abriram suas baterias contra os comerciantes das frotas e contra o governador Salvador Benevides que, por fim, acabou afastado temporariamente do governo.

Em julho de 1643, o novo governador, Luiz Barbalho Bezerra, conseguiu que a Câmara aprovasse o subsídio dos vinhos e a vintena. Contudo, para isso havia algumas condições: o subsídio ficaria sob tutela da Câmara e só depois seria entregue ao almoxarife da Fazenda Real, assim como o dinheiro dos dois donativos destinado à defesa da cidade.[123] Nos meses seguintes, a matéria foi completada por novos entendimentos com o governador. Temendo a redução dos navios de vinho, que compravam também açúcar, foi acordado que houvesse uma diminuição na venda de aguardente, concorrente do vinho. Diante dos protestos dos fabricantes de cachaça, foi criado um subsídio sobre o produto de modo a contentar todos os envolvidos. Com essas medidas, o valor extrínseco da pataca, por determinação de Lisboa, era aumentado, o que dava mais alento à nobreza.[124]

As tensões no Rio de Janeiro na década de 1640 foram alimentadas mais ainda pelo afastamento de Salvador Correia de Sá e Benevides da direção da capitania, em 1642, em razão das denúncias que sofreu, inclusive pela Câmara da cidade. Os camaristas e parte da nobreza não aceitaram o nome escolhido para suceder a Benevides e os ânimos só se acalmaram com a nomeação de Luiz Barbalho Bezerra. Com a morte deste em 1645, chegou à cidade, a mando da Bahia, o mestre de campo Francisco Soutomaior. Em carta ao rei, Soutomaior informou que a cidade vivia completo caos e que só tinha conseguido desembarcar por estar acompanhado por cem mosqueteiros de seu terço. Em seguida, relatou as diversas desordens da capitania. Segundo ele, a região encontrava-se "em tão bárbara e tão inculta nas matérias de milícia, fazenda e justiça"; "as eleições do senado são dominadas por pessoas da facção dos Correias e dos Manoes [sic] que são dois *bandos* e parcialidades de que nesta [terra] resultam tantas monstruosidades tão prejudiciais ao serviço de Deus e de Sua Majestade".[125] Registrou ainda que os cavaleiros da Ordem de Cristo se recusavam a pagar os tributos reais, valendo-se de seu hábito e de alguns serem "os mais aparentados da terra". Os capitães das fortalezas da cidade estariam mais preocupados com suas fazendas do que com as obrigações militares, permanecendo principalmente nas suas lavouras e pouco nas fortalezas. Por isso, Soutomaior acabou destituindo os comandantes das duas fortalezas mais importantes: a de Santa Cruz e a de São João de Santa Cruz, comandadas respectivamente por Antônio Curvelo Escudeiro e por Clemente Nogueira da Silva, ambos casados nas famílias da nobreza da terra. Além disso, queixou-se que alguns dos antigos governadores da capitania haviam permitido que os soldados da infantaria da Coroa saíssem de seus postos "para servirem de feitores, purgadores e carreiros e outros nas fazendas dos moradores". À lista, o macambúzio mestre de campo acrescentou a existência de um aldeamento nas terras dos Correia de Sá, já mencionada.

> Acha-se mais nos confins desta capitania uma aldeia que anos passados foi situada por Martim de Sá junto de outras, cujos índios sendo descidos do sertão por ordem de sua Majestade e à custa de sua real Fazenda se foram extinguindo pouco a pouco vindo a ficar os mais destes em fazendas e engenhos do dito Martim de Sá.[126]

Na ocasião, Salvador Correia de Sá e Benevides, então *capo* (chefe) dos Correia, uma vez afastado do governo, em Lisboa, afirmou ter sido vítima de *bandos* compostos pelos *mais aparentados* da terra cuja periculosidade era ainda maior em razão de terem poderosos ofícios da Coroa em suas mãos.[127]

Para completar esse cenário turbulento, Lisboa instituiu uma Companhia de Comércio e tentou impor estanques de produtos à Conquista: vinho, azeite, cereais e bacalhau. No caso, impor monopólios ao mercado americano, ou seja, os produtos acima listados só podiam ser adquiridos através de compras feitas aos comerciantes das frotas. Com isso, a Coroa, ao mesmo tempo, procurava proteger as frotas lusas contra seus inimigos e controlar mais o mercado ultramarino.

Em 1651, os governadores e os camaristas de diversos municípios informavam a penúria das cidades em razão do aumento do custo de vida e da dificuldade de vender o açúcar. Para os queixosos, parte das mazelas decorria da inconstância e falta de periodicidade da chegada das frotas vindas de Portugal. Além disso, o estanque dos produtos imposto por Lisboa tirava a pouca moeda em circulação nos municípios. O Rio de Janeiro informou que não precisava comprar mantimentos das frotas, pois sua farinha vinha de São Paulo. Assim, algumas compras das frotas só acarretavam a falta de moedas e, portanto, iam contra o bem comum. Nesse ano, o capitão Francisco da Cruz relatou ao Conselho Ultramarino que a população do Rio de Janeiro reclamava de o preço dos açúcares e dos produtos que cruzavam o Atlântico ser fixado pelos feitores das frotas. Diante disso, ele propunha formar Juntas para decidirem sobre tais matérias. Conforme o dito capitão, no ano de 1651:

> Os moradores [...] requereram ao governador da Praça mandasse [os mestres dos navios] descarregar e vender ao povo; acudiram a isto os feitores da companhia, dizendo que se haviam de vender por conta da dita companhia, e pagar-lhe o frete. [Como resposta à recusa dos feitores] a Câmara os obrigou a descarregar e vender, sem que a companhia geral pudesse entender com eles.[128]

Tomé Correia Vasques, governador do Rio de Janeiro em 1657, repetia as queixas do capitão Francisco da Cruz, enfatizando que havia grave perigo para a Fazenda Real, a infantaria e as fortificações. Poucos comerciantes se arriscavam arrematar os dízimos da cidade em razão da dificuldade em vender o açúcar. Conforme o governador, eram necessários navios para 10 a 12 mil caixas de açúcar e, sem as vendas destas caixas, não seria possível sustentar a terra e nem o presídio. Para ele, a falta de navios da Companhia Geral e a queda do preço do açúcar, somados ao exorbitante preço das mercadorias vendidas pelas frotas, resultavam na redução brutal de moeda em circulação. Além disso, ocasionavam a carestia de ferro, cobre e demais fazendas necessárias para o abastecimento da cidade.[129]

Essas tensões não impediram que os engenhos de açúcar da capitania mais que dobrassem entre as décadas de 1641 e 1660, se comparado aos 20 primeiros anos do século. Talvez, um dos motivos para a expansão do açúcar fluminense, de qualidade inferior ao da Bahia e de Pernambuco, esteja relacionado à ruína da produção pernambucana e baiana devido à guerra contra os holandeses. Assim, as exportações do açúcar do Rio Janeiro, na interpretação do historiador Thiago Krause,[130] viviam o inverso das exportações da Bahia e de Pernambuco.

A quantidade de fábricas da capitania do Rio deixava o patamar de menos de 20 na década de 1620 e chegava a 76 unidades entre 1641 e 1660, conforme indicam as escrituras públicas. Daqueles números, ao menos 35 eram de famílias da nobreza da terra. Sete fábricas pertenciam aos descendentes dos Mariz, seis aos Rangel de Macedo e cinco aos Correia de Sá. Nessas décadas, algumas das famílias da nobreza da terra ergueram seus primeiros engenhos, como os Castilho Pinto.

Na mesma época, comerciantes como Baltazar da Costa, Gonçalo Muros, Gaspar Dias Mesquita e Antônio Rodrigues da Veiga dominavam a arrematação dos contratos da Coroa e faziam isso com a ajuda de pactos com os Correia de Sá. Esses comerciantes e arrematantes investiram seus ganhos na construção de engenhos e na plantação de lavouras de cana-de-açúcar, como foi o caso de Baltazar Leitão, senhor do engenho da invocação a Nossa Senhora da Conceição da Candelária, com dezenas de escravos da Guiné e de gentios da terra. Suas terras eram também cultivadas por sujeitos na condição de lavradores, como Domingos Aires Aguirre. Este chegou à cidade no século XVII e era filho de Diogo de Aguirre, antigo capitão-mor de São Vicente e neto de outro capitão-mor da mesma capitania, Antônio de Oliveira.

A complexidade do cenário ou o seu caráter de Antigo Regime é mais uma vez vista pelas atitudes dos comerciantes. Vários deles realizavam suas escolhas tendo como base valores católicos. Assim, diversos homens de negócios destinaram, em testamento, os seus engenhos de açúcar para a salvação de suas almas, doando-os para ordens religiosas. Esse foi o caso de Manoel Fernandes Franco, sócio de negócios e genro de Baltazar Leitão cujo engenho foi herdado pelo Mosteiro de São Bento. Por sua vez, nas mãos das ordens e mosteiros, aqueles bens podiam lastrear linhas de crédito para os lavradores e senhores em dificuldades. Seja como for, o capitão Manoel Fernandes, a exemplo de vários outros negociantes da cidade, não se entendia como empresário capitalista, no sentido moderno da palavra. Eles eram criaturas do Antigo Regime católico, como os demais mortais da sociedade estudada.

Por seu turno, potentados rurais usavam os privilégios dados pela Coroa para driblarem a difícil conjuntura mencionada. Em 29 de outubro de 1653, Salvador Correia de Sá e Benevides, valendo-se de sua condição de alcaide-mor e dos serviços prestados por sua família ao rei, dirigiu-se ao Conselho Ultramarino.

> Salvador Correia de Sá [...] diz que ele tem no recôncavo daquela cidade cinco engenhos de fazer açúcar, 40 currais de gado vacum, casas, e foros que lhe pagam, que é a renda com que se sustenta neste Reino, [...] e porque naquela capitania não tem navios para embarcarem seus açúcares e não será justo que sendo ele alcaide-mor daquela cidade falte donde carregar os ditos açúcares.[131]

Ele solicitava que 10% do açúcar transportado nas frotas saíssem de seus engenhos, pagando o frete ordinário, que os demais ministros pagavam. Cabe destacar que ele deixou registrado que os oficiais da Coroa – leia-se, os que não gozavam dos privilégios estamentais dos ministros – que tinham plantações de cana pagavam um foro inferior em comparação aos demais mortais.

Em 1656, o mesmo Salvador Correia de Sá e Benevides voltou a escrever para Lisboa, lembrando que era ministro da Coroa e que, portanto, o gado de seus currais devia ter preferência sobre o da população, inclusive dos demais oficiais da Coroa, no abastecimento da cidade.[132]

As passagens anteriores demonstram também que, em meio àqueles tempos difíceis, as disputas entre *bandos* da nobreza da terra se aguçaram. Essa conjuntura levou-os a se valerem ainda mais dos privilégios concedidos pela Coroa. Daí se entende, por exemplo, por que os camaristas de Salvador da Bahia de uma dada vereança, – portanto, de um dado *bando* – solicitaram à Coroa que não nomeasse integrantes de famílias da terra para os ofícios régios da capitania. Para aqueles camaristas, tais escolhas implicavam o uso dos ofícios régios em favor de interesses particulares em detrimento do interesse público. Não custa insistir que, provavelmente, tal solicitação tenha sido feita por um *bando* político para coibir a ação de adversários. Integrantes dos *bandos* da nobreza da terra possuíam ofícios régios que se alternavam no controle da Câmara.

Até os desembargadores do Tribunal da Relação de Salvador da Bahia, muitos deles reinóis, estavam sob influência de parcialidades das elites regionais.[133] Para São Paulo, foram famosos os embates entre as famílias de potentados como os Pires e os Camargo. Em 1655, o conde de Atouguia conseguiu pôr fim às contendas mediante acordos acerca da distribuição de cargos na Câmara municipal e ofícios entre as facções. Tais pactos entre *bandos*, com base na administração de ofícios públicos, repetiram-se em 1674, 1688 e 1722.[134]

Nos anos de 1640 e 1650, observamos que, definitivamente, a América lusa não estava isolada numa redoma, alheia aos acontecimentos europeus e muito menos às flutuações econômicas e militares no Atlântico. A incidência desses fenômenos acarretou reações dos municípios americanos e da administração da Coroa nas capitanias. Entre elas, como vimos, a proposta da nobreza da terra acompanhada pelos governadores de desvalorizar a moeda corrente no Brasil, ao arrepio da política monetária de Lisboa. As elites sociais locais se valeram de seus privilégios para amenizar os prejuízos causados pela conjuntura econômica e revertê-la a seu favor. Os oficiais da Coroa, quando tinham legitimidade social na localidade, procuraram ter vantagens no mercado municipal e no embarque de seu açúcar nas frotas.

Reparemos nas últimas situações: os oficiais se confundiam com a nobreza da terra possuindo currais e engenhos de açúcar nos municípios. Por seu turno, os comerciantes aqui instalados, ligados ao Atlântico, estavam imbuídos de valores do Antigo Regime nos trópicos e ingressaram na nobreza da terra via casamentos e aquisição de fábricas de açúcar.

* * *

Na década seguinte, em 1664, José Góes de Araújo, procurador de Salvador da Bahia, sintetizou o cenário na América lusa. Ele insistia que a solução estava na desvalorização de sua moeda frente àquela em curso no Reino: "Nos anos de 1646 e 1652, como o açúcar teve reputação neste reino, correu dele para a Bahia muita quantidade de moeda nova de cruzados para se comprar o açúcar". Segundo o procurador, depois da queda do preço do açúcar, os mercadores que vinham à praça da Bahia e às demais praças do Brasil tiraram delas toda a moeda comum. Com a falta de moeda, os lavradores e senhores de engenho tiveram que comprar a escravos e insumos partir de empréstimos baseados em adiantamentos da futura safra de açúcar; assim, tais colheitas futuras eram hipotecadas de modo a garantir empréstimos. As dívidas e seus juros eram pagos na chegada das frotas, quando ocorria o escoamento do açúcar. O resultado desse endividamento foi o aumento dos preços das mercadorias importadas. Com os empenhos e a demora das frotas, o açúcar ficou com pouco ou nenhum valor. Consequentemente,

> se desfabricaram alguns engenhos e fazendas com dívidas que foram acrescidos e os demais estão muito empenhados. Por todas estas razões, se pode entender a necessidade que tem aquele estado de ter moeda particular, [...] só *deste modo se conserva nele e assim pode vossa majestade mandar fazer moeda com divisa particular*.[135]

José Góes de Araújo retomava a política proposta pelas Câmaras da Bahia e do Rio de Janeiro desde os anos de 1640. Influência disso ou não, depois de 1660, a produção do açúcar baiano voltou a crescer. A redução do valor da moeda em curso nas praças brasileiras diante da usada em Portugal obrigou as frotas a comprarem o açúcar americano ao invés de venderem suas mercadorias por uma moeda desvalorizada, "podre".

Ao mesmo tempo, o aumento da produção baiana resultou de outro fenômeno. Os comerciantes reinóis preferiram negociar açúcar e escravos com a Bahia em detrimento do açúcar de má qualidade do Rio de Janeiro. Na verdade, a opção dos negociantes das frotas pelo açúcar baiano era uma reação às leis do mercado. Isso deixou desesperados a Câmara e os ministros da Coroa no Rio de Janeiro, pois aquela escolha resultava na fuga de moedas da cidade. Em 1669, frei Mauro de Assunção, procurador da cidade, alegou que um dos males da cidade era os comerciantes da frota se negarem a vender suas mercadorias europeias em troca do açúcar fluminense:

> [Assim,] conduzem em moeda à Bahia para comprar açúcares mais finos, e tabaco de que há grande trato naquela cidade; e há sido um dos maiores danos que as esquadras da Companhia Geral hão causado aos moradores do Rio de Janeiro, do qual por este modo tem passado toda a moeda para a Bahia.[136]

A solução proposta pelo frei consistia em Sua Majestade permitir, no Rio de Janeiro, correr uma moeda com valor inferior à da Bahia. Com isso, os mercadores da frota seriam obrigados a comprar o açúcar fluminense, permitindo a manutenção da moeda na cidade e, com isso, garantir sua recuperação econômica.[137]

Em 14 de julho de 1676, os camaristas do Rio de Janeiro voltaram ao tema. Nesse ano, propuseram a existência de duas frotas, uma para o Rio de Janeiro e outra para a Bahia. Mais precisamente, que a frota que chegasse ao Rio deveria ir diretamente para Lisboa, sem parar em Salvador da Bahia. Quando isso não fosse possível, que, no Rio, a moeda tivesse valor nominal superior ao da Bahia, ou seja, inferior na prática.

> O prejuízo é grande porque em breves anos não haverá moeda nesta praça porque a levam nos navios as pessoas mercantis que vão embarcados para fazerem seus empregos na Bahia de tabacos [...] o remédio deste mal será fazer-nos VA. mercê mandar que as frotas saiam daqui em direitura para o reino, e quando não possa ser por alguns inconvenientes, também fica atalhado o dito dano com subir o valor [nominal] da moeda nesta praça somente.[138]

No Rio de Janeiro, em 7 de agosto de 1678, a tensão entre o município e as frotas subiu ao máximo. Naquele ano, o capitão Inácio da Silveira Vilasboas, juiz ordinário, cumprindo ordens da Câmara, impediu que a frota deixasse o porto da cidade. Ou melhor, que isso apenas ocorresse após se acertar corretamente o frete com os senhores de engenho e lavradores, sob o olhar atento dos camaristas, ou seja, na Câmara. Para essa atitude radical, os camaristas alegaram ser a cabeça política da cidade e, portanto, responsáveis pelo bem comum. Na sequência, enviaram uma correspondência ao Conselho Ultramarino propondo que a Coroa ordenasse que os fretes passassem a ser decididos daquela forma.[139]

Desse modo, como afirmei, a preferência dos comerciantes pelo açúcar baiano ao do Rio de Janeiro era perfeitamente razoável à luz da livre concorrência. Porém, o mercado da época não era regulado por leis da oferta e procura; mas, sim, pelas leis do Antigo Regime católico.

Para entender melhor os acontecimentos mencionados, devemos lembrar da inserção de Inácio da Silveira Vilasboas nas redes políticas da época. Ele pertencia à nobreza da terra e detinha o ofício de escrivão da Fazenda e da gente da guerra, recebidos como dote de casamento, por volta de 1654. Sua posição social na Monarquia era ainda mais reforçada por seus negócios com o *bando* dos Correia de Sá, capitaneado por Salvador Correia de Sá e Benevides, na época integrante do Conselho Ultramarino. Em 1680, o irmão do capitão Inácio da Silveira, Francisco da Silveira Soutomaior, adquiriu assento como desembargador no Tribunal da Relação da Bahia. Assim, supostamente, quando o dito capitão e juiz ordinário impediu a saída das naus do porto do Rio de Janeiro, ele não estava sozinho. Em sua retaguarda, havia a Câmara municipal e uma ampla rede de amizades que chegava a Lisboa. Da mesma forma, ele estava ancorado numa rede de clientela com extensões em suas senzalas. Ao menos é isso que sugere seu testamento de 1703, em que Helena Pontes, parda, foi contemplada com 200 mil réis da terça, valor de um cativo da Guiné na época. A mesma senhora apadrinhou, entre 1700 e 1709, 6 de 46 inocentes das senzalas do capitão. Com isso, ela tornou-se comadre de, ao menos, cinco famílias daquela escravaria. Nosso capitão, provavelmente, pertencia a um *bando* ou, que é o mesmo, uma rede de cumplicidades composta por sujeitos de diferentes qualidades sociais e que atravessava o Atlântico.

A concorrência entre as capitanias no mercado do açúcar e na posse de moedas também ocorria no comércio atlântico de escravos. Na verdade, os três itens estavam interligados. Desde 1669, a Câmara do Rio de Janeiro se queixava com Lisboa acerca dos traficantes de escravos que, com a cumplicidade dos governadores de Angola, preferiam negociar com Pernambuco e Bahia em prejuízo do Rio de Janeiro. Em consequência disso, o Rio comprava escravos a preços mais elevados. A solução proposta pelos camaristas em diferentes ocasiões – ao menos em 1669, 1676 e novamente em 1679 – era Lisboa conceder o privilégio de o Rio de Janeiro enviar três ou quatro navios para adquirir seus próprios cativos. Em 28 de janeiro de 1679, a solicitação foi examinada pelo Conselho Ultramarino. Um de seus conselheiros, Francisco de Távora, antigo governador de Angola, alegou contra os camaristas fluminenses que a produção do açúcar fluminense era bem menor que a baiana e a de Pernambuco,[140] o que levava os navios dos comerciantes se deterem mais nesses dois portos. Na ocasião, o tribunal palaciano opinou que os navios podiam demorar mais nos portos da Bahia e Pernambuco desde que isso não prejudicasse os interesses do Rio de Janeiro.[141]

A interferência dos governadores de Angola no comércio Atlântico de escravos permaneceu até o século XVIII e, com isso, as queixas dos procuradores das Câmaras municipais na América.[142]

* * *

Ao longo da segunda metade do século XVII, o número de engenhos cresceu. Ao menos na Bahia e no Rio de Janeiro. Esse crescimento ocorreu apesar da falta de moeda, da política das frotas, da escassez de escravos e da concorrência do açúcar antilhano. Ao lado de tais problemas vividos por todas as capitanias açucareiras, existiam ainda as disputas entre o *fino açúcar* baiano e o *ruim* do Rio de Janeiro. Não obstante, nesta capitania, considerando as menções de *fábricas* nos Livros de Notas, entre 1661-1680 e 1681-1700, houve um aumento de 103 para 140 engenhos de açúcar. Apesar da precariedade da fonte – o ideal seriam inquéritos rurais –, é inegável o expressivo aumento de um período a outro. Na Bahia, a economia açucareira cresceu, ao menos, até 1686. Depois disso, em que pesem as dificuldades, continuou a ser uma das bases da sociedade.

Para entender a existência e as possibilidades de crescimento da América lusa na segunda metade do século XVII, devo insistir no ambiente de Antigo Regime católico. A dinâmica da Monarquia lusa dependia das negociações entre as Câmaras municipais com a administração da Coroa na América e com a própria Coroa. As Câmaras, como *respublicas*, em nome do bem comum, pressionaram as frotas de aceitarem discutir a cotação do açúcar e o preço do frete. Para garantir a manutenção da liquidez nas capitanias e a exportação de seus produtos, defenderam, com o apoio decisivo dos ministros do rei cá na Conquista, a diminuição do valor corrente da moeda em relação àquela em curso no Reino. Ao agirem assim, interferiram na política monetária da Coroa e redefiniram a equação formada pelas variáveis: produção da Conquista e interesses dos negociantes reinóis. Nessa equação, a fórmula inicial era a subordinação da lavoura ao comércio. Na nova fórmula, as frotas eram coagidas a vender suas mercadorias e a levar açúcar ao invés de moedas podres. O pacto colonial adquiria novas cores e a economia escravista brasileira foi assim recriada.

Além das negociações no âmbito da Monarquia, a economia brasileira no período deve ser entendida considerando as instituições de crédito que a sociedade ideal de Antigo Regime fornecia. O Juízo dos Órfãos do Rio de Janeiro, a partir da década de 1650, respondeu por mais de 50% do crédito registrado em cartórios, superando, em muito, os comerciantes. Algo semelhante pode ser dito acerca das irmandades pias. Em fins do século XVII e início do seguinte, a Santa Casa de Misericórdia dominava os empréstimos feitos nos cartórios de Salvador da Bahia.[143]

Nesse sentido, estamos diante de uma economia produzida por uma sociedade ideal, segundo os padrões católicos da época. As diferenças sociais e políticas na população eram naturalizadas, vistas como resultado da vontade de Deus. Assim, nada mais natural que a escravidão e a concentração da riqueza social nas mãos da elite social local. Daí a possibilidade de a nobreza da terra ter riqueza para investir na construção de engenhos de açúcar. No final, o exercício da autoridade dos nobres da terra resultava da escravidão, das alforrias, da distribuição de terras entre os lavradores pobres, das doações ao sobrenatural etc.

A produção da riqueza social tinha por base, principalmente, o trabalho escravo e dos lavradores sem terras. Contudo, o caminho da riqueza até as mãos da elite era longo, tortuoso e envolvia embates políticos. Nesse caminho havia, também, as disputas pela justiça distributiva da Coroa, o controle da Câmara, o uso dos privilégios de tais ofícios régios e camarários etc. Portanto, aquela apropriação passava pelo confronto entre diferentes *bandos* da nobreza.

Nesse sentido, são recorrentes as queixas de procuradores do Rio de Janeiro e da Bahia referentes ao envolvimento dos governadores e oficiais da Coroa no comércio em detrimento da população. Esses oficiais, sempre ligados a um *bando* da nobreza da terra, visando a seus interesses interferiam na arrematação de contratos da Coroa, no embarque do açúcar e demais produtos nas frotas, na fixação dos preços das mercadorias e nas eleições para a Câmara. Os procuradores do Rio de Janeiro e da Bahia solicitavam que Lisboa impedisse os ministros de agirem como comerciantes.[144] Claro está que tais denúncias ocorriam em meio a disputas no interior das nobrezas das cidades. Os próprios procuradores pertenciam a facções em disputa.

Isso se torna evidente numa acusação feita por Mathias da Cunha, governador do Rio de Janeiro. Em 9 de setembro de 1676, ele acusou o provedor da Fazenda Real da época, a exemplo de seu pai, Pedro de Souza Pereira, de envolvimento na arrematação do contrato das baleias. O provedor da Fazenda teria favorecido, na arrematação do contrato, comerciantes que eram seus sócios em uma fábrica das baleias[145] na cidade.[146] Pedro de Souza Pereira foi apresentado anteriormente por sua ligação com os Correia de Sá e os Mariz. Seu filho, Tomé de Souza Correia, e depois Pedro de Souza Correia continuaram com a tradição familiar e se valeram do ofício régio em benefício próprio. Nas últimas décadas dos Seiscentos, eles estavam ligados a Cristovão Lopes Leitão e a Francisco Vaz Garcez; este cunhado daqueles irmãos. Tomé de Souza Correia, Lopes Leitão e Vaz Garcez eram sócios na fábrica das baleias. Pois, nesse ambiente de interesses em comum entre tais personagens, Francisco Vaz Garcez adquiriu o contrato das baleias entre 1675-1678. Já Cristovão Lopes Leitão envolveu-se na arrematação de impostos na década de 1660. No triênio 1665-1667, ele administrava o contrato dos dízimos da Coroa na cidade.

Por seu turno, as reclamações dos procuradores das Câmaras ajudam a explicar a razão de a concessão da serventia desses cargos ser tomada como moeda de negociação nas mãos dos governadores da capitania com a nobreza da terra. A vacância, por algum motivo, de um dado ofício da Coroa permitia ao governador indicar, temporariamente, como serventia, um aliado para ocupar o ofício. A nomeação definitiva do substituto podia demorar meses ou anos, pois devia passar pelos tribunais palacianos e finalmente pelas mãos do soberano. Daí, nas mãos dos governadores, essa distribuição de serventias surgia como negociação com os *bandos* da nobreza da terra, especialmente aqueles alojados na vereança da cidade.

No apagar do século, o capitão Inácio da Silveira Vilasboas – o mesmo que impedira a saída da frota em 7 de agosto de 1678 e denunciara a ação dos ministros do rei como negociantes – foi acusado pelo governador Sebastião de Castro e Caldas de interferir indevidamente na arrematação do contrato das baleias da época.[147] Os outros denunciados eram Francisco Brito de Meireles, detentor da serventia da provedoria da fazenda; e Manoel Correia de Araújo, enteado do primeiro e genro do segundo.

Para entender a possibilidade de crescimento da economia escravista no século XVII é necessário, mais uma vez, lembrar algumas das práticas e instituições do Antigo Regime católico: 1) as terras podiam ser adquiridas com sesmarias dadas pela Coroa; 2) o mercado era regulado pelos camaristas através da fixação de preços dos mantimentos básicos – a Câmara municipal, ainda, possuía o controle sobre o açougue, o estaleiro e a casa de pesagem de produtos, além de outros estabelecimentos da cidade; 3) alguns ofícios da Coroa guardavam parte da riqueza social, a exemplo de parcelas de bens de defuntos, e com ela podiam realizar empréstimos ao mercado; 4) as irmandades pias usavam as doações para empréstimos etc. Por seu turno, o acesso de uma dada família da elite local a tais recursos dependia da sua posição nos embates entre os diferentes *bandos* da nobreza.

As capitanias do norte do Estado do Brasil e a conquista dos sertões: interiorização da economia de Antigo Regime escravista e o alargamento de seus circuitos de abastecimento

Já apresentamos a hipótese da recriação da economia de Antigo Regime nestes trópicos, depois de 1640, como resultado de tensas negociações entre as repúblicas americanas, os ministros da Coroa na América, a Coroa e o capital mercantil. Essa recriação ocorreu em conjunturas pouco favoráveis. Apesar da soma dos infortúnios, há fortes indícios do crescimento da economia açucareira local em algumas áreas da América lusa, como foi visto.

Na Bahia, os estragos causados pelas guerras contra os holandeses perduraram, grosso modo, até fins da década de 1650. Porém, no período entre 1663 e 1675, ocorreu excepcional crescimento anual de 5,4% no número de engenhos; taxa próxima à *era dourada* entre 1570 e 1590, quando do predomínio da escravidão indígena. Esse crescimento ocorreu apesar de os preços internacionais do açúcar não serem favoráveis, mesmo na década de 1660. Provavelmente, para o crescimento dos engenhos baianos contribuiu a maior oferta de escravos africanos, resultado das guerras empreendidas pelos governadores de Angola, alguns deles provenientes do Brasil: esse foi o caso de João Fernandes Vieira (1658-1661) e de André Vital Negreiros (1661-1666). A alta da economia açucareira baiana, no entanto, foi interrompida drasticamente em 1686, quando, além da queda do preço internacional do açúcar, houve surtos de mortalidade na população escrava e a alta dos seus preços no comércio atlântico.[148]

Seja como for, a economia movimentada pelo açúcar baiano estava longe de ser um simples reflexo dos preços do produto no mercado internacional. Essa economia podia crescer em conjunturas internacionais desfavoráveis e sua flutuação dependia, também, das variações climáticas e do comportamento da demografia escrava. Da mesma forma, o desempenho da economia dependia da pressão política da Câmara municipal. Basta lembrar que, em diferentes ocasiões, os preços do açúcar e do frete, a exemplo do Rio de Janeiro, eram negociados entre senhores de engenho, lavradores e comerciantes das frotas sob os olhares atentos dos vereadores.

Os estudos sobre o açúcar pernambucano para a mesma época apresentam conclusões diferentes dos voltados ao Rio de Janeiro e à Bahia. Acredita-se que as guerras contra os holandeses acabaram sendo devastadoras para a região. Nesse ambiente, as pesquisas apontam que negócios ligados ao comércio de escravos, como a lavoura do tabaco, contribuíram na recuperação regional. A esses negócios se acrescenta a importância da produção e o comércio de gado e seus derivados disseminados pelas capitanias do norte com eixo na praça do Recife.[149]

Pernambuco estava envolvida com o comércio de escravos na Costa da Mina desde, pelo menos, meados da década de 1670 e, em fins do século XVII, cresceu mais com a procura de cativos derivado do achamento do ouro nas Minas Gerais. Além da Bahia, o cultivo do fumo e sua exportação ocorria em áreas como Pernambuco e Alagoas. Nessas regiões existia a rotação de cultura entre tabaco e a agricultura de alimentos, em especial a mandioca, e prevalecia a mão de obra familiar, com pouco recurso de escravos. A Coroa, em 27 de fevereiro de 1700, expediu uma lei protegendo a cultura do fumo da expansão da pecuária e do açúcar.[150]

Outra atividade desenvolvida nas capitanias do norte ditas "açucareiras" foi a pecuária e seus derivados. A expansão das fazendas de gado, entre outras produções, contribuiu para a chamada "Guerra dos Bárbaros", nome dado pela historiografia aos movimentos das elites mandatárias baianas e pernambucanas na ocupação do sertão em detrimento das organizações indígenas aí presentes.[151]

No recôncavo baiano, temos uma primeira edição daquelas guerras, entre 1651 e 1679, quando do avanço da fronteira de açúcar, tabaco, alimentos e dos currais. O resultado de tais incursões foi a multiplicação de *fazendas de criar* nos sertões do rio Piauí, atingindo a bacia do Parnaíba, do Maranhão, chegando ao Ceará.[152]

Entre 1687 e 1720, ocorreu a Guerra do Açu, nos sertões do Rio Grande do Norte, Paraíba e Ceará. Desde o fim da guerra contra os holandeses, Pernambuco tomou as capitanias do Rio Grande e Siará-Grande como áreas de sua influência política e econômica. Na verdade, essa projeção remontava o início do século XVII, quando da conquista do Maranhão e do norte de Itamaracá pelos pernambucanos. Essa influência foi recrudescida na segunda metade dos Seiscentos nos governos de André Vidal no Maranhão e de João Fernandes Vieira como superintendente das fortificações em 1670. Nessa conjuntura política, a nobreza da terra pernambucana, potentados do Rio Grande do Norte e, mais adiante, os comerciantes de Recife começaram a multiplicar currais no sertão daquelas regiões de modo a explorar a pecuária e, em especial, produzir carne-seca. Deve-se sublinhar que a carne-seca consistia em alimento básico no consumo da população escrava. Portanto, a expansão de currais tinha por objetivo um dos principais contingentes consumidores do mercado interno da economia. Nas duas últimas décadas do século XVII, aumentaram os núcleos criatórios na região entre o Ceará e o Rio Grande do Norte, nas bacias dos rios Açu, do Apodi e do Jaguaribe, principais rios entre as duas capitanias. Nessa região, em particular, o mestre de campo João Fernandes Vieira desenvolveu seus currais de gado.[153]

Os potentados baianos, por seu turno, apoiados no Governo-Geral, também tinham interesses em ampliar suas fronteiras para aquela região. Desse modo, o dito sertão passa a ser disputado por duas frentes de mandatários rurais. Ambas dependiam da conquista de terras e da subordinação das organizações indígenas aí presentes. Estas, por sua vez, não estavam dispostas a abandonar seus territórios facilmente.

A Guerra do Açu foi decidida com a convocação, pelo Governo-Geral, de apresadores paulistas, especialistas nesse tipo de guerra. Salvador ganhou a dianteira na guerra valendo-se da ação dos paulistas em fins da década de 1680. Os paulistas receberam, como pagamento de seus serviços, as populações indígenas capturadas e transformadas, portanto, em *cativos*. Por seu turno, o rumo da guerra a favor de Salvador representou também o recuo da nobreza da terra pernambucana.[154]

À Guerra dos Bárbaros somou-se a Guerra de Palmares (1694-1710), que redundou no desbaratamento de um complexo de quilombos fundado por escravos de origem africana e indígenas na capitania de Pernambuco. A repressão a Palmares foi possível mediante a mobilização de potentados rurais, tropas regulares e, mais uma vez, dos paulistas.

As repúblicas do Atlântico Sul da América lusa e sua economia escravista em fins do século XVII

Em fins do século XVII, nas repúblicas brasileiras, em especial nas do litoral, percebe-se a ampliação das comunidades de comerciantes residentes, dos quais muitos eram antigos representantes de casas mercantis europeias. Em Salvador e em Recife, antes de fins do século XVII, temos a presença de negociantes em atividades como o comércio de escravos com a Costa da Mina e Angola. Para tanto, temos o desenvolvimento da produção e da comercialização do tabaco, de jeribitas (cachaça) e outras produções. A presença de integrantes das elites da América lusa nos tratos com Angola foi facilitada pelo fato de esta ter sido reconquistada, nos anos de 1640, por forças enviadas daqui. Posteriormente, pela presença dos governos de André Vidal de Negreiro e João Fernandes Vieira, ambos de Pernambuco, naquela região.

Da mesma forma, os negociantes, associados ou não à nobreza da terra, dominavam a arrematação dos contratos de impostos e muitos deles investiam em engenhos de açúcar. Entre eles, Gonçalo Muros e Bento da Rocha Gondim, por diversas vezes arrematantes dos dízimos do Rio de Janeiro. Gondim, em seu testamento, destinou, em início da década de 1680, parte dos rendimentos de seu engenho ao Colégio de Jesus.

Por outro lado, vários daqueles negociantes, os chamados "cristãos-novos", caíram nas mãos da Inquisição, acusados de práticas judaizantes. No Rio de Janeiro, alvo de visitas de inquisidores no início do século XVIII, famílias acusadas de práticas judaizantes, como os Parede, estavam instaladas desde o início do século XVII e tinham alianças matrimoniais com parentelas da nobreza da terra, como os Mariz e os Azeredo Coutinho. Os Parede, como era de se esperar, haviam adotado diversas das práticas da nobreza como o casamento com seus vizinhos e a formação de terras de parentela, alforrias, missas por suas almas em testamentos católicos, doações pias etc.

Na parte sul da América lusa, em 1680, constituiu-se a Colônia de Sacramento, resultado da política da Coroa para recuperar o acesso à região do Prata, perdido na década de 1640. A empreitada coube a Manoel Lobo, governador do Rio de Janeiro (1678-1679). Naquela região, pretendia-se criar uma rede de fortalezas entre o Rio de Janeiro e Sacramento, de modo a assegurar o controle político, militar e comercial sobre essa longa extensão territorial e adentrar no comércio do Prata – de metais e produtos derivados do gado platino.[155]

Ainda no sul, como resultado da combinação de interesses de Lisboa e dos paulistas, percebemos a constituição de novos povoados que, na verdade, ocorria desde meados do século XVII. Assim, temos a constituição de Curitiba em 1654, Desterro em 1673, Ilha de Santa Catarina em 1675 e Laguna em 1684. Nesse movimento, os paulistas ampliaram o apresamento de gado e índios para suas fazendas. Para tanto, usaram das guerras entre diferentes grupos indígenas, assim como dos chamados "pombeiros negros"; estes, indígenas e mestiços ligados à captura e comércio do gentio da terra.[156] Ao mesmo tempo, as elites das antigas áreas paulistas deslocavam parte das suas parentelas para novas áreas, em busca de novos recursos, com o intuito de garantir sua hierarquia social fortemente diferenciada baseada na economia extensiva. Para a Coroa, tais deslocamentos implicavam a possibilidade ampliar sua autoridade sobre novos territórios.

Nas últimas décadas dos Seiscentos, o confronto entre as Câmaras municipais e a Coroa em relação à moeda tornou-se cada vez mais tenso. Sucessivos governadores-gerais, e de diferentes capitanias, devidamente apoiados por suas Câmaras municipais, argumentavam a impossibilidade de impedir a desvalorização da moeda promovida pelos municípios americanos, portanto, de realizar as ordens de Lisboa obrigando que a moeda americana tivesse o mesmo valor que no Reino. Em 1679, por exemplo, o governador-geral, Matias da Cunha, alegou que não podia cumprir a ordem de Lisboa de alterar o valor das patacas, por entender que isso prejudicava o bem comum. Consequentemente, esperou novas ordens do rei.

Em 1688, Lisboa endureceu sua posição e determinou que todas as capitanias cumprissem as ordens quanto à moeda. Também nesse ano, determinou o crescimento do fluxo monetário da Bahia, Pernambuco e Rio de Janeiro em direção ao Reino. Havia, portanto, motivos para capitanias protestarem, alegando o prejuízo que isso acarretava ao bem-estar de suas populações.

> O Arcebispo da Bahia que está governando o Estado do Brazil em carta de 11 de julho deste ano dá conta a V.M. em como logo que recebera a ordem sobre o levantamento da moeda a mandara ao Chanceler da relação para que mandasse publicar na Chancelaria, porém de tal maneira ficara calada a dita publicação, que nenhuma pessoa tivera notícia dela.[157]

> O Chanceler da relação da Bahia Manuel Carneiro de Sá em carta de 18 de julho desse ano também dá conta a V.M. em como lhe parecera não publicar a lei de 3 de agosto passado sem primeiro lhe representar o grande inconveniente que se seguia de sua observância.[158]

Em 1691, Luís Cesar de Meneses, governador do Rio de Janeiro, informou a Lisboa a dificuldade de cumprir a ordem régia de 1688. Alguns anos antes, na Lisboa de 1689, o procurador da Fazenda Real enviara um parecer ao Conselho Ultramarino com teor semelhante. Seus comentários versavam acerca das dificuldades de aplicação da lei do levantamento da moeda em razão da insubordinação dos camaristas de diferentes partes da América. Para o dito procurador, esses *senhores* eram "moradores sem lei e sem ordem que tinham dado à moeda valor a seu arbítrio".[159]

Finalmente, em 1695, os ânimos entre a Coroa e suas repúblicas americanas foram serenados mediante a instalação de uma Casa da Moeda na Bahia, transferida em 1698 para o Rio de Janeiro. Sua atribuição consistia em emitir moedas na América com um valor nominal 10% superior às semelhantes no Reino, "procurando assim estancar o fluxo monetário rumo a Portugal".[160] Com a descoberta das minas na mesma década de 1690, abria-se um novo capítulo na história da América lusa, como veremos.

* * *

No final do século XVII, a economia escravista brasileira já comportava diferentes segmentos produtivos integrados pelo mercado. Interagindo com as fábricas de açúcar, temos lavouras de alimentos, fazendas de gado, produção de carne salgada voltadas ao abastecimento, principalmente, da população escrava e ao consumo popular. Ao lado dessas unidades, havia a produção de tabaco na Bahia e em Pernambuco, produção ligada ao comércio atlântico de cativos da Costa da Mina e de Angola. Essas atividades se expandiram sobretudo a partir da segunda metade do século XVII – com a Guerra dos Bárbaros – e possibilitavam a retroalimentação da economia escravista nestes trópicos. Isso viabilizava ligações comerciais, a partir do Atlântico Sul, com a produção de escravos na África Ocidental e no Congo-Angola. Assim, na passagem do século XVII para o XVIII, encontramos uma economia escravista cuja interação de seus vários segmentos produtivos e comerciais permitia esboçar uma lógica econômica que ligava os dois lados do Atlântico. Costa da Mina e, depois, principalmente, Angola forneciam o escravo necessário para a produção brasileira. Em troca, aquelas áreas recebiam tabaco e jeribitas produzidos na América; e ao longo do século XVIII recebiam cada vez mais panos do Estado da Índia – ou seja, de outra parte da geografia que compunha a Monarquia pluricontinental lusa. Na América lusa, os cativos africanos e seus descendentes eram usados na produção de açúcar para o mercado internacional, mas também para a cultura de alimentos, cujo principal mercado era a própria população escrava; refiro-me, por exemplo, à farinha de mandioca e à carne-seca.

Essa economia escravista era a expressão de uma sociedade vista como *ideal, pois hierarquizada*. Tal produção e comércio eram realizados em um Estado pontilhado de repúblicas, leia-se, municípios com a prerrogativa do autogoverno. Por seu turno, tal Estado era a materialização dos preceitos do sistema de representação católico do Antigo Regime. Esse sistema de representação garantiu a unidade política do Estado do Brasil e possibilitou que sua cabeça dirigente fosse a Coroa e que sua periferia na América se constituísse nas Câmaras. Obviamente, esse enquadramento tinha suas fissuras, como as rebeliões escravas e as tensões entre o Paço lisboeta e os ministros da Coroa na Conquista. Tais fissuras, como veremos, se tornaram ainda mais dilatadas quando da consolidação da conquista dos sertões, com o *achamento* aurífero.

A consolidação da *sociedade perfeita* nos trópicos:

escravidão, circuitos regionais de mercado interno e suas ramificações pela Monarquia pluricontinental lusa (século XVIII)

Estima-se que entre 1700 e 1709 desembarcaram em Salvador da Bahia de Todos os Santos, anualmente, de 4 mil a 6 mil cativos da Guiné. Para o Rio de Janeiro, na mesma época, a suposição é de chegadas anuais de 2.400 escravos. No porto do Recife, entre 1722 e 1725, o número anual escravos provenientes da Costa da Mina foi calculado entre 1.650 e 3.693.[161] A maioria dessas multidões foram, depois, direcionadas sertão adentro até a "Morada do Ouro", como se dizia na época, isto é, Minas Gerais. Na década de 1720, em Salvador e no Rio de Janeiro, as estimativas de desembarques anuais de escravos ultrapassavam, respectivamente, 5 mil e 4.500 almas.[162]

Essas populações multiculturais entraram em municípios cujos habitantes dificilmente ultrapassavam 30 mil almas. Em Salvador de 1706, quando chegaram 6.124 africanos, os residentes acima de sete anos (de comunhão) somavam aproximadamente 21.601 pessoas.[163] Naquela época, no Rio de Janeiro, o número de moradores era de 12 mil almas. Essas criaturas, repito, anualmente recebiam milhares de escravos de diferentes grupos, culturas e línguas, em uma palavra: estrangeiros. Apesar de estarem presos a ferros, não se lhes retira a condição humana, afinal, eram seres capazes de raciocinar.

Voltemos aos números. Comparando o quantitativo de escravos com o da população das praças portuárias, que eram seus senhores, não é difícil imaginar a possibilidade de aquelas cidades e seus arredores se transformarem em Torre de Babel. A imagem bíblica não deixa de ser pertinente. Multidões se cruzando e incapazes de se entender, pois falavam diferentes línguas. Também não é difícil imaginar que vivessem no limite do desespero. Em que pese a imagem de caos, o fato é que os referidos portos não sucumbiram à desordem, tampouco desapareceram. Pelo contrário, o contínuo fluxo de cativos da África, via Atlântico, ao longo do século XVIII e das primeiras décadas do seguinte, cresceu e se multiplicou.

A sociedade de Antigo Regime destes trópicos não cedeu ao caos diante da chegada de milhares de estrangeiros escravos.

Longe disso: tornou-se ainda mais madura. Isso se observa no fato de que vários dos netos e bisnetos dos cativos trazidos nos anos de 1710 se tornariam forros e senhores de escravos.[164] Como compreender tal fenômeno? Talvez seja o caso de lembrarmos que os principais traços daquela sociedade já estavam consolidados no início do século XVIII. Nela, prevalecia uma disciplina social capaz de explicar e justificar aos moradores e recém-chegados que a escravidão era um fenômeno natural e, portanto, para todo o sempre. Refiro-me ao sistema de representação cristão e a seus mecanismos de funcionamento, mencionados nos capítulos anteriores. Ao mesmo tempo, devemos lembrar que as sociedades das quais aqueles homens e mulheres que cruzaram o Atlântico saíram eram, de longa data, também escravistas.

Aqueles escravos eram direcionados para o sertão, melhor, para vilas mineiras em formação, que eram organizadas por potentados, suas parentelas, seus criados e escravos. Todos, em um grau ou outro, tementes a Deus e, por isso, à Sua Majestade. Explicitamente, as áreas no sertão do centro-oeste foram desbravadas por pessoas com a disciplina católica devidamente introjetada em seus corpos e mentes.

Um dos fenômenos mais importantes para a América lusa nos Setecentos foi a transformação dos sertões na "Morada do Ouro". Mas, à essa altura, é também importante sublinhar que tal fenômeno, além de aprofundar as raízes da escravidão na América lusa, produziu várias mudanças econômicas e sociais. Antes de tudo, a expansão geográfica da *sociedade ideal, pois hierarquizada* foi, em grande medida, custeada pelo ouro das Minas Gerais, de Mato Grosso e de Goiás. No bojo dessa expansão, temos a multiplicação de circuitos regionais de produção e de mercados, de norte a sul do Brasil, vinculados ao abastecimento interno e integrados ao comércio atlântico, com extensões no Índico. Além disso, na base daqueles circuitos regionais, verifica-se a disseminação da escravidão, bem como a geração de outras formas de trabalho compulsório e a propagação do trabalho familiar. Na verdade, aquela multiplicação de circuitos regionais foi também de comunidades políticas com eixo na *sociedade católica perfeita*; leia-se: caracterizada pela autoridade de mandatários locais sobre a terra e seus moradores.

Retornemos ao fluxo do *gentio da Guiné*. Esse movimento resultou na continuidade da Monarquia pluricontinental lusa, que contava, dos dois lados do Atlântico, com sociedades assentadas no Antigo Regime católico unidas por idas e vindas de reinóis e pela transferência de riquezas das conquistas para o seu reino. Desnecessário insistir que a escravidão e o trabalho dos lavradores sem terras e de outras camadas populares nestas paragens alimentavam a hierarquia e a desigualdade social dos dois lados do Atlântico desde o século XVI. Com o passar do tempo, em cada lado, a sociedade ideal desenvolveu lógicas próprias.

Na Conquista, como apresentado, havia uma economia escravista, marcada pela concentração de terras. O controle sobre a terra adquiriu cada vez mais importância com a difusão da escravidão em diferentes camadas sociais. Trata-se, pois, de uma sociedade cujo ideal da hierarquia social contava com a escravidão. Contudo, era o controle sobre a terra que permitia o domínio de uma elite social sobre os demais grupos, com ou sem cativos. Essa economia, e com ela a sociedade ideal, ganhou fôlego ao longo do século com a *dádiva* da alforria. Nesse contexto, ocorreu a emergência de forros sendo senhores de escravos.

Ao mesmo tempo, ao lado da produção para a exportação, cada vez mais prevaleceram as produções e os mercados para alimentar as populações escravas e demais camadas populares. De igual modo, essa produção sustentou o tráfico de escravos. Refiro-me, entre outros, às produções de farinha de mandioca, fumo, aguardente, porcadas e carne-seca. No século XVIII, o consumo mais refinado para as elites e camadas urbanas tinha, ainda, pouca expressão. A economia brasileira cada vez mais se voltou para abastecer os mercados regionais. Nestes trópicos, a economia escravista gerou parte de seu próprio mercado (através do consumo de alimentos e do comércio atlântico), garantindo, com isso, sua reprodução no tempo. Ao longo do século, as comunidades mercantis locais se consolidarão.

No Reino, o século XVIII viu a sobrevida de uma sociedade rural marcada pela concentração de riquezas, especialmente formalizada pelo sistema vincular de heranças. Nessa sociedade, prevalecia a economia camponesa e uma nobreza de serviços sustentada pelas mercês da Coroa; estas, por seu turno, possíveis pelos recursos vindos do ultramar. Em Portugal, ao lado daqueles grupos, havia comerciantes que, a cada geração, se mostravam mais interessados em transformar seus ganhos mercantis em atividades rentistas e, consequentemente, abandonar o comércio. Com isso, entregavam a atividade a sujeitos de outros estratos sociais, como os oriundos do campesinato e ofícios como o de caixeiro. Esse desaparecimento geracional de negociantes também é observado entre aqueles que fizeram fortuna na América lusa e retornaram ao reino.

O *ACHAMENTO* DAS MINAS E OS PRIMEIROS TEMPOS DA ECONOMIA NA "MORADA DO OURO": AS NEGOCIAÇÕES ENTRE AS REPÚBLICAS ULTRAMARINAS E A COROA, MAIS OS EMBATES ENTRE AS NOBREZAS DA TERRA

O *achamento* das minas e a fixação da autoridade régia[165] naquela região é mais uma oportunidade para visualizarmos alguns mecanismos de funcionamento do Antigo Regime nestes trópicos de Sua Majestade. A partir desse processo, temos a oportunidade de reafirmar que, naquela altura, o rei, ainda, era a cabeça da sociedade; porém, não se confundia com ela. A Monarquia tinha um centro. Contudo, estava organizada em comunidades políticas, como os municípios que tinham interesses próprios. Dessa organização política, ou seja, da própria Monarquia pluricontinental brotavam as possibilidades de negociações entre centro e periferia, entendidos, respectivamente, como Reino e municípios ultramarinos. Por seu turno, tais negociações resultavam na dinâmica da própria Monarquia. O *achamento* do ouro confirma a ideia de estarmos diante de uma monarquia pluricontinental entendida como a possibilidade de as repúblicas, espalhadas por diferentes geografias, negociarem com a Coroa e, portanto, intervirem no processo histórico. Por conseguinte, se a economia açucareira escravista foi reinventada em meados do século XVII, como vimos no capítulo anterior, no século XVIII foi a vez de a atividade mineira e a ampliação da sociedade escravista resultarem das negociações entre as repúblicas americanas e a Coroa.

O *achamento das minas* era um recurso nas mãos dos potentados paulistas. Sua concretização, portanto, dependia do que Lisboa pretendia conceder como dádiva a seus descobridores. Os paulistas acreditavam que deviam ter destaque como mandatários no processo e nas regiões mineradoras conquistadas. Achadas as minas, aqueles potentados deviam receber mercês da parte Coroa à altura dos seus serviços. Os paulistas, como outros potentados, pretendiam ser tratados conforme a cultura política e os pactos políticos que havia nos processos de conquistas do século XVII; como vimos no capítulo anterior, na conquista do Rio de Janeiro. As mercês eram, portanto, desejáveis, previstas, posto que compunham uma das várias facetas do Antigo Regime: a lealdade à Coroa era mantida e realizada a partir de uma política de patronagem com as elites locais. Os potentados paulistas pretendiam obter, no limite, mercês para ingressar na nobreza do reino e, em especial, ter as donatarias sob seu mando.

Esses projetos eram compartilhados, na época, como veremos, por outras nobrezas da terra, como a fluminense e a baiana. Afinal, foros, hábitos e, como ápice, as donatarias conferiam a prerrogativa do *mando político e da justiça* sobre seus moradores. Na verdade, o espraiamento da economia escravista no sertão das Minas foi feito, também, em meio a embates entre os potentados paulistas, os vindos do Rio de Janeiro e os da Bahia. Nessa conjuntura conflituosa, ocorreu nas Minas a interiorização do comércio atlântico de escravos, das migrações de reinóis, do abastecimento de alimentos e insumos. A fixação dos municípios mineiros foi um desdobramento daqueles conflitos e das negociações com a Coroa e seus ministros na Conquista.

A partir do exposto, salvo engano, estamos longe de um cenário dominado pelo absolutismo e manipulado por um sistema mundial capitalista. Para a historiografia que insiste nessas teses, só posso dizer: sinto muito.

* * *

Em 1674, a secretaria do Conselho Ultramarino preparou um documento denominado *Informação acerca dos moradores da Vila de São Paulo*. O texto foi produzido em meio ao apaziguamento – intermediado pelo governador-geral, o conde Athouguia – dos conflitos entre duas famílias de potentados: os Pires e os Camargo, cujas lutas pela Câmara municipal caracterizaram os campos de Piratininga no século XVIII.

Nesse cenário, foi encomendado ao secretário do referido tribunal palaciano uma análise da capitania e sua inserção na América lusa. Conforme a *Informação*, São Paulo tinha mais de sete vilas, totalizando 20 mil vizinhos, e estava anexada à capitania de São Vicente, na qual existia um capitão-mor e um ouvidor de capa e espada, subordinado ao donatário marquês de Cascaes. Como os demais municípios do Reino, o governo paulista tinha oficiais da Câmara e juízes ordinários. A supervisão da justiça cabia à ouvidoria do Rio de Janeiro.

O documento destacava os diversos serviços prestados pelos paulistas à Monarquia: nas lutas contra os holandeses na Bahia e em Pernambuco; no desbaratamento do gentio tapuia na Bahia, garantindo, com isso, o sossego das fazendas naquelas paragens. Nos anos de 1672 e 1673, diversos potentados paulistas, com suas parentelas e mais de 400 arcos indígenas, atuaram na guerra contra os bárbaros que ameaçavam as vilas da Bahia. Finda a guerra, alguns daqueles paulistas permaneceram na Bahia, com seus índios. Além de erguerem povoações, pediram licença à Coroa para estabelecerem vilas.

A sociedade paulista de fins do século XVII tinha como modelo o Antigo Regime e a escravidão. Porém, ao contrário da Bahia e de Pernambuco, não se destacava pela produção de açúcar e tabaco; seu forte era a produção de alimentos feita pelo gentio da terra, como afirmamos no capítulo anterior.[166]

Uma das conclusões ressaltadas pelo documento foi a disposição dos potentados de Piratininga a saírem em incursões sertanistas a serviço da Coroa.

> Estes moradores estão dispostos ao descobrimento dos haveres daqueles sertões, tanto assim que Fernão Dias Paes, o mais rico e poderoso de escravos se dispôs à sua custa por servir a S.A. em 1673 no sertão com gente considerável ao descobrimento das minas das Esmeraldas e serra da Prata [...]. Outras muitas tropas destes moradores têm cortado aquele sertão com considerável despesa, e aberto caminhos, que o faz hoje mais corrente para o descobrimento que se pretende.[167]

Em 1693, Antônio Paes Sande, então governador-geral do Brasil, em carta ao Conselho Ultramarino, comentava as razões do fracasso de D. Rodrigo de Castelbranco, encarregado pela Coroa de descobrir as minas. Para ele, era inútil e oneroso à Fazenda Real nomear uma pessoa estranha aos paulistas. Os paulistas, hábeis sertanistas, dificultariam a vida de qualquer sujeito incumbido da tarefa, pois almejavam para si as mercês, os ofícios régios e demais privilégios prometidos e concedidos pela Coroa aos encarregados de achar as minas. Em outras palavras, para Antônio Paes Sande, os potentados conheciam o local das minas ou sabiam como achá-las. Porém, para apresentá-las, aguardavam que Lisboa estabelecesse um pacto, de modo a lhes garantir todas as honras da conquista,[168] inclusive o compromisso da Coroa em dar-lhes o governo sobre o território das minas.

> Os paulistas poderão, habilitados com essas promessas de honras e cabedais, casar suas filhas com os fidalgos muito honrados e pobres, de que não há poucos no Reino. A partir desses matrimônios, seus descendentes ficarão aparentados com as casas de Portugal, e dignos de ocuparem os maiores postos. Da mesma forma, a Vila de São Paulo, como república florente nas qualidades e nas riquezas, poderá vir a ser a cabeça do Brasil. Claro está que os paulistas ambiciosos dessas glórias mudaram de comportamento diante das minas. Ao invés de aplicarem todas as suas diligências em ocultar os tesouros daquelas terras, se empenharam em descobri-las, e oferecê-las humildemente a S. Majestade.[169]

O governador do Brasil concluiu que a Coroa deveria se comprometer com os paulistas prometendo-lhe as mesmas mercês, honras, juros, foros, comendas, hábitos, cargos e soldos antes garantidos a D. Rodrigo de Castelbranco: "Quando a Coroa assegurar [benefícios] aos moradores de S. Paulo e à sua vila, eles descobrirão as célebres minas da Serra de Sabarabassu ou outras que sejam reais".[170]

Terminada a novela das minas com o seu achamento pelos paulistas, outro capítulo, ou cabo de força, começou entre a Coroa e a mesma nobreza da terra acerca de como o território das minas seria governado. O território pertencia à Coroa, mas como a governança seria implementada? Para complicar o cenário, rapidamente os potentados das capitanias vizinhas às Minas de São Paulo (forma como a atual região de Minas Gerais era costumeiramente conhecida na época) entraram em cena reivindicando direitos e impondo interesses.

Seguindo a cultura política da época, coube, a princípio, às famílias da nobreza da terra paulista, com seus arcos flecheiros e como conquistadores, começar a organizar as Minas de São Paulo. Entretanto, seu território estava subordinado ao governador do Rio de Janeiro. Em 19 de maio de 1702, por provisão da Coroa, o paulista Garcia Rodrigues Paes, antes capitão-mor, assumiu o posto de guarda-mor geral das minas. Sob sua alçada estavam a administração da justiça, o controle da entrada de pessoas e mercadorias na região, a coibição dos descaminhos do ouro e o assentamento de mineradores e escravos nas datas minerais.

Na virada para o século XVIII, Arthur Sá de Menezes, governador do Rio de Janeiro, encarregou o dito guarda-mor da abertura da estrada conhecida na época como Caminho Novo para as Minas de São Paulo, objetivando tornar mais rápida e segura a comunicação entre o Rio de Janeiro e a "Morada do Ouro". Em razão desses serviços, o guarda-mor solicitou e lhe foram prometidos hábitos da Ordem de Cristo e foros de fidalgos para si e seus familiares. Além disso, pediu a dádiva da construção de uma vila, recebendo a respectiva donataria. Como resposta, Lisboa concedeu os foros e hábitos; quanto à donataria, prometeu a mercê.[171] Em meados do século XVIII, Pedro Dias, filho do guarda-mor, ainda continuava cobrando da Coroa o cumprimento daquela promessa.

Em 1702, Lisboa criou o posto de superintendente das minas, sendo seu primeiro ocupante José Vaz Pinto, na época, ouvidor-geral do Rio de Janeiro. A criação do cargo implicou a redução da autoridade dos paulistas na região. Como resultado do descontentamento dos potentados paulistas, José Vaz Pinto, ouvidor de Sua Majestade, viu-se coagido a sair das Minas, refugiando-se no Rio de Janeiro, temendo por sua vida. O episódio da fuga desse oficial da Coroa das Minas de São Paulo – ou seja, do exercício da justiça real nas novas terras – foi matéria de discussão no Conselho Ultramarino em 1705. O tribunal, embora considerasse que os paulistas deveriam ser punidos, optou por atitudes mais pragmáticas. Ao perceber a ineficácia de enviar um oficial da Coroa para a administração da justiça, o Conselho recomendou ao rei:

> nomear para o governo um daqueles paulistas: o mais poderoso, encarregando-o da arrecadação dos quintos na forma do regimento de V. Magde. E seja permitido apenas aos moradores da Capitania de São Paulo, com seus escravos e índios, a mineração, advertindo aos forasteiros assistentes nas Minas, que só poderiam nelas se manter através do cultivo de mantimentos. Esta decisão é a melhor para a defesa das praças do Brasil, pois com estas minas estão faltar gentes que aí defenda como é notório: por que todos vão para as minas, assim soldados como moradores.[172]

Na verdade, com seu pragmatismo, o Conselho Ultramarino nem sempre era coerente nas decisões. Anos antes, o mesmo tribunal havia concluído que as Minas de São Paulo pertenciam à Monarquia e, portanto, qualquer vassalo poderia se deslocar para aquela região.

Em 1707, D. Fernando Martins Mascarenhas de Lencastre, governador do Rio de Janeiro, escreveu a Lisboa afirmando que uma das melhores formas de controlar os quintos da Coroa era mediante as partidas de gado especialmente vindas do sertão da Bahia; no caso, os quintos do gado. Afinal, o crescimento vertiginoso da população nas Minas pressupunha a ampliação do mercado de alimentos, dentre os quais, o de carne. Daí os quintos do gado e dos açougues surgirem como chave no controle da Coroa sobre os ganhos da produção aurífera. Na carta, ele também citou os préstimos ao serviço régio oferecido pelo capitão-mor Francisco do Amaral Gurgel que, segundo Lencastre, era morador e um dos principais do Rio de Janeiro e assistente nas minas de Ouro Preto.[173]

A partir dessa correspondência infere-se que, nas Minas, além dos potentados paulistas, estavam os do Rio de Janeiro, e, com eles, suas longas cadeias de clientela. No capítulo anterior, vimos que um dos principais *bandos* do Rio de Janeiro da segunda metade do século XVII era o dos Amaral Gurgel, proveniente de parentelas paulistas. Apresentei, ainda, seus conflitos com os Correia Vasques pelo domínio político da região.

Na verdade, os moradores do Rio de Janeiro há tempos frequentavam as Minas de São Paulo. Em carta de 1702 à Coroa, a Câmara de São Paulo insistia, queixosamente, acerca das migrações do Rio de Janeiro à procura de ouro.

> Os oficiais da câmara de São Paulo, em carta de seis de abril de 1700, representaram a V. Mgde [...] que os moradores do Rio de Janeiro pedem datas de terras das Minas de Cataguás, sem serem conquistadores, nem descobridores delas. Em razão dos moradores da vila de São Paulo e das demais anexas pretenderem que as ditas terras sejam só dadas a eles. Para tanto, os paulistas alegavam que tinham, às custas de suas vidas e fazendas, descoberto e conquistados as Minas de Cataguases.[174]

O governador do Rio de Janeiro, o procurador da Fazenda Real em Lisboa e o Conselho Ultramarino preferiram negar a mercê aos paulistas argumentando a imensidão do território, a necessidade de povoá-lo e ativar sua economia. Assim, os ministros da Coroa se mostravam pragmáticos. Eles jogavam as regras que conheciam: as do Antigo Regime. Além disso, já ia longe o tempo que Lisboa precisava da expertise paulista sobre os sertões para a Coroa localizar os metais preciosos. Afinal, os arraiais e vilas das áreas de mineração faziam parte do corpo da Monarquia, portanto, já se sabia a localização desses metais.

Nessa conjuntura, além dos Amaral Gurgel, parentelas da nobreza da terra fluminense estavam nas Minas e propunham estradas alternativas àquela do Caminho Novo de Garcia Rodrigues. Como era de se esperar, conforme a cultura do Antigo Regime, elas pediam mercês semelhantes às dos paulistas: foros de fidalgo e donatarias. Tal foi o caso do capitão Felix Madeira e Gusmão. Em 1704, ele solicitou a permissão do governador do Rio de Janeiro, D. Álvaro da Silveira e Albuquerque, para abrir uma estrada entre a vila de Santo Antônio, no recôncavo da Guanabara, e as Minas. O dito governador, alegando não ter certeza acerca da conclusão dos trabalhos de Garcia Rodrigues, autorizou a abertura. Esse caminho alternativo foi suspenso em razão do privilégio régio concedido anteriormente a Rodrigues Paes na ligação Minas-Rio.

De qualquer forma, a tentativa demonstra as tensões entre as parentelas paulistas e fluminenses pelas Minas, até então sob domínio de São Paulo. O capitão Felix Gusmão estava, pelo menos, desde meados do século XVII radicado no recôncavo da Guanabara, onde possuía engenho de açúcar; e, o mais importante, estava ligado por matrimônio a uma das famílias de conquistadores. O capitão, para seu projeto de estrada, mobilizou seu filho Felix Gusmão Mendonça, sargento-mor assistente nas Minas. A dita família, a exemplo dos Amaral Gurgel, já tinha residência e posto de comando nas paragens auríferas.

Ainda em 1704, o capitão Felix Gusmão solicitou à Coroa o foro de fidalgo da Casa Real, posto de tenente de mestre de campo general e a construção de uma vila, para dela ser senhor.[175] Naquela época, as Minas emergiam como território disputado pelas nobrezas da terra. Podemos, portanto, acrescentar aos potentados paulistas e fluminenses, os da Bahia. Além deles, gentes de diferentes partes da Monarquia pluricontinental afluíam para as Minas com suas escravarias; outros, com seu comércio. Tudo isso complementava o cenário político e institucional do início do século XVIII.

A Coroa estava longe de mediar as relações sociais que davam vida às Minas. Sua Majestade estava longe de compor um Estado moderno, com suas burocracias impessoais. Daí aquele território, do aposto "São Paulo", tornar-se um cenário dos embates previstos pela arquitetura política da época. Os potentados regionais, com suas cadeias clientelares, jogavam o jogo do Antigo Regime. Eles lutavam pelo controle dos privilégios régios (ofícios e contratos da Coroa) por meio dos costumeiros embates armados.

Cabe lembrar que a mineração na "Morada do Ouro" consistia numa atividade extensiva, portanto, sem a necessidade de grandes investimentos. Era necessária a mobilização de contingentes humanos na forma de mão de obra e de agregados armados e uma logística de abastecimento. Em outras palavras: escravos, flecheiros e uma rede clientelar articulada geograficamente que garantisse o abastecimento de homens e insumos. Esses recursos estavam disponíveis aos mandatários paulistas, mas também à nobreza da terra do Rio e da Bahia. Aliás, era o manejo desses recursos, entre outros, o que definia a nobreza da terra.

Daí não ser surpresa que, além dos paulistas Rodrigues Paes, os fluminenses Amaral Gurgel, os baianos Guedes Brito, entre outras parentelas nobres, serem os mais aptos a adentrar os sertões dos veios auríferos e fazer fortunas. Eles eram mais aptos que os agentes do capital mercantil ou empresas saídas da historiografia sobre o capitalismo mundial. A historiografia deveria observar com mais acuidade o fenômeno de aquela nobreza da terra procurar aplicar seus metais e serviços na tentativa de adquirir donatarias. No mínimo, é interessante que tais valentões da nobreza da terra pretendessem a chancela da Coroa para obter senhorios políticos e jurídicos sobre vilas, a exemplo dos senhorios jurisdicionais do Reino.

Voltemos à "Morada do Ouro".

Em fins da década de 1710, a Coroa fincou maior presença criando as capitanias de São Paulo e Minas Gerais, separando-a da do Rio de Janeiro. A negociação com os *bandos* da nobreza da terra em conflito, para ordenar a sociedade local, foi uma dentre as primeiras ações do governador Antônio de Albuquerque Coelho de Carvalho. Ao mesmo tempo, ele dividiu o território mineiro em comarcas, instalando ouvidorias e criando vilas. A criação de vilas é um sinal de que a Coroa reconhecia a capacidade de mando dos potentados locais; além disso, as Câmaras municipais eram o canal de comunicação política entre as populações e o centro da Monarquia. Exemplo disso ocorreu em 1714, quando o ouvidor de Sabará enviou a Lisboa um pedido de clemência para Manuel Nunes Viana, mandatário baiano e responsável pela Guerra dos Emboabas. Sem a presença desse potentado, dificilmente seria possível garantir o cumprimento das ordens régias, combater as hostilidades indígenas, manter a paz e a ordem em nome da Coroa.[176] Viana, além disso, tinha um papel-chave no abastecimento de gado trazido do sertão. Em 1728, Manuel Viana surgia como alcaide-mor, na freguesia de São Bartolomeu da vila de Maragogipe no recôncavo da Bahia, posto concedido por Sua Majestade.[177]

Mas, retornemos à ação dos Amaral Gurgel em Minas. Essa família nos ajuda a entender os meandros da incorporação da região ao Antigo Regime nestes trópicos. Na primeira década do século XVIII, o capitão-mor Francisco do Amaral Coutinho e seus parentes estavam envolvidos nos negócios do contrato das carnes e do tabaco.[178] O do tabaco era particularmente ligado ao comércio atlântico de escravos, pois servia de moeda de troca na aquisição de cativos nas sociedades africanas.

A partir da ação desses nobres da terra, percebemos o funcionamento da economia mineira que também atuava, de fato implementava, circuitos de acumulações endógenas na América lusa. Ademais, permite observar a ligação entre potentados rurais e comerciantes atlânticos situados no Rio de Janeiro e em Salvador. Veremos a seguir diversos exemplos que ilustram essas afirmações.

As lutas entre redes políticas, os enfrentamentos entre famílias – particularmente as da nobreza da terra paulista e as do Rio de Janeiro, com os seus diferentes rostos – serviam de pano de fundo para o funcionamento das economias das Minas Gerais, Rio de Janeiro e São Paulo.

Na praça Rio de Janeiro, os Amaral Gurgel estabeleceram pactos com negociantes como Salvador Viana da Rocha, casado, desde 1702, com Antônia Correia de Amaral, pertencente a um dos ramos dos Amaral Gurgel. Viana tinha o ofício de escrivão da Casa da Moeda e também era envolvido em negócios do tabaco e dos açougues.[179] Nessa conjuntura, os atritos entre os Amaral Gurgel e os potentados paulistas não se limitavam ao comércio das minas; o confronto tinha proporções bem mais amplas, geográfica e politicamente. Isso se depreende de uma carta enviada por Garcia Rodrigues ao conde Alvôr em 1706, solicitando intervenção para impedir as pretensões de frei Antônio de Santa Clara – e irmão de Bento e de Francisco do Amaral – na arrecadação dos quintos do ouro. Ele justificou que a concessão de qualquer ocupação na Fazenda Real a um dos irmãos causaria grave dano ao serviço de Sua Majestade.[180]

Pedro Taques de Almeida, potentado e procurador da Fazenda Real na vila de São Paulo, procedeu de modo semelhante. Em 1707, solicitou ao Conselho Ultramarino que impedisse Bento Amaral da Silva (também Amaral Gurgel) de ocupar o cargo de ouvidor-geral daquela capitania na ausência do seu titular. A razão alegada era a de que Silva era assassino foragido, responsável pela morte de Pedro de Souza Correia, provedor da Fazenda Real no Rio de Janeiro, do qual falei no capítulo anterior. Ainda no Rio de Janeiro nos anos de 1707 e 1708, os Amaral Gurgel e seus flecheiros estavam em luta contra a família Gago da Câmara pelo domínio da provedoria da Fazenda Real. Tais disputas por poder já tinham ocasionado a invasão de engenhos e mortes de lideranças de parte a parte. Tudo isso se espraiou por, pelo menos, três capitanias.[181]

Os Gago da Câmara eram aliados dos Correia Vasques e também desafetos de longa data dos Amaral Gurgel (ver capítulo anterior). Tomé Correia Vasques, alcaide da cidade, era genro do guarda-mor Garcia Rodrigues Paes. Mais um exemplo: outro Correia Vasques, de nome Manoel, tinha a propriedade do juízo da alfândega do Rio de Janeiro; o Caminho Novo aberto por Garcia Rodrigues para as Minas passava pelas terras dos Correia Vasques. Por sua vez, na mesma época, os Amaral

Gurgel estavam ampliando suas terras e ligações maritais com comerciantes na cidade do Rio de Janeiro.[182] Em uma correspondência de 1716, o coronel Francisco do Amaral Gurgel renunciou à propriedade do ofício de provedor Fazenda Real do Rio de Janeiro em favor de Bartolomeu de Sequeira Cordovil.[183] Com isso, acabava o velho sonho da parentela, cuja origem remonta à década de 1680, de ter em suas mãos um dos ofícios principais no controle sobre as artérias da economia e da política no Rio de Janeiro. Contudo, antes de chegar a esse ponto, vejamos um pouco a análise do Conselho Ultramarino acerca dos moradores do Rio de Janeiro em 1703, quando o ofício foi posto à venda. Nesse ano, o Conselho Ultramarino recusou a oferta feita por Sebastião Gago da Câmara pela compra do ofício da provedoria da Fazenda, argumentando que:

> Aqueles moradores [do Rio de Janeiro] *com a vizinhança das minas e negócios que nela fazem se acham hoje muito ricos e por se tratar de um ofício de tanta autoridade se animaram a darem muitos crescidos lances.*[184]

Anos depois, em 1709, o marquês de Cascaes solicitou à Coroa licença para vender a donataria de Santos e São Vicente. Na ocasião, o maior lance foi dado por Francisco do Amaral Gurgel, superando o do paulista José Gomes de Moraes. O Conselho Ultramarino preferiu seguir a orientação do procurador da Coroa e incorporar a donataria aos bens da Coroa, porque, segundo tal ministro: "era conveniente à Coroa não ter donatários no Brasil, principalmente com as exorbitantes cláusulas que continham todas as doações antigas das capitanias daquele estado, que eram prejudicialíssimas ao bom governo e bem comum do reino".[185] Entre as cláusulas consideradas prejudiciais aos interesses da Coroa naquele momento constava o exercício da justiça pelo donatário sobre os moradores da região. Em outras palavras, a donataria proporcionava à nobreza da terra aquilo que ela mais almejava: o mando sobre os moradores da região e, com isso, a possibilidade de se tornar sua cabeça política.

Em 1714, o incansável Francisco Amaral voltou à carga em seus pedidos de dádivas. Dessa feita, oferecia o donativo de 300 mil cruzados para a construção da fortaleza da Ilha das Cobras. Valor considerado por Francisco da Távora, governador do Rio de Janeiro, de "grossíssima fazenda", ou seja, muito interessante. Em troca do donativo, o coronel pedia seis mercês:

> 1) uma comenda de 250$000 da ordem de Christo; 2) foro de fidalgo, que há de ser maior do que normalmente se dá; 3) alcaide-mor da Vila de Santos; 4) alvará para cobrar suas dívidas como se foram da fazenda real; 5) ser governador da dita fortaleza da ilha das cobras, com soldo de mestre de campo; 6) lhe dar 26 índios para trabalhar na dita fortaleza à jornal.[186]

Repare-se a insistência no mando sobre pessoas, mediante o ofício de alcaide-mor, e no interesse em ingressar na nobreza do reino via obtenção do foro de fidalgo. Repare-se que todos os pedidos tinham como pano de fundo a hierarquia social e jurídica do Antigo Regime. Fenômenos que por si só demonstram o sentimento de pertencimento do suplicante à Monarquia e seu reconhecimento do poder da justiça de Sua Majestade. Para tristeza de nosso valentão, mais uma vez, o pedido foi negado.

Francisco do Amaral não era diferente de outros potentados locais, como Garcia Rodrigues ou Felix Gusmão. *Todos* tinham por projeto os valores do Antigo Regime. Os pedidos de donataria ilustram os planos da nobreza da terra quanto à ampliação de sua autoridade fundiária mediante aquisição de áreas vizinhas aos seus domínios, tema sobre o qual discorri no capítulo anterior (*terras de parentela*). Com a ida às Minas, o projeto de criação e ampliação das terras de parentela tornava-se mais factível. Assim, por exemplo, o capitão-mor Manoel Pereira Ramos, de volta das Minas, adquiriu do marquês de Abrantes o engenho real da invocação Nossa Senhora de Guadalupe, base do futuro morgado de Marapicu.[187]

A PRAÇA MERCANTIL DO RIO DE JANEIRO: AS TENSÕES ENTRE REDES COMERCIAIS E SISTEMA AGRÁRIO

No decorrer do século XVIII, ao menos cinco praças de comércio destacavam-se no Atlântico Sul luso: Salvador, Rio de Janeiro, Recife, São Luís e Belém. Todas atuavam como centros regionais de redistribuição de mercadorias. Delas se ramificavam rotas mercantis que chegavam às entranhas dos longínquos sertões do Centro-Oeste, da Amazônia e do extremo sul. Ao menos para as três primeiras praças podemos ter uma ideia, ainda que precária, acerca do movimento de seus portos. Ainda que problemáticos e duvidosos, os contratos da Coroa referentes à dízima da alfândega permitem uma aproximação com os movimentos e a dinâmica das três primeiras praças.

No ano de 1724, Salvador da Bahia de Todos os Santos conjugava seu papel de cabeça política do Brasil com o de principal centro comercial. Nesse ano, a dízima da alfândega registrou 101 contos de réis; enquanto Pernambuco (inclusive Paraíba) e Rio de Janeiro somaram 130 contos.[188] No Rio de Janeiro e nas duas demais praças, o crescimento demográfico e do comércio se traduziram nos pedidos do Juízo dos Órfãos, da ouvidoria da alfândega e da provedoria da Fazenda de mais ofícios para realizar as suas funções na cidade.[189]

Nos anos subsequentes, a economia da América lusa manteve a tendência de alta, mas a importância das praças mercantis foi alterada. Em 1738, a praça fluminense, em volume de comércio, ultrapassou, e muito, a baiana e a do Recife. O contrato da alfândega movimentado no porto do Rio, com os seus 160 contos de réis, já era superior à soma do arrecadado na

Bahia e em Pernambuco. Na ocasião, provavelmente, a praça carioca tinha uma produção e população inferiores à do recôncavo baiano com suas mais de 30 mil almas, lavouras de cana, alimentos, tabaco etc. O aumento da alfândega fluminense retratava então o papel da cidade como eixo de redistribuição de escravos e de produtos trazidos via Atlântico para os diversos mercados regionais do centro-sul da América, com destaque para o comércio em direção às Minas Gerais. Entre 1727 e 1748, os contratos das *entradas* para as Minas Gerais partindo do Rio, da Bahia e de Pernambuco aumentaram extraordinariamente. Porém, a soma dos contratos baseados nos Caminhos Novo e Velho, ambos passando pelo Rio de Janeiro, foi de cerca de 154 para 338 contos. Naquelas capitanias do norte, o movimento com as Minas cresceu de 126 para 227 contos.[190]

Como dito, nas primeiras décadas, a distribuição das datas auríferas multiplicou os negócios para a antiga nobreza da terra fluminense. De imediato, temos o fato de que os caminhos entre o porto do Rio de Janeiro e Minas, com seus comboios de escravos e mercadorias, não raro passavam por terras dos potentados fluminenses, sob os olhos de seus flecheiros e escravos armados.

No governo de Ayres Saldanha de Albuquerque (1719-1725), o sargento-mor Bernardo Soares Proença e a parentela de sua esposa – segmento dos Azeredo Coutinho – ofereceram seus serviços para terminar o Caminho Novo para as Minas. Em troca, solicitaram várias sesmarias na região. A vertente do Caminho Novo aberta por Bernardo Soares Proença será conhecida como vertente do Inhomerim.

Ainda na década de 1730, o capitão-mor Francisco Gomes Ribeiro, morador em Iguaçu, área de passagem do dito caminho, alertava ao Conselho Ultramarino que a segurança das Minas, diante da inveja dos "Príncipes da Europa" e "dos assaltantes" – na época, temia-se o perigo invasões e saques feitos às minas de ouro pelas monarquias europeias inimigas –, só podia ser feita utilizando-se de dois recursos: proibindo-se a multiplicação das estradas, e com o uso de armas.[191]

A nobreza da terra fluminense, além de ter o domínio fundiário sobre das ditas passagens, valeu-se do crescimento da atividade mercantil do Rio de Janeiro para enriquecer ainda mais. A contínua chegada de reinóis, escravos e mercadorias implicava o aumento do consumo na cidade e, com isso, a ampliação dos impostos, como o dos dízimos e das baleias. Até 1727, a arrematação desses contratos pressupunha a fiança de bens localizados no próprio Rio de Janeiro. Dessa forma, os arrematadores dos contratos deviam ter como fiadores a nobreza da cidade, que possuía aqueles bens. Nos anos de 1704, 1710 e 1713, respectivamente, os dízimos da cidade foram arrematados ou tiveram por fiadores, dentre outros potentados, José de Andrade Soutomaior, José Barreto Faria, Manoel Alemão Freire Cisneiros. Todos, como indiquei, integrantes de famílias mandatárias na cidade desde sua fundação, nos anos de 1560.

Os dois negócios mencionados ajudam a entender a razão da estimativa do número de engenhos de açúcar no período entre 1681-1700 e 1701-1720 passar de 140 para 142. O *achamento* do ouro, portanto, não implicou a redução da quantidade de fábricas de açúcar no recôncavo da cidade, como seria de se esperar. Pelo contrário, nas duas primeiras décadas do século XVIII, algumas famílias da nobreza da terra observaram o aumento de sua riqueza. Isso foi possível pela transformação do ouro em engenhos de açúcar.

Entretanto, em fins da década de 1720, o cenário tributário sofreu uma forte inflexão com a transferência da administração dos contratos da Câmara municipal para as mãos da Fazenda Real. A arrematação dos contratos deixou de ser feita nas praças americanas para ocorrer no Reino. Isso resultou na maior centralidade econômica da Coroa e dos negociantes reinóis no comércio da América lusa.[192] A princípio, o negociante reinol não precisava mais se associar a mercadores ou donos de plantações para ter acesso aos contratos da América lusa.

Contudo, para os grandes empresários reinóis, a realização desses negócios não era fácil. Além de eles continuarem separados por um oceano, os negócios ocorriam em território desconhecido, dominado por *bandos* da nobreza da terra. Nessa lonjura, dependiam da atuação de seus correspondentes, conhecedores das artimanhas e redes sociais nas praças americanas. Vale lembrar que a cobrança dos impostos arrematados, ao menos em tese, precisava do beneplácito dos mandatários locais. Assim, os reinóis atuavam em situações complexas e, às vezes, pouco favoráveis.

Antes de adentrarmos nesse tema, vejamos mais um pouco sobre o comércio entre o Rio de Janeiro, Salvador e Minas. Em especial, o comércio que dava vida às relações sociais do Estado do Brasil: o *comércio de almas*.

Conforme indiquei, a conquista e a formação da sociedade de Antigo Regime nas Minas, além da multiplicação de produções e comércios ligados ao abastecimento interno, implicaram a consolidação do comércio de almas entre as sociedades africanas e a América lusa. Em 1701, chegaram ao porto soteropolitano e ao fluminense cerca de 7.200 cativos. No ano de 1710, a soma ultrapassou 10 mil almas. Na ocasião, Salvador era a principal praça escravista e seu principal parceiro africano, a Costa da Mina.[193]

Tais cenários mudaram ao longo do século XVIII, principalmente na década de 1730. O Rio de Janeiro aos poucos se transformou na principal praça negreira do Atlântico Sul. Entre os períodos de 1718-22 e 1733-37, a média anual de escravos que entraram pelo porto do Rio passou de 4.200 para 8.400. No mesmo intervalo, o comércio de africanos para Salvador caiu de 6 mil para 2.900 almas. Ainda na década de 1730, o Congo-Angola superou a Costa do Marfim no fornecimento de escravos, respectivamente em 109.300 e 56.800 pessoas. Por seu turno, o aumento do comércio de escravos foi acompanho pelo aumento no seu preço. Em Salvador, em 1690, o preço do escravo era de 60 réis; em 1710, chegou a 100 réis e, em 1723, alcançou 200 réis.[194]

No início do século XVIII, o comércio de escravos angolano era controlado pela chamada "política dos governadores" angolanos. Esses governadores comandavam uma imensa rede de fornecimento de escravos que se estendia de Pernambuco até o Rio Janeiro.[195] Uma das razões desse domínio devia-se ao fato de não precisarem de licenças para a saída das suas naus de Luanda; privilégio compartilhado pelas instituições religiosas e irmandades. Os demais mortais precisavam dessas permissões. Apesar de os navios ligados aos governadores serem em menor número que os dos demais negociantes, eles tinham vantagem no despacho de navios, bem mais ágil. Durante o governo de Luís Cesar de Meneses em Angola, este respondia por cerca 20% do tráfico negreiro de Luanda (uma estimativa). A ascendência dos governadores de Angola ocorreu em grande parte do século XVII e foi até 1720, quando a Coroa finalmente impediu os governadores de negociarem.[196]

Aqueles privilégios concedidos pela Coroa à piedade católica e ao governador demonstram a natureza pré-capitalista daquele *mercado de almas*, que estava mais próximo das leis de Deus e da política do que das leis da oferta e procura. Até 1720, os governadores davam o tom ao mercado atlântico de escravos a partir de Luanda. Em sua rede comercial e política constavam financistas e comerciantes do Reino, governadores de diferentes capitanias do Brasil, negociantes, oficiais régios e mandatários rurais de diferentes praças brasileiras.

Esse foi o caso, por exemplo, da rede do citado Luís Cesar de Meneses, governador e capitão-mor de Angola entre 1697 e 1701. Sua rede comercial valia-se também de parentescos e amizades. De seu circuito participavam o aparentado João de Lencastre, governador-geral do Brasil, o governador do Rio de Janeiro, o conhecido Artur de Sá Meneses, e o provedor da Fazenda Real da cidade, Luís Lopes Pegado.[197] Em Lisboa, Luís Cesar de Meneses contava com o apoio do conde de Ericeira e do amigo visconde de Asseca.[198] No Rio de Janeiro, famílias da nobreza da terra estavam presentes via Irmandade do Santíssimo Sacramento da Candelária.[199] A rede comercial contava ainda com comerciantes como o capitão Gonçalo Ferreira Souto, no Rio, e João Lopes Fiuza, na Bahia. Enfim, sua rede alcançava a Bahia, o Rio de Janeiro e também Pernambuco. O espraiamento de seus negócios impressiona. Nas suas negociações entravam, além de escravos, açúcar, marmeladas, aguardente, produtos ingleses e tecidos da Índia.[200]

No Rio de Janeiro sua rede também contava, no início dos Setecentos, com os préstimos de Luís Lopes Pegado, provedor da Fazenda Real do Rio de Janeiro. Tal ofício era incumbido de supervisionar a entrada de escravos no porto e seu despacho para o centro-sul da América. Provavelmente, antes de Luís Lopes Pegado, Luís Cesar de Meneses contava com o apoio do provedor da Fazenda anterior, Francisco de Brito Meirelles, sogro do capitão Inácio da Silveira Vilasboas, apresentado no capítulo anterior como integrante da nobreza da terra aliado do *bando* dos Correia Vasques, aparentados do visconde de Asseca.

Pois bem, em 1697, o provedor e o escrivão da Fazenda Real foram afastados de seus cargos acusados de irregularidades no contrato das baleias da cidade. O caso foi levado a Lisboa, e Luís Lopes Pegado foi substituído por Francisco de Brito. Portanto, assim que saiu um suposto aliado de Luís Cesar de Meneses, outro aliado ingressou. Para que isso ocorresse, o dito governador deve ter colocado sua cadeia de influências no Paço em movimento, junto ao rei. Quanto aos acusados, creio que foram absolvidos.

Como afirmei, no Rio de Janeiro, suponho que a rede de Luís Cesar de Meneses tinha por aliados o *bando* Correia Vasques, encabeçado por Martim Correia Vasques, um dos dois mestres de campo das tropas regulares. Vasques era aparentado de Artur de Sá Meneses, governador do Rio de Janeiro (1699-1702), para quem, provavelmente, acabou dando uma fazenda de açúcar com escravos.[201] Sá de Menezes era um dos correspondentes de Luís Cesar de Meneses e incumbiu Garcia Rodrigues Paes de construir o Caminho Novo.

Mapa 6 – Trecho parcial do Caminho Novo com os principais sítios e roças de abastecimento de tropas e comboios de escravos

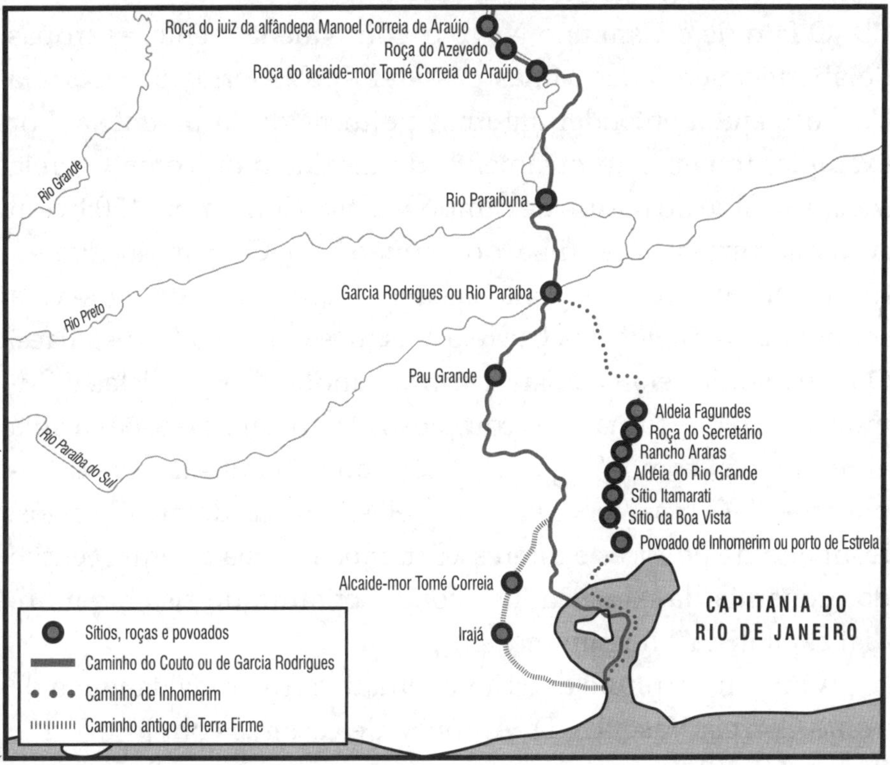

(Baseado em Straforini, 2007: 262)

O Caminho Novo, nos primeiros anos do século XVIII, consistia no trajeto chamado do Couto (no mapa corresponde à linha contínua); nas décadas seguintes a ele juntou-se o trajeto do Inhomerim (no mapa é a linha pontilhada).

Diversas vezes mencionei a importância da família Correia Vasques e lembro que o Caminho Novo para as Minas passava por um os engenhos da família, o de Maxambomba. Assim, em tese, evidencia-se a interferência da rede de comerciantes atlânticos sobre o abastecimento de escravos para as Minas Gerais. Como vimos, a abertura do caminho fora ordenada por Artur de Sá ao capitão-mor Garcia Rodrigues. Enfim, uma hipótese, a ser mais bem estudada, é a dos nexos entre o comércio atlântico de escravos encabeçado por Luís Cesar de Meneses e o Caminho Novo para as Minas, cujo chão, na capitania do Rio de Janeiro, eram as terras dos Correia Vasques.

O fato de o Caminho Novo e, consequentemente, as tropas de abastecimento das Minas passarem pelas terras dos Correia Vasques ajuda entender algumas políticas dessa parentela. Por exemplo, tomemos o casamento do alcaide-mor Tomé Correia Vasques, filho do mestre de campo Martim Correia, em 1708, com Antônia Teresa Paes, filha do capitão-mor Gaspar Rodrigues. Com o enlace, um dos pontos-chave daquela estrada passava a ser *negócio de família* dos Correia Vasques e dos Rodrigues Paes. O matrimônio selou a aliança entre mandatários paulistas e fluminenses, o que torna mais complexo classificar as tensões acima apresentadas como "regionalistas", como "paulistas *versus* fluminenses". O casamento entre aquelas famílias de mandatários, resultado de políticas e interesses, também torna a compreensão da economia da América lusa como "criatura do sistema mundial capitalista", no mínimo, simplória.

Vimos no capítulo anterior a tentativa frustrada da viúva de Tomé Correia Vasques, D. Antônia, de casar-se com José Velho Barreto. Pois bem, agora é possível compreender melhor o perigo que essas núpcias representavam aos interesses dos Correia Vasques, razão da sua reação ao projeto da viúva. Como vimos, o engenho de José Velho Barreto foi invadido e a ele restou se queixar ao rei:

> Os ditos transgressores [não respeitam] as leis de Vmagde. São pessoas que ocupam os lugares de melhor

graduação daquela praça e como porque têm vários amigos e parentes de que a maior parte dos moradores daquela cidade depende e com efeito transportaram a dita viúva para a Paraíba, domicílio de seus pais.[202]

Aspectos dos bastidores dos negócios transatlânticos de uma praça mercantil no Antigo Regime nos trópicos

Os relatos anteriores informaram sobre os bastidores da praça do Rio de Janeiro como centro distribuidor das mercadorias para diferentes regiões da América lusa. A seguir, os mecanismos de tal redistribuição. Em outras palavras, procuro recuperar as entranhas da praça do Rio de Janeiro, como mercado pré-capitalista, a partir da agência alguns de seus personagens: negociantes reinóis de grosso trato, comerciantes locais, potentados rurais, oficiais régios e camarários. Chamo a atenção para o papel central dos ofícios régios e dos acordos políticos entre aqueles agentes via casamentos.

Para iniciar, continuemos no comércio atlântico de escravos, pois ele viabilizava a economia e a sociedade nestes trópicos. Como indiquei, as primeiras décadas do século XVIII foram marcadas pelo aumento do preço de escravos africanos. Esse fenômeno foi agravado não apenas pelo *boom* por braços cativos da exploração mineira, mas também em razão do cenário conturbado do mercado atlântico.

De início temos vertiginoso e contínuo crescimento das *plantations* integradas escravistas das Antilhas inglesas e francesas. Ao longo do século XVII, a soma das importações de escravos das duas Antilhas foi de 349.162 cativos; no século seguinte, essa cifra passou para 2.808.456. Portanto, entre um século e outro, o número de escravos comprados pelas ilhas cresceu mais de nove vezes. Na mesma época, no Brasil o número de entradas de cativos passou de 784.457 para 1.989.017, ou seja, menos de três vezes.[203] Essa discrepância é reveladora da intensidade do uso da mão de obra cativa nas lavouras antilhanas e reafirma a sua ligação com mercado consumidor europeu.

No Brasil, antes e depois da *plantation* integrada surgir no Caribe, o número médio de escravos do senhor da terra, em geral, era menos de 30 cativos. Os engenhos de açúcar brasileiros contavam com os partidos e os foreiros de lavradores sem terras; os últimos atuavam com recurso de escravos e/ou do trabalho familiar. Nas plantações das ilhas inglesas prevaleciam, em média, mais de 100 escravos. Custeadas por linhas de crédito de Londres e de outros centros financeiros europeus, a rentabilidade daquelas empresas baseava-se na eficiência das turmas de trabalho de escravos e na possibilidade de uma continua reposição de mão de obra vinda das sociedades africanas. Assim sendo, a *plantation* integrada tinha por objetivo dar lucros aos seus donos e juros às casas comerciais europeias. Na América lusa, os ganhos do trabalho escravo iam com mais frequência, do que nas Antilhas inglesas, para as relações clientelares senhoriais e para as almas do purgatório. Insisto: o funcionamento da *plantation* inglesa dependia mais da escravidão do que o engenho de açúcar brasileiro. A plantação brasileira contava também com o trabalho dos lavradores sem terras, algo que não ocorria nas *plantations* caribenhas. Daí o crescimento do tráfico atlântico de africanos para as Antilhas inglesas, na passagem do século XVII para o seguinte, ter saltado de 310.477 para 1.813.323, ou seja, ter crescido mais de seis vezes. No caso brasileiro, na mesma época, o aumento foi de 784.457 para 1.989.017 africanos, portanto, menos de três vezes. Repare-se ainda que no século XVIII a entrada de escravos na América lusa visava as lavouras em geral (açúcar e de alimentos), mas também a mineração.

O aumento do preço dos escravos africanos ocorreu não só em função do *boom* das *plantations* caribenhas e da mineração na América lusa, mas também resultou de outros fenômenos como a guerra de sucessão na Espanha (1701-1714) e das suas repercussões na América. A esse cenário acrescenta-se a conjuntura de conflitos regionais na Costa da Mina desde fins do século XVII; no caso, a política expansionista do reino do Daomé contra as sociedades vizinhas. A expansão do Daomé culminou, em 1727, com a invasão e conquista do porto de Ajudá e, com isso, a maior desestabilização do comércio europeu de escravos na área. Em Angola, ocorriam surtos de epidemias.[204]

A combinação desses fatores contribuiu para aumentar a procura de cativos na Costa da Mina. O único problema para os portugueses era que a Costa da Mina, em particular a Fortaleza de São Jorge, estava nas mãos dos holandeses. Assim, além da alta dos preços dos cativos, as naus portuguesas corriam o risco de serem aprisionadas. Do lado português, as tensões aumentavam a temperatura com a concorrência entre comerciantes reinóis; da Bahia, acirrava-se em torno do controle do tráfico de escravos, cada vez mais lucrativo. Em meio a essas disputas, Vasco Fernandes Cesar de Meneses, vice-rei do Brasil (1720-1735), filho do mencionado governador de Angola Luís Cesar de Meneses (1697 e 1701), tomou partido dos comerciantes da Bahia entrando, inclusive, em conflito com o Conselho Ultramarino. O vice-rei, em 1721, permitiu a construção da fortaleza de Ajudá, na Costa da Mina, sob os auspícios dos baianos. Depois ela seria abandonada.

Diante dos impasses entre Portugal e os holandeses, em 25 de maio de 1731, Lisboa proibiu temporariamente o comércio de escravos com a Costa da Mina. Não é surpresa, portanto, acusações relativas à existência do comércio ilegal e inquéritos, na década de 1730, referentes aos descaminhos do ouro e do tráfico de cativos da Costa da Mina. Essas acusações foram movidas pelo governador do Rio de Janeiro, Luis Vahia Monteiro (1725-1732) e confirmadas por seu sucessor Gomes Freire (1733-1763, futuro marquês de Bobadela). Nas denúncias, foi relatada a atuação de uma "sociedade comercial", cujo raio de ação se estendia de

Mato Grosso, Rio de Janeiro e Minas Gerais até Angola, passando pela Ilha de São Tomé e chegava à Costa da Mina. Da sociedade participavam, entre outros, o governador de Angola, Rodrigo Cesar de Meneses, o vigário-geral e o ouvidor da Ilha de São Tomé, João Coelho de Souza. Na América, o negociante fluminense Inácio de Almeida Jordão, seu cunhado, o capitão Paulo de Carvalho da Silva, e o capitão de navio e negociante Antônio de Araújo Cerqueira. Em Portugal, a sociedade contava ao menos com João Mendes Jordão, irmão de Inácio e negociante em Lisboa. Essas operações, em grande medida, consistiam na troca de ouro das Gerais por escravos da Costa da Mina, implicando negociações inclusive com os holandeses. Gomes Freire, numa carta ao governador de Pernambuco, datada de 6 de março de 1735, afirmou que, numa dessas transações, foram remetidos 40 mil cruzados em ouro para os holandeses. Ele mencionou também a participação dos ingleses e dos franceses nesse comércio ilícito.[205] Em outra correspondência, o futuro marquês de Bobadela ampliou o raio do tráfico, estendendo-o até Benguela.[206]

Assim, estamos diante de uma rede comercial definitivamente pluricontinental e semelhante àquela encabeçada por Luís Cesar de Meneses, governador de Angola (1697-1701). Em ambas, diferentes agentes do Antigo Regime luso (a primeira nobreza lusa – dirigentes da administração da Monarquia –, oficiais régios, negociantes reinóis de grosso trato, comerciantes e nobreza da terra da Conquista) mobilizam recursos políticos e sociais. Talvez não seja exagerada a hipótese de continuidade entre aquelas operações dos anos de 1690 com a "sociedade de 1735". Se sim, estaríamos diante de uma "sociedade comercial" com mais de 30 anos de existência. Seja como for, são necessárias mais pesquisas sobre o tema. O estudo da mecânica interna do tráfico atlântico para os portos brasileiros é algo que merece muito mais investigações.

Por seu turno, a composição da "sociedade de 1735" sugere a proximidade de comerciantes sediados no Rio de Janeiro com os da Bahia. Tal é o caso de Antônio de Araújo Cerqueira, negociante fluminense com fianças para Bahia, além de atuar na Costa da Mina, Angola, ilhas do Atlântico e Portugal.[207] A seu lado, Ignácio de Almeida Jordão, designado por Gomes Freire como "primeiro homem daquela praça [Rio de Janeiro]".

O funcionamento do mercado pré-capitalista implicava o imbricamento do comércio com práticas políticas, não raro, transformadas em núpcias com comerciantes e com a nobreza da terra. Os traços pré-capitalistas do mercado se completavam com o envolvimento dos ofícios régios fazendários. A mecânica das rotas comerciais das praças do Atlântico Sul nessa altura torna-se mais evidente quando nos detemos nas práticas dos comerciantes Almeida Jordão. Em 1709, Francisco de Almeida Jordão, pai de Inácio e João de Almeida Jordão, faleceu em sua fazenda em Inhaúma, freguesia do Rio de Janeiro. A fortuna desse negociante reinol estava relacionada aos empréstimos à nobreza da terra, à revenda de engenhos de açúcar arrematados em praça pública, a contratos régios e municipais. No capítulo anterior, ele foi mencionado por seus conflitos com o visconde de Asseca pelo domínio do trapiche municipal em 1692 que estava nas mãos da família do visconde desde a década de 1630. Entretanto, em 1707, as duas famílias fizeram as pazes. Na época, João Mendes de Almeida, filho mais velho do negociante, defendeu os Correia Vasques, parentes dos Assecas, nos tribunais da cidade. Quatro anos depois, uma das primas de João de Almeida, Catarina Antunes, contraiu núpcias na capela do visconde, comprovando os bons ventos entre as famílias.

Além dessas núpcias, no decorrer da década 1710, os Almeida Jordão pavimentaram sua ação no mercado de matrimônios com famílias de mercadores e oficiais régios essenciais para sua interferência na praça do Rio de Janeiro. Em 1710, Inácio de Almeida Jordão levou ao altar Teresa Inácia de Andrade, filha de Carlos Soares de Andrade, administrador da junta de comércio do Rio de Janeiro (frotas reinóis). Na mesma época, a irmã de Inácio e de João de Almeida Jordão, Catarina de Almeida, contratou núpcias com José Soares de Andrade, filho do administrador da junta de comércio e seu sucessor no cargo. Em 1715, outra filha de Carlos Soares, Catarina Josefa de Andrade casou-se com Antônio Teles Barreto, juiz de órfãos e aliado dos Correia Vasques; desde 1703, Manoel Correia Vasques era juiz da alfândega.

Assim, diante de Deus, os negociantes Almeida Jordão se tornaram aparentados dos administradores das frotas reinóis, do proprietário do Juízo dos Órfãos (na prática, caixa de empréstimos da cidade) e amigos do proprietário do Juízo da Alfândega. Para completar, via Correia Vasques e Assecas, essa malha parental tinha a amizade do vice-rei do Brasil. A malha, portanto, alcançava Lisboa através da alta política e da economia.

No final da década de 1720, os pactos entre os Almeida Jordão, os Soares de Andrade e os Correia Vasques começavam a render frutos. A primeira família aparecia associada a alguns dos grandes contratadores de impostos do momento: Pedro Dauvegner e Francisco Luís Sayão. Estes senhores, em 1728, arremataram as "entradas de escravos para Minas Gerais" e seus procuradores no Rio de Janeiro eram Inácio de Almeida Jordão e João Martins de Brito. A empresa, portanto, tinha acesso direto à reposição da mão de obra da "Morada do Ouro".

Antes de continuarmos, é importante conhecer o papel-chave dos procuradores e consignatários, nas praças americanas, para os negociantes reinóis de grosso trato. Os procuradores tinham melhores informações acerca do mercado americano do que seus patrões lisboetas. Como afirmei, eles frequentavam as teias de relações da nobreza da terra e podiam conhecer as engrenagens locais do mercado; não é demais lembrar que a nobreza interferia no comércio a partir da Câmara municipal e do controle fundiário pelo qual passavam as rotas mercantis. Essa vantagem ampliava-se se considerarmos que o domínio do sistema de frotas implicava a saída preestabelecida das mercadorias do Reino, independentemente da conjuntura no mercado americano. Além disso, os procuradores e consignatários não precisavam investir grandes de somas de capital próprio; cabia ao reinol grande parte do risco.[208]

Com isso, começamos a entender a possibilidade de acumulação desses correspondentes e as chances de fixação e ampliação de uma comunidade de negociantes de grosso trato nas praças da Conquista. Para as famílias da nobreza da terra, as alianças com os consignatários representavam acesso à desejada liquidez e oportunidades de poder na república. Enfim, os procuradores eram sujeitos nas suas relações e usavam dos recursos disponíveis para melhorar seu *status* nessa sociedade desigual.

Em 1728, João Mendes de Almeida, junto com Francisco Sayão, adquiriu o contrato da dízima da alfândega em frotas do Rio de Janeiro, sendo fiador Vasco Lourenço Velloso.[209] Este foi sócio de Francisco Pinheiro na arrematação do contrato do sal para Santos e, na mesma época, respondia pelo Contrato de Escravos de Angola. A proximidade dos Almeida Jordão com a rede comercial (caixeiros, procuradores e correspondentes) de Francisco Pinheiro era outra demonstração do poder da família. Os negócios de Pinheiro se estendiam da Bahia até Mato Grosso, passando por Minas Gerais, Rio de Janeiro, chegando à África. Assim, Velloso e Pinheiro se constituíam em poderosos negociantes ultramarinos, com operações comerciais disseminadas pelo ultramar e com acesso aos tribunais palacianos da Coroa em Lisboa.[210] Valendo-se desses contatos, por exemplo, Francisco Pinheiro conseguiu para si e para seu aliado no Rio, João Lopes, o ofício de patrão-mor em 1734, responsável pelas instalações portuárias. João Lopes havia tentado, em outras ocasiões, o acesso ao ofício; porém, deparou-se com a resistência do governador Vahia Monteiro. A intervenção de Pinheiro em Lisboa mudou esse cenário. Obviamente, na rede tecida por Pinheiro, seus correspondentes nos mercados brasileiros cuidavam dos próprios interesses, às vezes, diferentes dos de seus patrões.

A arrematação dos contratos nos anos de 1720 pelos Almeida Jordão e aliados reinóis ocorreu sob o olhar atento de Manoel Correia Vasques, juiz da alfândega. Além disso, havia as disputas vividas por seus arrematantes. O juiz conhecia o advogado e comerciante João Mendes de Almeida, pois Almeida o defendera nos tribunais do Rio, em 1707, como vimos. Vasques conhecia também os antigos contratadores da dízima da alfândega José Ramos da Silva e José Rodrigues, e com ambos teve atritos nos triênios de 1721-23 e 1724-1726. Sua divergência com um dos feitores de José Ramos da Silva chegou, inclusive, ao Conselho Ultramarino em 1724. Da mesma forma, o juiz da alfândega não tinha grandes simpatias por outro negociante de grosso trato luso de nome Jerônimo Lobo Guimarães, arrematante da nau da guarda (1724-1726), das entradas de escravos para Minas e os direitos dos escravos trazidos da Costa da Mina e de Cabo Verde (1725-1727). Os três tinham longa tradição de arrematar grandes contratos ultramarinos, algo que Pedro Dauvegner e Francisco Luís Sayão interromperam. Daí, suponho estarmos diante de redes ultramarinas rivais e, no desenrolar das disputas, o nobre da terra Manoel Correia Vasques teve um papel decisivo.

Nesse cenário, o ouvidor da alfândega insistia na necessidade de aqueles negociantes terem fiadores no Rio de Janeiro e não em Lisboa. Por seu turno, os ditos negociantes denunciaram a Lisboa as dificuldades impostas pelo ouvidor. Eles lembravam que os contratos na conquista não precisavam de fiadores e que o juiz da alfândega sabia disso. Na década de 1720, a Coroa tinha retirado das mãos das Câmaras municipais a administração dos contratos e os transferido para a Fazenda Real. Desde então, os contratos eram arrematados em Lisboa e as fianças asseguradas por bens localizados no Reino e não mais nas Conquistas.

Ainda em 1725 e depois 1727, os contratadores da alfândega em frotas e José Rodrigues colidiam com os negociantes da praça do Rio quanto à obrigatoriedade de navios de outros portos brasileiros pagarem, a exemplo dos reinóis, a dízima da alfândega no Rio de Janeiro. Entre os peticionários, estavam João Carvalho da Silva, genro nos Almeida Jordão, e João Martins de Brito. O rei acabou favorecendo os comerciantes do Rio de Janeiro, recomendando ao juiz da alfândega tomar as devidas providências.

Os negociantes do Rio, em 1726, atritaram com José Rodrigues, acusando seus procuradores de estabelecerem a seu critério o preço das fazendas a serem embarcadas. Os amigos de Inácio de Almeida Jordão apareciam entre os signatários. Meses depois, Jerônimo Lobo Guimarães enfrentou a resistência dos moradores do Rio de pagarem os direitos da nau da guarda da frota vinda da cidade do Porto. Em função disto, Lobo Guimarães solicitou ao rei que ordenasse ao juiz da alfândega que cumprisse o contrato, pois o juiz estava cobrando o imposto dos mestres dos navios do Porto e não dos moradores do Rio. Em sua defesa, Manoel Correia Vasques lembrou que os mestres dos navios, vindos de fora do Rio de Janeiro, ao pagarem o imposto da guarda não tinham prejuízos, pois o tributo estava incluso no frete dos comboios. Assim, continuou ele, os donos de fazendas e gentes ao pagarem o dito imposto ficavam sobretaxados, em favor os capitães das naus dos comboios.

Nessa altura, é importante lembrar o que estava sendo disputado entre os Correia Vasques, os Almeida Jordão e cia., contra Jerônimo Lobo Guimarães, José Ramos da Silva e José Rodrigues: os contratos da Coroa que interferiam no comércio em geral e, em particular, no de escravos no Rio de Janeiro, praça distribuidora para diferentes mercados regionais, inclusive o das Minas. Da mesma forma, vale recordar que o grosso daquele comércio passava pelo Caminho Novo das Minas Gerais, em terras do juiz da alfândega e sua família, terras de parentela mantidas por vezes com a ajuda de índios. Em 1724, como lembrei diversas vezes, ele invadiu com flecheiros o engenho de açúcar de adversários.

Há, portanto, sólidos sinais de que a praça carioca se transformou num verdadeiro campo de batalha entre redes comerciais ultramarinas rivais. Ao mesmo tempo, essa conjuntura ajuda a visualizar a engenharia política e a capacidade de fogo existente na "sociedade comercial ilícita" denunciada por Gomes Freire em 1735.

Em 1730, o governador do Rio de Janeiro, Luis Vahia Monteiro, relatou ao Conselho Ultramarino os descaminhos do ouro feitos pelos irmãos João e Inácio Jordão de Almeida, e ordenou a prisão de ambos. No ano seguinte, o procurador da Fazenda na Corte e o Conselho Ultramarino emitiram pareceres censurando o governador. Para o conselho, essa atitude do governador arruinaria inteiramente o comércio e, por conseguinte, a Fazenda Real. A rede comercial devia ter fortes aliados no Paço lisboeta. Em março de 1735, Gomes Freire, sucessor de Vahia Monteiro e, como ele, às voltas com o descaminho do ouro, escreveu que devassava homens poderosos e temia quanto ao seu futuro, no caso de ser transferido para São Paulo, que ele considerava o "país mais triste do mundo". Nesse ínterim, algo deve ter acontecido, pois as denúncias de Gomes Freire foram acolhidas no Conselho Ultramarino. Em maio de 1735, Inácio Almeida Jordão foi preso, seus bens sequestrados e a navegação entre Brasil e a Costa da Mina suspensa. Essa mudança de ventos é algo que merece mais estudos. Provavelmente outras redes pluricontinentais, com acesso à Coroa, conseguiram barrar a rede Cesar de Meneses & Almeida Jordão.

Podemos ter uma ideia dos ânimos da cidade do Rio de Janeiro, lendo a correspondência entre João Francisco Muzzi e Francisco Pinheiro, negociante de grosso trato. Para Muzzi, que era agente de Pinheiro, as detenções feitas por Vahia Monteiro geraram um clima geral de medo e caos.[211] Na verdade, desde 1729, as relações entre os Vahia Monteiro e os Vasques-Asseca não eram das melhores. Em 1729, Custódio Barcelos Machado, integrante da nobreza da terra foi preso, segundo Muzzi, em razão de "ser *obrigado a* [aliado de] Martim Correia de Sá e Benevides com quem o governador tem irritação".[212] Por seu turno, Vahia Monteiro, como também outros governadores, teve sua ação facilitada em razão das disputas entre diferentes grupos da nobreza da terra. Assim, os governadores Vahia Monteiro e Aires Saldanha contaram com a ajuda dos coronéis das ordenanças, como João de Abreu Pereira, no assunto do descaminho do ouro protagonizado por Inácio de Almeida Jordão. Aqui vale insistir que os Almeida Jordão eram aliados do *bando* dos Correia Vasques. Este *bando* era inimigo, de longa data, do *bando* dos Azeredo Coutinho, ao qual pertenciam muitos dos coronéis das ordenanças, como João de Abreu Pereira. Portanto, repito, os governadores, em sua ação contra os Almeida Jordão, devem ter usado das disputas entre os Correia Vasques e os Azeredo Coutinho para ter sucesso. Por exemplo, na ocasião, os Azeredo Coutinho e os Correia Vasques, salvo engano, disputavam o controle sobre o Caminho das Minas. Os Correia Vasques na vertente do Couto e os Azeredo Coutinho na de Inhomerim (ver Mapa 6). Entre os envolvidos nas disputas, do lado dos Azeredo Coutinho temos o coronel dos auxiliares Bernardo Soares Proença (vertente do Inhomerim). Bernardo Proença assumiu o posto de coronel dos auxiliares em 1733, portanto, em meio às tensões das denúncias dos governadores da capitania contra os Almeida Jordão e cia.

Antes de continuar a afogar o leitor em nomes, vale lembrar que era prerrogativa do governador sugerir a Lisboa o melhor candidato a determinados cargos. Assim, provavelmente, a indicação de Bernardo Proença seguiu para a Corte com as bênçãos de Gomes Freire. Em 1738, Proença foi sucedido pelo mestre de campo dos auxiliares Antônio Dias Delgado, cavaleiro da Ordem de Cristo e genro dos Azeredo Coutinho. Delgado foi sugerido entre outros três por Gomes Freire, e sua indicação acabou acatada pelo Conselho Ultramarino e pelo rei. O governador destacou o pertencimento de Delgado às principais famílias de seu distrito e sua lealdade em cumprir as ordens dos govenadores às custas de sua própria fazenda. Delgado, além de pertencer a um dos ramos dos Azeredo Coutinho, era casado com Luisa Grinalda, prima de João de Abreu Pereira, citado anteriormente como um dos responsáveis pela repressão da "sociedade de 1735". A deferência de Gomes Feire por João de Abreu Pereira era grande e durou muito tempo. Em 1749, o dito governador ainda utilizava o parentesco com João Abreu Pereira como critério para nomear oficiais dos auxiliares. Torna-se patente, portanto, que a ação de Vahia Monteiro e de Gomes Freire estava amparada num dos principais *bandos* da nobreza da terra e adversário dos Correia Vasques.

Como se pode observar da trama anterior, os confrontos entre as redes comerciais transatlânticas, tal como as desavenças entre negociantes e governadores, tinham como pano de fundo divergências entre *bandos* da nobreza da terra. Afinal, o Rio de Janeiro e demais capitanias eram mais do que palcos políticos secundários, eram sociedades, e seus grupos estavam longe de ser meros coadjuvantes. Sob esse prisma, o posto de coronel das ordenanças e, depois, de mestre de campo dos auxiliares era chave; seu ocupante, na ausência do Estado, personificava a autoridade sobre os moradores de um conjunto de freguesias. Cabia a ele a *quietação das gentes*. Os titulares desses postos pertenciam a famílias da nobreza da terra que, por gerações, tinham o *mando* sobre as populações. Por isso, faz tanto sentido que a patente permanecesse com uma mesma família. Por exemplo, de finais do século XVII a meados do século XVIII, em São Gonçalo, a patente passou praticamente de pai para filho ou genro: Baltazar de Abreu Cardozo, João de Abreu Pereira, Jorge de Lemos Paradis. Todos próximos dos Azeredo Coutinho (ver capítulo anterior). Por sua vez, é compreensível a razão de os mestres de campo dos auxiliares e/ou seus filhos solicitarem à Coroa foros de fidalgo da Casa Real e/ou hábitos militares como pagamento por seus serviços à Monarquia. Nada mais justo – pelos princípios da época – eles terem como horizonte de promoção social integrar-se à nobreza do reino.

Os homens de negócio, as famílias da nobreza da terra e os oficiais de Sua Majestade: os protagonistas das redes ultramarinas em movimento

O mercado da América lusa viveu, entre os anos de 1720 e 1750, uma série de mudanças institucionais desencadeadas pela maior centralidade da Coroa e o recuo da autoridade das nobrezas da terra. Como vimos, em 1727, Lisboa transferiu a administração dos contratos das Câmaras municipais para a Fazenda Real. Na mesma década, os tribunais palacianos dificultaram a concessão de crédito pelo Juízo dos Órfãos ao comércio e à produção, ampliando a importância das irmandades, como as Santas Casas de Misericórdia e, em especial, dos comerciantes nos empréstimos.

A maior presença dos negociantes nos municípios da América lusa se traduziu na intenção de ingressarem na cabeça política, ou seja, nas Câmaras, assembleias controladas até então pelas famílias tradicionais rurais. Em Pernambuco, em 1710, esse processo culminou com a Guerra dos Mascates, quando Recife foi elevada à condição de município, impondo uma vitória dos comerciantes sobre a nobreza da capitania. Por sua vez, entre 1729 e 1746, os camaristas fluminenses denunciaram, recorrentemente, à Coroa as tentativas de retirada de privilégios da nobreza da terra e sua exclusividade sobre os cargos camarários, prerrogativa que, para eles, era justificada por descenderem dos conquistadores da capitania no século XVI. Para os camaristas, isso indicava a intenção dos comerciantes de participarem do governo da república. Em documento de 1732, o procurador da Câmara Julião Rangel de Souza Coutinho reafirmou o privilégio da nobreza da terra e disse que os reinóis, para ingressarem na Câmara, deveriam ter foros de fidalgo da Casa Real ou outra qualidade social semelhante.

> Pede a V. M. seja servido [...] acerca das eleições da Câmara do Rio de Janeiro [...] que respeita às pessoas que devem entrar na governança da república e exercer os cargos dela, *seja quanto aos naturais*, os filhos e netos dos cidadãos descendentes dos conquistadores daquela capitania, de conhecida e antiga nobreza, e de nenhuma sorte os netos e descendentes de oficiais mecânicos ou de avós de inferior condição, sem embargo de que alguns por possuírem cabedais estejam vivendo à lei da nobreza, e *no que respeita aos oriundos deste reino*, que se acham moradores vizinhos daquele povo sejam os que tiverem os foros de graduação da casa de V. M. com a moradia de moços fidalgos, fidalgos escudeiros e fidalgos cavaleiros e os criados de V.M., ou as pessoas de notória nobreza, conhecidas por tais e principais nas suas terras.[213]

Na carta, Rangel de Souza Coutinho destacou que o controle dos descendentes dos conquistadores quinhentistas sobre a Câmara municipal era

> a única remuneração, que têm recebido aqueles cidadãos por serviço tão considerável e continuado como são os que têm feito em aquela conquista, no espaço de 200 anos, [...] [com suas] vidas e fazendas.[214]

Naquela década de 1730, os vereadores e a nobreza escreveram outra carta à Coroa enfatizando a ruína de diversos engenhos de açúcar da cidade, o que, segundo eles, mais cedo ou mais tarde, traria consequências funestas para o Rio de Janeiro e à Monarquia: o despovoamento da capitania, a debilidade militar dos domínios e, consequentemente, as Minas virarem alvo dos inimigos da Coroa. Para eles, os responsáveis por essas ameaças eram os negociantes com suas práticas usurárias nos empréstimos e desmesurado preço das mercadorias, especialmente os escravos. Os signatários desses protestos eram descendentes dos conquistadores quinhentistas e seus aparentados. Porém, a maioria era aparentada e aliada de Julião Rangel de

Souza Coutinho, especialmente seus vizinhos na freguesia de São Gonçalo. Na ocasião, nem todas as famílias descendentes dos conquistadores, que ainda possuíam domínio sobre a república, subscreveram o manifesto. Por exemplo, nenhum dos três mestres de campo – Pereira de Abreu, Dias Delgado e João Aire Aguirre, próximo dos Correia Vasques – assinou a petição. A ausência de suas respectivas rubricas indica a ausência dos que tinham o mando político sobre suas respectivas freguesias rurais. Na carta, também não consta a rubrica dos Gurgel do Amaral e outros *bandos* da nobreza.

Por seu turno, os negociantes recém-chegados não ficaram calados. Eles, de fato, pretendiam o domínio da Câmara municipal e, consequentemente, maior interferência no mercado. Para tanto, vários deles já estavam aparentados com a velha nobreza da terra. Basta mencionar as alianças dos Almeida Jordão com os Teles Barreto e com os Correia Vasques.

Enfim, também os conflitos entre a nobreza da terra e os negociantes reinóis consistiam, na verdade, em ruídos entre *bandos* da nobreza e seus aliados. Em 1746, os autodeclarados negociantes reinóis, entre eles os Almeida Jordão, reivindicaram a Lisboa assento no senado da Câmara, pois se diziam "os mais cientes na economia" e, por isso, "plenamente habilitados para administrar os povos, até porque o Rio de Janeiro consistia numa *praça*", além disso, lembravam que "concediam empréstimos à Fazenda Real com os quais a Monarquia conseguia arcar com as suas despesas no centro-sul da América lusa".[215]

O golpe decisivo na facção de Julião Rangel, e de grande parte da nobreza da terra, foi a Lei do Açúcar, de 1751. Essa lei afetou as frações da nobreza que não trouxeram ou não conseguiram trazer para suas famílias negociantes e oficiais da Coroa para compor alianças políticas, típicas da conjuntura da época. Em 1º de abril de 1751, D. José, "por graça de Deus, rei de Portugal", achou por bem publicar um novo regimento sobre a lavoura e o comércio do açúcar, ordenando que "nos principais portos do Estado do Brasil se estabelecessem casas de inspeção nas quais se examinasse, qualificasse e regulasse ao bem comum dos vassalos o preço justo deste importante gênero".[216]

Essa lei foi recebida no Rio de Janeiro, na Bahia e demais capitanias açucareiras com intenso descontentamento dos senhores de engenho e lavradores de cana. Afinal, foram atingidos no fígado quando viram uma de suas antigas prerrogativas – a possibilidade de negociar o preço do açúcar na Câmara – ir por água abaixo. Em 1751, eles pediam o retorno do velho costume e lembravam à Sua Majestade que, segundo a tradição,

> [...] todas as frotas se convocavam naquele senado, [assim como] todos os senhores de engenho, e lavradores que viviam deste trato, os homens de negócio e os capitães de navios. [...] Assim reunidos, e se ajustava o preço racional porque se devia comprar e se vender se lhe dava preço conforme a abundância ou falta que havia o que ficava cessando pela referida lei. [217]

Com a dita lei, um dos mecanismos vitais que protegia a economia açucareira da América lusa deixava de existir, desprotegendo-os diante do capital mercantil e do mercado internacional. Aliás, de alguma forma, a intenção era essa, conforme parecer do procurador da Fazenda na Corte. Para ele, uma vez posta em vigor, a lei tornaria o açúcar brasileiro mais competitivo no mercado internacional, pois seria vendido "pelo mesmo preço do das colônias inglesas e francesas".

O mundo repleto de privilégios construído pelos jogos políticos liderados pela nobreza da terra da Conquista americana estava por um fio. Embora em mudança, a sociedade nestes trópicos permanecia, ainda, nos elásticos parâmetros do Antigo Regime católico.

* * *

Essas mudanças ocorreram na esteira do crescimento econômico impulsionado pelo ouro, pelo aumento demográfico e dos mercados regionais voltados para o abastecimento, e são ilustradas pelo crescimento do contrato das alfândegas nas diferentes praças do Estado do Brasil. Isso particularmente ocorreu no Rio de Janeiro, pois de seu porto saíam escravos e outras mercadorias para as Minas de Ouro e demais circuitos regionais do centro-sul. Desde 1729, o contrato da alfândega em frotas do Rio de Janeiro superava o da Bahia. Tendo por base os anos de 1753 e 1754, verifica-se que o tributo da alfândega fluminense só era superado, no Estado do Brasil, por poucos tributos como o das "entradas para todas as Minas" e "dos diamantes do Serro Frio, por capitação [sic] de 600 negros".[218]

Esses números retratam a ampliação econômica, mas ainda no cenário de um mercado pré-capitalista. Nesse ambiente, podemos dimensionar a importância de negociantes reinóis, como José Bezerra Seixas e José Ferreira da Veiga. Ambos controlavam, em meados do século, os maiores contratos nos três principais portos da América e, a partir deles, seus respectivos mercados. Antes de tudo – e para desespero dos demais comerciantes –, não raro, os contratadores eram também negociantes dos segmentos sobre os quais arrecadavam impostos. Assim, aqueles arrematantes-negociantes interferiam no comércio no qual atuavam. Esse fenômeno afastava o comércio das regras da livre concorrência. Para início de conversa, cabia aos arrematadores liberarem as mercadorias dos portos americanos.

Entretanto, o funcionamento desse mercado caracterizado pela presença dos grandes contratadores da Coroa pressupunha a ação de seus correspondentes e consignatários na conquista e sua associação com componentes da nobreza da terra. Assim, não raro, integrantes da nobreza da terra, ou seus aliados, realizavam sociedades com os negociantes reinóis de grosso trato. Por exemplo, no terceiro contrato dos diamantes, o contratador foi o potentado das Minas Felisberto Caldeira Brant, associado a grandes homens de negócios de Lisboa.

Em 1752, Caldeira Brant foi acusado de desvios, e o negócio retornou para as mãos de seu antigo arrematador, o sargento-mor João Fernandes de Oliveira, sendo seu procurador José Álvares de Maciel. Curiosamente, Maciel era genro do guarda-mor Maximiniano de Oliveira Leite e parente de Felisberto Caldeira Brant. Estes, por sua vez, eram aliados do guarda-mor Garcia Rodrigues Paes, já devidamente apresentado. Além de procurador dos diamantes, entre 1751 e 1761, Maciel foi caixa de três contratos arrematados pelo negociante reinol José Ferreira da Veiga. Definitivamente, nobreza da terra e os negociantes de grosso trato do Reino estavam longe de serem "inimigos de classe".

Nesse instante, vale reforçar que os comissários dos negociantes reinóis de grosso trato, independentemente do tamanho de seu capital, estavam mais aptos a conhecer as manhas dos mercados americanos do que seus chefes reinóis. Afora isso, nas praças americanas, além dos caixeiros de Lisboa, havia os negociantes da estirpe de Paulo Pinto de Faria, neto de Francisco de Almeida Jordão. Foi a ele que o poderoso comerciante reinol Francisco Pinheiro apelou, em 1743, para resolver suas pendências no Brasil. Paulo Pinto de Faria foi indicado, pois, conforme os negociantes lisboetas, tinha cabedais e influências no Estado do Brasil.

Em 1747, Faria concluiu que era impossível cobrar as dívidas ativas do reinol espalhadas por Minas, Mato Grosso e Goiás. Em Cuiabá, por exemplo, ele não tinha nenhum homem de confiança. Em 5 de maio de 1747, Pinheiro pediu a Faria para intervir junto ao bispo e ao vigário-geral do Rio de Janeiro solicitando-lhes cartas de excomunhão contra seus devedores no Rio, Minas, Cuiabá e Goiás. As últimas informações atestam, na década de 1740, as dificuldades que um negociante reinol de grosso trato e arrematante de contratos da Coroa podia encontrar na sociedade da Conquista. Além disso, traduzem como a economia estava assentada em valores de Antigo Regime. A ameaça de excomunhão era um recurso usado pelos credores para pressionar seus devedores. Assim, tais sociedades estavam longe de ser "extensões dos interesses do capital mercantil".

Ainda em meados do século XVIII, o tráfico atlântico de escravos cada vez mais se deslocava para Benguela e, portanto, mais longe da interferência de Luanda e do governador de Angola. Esse movimento contribuiu para a ação de comerciantes das praças americanas e, especialmente, dos provenientes do Rio de Janeiro. Em outras palavras, por essa época, observa-se o aumento do comércio direto de cativos entre os portos da América lusa com as praças da África; por aqui, o domínio da comunidade mercantil do Rio de Janeiro sobre tais atividades. Outro traço dessa nova rota do comércio era o papel-chave dos tecidos do Estado da Índia na aquisição de cativos. No período, as autoridades de Lisboa se preocupavam cada vez mais em evitar a passagem de panos da Índia pelos portos brasileiros.

Em 1753, o secretário de Estado da Marinha e Ultramar, Diogo de Mendonça Corte Real, determinou que todas as naus do porto fluminense fossem vistoriadas à procura de seda e algodão provenientes da Índia.[219] A resposta dos homens de negócio da cidade foi imediata: eles enviaram petições ao governador de Lisboa e ao governador da capitania. Juntamente com os capitães das naus, impediram a saída da frota do porto do Rio de Janeiro. Os negociantes alegavam que a vistoria rigorosa das naus prejudicaria o comércio, pois atrasava o negócio das cargas vindas nas frotas, diminuía a circulação de dinheiro em diferentes mercados brasileiros, aumentava o custo dos fretes dos navios, prejudicava o envio de mercadorias da terra a Lisboa. Resultava, portanto, em imensas perdas para todos, inclusive para a Fazenda Real. Lembravam ainda que os negócios eram feitos com dinheiro a juros e de risco, pois, em geral, os comerciantes não tinham dinheiro próprio. Enfim, a demora na concretização das operações mercantis geraria a falência do comércio e, com ele, da própria Monarquia.[220]

O juiz da alfândega da época, João Martins de Brito, antigo sócio dos Almeida Jordão, diante da paralização das frotas no porto, alertou para o prejuízo das ordens de Lisboa. Na ocasião, Lisboa se mostrou pouco flexível às ponderações dos seus oficiais e dos negociantes na Conquista. Esse cabo de guerra insinua a tendência que o tráfico atlântico de escravos tomava: o domínio das praças americanas sobre o comércio e, em especial, por parte dos homens de negócio do Rio de Janeiro.

* * *

As desavenças entre a rede formada pelos Correia Vasques e os Almeida Jordão *versus* segmentos do comércio reinol de longa distância continuaram nas décadas de 1740 e 1750. Manuel Correia Vasques, em 1743, renunciou à propriedade do ofício de juiz e ouvidor da alfândega em favor do aliado João Martins de Brito que, no ato, fez um donativo à Fazenda Real de 14 contos de réis. Mais tarde, Brito passou o ofício para seu filho Antônio que, em 1751, entrou em confronto com o contratador José Bezerra de Seixas, dificultando o trabalho de seus caixeiros e tomando partido dos comerciantes do Rio. Como resposta, Bezerra Seixas desencadeou uma verdadeira guerra contra seu oponente. Adquiriu a serventia de diversos ofícios ligados ao funcionamento da alfândega, entre outros: os de escrivão da Fazenda Real e da Matrícula, meirinho, guarda e porteiro da alfândega em 1755 e administrador dos guindastes da alfândega. O controle sobre alguns dos ofícios régios que compunham a alfândega e a fazenda, como estratégia de Seixas para neutralizar a ação do ouvidor da alfândega, reafirma a natureza pré-capitalista do mercado da América lusa.

Isso fica ainda mais patente pelo papel exercido pelo ofício da provedoria da Fazenda Real do Rio de Janeiro sobre a economia da cidade. Ainda nos anos de 1770, conforme o relatório do marquês do Lavradio, governador da época, o poder do provedor da Fazenda sobre a economia era imenso, pois, sob seus olhos, corria o comércio de escravos e a execução dos contratos. Por conseguinte, pelas vistas desse oficial passavam algumas das principais engrenagens do funcionamento da economia, especialmente os comboios de escravos e mercadorias para as vilas mineiras e o movimento, cada vez mais importante, do porto do Atlântico Sul.

Esse poder era proporcional à sua capacidade de acumular recursos às custas da sociedade. Em 1723, o provedor Bartolomeu da Sequeira Cordovil, alegando queda em seus emolumentos, solicitou ao rei o aumento das taxas sobre as mercadorias transportadas por escravos e cavalos para as Minas. Ayres Saldanha de Albuquerque, então governador do Rio de Janeiro, declarou-se contrário ao pedido. Segundo ele, em 1720, passaram pelo registro 9.753 cavalos e, no ano seguinte, 11.600 cavalos. Consequentemente, os rendimentos do dito ofício tendiam a crescer ano a ano.[221] Contudo, apesar dos argumentos do governador, Sua Majestade concedeu a mercê solicitada. Em 1746, o filho e sucessor de Cordovil na provedoria da Fazenda, Francisco Cordovil de Sequeira e Mello, pediu novo aumento sobre as taxas. Mais uma vez, o rei concedeu a dádiva, apesar das posições contrárias de Gomes Freire, então governador.[222] Em 1752, no Estado do Brasil, com o falecimento de José de Carvalho de Oliveira, seu ofício de comissário das fragatas foi extinto e incorporado ao da Fazenda Real. Com isso, a autoridade de Sequeira e Mello e de sua rede de aliados foi ampliada: sua jurisdição alcançou armazéns, casas e demais equipamentos da junta de comércio. Por seu turno, isso aumento o conflito com Antônio Dias Delgado, do clã dos Azeredo Coutinho, com os Correia Vasques. Antônio Dias Delgado, por ser irmão de José de Carvalho de Oliveira, almejava o dito ofício com a morte do irmão.[223]

O acréscimo do sobrenome Mello ao nome de Francisco Cordovil refere-se a seu pertencimento à família Pimenta de

Carvalho, ramo dos Botafogo, da antiga nobreza da terra. A mãe de Francisco, Margarida Pimenta de Carvalho, era descendente do capitão João Pereira de Souza Botafogo, apresador paulista de índios e um dos fundadores da cidade do Rio de Janeiro. Francisco e Mello casou-se com Catarina Vaz Moreno, filha de Manoel Vaz Moreno, capitão da infantaria regular e cavaleiro fidalgo da Casa Real; Catarina era neta de Manoel Teles Barreto e de Petronilha Fagundes, donos do engenho da Lagoa. A *rede* da qual os Sequeira Cordovil participavam foi construída ao longo de mais de uma geração, a partir de casamentos com as famílias Almeida Jordão, Teles Barreto e Martins de Brito. Em 1723, Paulo Pinto de Faria, neto de Francisco e sobrinho de Inácio de Almeida Jordão, casou-se com Bernarda Vaz Gago, sobrinha de Bartolomeu Sequeira Cordovil. Repare-se que, na época, provavelmente, a "sociedade de 1735" de tráfico ilegal de escravos, encabeçada por Inácio de Almeida Jordão, já funcionava. Talvez fossem alianças como essa as razões de o governador Gomes Freire referir-se a Inácio de Almeida Jordão como "um dos mais poderosos" do Rio de Janeiro.

Na geração seguinte, a filha de Paulo Pinto e Bernarda Vaz Gago, homônima de sua mãe, contraiu núpcias com André Martins de Brito, filho do antigo sócio da família, João Martins de Brito, juiz da alfândega. Assim, renovavam-se os votos de amizade entre o comércio e a Fazenda Real. Na verdade, ampliados em razão das núpcias de outros filhos do mesmo João Martins de Brito. Em 1764, o filho Antônio Martins de Brito, já ouvidor da alfândega, casou-se com Teresa Joaquina de Almeida, filha de Mathias Rodrigues Vieira, negociante reinol de grosso trato e antigo caixa do contrato dos diamantes arrematado por Felisberto Caldeira Brant. Pouco antes, em 1760, a irmã de Antônio Martins, Francisca Joaquina das Chagas e Oliveira, trocava juras de lealdade eterna com o juiz de órfãos Francisco Teles Barreto de Menezes. Para consolidar as alianças entre os protagonistas do ofício de órfãos, do Juízo da Alfândega e do comércio de grosso trato, temos o casório de Ana Joaquina de Menezes, irmã do juiz de órfãos, com José Rodrigues Vieira, filho de Mathias Rodrigues Vieira e cunhado dos Martins de Brito.

As pesquisas sobre o impacto de redes políticas integradas por donos de ofícios fundamentais para o funcionamento economia e da sociedade de Antigo Regime precisam ser multiplicadas. Afinal, estamos falando de quatro famílias que detêm a propriedade da provedoria da Fazenda, da ouvidoria da alfândega e do Juízo dos Órfãos. Além disso, estavam envolvidas no grande comércio transatlântico e possuíam engenhos de açúcar. Embora saibamos menos do que gostaríamos, uma coisa é certa: estamos diante um mercado pré-capitalista, cujo funcionamento passava por relações políticas e familiares. Confraternizações dessas famílias podiam impactar a vida da maior parte das famílias moradoras na cidade, reles mortais desprovidos dos privilégios das quatro famílias citadas anteriormente. Se isso era certo, igualmente também é correto afirmar que tal domínio podia mexer com os humores da política. O mercado pré-capitalista era movido por disputas entre redes políticas.

Essas alianças matrimoniais e seu impacto sobre a vida dos demais mortais da época era possível pela justiça distributiva da Coroa, porque davam corpo à hierarquia social estamental. Por seu turno, as engrenagens do mercado pré-industrial estudado se confundiam com os rostos e os sobrenomes daqueles aparentados. Para isso, basta lembrar que o julgamento dos conflitos no porto do Rio de Janeiro estava nas mãos de duas gerações dos Martins de Brito, estes na condição de proprietários do juízo da alfândega. Quando as mercadorias e escravos saíam do porto em direção às artérias dos mercados regionais, passavam pela provedoria da Fazenda; leia-se, pelos olhos dos Sequeira Cordovil. O chão dessas artérias se confundia também a com estrutura fundiária controlada pela nobreza da terra: os Correia Vasques, os Gurgel do Amaral e os Azeredo Coutinho.

Daí não ser surpresa que os conflitos no mercado e assuntos da governança da república assumissem o formato de embates entre redes inimigas e aparentados adversários, como vimos ao longo do livro. O governador do Rio, Luís Vahia Monteiro, estava em campo oposto aos Correia de Sá e Benevides (Assecas); estes, porém, contavam com o apoio de Bartolomeu de Sequeira Cordovil na provedoria da Fazenda.

Em contrapartida, a família Sequeira Cordovil tinha a antipatia dos Azeredo Coutinho, desafetos dos Correia Vasques. Em 1739, Francisco Cordovil de Sequeira e Mello, queixava-se das acusações do escrivão da Câmara Julião Rangel de Souza Coutinho, dos Azeredo Coutinho. As disputas entre os Sequeira Cordovil e seus aliados com Julião Rangel de Souza seriam amenizadas em meados do século XVIII com o enfraquecimento do ramo dos Azeredo Coutinho ao qual pertenciam. Além disso, em 1748, com a morte de Julião Rangel de Souza Coutinho, Sua Majestade negou a mercê da continuidade do ofício de escrivão da Câmara para Miguel Rangel de Souza Coutinho, irmão mais novo do falecido. E então o rei colocou fim à influência de mais de um século dos Souza Coutinho sobre a Câmara municipal. Em 1751, o ofício foi concedido a André Martins de Brito como *dádiva* real; contudo, cabe sublinhar, tal dádiva rendeu à Coroa 40 mil cruzados, como *donativo* dado por João Martins de Brito, pai de André Martins de Brito, ao rei.[224]

Paralelamente, a partir do senhorio de engenhos de açúcar, os Martins de Brito ampliavam suas terras na cidade. Assim, em especial, o patriarca João Martins de Brito investiu seus ganhos do comércio na compra de ofícios régios estratégicos para o funcionamento econômico e político da república e na aquisição de terras. Repare-se que tais ganhos resultaram de sua atuação como consignatário e procurador de negociantes reinóis de grosso trato; ou seja, resultaram de fissuras em tais relações.

A trajetória dos Martins de Brito revela as opções de ascensão social de um comerciante no Antigo Regime nos trópicos. Essas opções, por seu turno, insinuam o predomínio daquela lógica da mesma sociedade na mente dos portugueses que escolheram permanecer na América lusa, ao invés de voltar para o Reino. Suas estratégias reforçaram o funcionamento de uma sociedade rural da Conquista, baseada em latifúndios e sustentada pela escravidão e por lavradores sem terras. Apesar das mudanças do século XVIII, como a redução dos financiamentos do Juízo dos Órfãos, a Lei do Açúcar de 1751, entre outras, o controle sobre a terra e sobre a população continuou definindo aquela sociedade rural.

No século XVIII, em razão do crescimento exponencial do comércio e da escravidão, um movimento anunciado nos Seiscentos adquiriria mais corpo: o pacto entre a nobreza da terra, os consignatários do capital mercantil reinol e a justiça distributiva do rei (mercê de ofícios, em particular). Os consignatários que permaneceram no Brasil estabeleceram alianças com a nobreza da terra, adquiriram ou criaram laços com oficiais régios. O resultado desse movimento foi a retroalimentação da sociedade rural, com sua concentração de terras e domínio sobre a vida da população. Domínio, fique claro, não "a partir da compra de força de trabalho como mercadoria", mas sobre a vida das pessoas, fossem escravas ou lavradores sem terras.

O fortalecimento da sociedade rural teve nas cidades sua cara-metade nas atividades rentistas. No Rio de Janeiro, como nas demais praças americanas, os prédios e imóveis para o comércio se multiplicaram e, com eles, a possibilidade de viver de suas rendas. Vários comerciantes, em meados do século XVIII, trilharam esse caminho. Fortunas adquiridas no comércio deixam de movimentar a produção e são petrificadas em fortunas rentistas, a exemplo de Lisboa, Porto e outras praças do Antigo Regime europeu. Aliás, muitos empresários reinóis que fizeram fortuna na América, não só retornaram ao Reino, como também abandonaram o comércio e se transformaram em rentistas. *Pari passu*, porém, nos dois lados do Atlântico, permanecia a tradição de doar riqueza ao além-túmulo e, nela, a doação de prédios urbanos adquire maior peso. Cabe sublinhar que entre as reformas pombalinas (1750-1777) surgiram medidas para reduzir as doações pias.

Algo a ser investigado ainda é o impacto do crescimento da urbanização das atividades mercantis na ampliação de um mercado de consumo de produtos de luxo, ou se preferirem, na aquisição de mercadorias que indicassem a superioridade hierárquica das elites sociais. Infelizmente, para as cidades, ainda não há estudos amplos sobre o assunto. Porém, indícios nos testamentos e inventários *post mortem* indicam que se tratava de uma sociedade rústica em seu consumo de vestuário e mobiliário. Cobertores e camisas permaneciam como bens valiosos.

Assim, talvez seja mais fácil mencionar a existência de um mercado de consumo popular, inclusive de escravos, do que um mercado de manufaturados para o deleite de negociantes de grosso trato, altos oficiais régios ou potentados rurais. A diferença de consumo entre tais grupos e os populares era a possibilidade de ter escravos para trazer copos d'água, geralmente feitos de barro. O *consumo como prestígio social* se traduzia mais no domínio de pessoas, como escravos domésticos, do que no uso de manufaturados.

Entre os Almeida Jordão havia empresários que optaram em converter os ganhos mercantis em prédios e aqueles que preferiram comprar terras. O primeiro caso foi de Inácio da Silva Medela, genro de Francisco de Almeida Jordão, que adquiriu diversas casas térreas e sobrados. Quando de sua morte, doou-os para o sobrenatural: as rendas dos imóveis deviam custear as obras pias da Santa Casa de Misericórdia. Seu sogro preferiu aplicar na compra de terras e lavouras, algo continuado por seu neto. Outro genro de Francisco de Almeida, o citado Salvador Viana da Rocha, cunhado de uma Gurgel do Amaral, igualmente comprou engenhos de açúcar. Os seus descendentes na década de 1770, provavelmente, estavam mais envolvidos com engenhos de açúcar e fazendas, rurais em geral, do que com o comércio.

Na segunda metade do século XVIII, o Rio de Janeiro, já principal praça do Atlântico Sul, viveu mudanças em seu mercado.

Isso em decorrência do definhamento das famílias e redes de aliança que até então controlavam os poderosos ofícios régios fazendários. Em 1761, Catarina Vaz Moreno, esposa do provedor da Fazenda, foi acusada de mandar seus escravos espancarem o capitão de um navio da carreira de Angola. Como resultado, Gomes Freire suspendeu o provedor de suas funções. Francisco Cordovil de Sequeira e Mello, anos depois, voltaria a seu cargo. Entretanto, em 1767, o conde da Cunha, então vice-rei do Brasil, pediu o afastamento de Francisco Cordovil do ofício e que seus filhos não o substituíssem porque, como o pai, eram "desprovidos da idoneidade". Provavelmente, até 1770, a rede de sustentação política de Francisco Cordovil conseguiu mantê-lo no cargo. Contudo, nesse ano, o vice-rei, o marquês de Lavradio, o enviou preso para o Reino. Dois anos depois, instalou-se a devassa sobre os procedimentos de Cordovil. Em 1783, seu filho Felipe Cordovil de Sequeira e Mello solicitou a mercê do ofício de provedor da Fazenda e teve como resposta a notícia de que o ofício fora incorporado à junta da Fazenda Real em razão dos descaminhos e falta de eficiência.[225]

Algo semelhante ocorreu com Antônio Martins Brito à frente do ofício de juiz da alfândega. Em 1787, ele escreveu ao rei protestando contra a devassa movida pelo vice-rei, Luís de Vasconcelos e Sousa, e que resultara em sua prisão. Em sua defesa, Brito alegou que a devassa resultava da inimizade com o vice-rei, com alguns comerciantes e com Luís Viana Gurgel do Amaral, ao qual fora prometido o ofício de escrivão da mesa da alfândega. Apesar dos protestos, a família Martins de Brito perdeu o ofício.[226]

Ao contrário dos Martins de Brito, outros consignatários do capital mercantil luso na América obtiveram mais sucesso ao investir em pactos com a nobreza da terra e permanecer mais tempo no comércio, em vez de priorizar os ofícios régios sujeitos aos humores das conjunturas políticas. Esse foi o caso de Antônio Ribeiro Avelar e demais parentes vindos de Portugal.

Avelar viera do Reino como caixeiro e se instalou na casa dos tios Ribeiro Gomes. Seu antepassado, capitão-mor Francisco Gomes Ribeiro, como visto, tinha terras no Caminho Novo e, desde 1680, era casado com uma Gurgel do Amaral. No Rio de Janeiro, em 1760, Avelar uniu-se ao comerciante Braz Gonçalves Portugal, arrematante dos dízimos da cidade sobre o qual pesava a acusação do uso da violência contra os moradores nas freguesias rurais. Essa acusação insinua a proximidade com os potentados rurais daquelas áreas, entre eles, os Gomes Ribeiro. Seja como for, Antônio Ribeiro Avelar, seus irmãos e o cunhado Antônio da Silva, sem abandonarem a lavoura, encabeçaram uma sociedade comercial que se estendia pelo centro-sul, envolvendo contratos régios como os couros de São Pedro do Rio Grande. Outro reinol que, na época, combinou o comércio com fazendas agrícolas foi Brás Carneiro Leão. Por volta de 1772, ele ingressou na família quinhentista dos Guarda Muniz, ramo dos Rangel de Souza, contribuindo para se tornar um dos empresários mais importantes da capitania em finais do século XVIII.

As escolhas de famílias da nobreza da terra e a dinâmica de uma praça comercial escravista e pré-capitalista

As trajetórias de comerciantes com pretensão de se fixarem na América e das famílias da nobreza da terra, nessa sociedade rural de Antigo Regime, muitas vezes se cruzavam. Esse foi o caso do capitão-mor José de Andrade Soutomaior, nobre da terra e parte dos Oliveira Braga, negociantes reinóis. O capitão-mor vendeu diversas fazendas e engenhos de açúcar para viabilizar o ingresso dos seus na nobreza reinol mediante dotes e núpcias de duas de suas filhas com moços fidalgos da Casa Real, celebradas em 1712 e 1724. Entre os compradores dos engenhos de José de Andrade Soutomaior estavam os Oliveira Durão, família de que fazia parte Antônio de Oliveira Durão, comerciante com negócios espalhados pelo Brasil, arrematante de contratos da Coroa e com sócios em Portugal.

Em seu testamento, de 1752, José de Andrade Soutomaior recomendou aos netos, filhos daqueles matrimônios, que se casassem entre si e constituíssem um morgado para perpetuar o nome da família. Foi isso que o neto, Gregório de Moraes Castro e Pimentel, tenente-coronel das tropas regulares e moço fidalgo da Casa Real, tentou realizar ao constituir um morgado em 1785, reunindo os bens do casamento com a sua prima. Os descendentes dos Oliveira Braga abandonaram o comércio e passaram a investir mais ainda no domínio de terras e homens.[227]

As opções do velho capitão-mor José de Andrade Soutomaior, além de ingresso na nobreza reinol, revelam sua sensibilidade em perceber as dificuldades da época para seu grupo social. Refiro-me à perda do crédito do Juízo dos Órfãos nos anos de 1730 e à Lei do Açúcar de 1751, entre outras. Vale lembrar que o morgadio garantia a sucessão de bens para um único herdeiro, evitando sua fragmentação, e protegia mais os bens de intempéries do mercado, como penhoras (ver capítulo anterior).

No século XVII, como afirmei no capítulo anterior, as famílias da nobreza da terra preferiam o sistema da herança partilhada ao vínculo, pois a herança partilhada permitia alianças com os vizinhos e, com elas, maior poder sobre a freguesia. Contudo, as crescentes dificuldades na segunda metade do século XVIII levaram algumas famílias da nobreza da terra a mudar de ideia e optar pela segurança do sistema vincular. Julião Rangel de Souza Coutinho, o já conhecido dono do ofício de escrivão da Câmara, por exemplo, registrou em seu testamento de 1747 que o vínculo garantiria o sustento tranquilo da família e, para tanto, indicava suas fazendas de criar gado. Na mesma época, outras famílias também conseguiram instituir morgados, como fez o futuro mestre de campo dos auxiliares João José de Barcelos Coutinho, senhor do morgado de Capivari, em

Campos dos Goytacases em 1754. José de Azeredo Coutinho de Macedo e seu filho José de Azeredo Coutinho e Melo também criaram um morgado dos Azeredo na freguesia de São Gonçalo. Além desses, foi criado o morgado de Maripicu, do desembargador João Pereira Azeredo Coutinho.[228]

Entre as famílias arruinadas, temos os Faleiro Homem e os Pacheco Calheiro. Ambas, apesar enriquecerem no *rush* do ouro, não conseguiram sobreviver à perda dos privilégios da nobreza da terra: redução dos empréstimos dados pelo Juízo dos Órfãos, fim da fixação do preço do açúcar na Câmara municipal etc.

Também houve famílias que desapareceram por não deixar sucessores ou por estes serem mestiços, filhos com escravas, embora reconhecidos como herdeiros legítimos. A sociedade hierarquizada não aceitava em seu topo os filhos da escravidão. Essa foi a situação de João Aires Maldonado, filho do mestre de campo dos auxiliares e cavaleiro da Ordem de Cristo Miguel Aires Maldonaldo. Enquanto o pai estava vivo, João Aires circulou na elite local, tornou-se capitão de ordenanças e vereador; porém, com a morte do pai em 1731, o cenário mudou. João Aires recebeu, com o irmão padre, o senhorio do engenho paterno, mas perdeu o posto de capitão; depois disso não encontrei mais notícias acerca dele. Os filhos naturais do mestre de campo dos auxiliares João Aires Aguirre com Pascoa Antunes também não ingressaram na elite da nobreza da terra; porém, eles tiveram a proteção do pai e de sua legítima esposa, Francisca Muniz. Com a morte do pai mestre de campo e a venda do engenho dele herdado, os ditos filhos naturais, pardos e forros despareceram dos Livros de Escrituras Públicas, ao menos, dos consultados.

A trajetória dos filhos mestiços do todo poderoso juiz da alfândega Manoel Correia Vasques, moço fidalgo da Casa Real, contudo, foi diferente. Na condição de viúvo desde 1715, Manoel Correia Vasques teve com Damasia Cordeiro, da Guiné, três filhos. O mais velho foi homônimo do pai e, no batismo em 1728, teve como padrinho o tenente-coronel João Aires Aguirre, anteriormente citado.[229] Nessa época, Manoel Correia estava no porto do Rio de Janeiro, que vivia uma guerra com os grandes arrematantes de contratos da Coroa. Após sua morte, os engenhos passaram aos filhos, encabeçados pelo capitão Manoel Correia Vasques, que, segundo as escrituras públicas, assumiu os negócios da parentela Correia Vasques no Caminho Novo. Em 1774, por exemplo, ele comprou a parte do Engenho da Cachoeira que pertencera ao avô, o mestre de campo das tropas do rei Martim Correa Vasques, das suas primas Guiomar de Santa Mônica Correia e Maria de Bonsucesso Correia. Com isso, conseguiu manter a integridade das terras de parentela da família, política que, aliás, já havia sido adotada por seu pai. Apesar do destaque do pai, dos tios e do avô na política da cidade, por alguma razão, o capitão Manoel Correia Vasques e seu irmão, José Correia Vasques, coronel das tropas regulares na Colônia de Sacramento, não tiveram a mesma projeção.[230]

Um caso que merece maiores estudos é a sobrevivência, até fins do século XVIII, das terras de parentela mantidas pelos filhos e netos do capitão Antônio de Azeredo Continho. Talvez tenha contribuído para isso a opção dos herdeiros desse capitão, ratificada em 1705, por deixar o engenho da família para o irmão Cosme de Azeredo Coutinho, conservando a terra de parentela da família e, ao mesmo tempo, mantendo a política de alianças matrimoniais com os seus vizinhos.[231] Outro fenômeno que deve ter contribuído para sua sobrevivência foi a proximidade dessas terras com as rotas comerciais do Caminho Novo, ligação entre o Rio de Janeiro e os diversos mercados do centro-sul. De qualquer forma, desses engenhos de açúcar e fazendas dos Azeredo Continho saíram diversos mestres de campo dos auxiliares, como Bernardo Soares Proença e seu sucessor Antônio Dias Delgado e, mais tarde, Miguel Antunes Ferreira e Bartolomeu Vahia Monteiro. Todos esses mestres de campo e/ou descendentes eram vizinhos aparentados e, portanto, constituíam uma imensa *terra de parentela*, pois suas fazendas eram contíguas.

Como mestres de campo e/ou seus aparentados, aquele ramo dos Azeredo Coutinho era composto por potentados rurais, com autoridade concedida pela Coroa para manter a ordem pública.

Outra área sobre a qual os Azeredo Coutinho tinham autoridade era a de Campos de Goytacazes, no norte fluminense. Lá vivia, na segunda metade do século XVIII, o mestre de campo dos auxiliares João José de Barcelos Coutinho. Ao longo do século XVIII, a região surgiu como a nova fronteira do açúcar ao passo que, no século anterior, sua paisagem agrária tinha sido composta por fazendas de criar e, portanto, produzia para o consumo interno. Por lá, progressivamente, as lavouras e os engenhos de açúcar se multiplicaram. Na última década dos Setecentos, Campos já tinha mais de 300 engenhos e surgia como um dos maiores produtores de açúcar do Brasil.

Entretanto, apesar dessa nova configuração rural, Campos de Goytacazes ainda supria de alimentos o Rio de Janeiro. Os grandes engenhos ainda possuíam rebanhos de vacas parideiras, indicativos da presença da pecuária. Além disso, segundo o mapa de população de 1785, 486 de 1.059 (46%) domicílios recenseados tinham como principal atividade a lavoura da mandioca. Quanto ao acesso à terra, prevalecia a contração fundiária: cerca de 64% dos 429 domicílios de lavradores de cana estavam em terras alheias; na produção de farinha, a porcentagem subia para 68% daqueles 486 fogos. Assim, a exemplo do que ocorria em outras áreas, a plantação da cana-de-açúcar valia-se de famílias de lavradores livres e sem terras. Da mesma forma, na região era mais fácil ser dono de escravo do que de terras: de um total de 1.489 fogos, 968 (65%) possuíam escravos, e os domicílios sem terras somavam 856 (57%).[232]

Ainda no tema acesso e transmissão de terras por parte da nobreza da terra, há o enigma dos Paes Ferreira (ver capítulo anterior), uma das primeiras famílias da nobreza da terra a possuir engenho de açúcar no século XVII. Porém, entre esse século e o seguinte, perderam fábricas de açúcar sem, contudo, afetar sua posição na hierarquia social. Tempos depois, mediante dotes, a família adquiria outro engenho de açúcar. No início do século XVIII, Francisco Paes Ferreira – homônimo do tataravô –, suponho que a partir de casamento com a prima, adquiriu uma fábrica de açúcar. Seus filhos, por sua vez, multiplicaram a quantidade de engenhos do pai; além disso, João Barbosa Sá Freire, por exemplo, chegou a mestre de campo dos auxiliares e nesse posto morreu em 1771. Nesse ínterim, a família incorporou o sobrenome Azeredo Coutinho. Em 1772, viúva e herdeiros do falecido mestre de campo tentaram manter a integridade das terras transferindo-a ao filho mais velho, Francisco Macedo Freire de Azeredo Coutinho. O procedimento não impediu que os bens fossem à hasta pública por dívidas; isso ocorreu apesar de a viúva ter apelado ao rei. Porém, em 1772, a Coroa concedeu a um dos genros a continuidade do posto de mestre de campo antes ocupado pelo sogro. O tal genro era Fernando José de Mascarenhas Castelo Branco, cavaleiro fidalgo da Casa Real. Com tudo isso, é de se supor que os Paes Ferreira compusessem uma teia parental de alianças de potentados vizinhos, podendo garantir à Coroa o exercício da autoridade do genro nas freguesias sob sua tutela. Deve também ter contribuído para a escolha de Fernando José de Mascarenhas Castelo Branco os seus serviços militares, prestados como sargento-mor das tropas regulares, e de seus antepassados paternos reinóis. Acompanhando esse movimento da família, temos as núpcias do cunhado Francisco Macedo Freire de Azeredo com a viúva de seu irmão, Maria Isabel da Visitação; garantindo acesso a terras, após a bancarrota da família. Maria Isabel era também filha do mestre de campo dos auxiliares, desde 1770, Miguel Antunes Ferreira, também membro dos Azeredo Coutinho. Mais adiante, o filho de Fernando José de Mascarenhas Castelo Branco e neto do falido João Barbosa Sá Freire, Inácio Manoel de Lemos Mascarenhas, capitão de fortaleza e cavaleiro fidalgo da Casa Real desde 1799, recebeu do tio paterno e bispo da cidade a doação de um engenho de açúcar na região em que sua família materna estava desde o século XVII.

Enfim, essas são apenas algumas das histórias sobre conquistadores quinhentistas que se tornaram a nobreza da terra. Há, ainda, muitos temas e desdobramentos a serem estudados a esse respeito. Fica o convite.

Sistema agrário e seus direitos costumeiros: a estrutura fundiária invisível e as bases do mandonismo local

Já descrevemos aqui e acolá situações de parentes de senhores de engenho povoando suas terras como lavradores de cana. Mais dois exemplos: o caso do capitão Marcos de Azeredo Coutinho, que possuía um partido de cana nas terras do sogro em 1671; e o de Joana Soberal que, no testamento de 1705, declarou ser lavradora de cana no Engenho São Bernardo de propriedade do genro do capitão Antônio Nunes do Amaral.

Além de relações desse tipo, outras povoavam o parentesco no território das moendas de açúcar, viabilizando o "sistema da Madeira" na América lusa. Algumas das posses de lavouras em engenhos alheios chegaram a ser registradas em cartório, tornando-as uma peça formal, mercantil; outras, não. Quiçá, neste caso, fossem estabelecidas informalmente, via clientela, por exemplo, com ex-escravos, forros e consanguíneos. De qualquer forma, umas e outras davam vida a engenhos como, por exemplo, o da Lagoa, pertencente ao capitão Rodrigo de Freitas, que no ano de 1718 era cultivado por 30 escravos, partidos de cana e cerca de 20 foreiros, dentre eles, alguns parentes e a maioria de não parentes. Já o Engenho Bangu, do moço fidalgo da Casa Real Gregório de Moraes Castro e Pimentel, em 1774, tinha mais de 100 escravos, sendo que mais da metade de suas colheitas provinha dos lavradores livres situados em suas terras.[233]

Sublinho a presença de tal estrutura fundiária invisível, não formalizada nos cartórios, mas que dava vida aos engenhos brasileiros, implantados no "sistema da Madeira". Mais do que isso, demonstro que a posse de terras por famílias de lavradores em domínios fundiários alheios, ou seja, nos engenhos de açúcar, adquiriu, com o tempo, a condição de *direito costumeiro* sobre as ditas terras, que podiam passar de geração a geração. Com essa transmissão geracional, a dita família de lavradores adquiria estabilidade nos senhorios alheios. Tal direito costumeiro, na verdade, referendava uma forma de acesso à terra, diferente da do domínio legalizado nos Ofícios de Notas.[234] Assim, nos engenhos de açúcar, podemos perceber lógicas sociais distintas: a dos senhores de engenho e a das famílias com direito costumeiro sobre as terras. Essas lógicas não necessariamente eram excludentes, pois o senhor da fábrica dependia das colheitas dessas famílias.

Adiante apresento essa estrutura fundiária invisível aos olhos do mercado. Ou seja, trato de relações com a *terra* estabelecidas por lavradores *sem terras* não registradas em cartório (neste só apareciam como pertencentes a um dado senhor de engenho), que as repassavam a seus filhos e netos. Em termos práticos, essas áreas eram passadas de uma geração a outra, na mesma família, segundo regras como as que regiam as heranças e os dotes dados às noivas, ou seja, eram relações fundiárias consuetudinárias que se traduziam em outros fenômenos da vida familiar. A repetição de tais relações sociais no tempo interferia na lógica do funcionamento do sistema agrário e, consequentemente, condicionavam a ação dos diferentes segmentos da sociedade.

O documento que dá a primeira pista da existência dessa estrutura fundiária são os mapas de população, comuns para algumas áreas do século XVIII. Tais fontes históricas trazem informações demográficas, sociais e econômicas a respeito dos domicílios ou *fogos* (fogo entendido como residência habitada por uma família, agregados e escravos) de uma dada região, em geral, uma freguesia. Os mapas continham (ou pelo menos deveriam conter) também informações sobre a forma de acesso à terra para cada domicílio: terras próprias, foreiras, partidos etc. Em seguida, na construção de tal paisagem agrária, identifiquei o chefe do domicílio nos registros paroquiais, especialmente nos de batismo, de modo a compreender quem eram seus familiares e principalmente os ascendentes e descentes das famílias presentes no mapa de população. Pesquisei esses documentos relativos a algumas freguesias da cidade do Rio de Janeiro referentes ao ano de 1797.[235] Considerando a freguesia açucareira de Campo Grande, cruzei por fim tais documentos de modo a identificar a *estrutura fundiária invisível*.

Em 1797, a freguesia de Campo Grande possuía 357 domicílios e, nela, prevalecia a *concentração fundiária*, como, aliás, era o esperado naquela sociedade rural. Trinta e nove chefes de domicílios possuíam terras próprias e os demais 318 (89%) viviam no território dos primeiros como lavradores sem terras. Nessa freguesia, como em outras, era mais fácil ser dono de pessoas, no caso escravos, do que de terras, tanto que em Campo Grande 232 domicílios (65% do total) possuíam cativos; entre os senhores de escravos chefes de domicílio havia forros, portanto, pessoas egressas do cativeiro; 29 chefes de famílias forras (32% dos 91 fogos de forros) tinham cativos.

Em contrapartida, quando consideramos o número de forros donos de terras o número cai para 3 ou 3,3% dos 91 domicílios chefiados pelo mesmo grupo. Provavelmente, grande parte dos chefes de domicílios devia morar nas áreas dos 12 engenhos de açúcar de Campo Grande, entre os quais dois já conhecidos, Bangu e Retiro, que, na época, pertenciam à viúva D. Ana de Castro, filha do moço fidalgo Gregório de Castro, já mencionado.

Destarte, permanecia a *concentração de terras*, marca do velho sistema agrário da nobreza quinhentista; porém, a titularidade da terra mudou de mãos. Em fins do século XVII, a paróquia era dominada por descendentes de conquistadores lusos da região e fundadores da cidade, na maioria apresadores de índios vindos de São Paulo. Na década de 1790, dos netos desses conquistadores apenas restava a viúva Ana de Castro, filha do antes mencionado moço fidalgo Gregório de Moraes Castro e Pimentel, e neta de José de Andrade Soutomaior. Nessa altura, os antigos engenhos da freguesia já pertenciam às famílias enriquecidas no *rush* do ouro, como os Antunes Suzano, donos de quatro fábricas de açúcar.

Em 1797, Campo Grande também mantinha outro traço da velha sociedade rural: a *concentração de escravos*. Todos aqueles domicílios totalizavam 1.928 escravos; deles, 898 (46%) pertenciam a donos de engenhos e seus parentes cabeças de outros fogos, somando 21 (5,9%) do total de domicílios.

A propriedade cativa estava distribuída em domicílios de diferentes *qualidades sociais*. Os *forros*, por exemplo, possuíam cerca de 4% da escravaria; 29 (32%) dos seus fogos tinham cativos. Os forros, com os 91 domicílios, correspondiam ao segundo grupo social com mais fogos no mapa. O grupo mais numeroso de chefes de fogos era formado por pessoas livres: chefes de 177 domicílios. Contudo, tal classificação pode ser enganosa, porque, com a passagem do tempo, muitos forros perdiam a informação da cor e qualquer nota que os identificasse com a mancha do cativeiro no mapa de população e nos registros de batismos. Daí a designação de tal grupo como *livre* deve ser vista com cuidado. Seja como for, tais chefes "livres" somavam 177 domicílios, ou seja, metade da população recenseada.

Ao lado dos chefes forros, dos livres (sem a informação da cor ou de mancha de cativeiro), temos um terceiro grupo, o dos donos de engenho e seus parentes, igualmente chefes de domicílios. Denominei esse grupo, genericamente, como *senhorial;* ele equivalia a 21 fogos (5,9% do total). Por último, temos 68 fogos (19% do total), cuja origem é a nobreza da terra, entendida como famílias *descendentes dos conquistadores* da cidade que, entretanto, na época já estavam em decadência.

Apresentadas tais informações sobre a qualidade social dos domicílios, podemos fazer uma segunda classificação quanto ao acesso à terra. Dos 357 domicílios da região, 39 (11%) estava em terras próprias; 85 (23,8%) dos fogos eram foreiros; 210 (56,7%) localizavam-se em partidos de cana; e a respeito de 23 (6,6%) não há informações.

O foreiro pagava ao dono da terra uma determinada quantia em moedas ou bens (colheitas ou animais) e não tinha a obrigação de fornecer-lhe cana-de-açúcar. Já a família com partido de cana era obrigada a plantar cana-de-açúcar, e parte dessa colheita ia para o senhor das terras.

Entre os domicílios em fazendas alheias, os forros tinham mais acesso a terras do que os lavradores livres sem terras. Dos 91 chefes libertos, 83 (91%) eram foreiros ou partidistas. Para os 117 livres, aquela porcentagem caía para 83,6%, ou seja, 148 fogos.

A paisagem agrária de Campo Grande adquire novas características, talvez mais precisas, quando partimos dos registros paroquiais para o mapa de população. Em outras palavras, quando procuramos as famílias presentes nos registos paroquiais de 1780 a 1799 no mapa de 1797. Para o período 1780 a 1799, localizei nos registros de batismo 438 famílias com filhos, fossem compostas por casais e ou mães solteiras. Portanto, um número superior de famílias aos 357 domicílios registrados no mapa de 1797; 81 famílias identificadas nos batizados não apareciam com domicílios no mapa de população. Uma primeira possibilidade para explicar a diferença entre o número de famílias dos registros paroquiais e o de domicílios é o fato de um domicílio poder abrigar mais de duas gerações da mesma parentela. Assim, no mapa, há casos do avô ou a avó surgir como chefe do fogo habitado por seus filhos e netos; um dado domicílio podia incluir mais de duas famílias dos registros paroquiais. Outra possibilidade é de que parte daquelas famílias que aparecem nos registros de batismo terem sido contabilizadas no mapa como *agregados* ou *dependentes* não consanguíneos do chefe do domicílio. Uma terceira possibilidade é a de o mapa de população ser simplesmente um sub-registro das famílias da freguesia.

Analiso agora 438 famílias mencionadas nos livros de batismos para ter informações mais precisas sobre a paisagem agrária da região e poder acompanhá-las no mapa e nos registros paroquiais com relação à passagem geracional; lembrando que o registro de batismo traz, frequentemente, informações sobre os avós e sua residência.

Daquelas 438 famílias, 208 (47,5%) possuíam domicílios no mapa de 1797. No caso, pouco importa se o domicílio estava em terras próprias ou não. Nos registros paroquiais entre 1780 e 1799, os forros correspondiam a 203 famílias; destas últimas, apenas 67 (33%) estavam em fogos no mapa de população de 1797. Portanto, mais de dois terços das famílias forras presentes nos livros de batismos não tinham acesso à terra conforme o seu cruzamento com o mapa de 1797. Os *livres*, nos registros de batismo, correspondiam a 152 famílias, no mapa apareciam em 70 domicílios, ou seja, 46% das famílias cujo chefe era livre tinham acesso a terras. Sessenta e cinco famílias pertenciam à *nobreza da terra* e 53 (81,5%) delas tinham terras. Todas as famílias de senhores de engenho e seus parentes, como era de se esperar, aparecem nos registros de batismo e no mapa de 1797.

Dos 357 domicílios do mapa, encontrei 109 (30,5%) casos nos quais os antepassados do chefe residiam na mesma freguesia e na mesma localidade antes de 1760. Esse foi um fenômeno experimentado, principalmente, pela nobreza da terra. Em 1797, dos 68 chefes de domicílios do grupo, 48 (70,5%) residiam na área há décadas – porcentagem bem acima da encontrada para os demais grupos sociais. Isso informa que, nas primeiras décadas do Setecentos, vários daqueles chefes da nobreza foram donos dos engenhos e das terras. Situação bem diferente da de finais do século, pois permaneciam na região, porém, não mais como donos, mas como foreiros e partidistas em terras alheias. Desse modo, em primeiro lugar, estamos diante do definhamento da nobreza da terra na região; ou seja, constatamos a perda da sua titularidade fundiária na freguesia. Em segundo lugar, apesar da perda de titularidade, parte daquelas famílias de nobres mantinham as condições políticas e sociais para permanecerem em terras que haviam sido suas. Essa situação delineia práticas costumeiras fundiárias nomeadas no início desse tópico como *estrutura fundiária invisível*.

Principalmente no capítulo anterior, mencionei a possibilidade de integrantes da nobreza da terra manterem lavouras em engenhos de açúcar cuja titularidade não lhes pertencia, mas sim a seus parentes. Vimos, ainda, situações em que membros da nobreza da terra vendem engenhos para compradores e novos senhores que reconhecem o domínio dos parentes dos vendedores sobre plantações e casas preexistentes no engenho. Ao que parece, foi a experiência dos filhos e netos do capitão Manoel Pacheco Calheiros, antigo senhor do Engenho do Cabuçu e descendente de André Leão, apresador de índios nos Quinhentos. Desde, ao menos, a década de 1740, os herdeiros do dito capitão começaram a fragmentar as terras do engenho e a vendê-las a diversos sujeitos; no mapa de 1797, suas terras estavam divididas entre os capitães José Antunes Suzano e José Cardoso dos Santos. Pois bem, nessas terras, na localidade das Capoeiras, a nora do falecido Manoel Pacheco Calheiros residia no domicílio identificado como 332, em partido de cana sendo proprietária de quatro escravos. Tratava-se de Clara Pimenta de Oliveira. Ela tinha por vizinhos seu filho, Manoel de Oliveira Coutinho, lavrador de partido de cana no número 331 (com 17 escravos), e Rosaura Maria de Oliveira, que vivia com seu esposo Antônio Rodrigues da Mota no partido de cana domicílio 333 (com 6 cativos). Enfim, nora e netos continuavam residindo nas terras do velho Pacheco Calheiros.

Por seu turno, a prática costumeira do acesso a terras de outrem não consistia em privilégio de famílias da nobreza da terra, especialmente em tempos de sua decadência. A mesma cultura política era usada por outros grupos sociais, inclusive os forros. Em outras palavras, alguns de seus antigos escravos, uma vez alforriados, também partilhavam tal "privilégio". Das 91 famílias de forros anotadas em 1797, 30 residiam na mesma área desde antes de 1760. Isso significa que mais de duas gerações compartilharam relações de vizinhança e de dependência com os *novos* senhores das terras. Ao mesmo tempo, os números podem sugerir a possibilidade de esses forros terem sido escravos da antiga nobreza da terra. Portanto, algumas dessas famílias de forros e suas redes de amizades atravessaram diferentes épocas na mesma região: no início do século XVIII eles eram escravos e no seu final lavradores forros com acesso à terra.

Esse foi, por exemplo, o caso de Jeronimo Correia, forro, de 36 anos, chefe do domicílio número 135, e de Dorothea Maria, 30 anos, domiciliada no número 101, ambos do Tingui e sem escravos em seus fogos. Os dois, além de foreiros e vizinhos, eram netos de José de Barcelos, forro pardo e marido da forra Ana Freire, moradora naquela área em 1737, então pertencente ao capitão João Freire Alemão, dono do Engenho do Guandú. Conforme os registros de batismo, Ana Freire era irmã do senhor do engenho e filha do capitão Manoel Freire Alemão com a escrava Damásia. O Engenho do Guandú foi retalhado e, provavelmente, os forros Jeronimo Correia e Dorothea Maria residiam nas terras dos mencionados Cardoso dos Santos em 1797. Portanto, os descendentes do forro José de Barcelos se mantiveram naquelas redondezas por 60 anos, apesar da mudança de titularidade das áreas nas quais viviam.

Outro exemplo é dado pelo casal de forros João Damasceno e Emerenciana Verônica, respectivamente filho e nora de Estevão Gonçalves, forro pardo. No batizado de seu filho José, em 30 de março de 1786, o casal declarava residir na localidade de Viegas; no mapa de 1797 aparecem no fogo de número sete da dita localidade de Viegas. As histórias dele e de seu neto João Damasceno informam o traço do sistema agrário já anunciado: a existência de práticas costumeiras que garantiam a passagem da posse de terras de uma geração a outra, independentemente da mudança de titularidade formal da terra. Estevão viveu nas terras do Engenho Viegas quando era de propriedade de Francisco Teles de Barreto; Estevão viu o engenho passar por vários donos até chegar a Jerônimo Pinto Ribeiro.

Vale insistir na hipótese da existência uma tradição agrária na região que garantia a estabilidade do acesso à terra às famílias e consequentemente na possibilidade de elas transmitirem seu uso para sua descendência. Na realidade, essa hipótese é um exercício lógico das evidências empíricas, considerando a coincidência de residência, na mesma família, mas em gerações diferentes, nos registros paroquiais anteriores a 1760 e no mapa de 1797. Essa coincidência sugere que os antepassados dos chefes de domicílio à época viveram há tempos na mesma localidade e redondezas do dito fogo; às vezes, por quase um século. Esse uso contínuo de terras dos engenhos por sucessivas gerações da mesma família, obviamente, resultava de acordos entre o dono dos engenhos e os lavradores sem terra. A repetição dessa situação teria criado uma tradição rural e, com isso, normas costumeiras de acesso à terra: uma *estrutura fundiária invisível* aos olhos da formalidade dos livros dos cartórios públicos de Ofícios de Notas. Essa estrutura invisível, com suas normas costumeiras de transmissão de terras, é um dos traços do *sistema agrário da nobreza da terra* criado no século XVII.

Provavelmente, a prática desses lavradores estabelecerem relações de parentesco, via casamentos e compadrio, com seus vizinhos tenha criado laços de solidariedade entre suas famílias. Solidariedades que, por seu turno, ajudaram na estabilidade de acesso à terra à margem da formalidade do mercado. Uma hipótese a ser testada é a de que a mudança de titularidade dos engenhos ocorria num ambiente de redes de solidariedade (parental e de vizinhança) costuradas entre os lavradores sem terras, que produziam, em tese, possibilidades de pressionar os senhores de engenho recém-chegados na freguesia para que pudessem permanecer no local. Confirmada tal hipótese, temos o fenômeno de normas costumeiras criadas pelos lavradores sem terras interferindo na lógica daquele sistema agrário.

Indo mais a frente, essa *estrutura fundiária invisível* talvez tenha criado um *sistema de transmissão de patrimônio entre gerações de lavradores sem terra*. Felisberto de Souza, pardo e forro, morava no número 155 do mapa, em Santo Antônio, Campo Grande, sem pagamento de foro e sem escravos. Próximo a ele, em Santo Antônio, no fogo 161, residia a forra e parda Geralda de Santa Ana, foreira e sem cativos. Além de serem vizinhos, Geralda de Santa Ana era sogra de Felisberto. Essa vizinhança sugere que Felisberto teve como dote de casamento o acesso à terra; apesar de sua sogra não ser senhora dela. Em 21 de abril de 1796, Geralda de Santa Ana reaparece registrada como avó materna da pequena Rosa, filha de Luísa Rosa e Tomás Ferreira Travassos, pardo e forro, também vizinhos da dita avó, foreiros sem escravos no fogo 156 de Santo Antônio. Tais laços de vizinhança e parentesco ocorriam em terras cuja titularidade mudara ao longo do século.

Mesmo considerando a pressão de normas costumeiras, ainda cabe indagar qual a razão de os novos senhores acordarem acerca da permanência de antigas famílias de foreiros e partidistas nas áreas por eles adquiridas. E por que permitiam que tais famílias transmitissem os ditos domicílios a seus filhos e genros? Caso tais situações sejam confirmadas, uma explicação possível é *o interesse na produção de dependências pessoais*.

A percepção do interesse de vários senhores de terras em produzir relações de dependência fica mais forte no caso de os forros permanecerem no engenho de seus ex-donos como foreiros ou partidistas. Esse foi o caso vivido pela escrava Praxedes e família no Engenho da Capoeira, cuja dona era Ana Maria de Jesus. No registro de batismo de seu neto, o pequeno Manoel, em 21 de fevereiro de 1785 constava que sua avó materna Praxedes Maria de Jesus fora escrava de Ana Maria de Jesus, senhora do Engenho das Capoeiras. Conforme o mapa de 1797, o pai de

Manoel, portanto, genro de Praxedes, o pardo e forro Sebastião Rodrigues da Paixão, tinha um partido de cana e dois escravos no mesmo engenho. Assim, Praxedes deveria seguir a lógica social católica em vigor: ser grata a D. Ana pela alforria e pelo acesso à terra permitido a ela e sua família.

As possibilidades de ascensão social de escravos – por meio de alforria, acesso à terra e posse de escravos – aumentavam nos casos de o sujeito exercer um ofício mecânico, como carpinteiro e ferreiro, e nas situações de parentesco consanguíneo com os potentados rurais. Um exemplo observado no mapa de Campo Grande é o do casal Gonçalo de Matos, forro e ferreiro, e sua esposa Luísa de Melo. Ao longo de décadas, eles conseguiram reunir recursos para comprar um sítio e abrigar seus filhos e, depois, netos. Dois de seus filhos e mais um neto, além de possuírem escravos, eram os únicos forros com terras próprias em 1797, apesar de elas serem litigiosas, ou seja, o domínio sobre tais áreas estar sendo contestado. Talvez o recurso de relações clientelares, no caso compadrio, com as famílias da nobreza da terra nos anos de 1740, e, ao mesmo tempo, as contínuas alianças matrimoniais e de compadrio com outros pardos tenham contribuído para sua promoção social.

As *relações paternalistas* enunciadas, entretanto, não se restringiam aos forros. Eram compartilhadas pelos livres. Tudo isso fica demonstrado pelo cruzamento dos dados dos registros de batismo com o mapa. Como vimos, em 1797, famílias livres correspondiam a 177 domicílios; destas, encontrei apenas 20 (11,3%) nos registros de antes de 1760. Por esses números, infere-se que eram recém-chegadas à paróquia. Daí, talvez, o seu acesso à terra fosse majoritariamente mediante partidos de cana, situação mais desfavorável do que a do foro. Seja como for, conforme deduzimos pelos registros de batismo, eram as famílias livres que tiveram mais chances, entre 1780 e 1799, de ter acesso a terras. Nos registros de batismo do período, os considerados livres somaram 152 famílias, destas 70 (46%) possuíam domicílios em 1797. Para os forros, a situação era bem diferente. No mesmo período, libertos correspondiam a 203 famílias e somente 67 (33%) apareciam nos fogos. Portanto, fica claro que, apesar de recém-chegados, os *livres* tinham mais chances de formar lavouras do que os *libertos*, muitos há gerações na mesma paróquia.

Nos registros de batismos, o número de mães solitárias libertas era bem maior do que o de mães livres; as mães solitárias, forras e livres, provavelmente, apareciam mais como *agregadas* a um domicílio do que como seus *chefes*. Por seu turno, isso sugere que as relações mantidas pelos livres com os novos donos das terras eram melhores do que as dos egressos do cativeiro. Aqui também a hierarquia social da *sociedade ideal* católica mostrava suas normas.

Essa observação adquire maior consistência quando reparamos que os senhores de engenho de 1799 eram, com maior frequência, padrinhos de crianças livres do que de filhos de pais libertos. Na verdade, isso não era muita novidade na vida cultural da freguesia. Sempre foi assim. No início do século XVII, a nobreza da terra era, com mais frequência, compadre de famílias livres do que de forras. A novidade de fins do século XVIII, contudo, é a de os senhores de engenho apadrinharem vários filhos da mesma família de livres. Bernardino José de Souza e Francisca Clara de Almeida, domiciliados no Mato da Paciência, foreiros, moradores número 185, tiveram cinco filhos: três foram afilhados do senhor de engenho, o capitão José Antunes Suzano; seu irmão, o alferes Manoel Antunes Suzano, apadrinhou o quarto filho do casal. Assim, via *parentesco espiritual*, Bernardo e sua esposa refirmaram diversas vezes os vínculos com os donos da terra em que viviam. Esse caso se encaixa no padrão relativo aos livres sem terra, ou seja: eles almejavam e conseguiam a proteção dos *novos* potentados da terra. Estabelecer a mesma *relação de clientela*, na época, era difícil aos forros.

Vale lembrar que a dependência política de um mandatário implica a expectativa de receber em troca assistência e proteção;

assim, almejada por diferentes grupos. Nessa época, portanto, a *dependência pessoal* era *desejada*.

O ESPRAIAMENTO DA SOCIEDADE CATÓLICA PERFEITA DO PIAUÍ AO CHUÍ: A FORMAÇÃO DE UMA CADEIA DE ÁREAS PRODUTORAS E DE MERCADOS REGIONAIS AO LONGO DO SÉCULO XVIII

O século XVIII presenciou, a partir do *achamento* das minas de ouro e o consequente deslocamento de gentes, a constituição de várias áreas produtoras e de mercados regionais, de norte a sul da América lusa, voltados ao abastecimento daquelas minas, e conectados entre si. Assim, foi possível ver ligações e trocas comerciais entre as minas de Goiás e o extremo sul da América lusa. Por seu turno, o norte de Goiás e as Minas Gerais estavam ligados a caminhos fluviais e/ou terrestres com o sertão da Bahia, das capitanias do norte do Estado do Brasil e o Estado do Maranhão e Grão-Pará. Por essas rotas, passavam diferentes gados (porcadas, muares e equinos) e produtos agrícolas (farinha, feijão etc.). Essa miríade de caminhos estava estreitamente ligada às praças de Recife, Salvador da Bahia e Rio de Janeiro. Pelos portos destas cidades passavam escravos africanos e produtos da Europa e do Estado da Índia.

Neste instante é bom relembrar que as minas resultaram de negociações, muitas vezes tensas, entre a Coroa e os potentados das antigas repúblicas americanas do século XVII. Mais ainda, que o ordenamento político e econômico daquelas áreas mineiras foi marcado pelo embate entre potentados rurais. Com isso, sublinho que as comunidades políticas baseadas nessas áreas produtoras e mercados regionais multiplicados ao longo do século XVIII estavam longe de ser "reflexos da vontade de um capitalismo mundial todo poderoso", de um *deus ex machina*. Na verdade, naquelas comunidades temos, grosso modo, a montagem de uma *sociedade perfeita* segundo os princípios, naquela altura, ainda em voga, do Antigo Regime católico. Eram comunidades construídas tendo como ideal o estabelecimento de uma hierarquia social ciosa de suas diferenças, na qual terras e homens estavam sob mando de potentados locais. Considerando tal princípio político e social, a base econômica dessas áreas, dependendo da dinâmica local, podia ser a escravidão, o trabalho familiar com o recurso, ou não, de escravos, além de outras formas de trabalho compulsório como a *peonagem* dos campos gaúchos. Como hipótese a ser desenvolvida: naqueles territórios, o trabalhador podia até receber um salário, contudo, estava longe de controlar sua vida, pois sobre ela interferiam os mandatários locais.

Por fim, todos esses movimentos foram possíveis, em parte, pela aplicação dos metais dos *achamentos* na própria América lusa. Em princípios do século XIX, com a mineração já definhada, aquela malha de produções e mercados regionais possuía, em diferentes graus, interações capazes de realizar acumulações endógenas. No âmbito dessa *acumulação interna*, temos o comércio atlântico de escravos alimentado pelos panos da Índia – ambas as atividades realizadas nas fronteiras da Monarquia pluricontinental lusa. Talvez, um dos bons exemplos da economia e sociedade formadas nos Setecentos, no centro da imensa América lusa, seja Minas Gerais, que continuou a ser a principal área escravista do Brasil, apesar do declínio da mineração. Sua base continuava a ser a escravidão; contudo, movida por pequenos senhores com até quatro almas, voltados para o abastecimento interno. Por conseguinte, identificar o Brasil do século XIX com a "escravidão de grandes *plantations* voltadas para o mercado internacional" ou, como hoje está em moda, como "segunda escravidão", seja talvez uma ilusão historiográfica.

As Minas Gerais dos metais, mas também da farinha de mandioca e das porcadas

O *achamento* do ouro, especialmente de aluvião, significou de imediato um imenso afluxo de gentes, não só das capitanias vizinhas, mas principalmente de fora da América lusa. Estima-se que, do Reino, ao longo do século XVIII, saíram mais de cinco mil pessoas. Acredita-se que, entre 1698 e 1717, foram trazidos anualmente ao território das Minas cerca 2.600 escravos. De 1717 a 1723, essa cifra anual pulou para 3.500 ou 4.000 pessoas. Entre 1723 e 1735, a entrada de cativos subiu para mais de 5.700, podendo alcançar a cifra de 6.000 pessoas.[236]

Essas multidões, organizadas pela escravidão, se instalaram, inicialmente, no sertão de Cataguases, nos povoados de Ribeirão do Carmo (atual Mariana) e de Ouro Preto. Mais adiante, se dirigiram para a região de Sabará, São João del Rey, Caeté, Serro e Pitangui. Nessas áreas, surgiram, ao lado das datas auríferas, aglomerados urbanos, quase sempre desordenados e desprovidos de lavouras e de pecuárias para seu abastecimento.

Diante disso, o previsível ocorreu: a repetição de grandes fomes, primeiro em 1697 e 1698, e novamente em 1701 e 1702. Na sequência, a falta de alimentos começou a ser amenizada pelo desenvolvimento de sítios e fazendas ligados a lavouras e à pecuária, especialmente porcadas. Essas unidades, quase sempre, estavam baseadas em pequenos contingentes de escravos e, não raro, combinavam com o trabalho familiar de seus senhores. Aos poucos, também se formou um conjunto de rotas de abastecimento unindo diferentes áreas produtoras e mercados regionais disseminados pela América lusa e com extensões no Atlântico através, principalmente, de Salvador e do Rio de Janeiro. Em meados do século XVIII, as regiões mineradoras já estavam completamente integradas às feiras de escravos dos sertões de Angola e Benguela, assim como ao comércio do Oceano Índico.

Nas diversas comarcas de Minas, formaram-se verdadeiros complexos agropecuários voltados para o fornecimento de alimentos às datas de mineração. Havia lavouras de alimento e criações de gado de diferentes tamanhos, mas com o predomínio da pequena posse de escravos. Em meio a esses complexos, a consolidação de vilas como a de São João del Rey, com o papel de mercado regional responsável pela distribuição e reexportação de produtos.

Na comarca do Rio das Mortes, na qual prevalecia a cidade de São João del Rey, conforme indicam os inventários *post-mortem* referentes ao período entre 1750 e 1779, mais de 60% das unidades produtivas estavam voltadas à agropecuária; leia-se, para o abastecimento interno da capitania. Na mesma época e de acordo com as mesmas fontes, na comarca de Vila Rica, tradicional área de mineração, o número de unidades ligadas à agropecuária caía para 11% e, nestas, mais de 43% unidades combinavam mineração, lavoura e/ou pecuária – as chamadas "fazendas mistas" – e 17% se dedicavam apenas à mineração.[237] Com o tempo, no interior da capitania, vemos o incremento de uma divisão regional do trabalho e a constituição de mercados e áreas produtoras para o abastecimento interno. Com o definhamento da mineração, na passagem do século XVIII para o XIX, esses complexos ligados ao abastecimento se voltariam também para suprir a necessidades de consumo de outras regiões, como o Rio de Janeiro.

A sociedade e a economia em Minas Gerais, depois Mato Grosso e Goiás, foram organizadas conforme o modelo conhecido em outras partes da América lusa. Qual seja, partiu-se do modelo vivido pelos potentados, com parentelas e escravos, ou seja, a ideia de que a sociedade para funcionar devia ser hierarquizada e desigual, conforme a tratadística da escolástica e, especialmente, da experiência das regiões mais antigas da América lusa. Isso foi possível pelo domínio sobre a terra e homens, especialmente via escravidão.

Muitos potentados eram fruto da *nobreza da terra* que saiu de São Paulo, Bahia e Rio de Janeiro e tinham o aval da Coroa, mais precisamente cartas-patente de capitão-mor emitidas por Sua Majestade que lhes conferiam prerrogativas do mando político, militar e da justiça sobre as populações. Entre esses potentados, temos os paulistas – os Paes Leme, os Horta, os Camargo –, os provenientes do Rio de Janeiro – como os Amaral Gurgel e os Azeredo Coutinho –, os aliados dos Guedes Pinto da Bahia; todos, ou quase todos, já mencionados. Incialmente, a figura-chave na administração foi o guarda-mor, existente em cada região aurífera descoberta de acordo com o número de escravos. A Gaspar Rodrigues coube o ofício de guarda-mor das Minas Gerais.

Em outra parte desse capítulo sublinhei que a presença do guarda-mor não implicou a subordinação automática dos potentados à sua autoridade. Na verdade, ao longo das primeiras décadas das Minas, houve conflitos entre potentados; inclusive, a autoridade dos guardas-mores só era possível por estarem inseridos em redes clientelares e possuírem escravos armados e índios flecheiros. Como afirmei acima, em fins da década de 1710 com a criação da capitania de São Paulo e Minas do Ouro sob mando de Antônio de Albuquerque Coelho de Carvalho, a Coroa tomou pé na administração das Minas Gerais com a divisão do território em comarcas e a criação de ouvidorias.

A capitania de São Paulo e o abastecimento das minas do centro-oeste

Segmentos das parentelas da nobreza da terra paulista e da população em geral, como lembrei diversas vezes, migraram para as minas de Cataguases. Entretanto, outros segmentos daquela nobreza e dos moradores de São Paulo permaneceram na capitania e ali desenvolveram a agricultura, pecuária e atividades comerciais ligadas aos mercados que surgem ao longo do século

XVIII nas áreas de mineração e em outras da América lusa. Nesse sentido, a vila de São Paulo, no decorrer dos Setecentos, continuou desempenhando o papel, iniciado nos Seiscentos, de articuladora de rotas comerciais das vilas do interior com as praças do Rio de Janeiro e Salvador, agora acrescido com o de envio de mercadorias para Minas Gerais, Mato Grosso e Goiás. Por essas atividades de abastecimento, a elite paulista viu suas fortunas e seu mando político multiplicados.[238]

Para amealhar riqueza e poder, tal elite, em muito aparentada, se valeu de expedientes conhecidos em outras partes da Monarquia lusa: os contratos de impostos, os ofícios régios e o Juízo dos Órfãos. Pedro Tasques de Almeida, por exemplo, além dos ofícios da Coroa, na década de 1710, ampliou suas terras em São Paulo e em Curitiba para abrigar currais de gado e fazendas. Tamanha era a fortuna da sua família que seu filho, José Góis e Moraes, naquela década e como vimos, concorreu com Francisco de Almeida Jordão pela compra da capitania de São Paulo, posta à venda pelo marquês de Cascaes. Por seu turno, os arrematadores de contratos de impostos, como o das bebidas, de vinhos e de aguardentes, tinham a possibilidade de interferir no comércio dos ditos produtos. Os citados arrematadores eram, em geral, também comerciantes dos produtos dos quais cobravam impostos. Assim, eles podiam estar na cômoda situação de comerciantes e cobradores de impostos.

A capitania de São Paulo, ao longo do século XVIII, vivenciou a construção de longos caminhos e, com eles, registros de passagem de gados vindos do "continente" (palavra que na época também indicava grande extensão de terras) de São Pedro do Rio Grande do Sul. Algumas das vilas nas quais estavam fincados os registros de pedágio transformaram-se em mercados regionais de gado, com fazendas de invernar, armazéns, lavouras e lojas para acolher os tropeiros. Esse foi o caso de Sorocaba: vila formada a partir do apresamento de índios e da descoberta do ouro de Cuiabá, cujos ganhos foram investidos nas atividades de entreposto de muares e equinos; portanto, no comércio de passagem de produtos e gentes. Assim, a capitania de São Paulo ligava o extremo sul da América lusa ao centro-oeste.[239]

As incursões à região atualmente formada por Santa Catarina e Rio Grande do Sul começaram em fins século XVII e em especial com a instalação da vila de Laguna por paulistas. Por este povoado, eram feitos apresamentos e comércio tanto de índios como de gado selvagem. Com o achamento do ouro e a necessidade de abastecimento dessas áreas, a Coroa implementou projetos de criação de caminhos entre os campos ao sul do sertão de São de Paulo com as minas do centro-oeste, inclusive Goiás. Destarte, desde, pelo menos, a época de Rodrigo Cesar de Meneses (1721-1727) como governador de São Paulo, Lisboa cogitava estabelecer um Caminho de Tropas que chegasse ao extremo sul do continente do Rio Grande de São Pedro. No governo paulista seguinte, de Antônio da Silva Caldeira Pimentel (1727-1732), o sargento-mor Francisco de Souza e Faria foi enviado a Laguna para providenciar expedições com aquele intuito. Após negociações com os mandatários locais e o auxílio vindo da Colônia de Sacramento (criada desde 1680, ver capítulo anterior), por volta de 1730, completou-se o caminho terrestre entre Sacramento e Laguna, de lá em direção a Curitiba e, depois, até os territórios das minas.[240]

A consolidação da *sociedade perfeita* nos trópicos 289

Mapa 7 – Mapa das Monções de Cuiabá

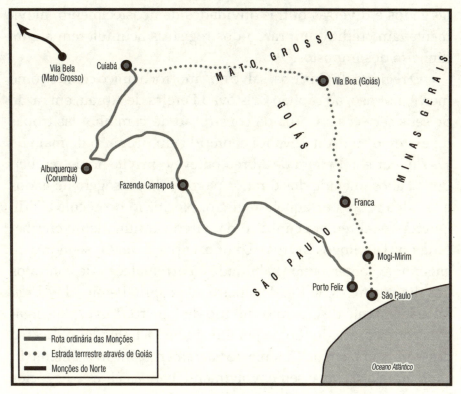

As Monções de Cuiabá consistiam em atividades comerciais de abastecimento de escravos e gêneros nas áreas de mineração Vila Boa e de Cuiabá. A menção no mapa dos atuais estados de São Paulo, de Mato Grosso do Sul, de Mato Grosso e de Goiás visa apenas facilitar a identificação do percurso da citada rota comercial.

Ao longo do caminho de tropas de muares e equinos, entre outros gados, constituíam-se povoamentos como o de Viamão e de Lages, cujas atividades econômicas derivavam desse comércio. Conforme mencionei, as estradas estavam pontilhadas de *registros* da Coroa e neles eram cobradas taxas pela Fazenda Real. Esses registros estavam sob o cuidado de oficiais da Coroa ou arrematados como contratos. A exemplo de Sorocaba, vilas como a de Curitiba e Viamão surgiram como entrepostos regionais baseados na pecuária. Tais vilas, além de contarem com fazendas de gados e diversas outras atividades de abastecimento, movimentavam créditos em razão dos registros acumularem algum dinheiro dos impostos.

O registro de Curitiba, salvo engano, foi o único cedido como mercê, no caso, ao capitão Cristóvão Pereira de Abreu, em razão de seus serviços à Coroa na construção do caminho das tropas do extremo sul. A dádiva foi conferida em primeiro de maio de 1747 e, por ela, Pereira de Abreu obteve o privilégio de receber, por 12 anos, metade dos direitos pagos pela passagem de gados e cavalgaduras por aquele registro. No início do século XVIII, Pereira de Abreu era cunhado da parentela fluminense encabeçada por Domingos Muros e composta por diversos senhores de engenho e comerciantes habituados à arrematação de contratos dos dízimos reais no Rio de Janeiro. O próprio Pereira de Abreu foi arrematante de contratos no Rio de Janeiro. Talvez, tais ligações com a praça do Rio de Janeiro ajudem a entender o sucesso desse personagem na Colônia de Sacramento, intrinsicamente ligado àquela praça, e seu envolvimento com as elites e negócios locais, inclusive com o de couro.[241]

A organização política do continente do Rio Grande de São Pedro apresenta certa particularidade diante de outras áreas da América lusa. O vasto território compreendido pelo continente não teve como eixo a constituição de municípios ou repúblicas, mas sim coube aos potentados rurais e suas redes clientelares a organização da sociedade perfeita, com sua hierarquia centrada no domínio de terras e de homens. Isso foi feito mediante ofícios, especialmente militares, concedidos aos mandatários. Portanto, a autoridade dos mandatários locais ao ser referendada pela concessão de ofícios régios sugere negociações ou comunicações políticas entre tais potentados e Lisboa. O sistema político no qual os mandatários locais surgiam como personagens-chave foi construído num vastíssimo território na fronteira de uma monarquia adversária, a espanhola, e povoado de organizações sociais indígenas, mestiças e reinóis. Portanto, tal sistema político, cujo modelo era a sociedade hierarquizada, só foi possível por finas negociações entre seus sujeitos: pactos entre famílias, relações clientelares etc. Aliás, cabe lembrar que uma daquelas famílias de potentados, os Brito Bandeira, tinha mestiços na sua liderança. Por duas gerações, integrantes das famílias se casaram com filhas de lideranças indígenas locais.[242]

* * *

Nos povoados de Itu e de Araritaguaba (depois Porto Feliz) desenvolveu-se uma poderosa rota comercial terrestre e principalmente fluvial conhecida por Rota das Monções, que alcançava as minas de Mato Grosso e Goiás. As expedições fluviais com origem em Araritaguaba navegavam pelo Tietê, pela rede de afluentes do Paraná e Paraguai até Cuiabá, em viagens de até cinco meses. Tais viagens ocorriam nos períodos de cheia dos rios em que os barcos transportavam desde escravos africanos, mantimentos básicos até produtos de luxo como sal e fazendas.[243]

As expedições eram também conhecidas como *frotas* e podiam chegar a reunir de 300 a 400 canoas. Visavam abastecer Vila Bela no Mato Grosso; e Vila Boa, em Goiás. Essas viagens só eram possíveis em razão de seus personagens serem alimentados por produtos de lavouras, como mandioca e feijão, e outras atividades de abastecimento desenvolvidas em povoados paulistas. Assim, vilas como Itu transformaram-se em mais um centro comercial de São Paulo. Os comerciantes ituanos estavam ligados a cadeias mercantis cujo cenário era a Monarquia pluricontinental. Em Itu encontramos alguns dos consignatários de negociantes reinóis de grosso trato, já mencionados, como Francisco Pinheiro, que no Rio de Janeiro teve como representante, em 1744, Paulo Pinto de Faria, dos Almeida Jordão, em razão de seus contatos nas vilas ligadas pela Rota das Monções.

Mapa 8 – Rotas do sul da América lusa (século XVIII)

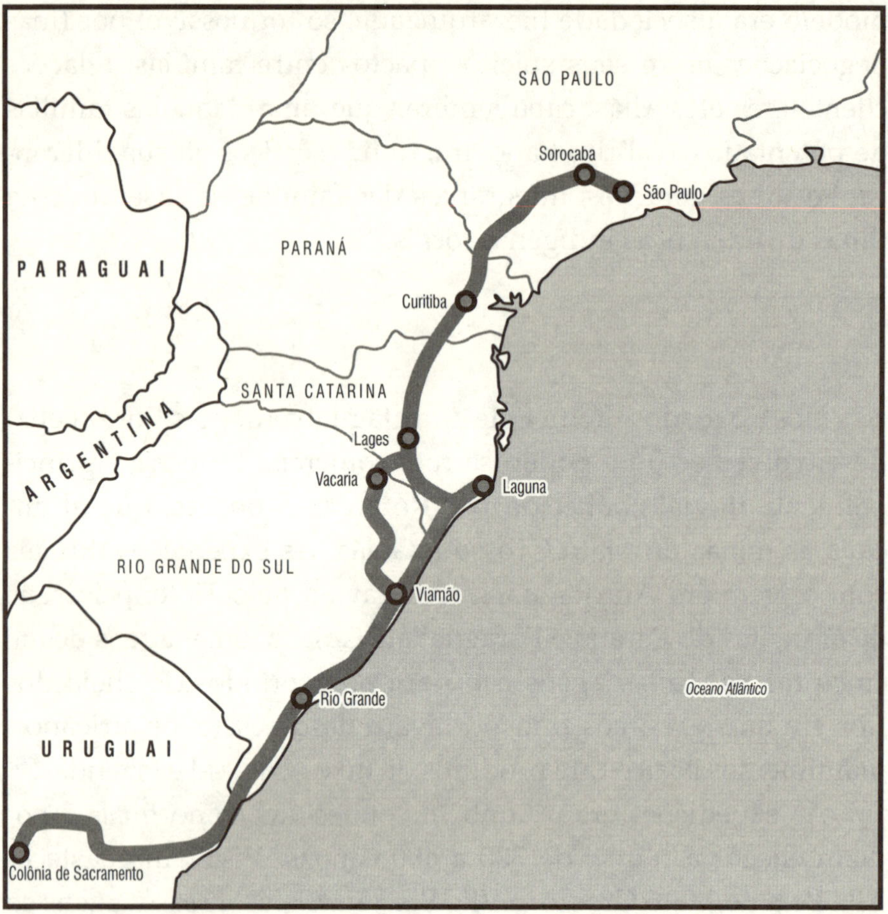

A região de Sacramento, atualmente parte do Uruguai, fora conquistada pelo Rio de Janeiro, a mando de Lisboa, em fins do século XVII, sendo denominada, então, Colônia de Sacramento.

Uma maneira de mensurar o volume de riqueza movimentado na Rota das Monções é a expedição de 1726 liderada por Rodrigo Cesar de Meneses, capitão-mor e governador de São Paulo, para fundação da vila de Cuiabá. Na expedição, havia 308 canoas que, para serem supridas, foi preciso comprar, ao longo do caminho, mantimentos – feijão, milho, farinha, açúcar, peixe, capados – ao custo de 250 oitavas de ouro. Outra maneira de mensurar a riqueza é ter em mente que uma frota composta por 45 canoas levou 400 negros para aquelas minas. Em um período de três anos, entraram por via fluvial 3000 cativos em Cuiabá.[244] Pelo que foi dito há pouco, percebe-se, mais uma vez, produções e comércios internos custeados pelo ouro extraído das minas. As regiões auríferas ampliaram a produção e mercados regionais ligados ao abastecimento interno, permitindo a realização de acumulações endógenas e, mais, contribuiu para formar ou consolidar a autoridade de potentados regionais.

Araritaguaba, conforme o recenciamento feito por listas de domicílios ou fogos de 1726, abrigava 443 proprietários e 3.134 escravos e, dentre eles, indígenas. Na dita lista, senhores com até 4 escravos somavam 246, com 16% da população cativa arrolada. Apenas treze senhores (2,9% do total) tinham mais de 30 escravos, o equivalente a 513 cativos da região (16,4% do total). Assim, estamos diante de uma multidão de *pequenos senhores*. Na verdade, na época, a região estava longe de ter a propriedade escrava concentrada em poucas mãos. Em Itu, na metade do século XVIII, a realidade provavelmente era um pouco diferente, conforme o mesmo tipo de recenciamento baseado em listas de população. Em 1766, de acordo com a lista, existiam na vila 258 domicílios ou fogos. Destes, pouco mais da metade (142) dos fogos tinham bens, e 10 possuíam a metade das fortunas levantadas. Os dois chefes de domicílios mais abastados viviam do comércio. Muitos dos fogos combinavam a produção de alimentos com o comércio.[245]

As praças de Salvador e de Recife e as capitanias do norte

Ao longo do século XVII, Salvador da Bahia foi a cabeça política do Estado do Brasil, sendo sua república protagonista em vários processos nos quais percebemos a dinâmica pluricontinental da Monarquia lusa: uma monarquia cujos destinos resultaram de negociações entre o centro e suas periferias. Um dos melhores exemplos disso foi a tensa e longa negociação sobre as moedas, quando na América lusa circulou uma moeda cujo valor real era inferior daquele de Portugal. Esse fato permitiu, apesar das pressões do capital mercantil reinol, a consolidação na Bahia de uma economia escravista africana e ligada ao mercado internacional, como foi dito.

Nas primeiras décadas do século seguinte, Salvador continuou como principal praça mercantil da América. Por seu porto, entravam escravos destinados às áreas mineiras do centro-oeste. Entre 1718 e 1822, portanto, ainda nos primeiros tempos do Caminho Novo, o porto de Salvador dominava o envio de cativos para as Minas. Esses escravos vinham da Costa da Mina, na África Ocidental, e, uma vez desembarcados na Bahia, seguiam para as datas de ouro, especialmente via rios São Francisco e das Velhas. Considerando as estimativas do número viagens baianas na captura de cativos africanos, entre 1678 e 1775, temos 1535 expedições. Desse total, cerca de três quartos foram aos portos da Costa da Mina.[246] Estima-se que somente depois de 1730 Angola superou os portos da Mina no tráfico de almas para o Brasil. Por essa época também, o Rio de Janeiro passou a ser o principal porto negreiro do país.

Apesar do papel central de Salvador no comércio de almas nas primeiras décadas do século XVIII, a época é percebida pela historiografia como "de crise para a Bahia e sua capital". Para tanto, alega-se a queda do preço do açúcar, a alta do valor dos escravos e as dificuldades no comércio de escravos na África Ocidental. No início do capítulo, já mencionei algumas das dificuldades em tal comércio, e a elas se junta o fato de os portugueses, desde 1637, terem perdido para os holandeses o castelo de São Jorge da Mina, a principal praça-forte do tráfico na região. Com o intuito de diminuir essas dificuldades, em 1721, os negociantes de Salvador custearam a construção de um forte em Ajudá (Fortaleza Cesária) com a autorização do vice-rei no Brasil, Vasco Fernandes Cesar de Meneses (1720-1735). Essa empreitada, contudo, não produziu os resultados esperados. O entreposto português não conseguiu concorrer com os demais comerciantes europeus, como ingleses e franceses também aí instalados.

Na verdade, antes do fracasso da fortaleza de Cesária, Lisboa via com contrariedade o comércio mantido pelos mercadores de Salvador com a Costa da Mina, dominada pelos holandeses e, por diversas vezes, tentou impedir tais contatos. Apesar disso, as naus vindas da Bahia continuavam a negociar cativos na região, principalmente através de Popó, Ajudá e Apá. Em 1731, Lisboa proibiu o comércio de embarcações portuguesas com os holandeses no castelo de São Jorge da Mina. Entretanto, os negociantes brasileiros continuaram regularmente a frequentar os portos africanos sob domínio holandês. A reincidência da comunidade mercantil baiana contava com o apoio de Vasco Fernandes Cesar de Meneses. Para o vice-rei, o fim do comércio entre a Bahia e a Costa da Mina causaria grande prejuízo, não só para a Bahia, mas também para a América lusa.[247] Nesse instante, devemos lembrar que Vasco Fernandes era filho do ex-governador de Angola Luís Cesar de Meneses. Durante a administração desse vice-rei, os governadores do Rio de Janeiro, primeiro Luiz Vahia Monteiro e depois Gomes Freire de Andrade, denunciaram a existência de uma rede de tráfico ilegal na Costa da Mina.

No comércio de escravos na Costa da Mina, negociantes baianos souberam aproveitar a vantagem que tinham sobre seus concorrentes. Esse comércio tinha como moeda de troca o fumo de péssima qualidade, na verdade, refugo do tabaco, produzido nas lavouras baianas. A comercialização do produto era proibida em Portugal. Porém, o dito refugo consistia na única mercadoria de origem lusa aceita pelos holandeses. Daí, em princípios do século XVIII, calcula-se que a Bahia contava com cerca de 1.500 plantações de tabaco.

Por seu turno, havia tensões no interior da comunidade mercantil de Salvador. Muitos comerciantes consideravam a rota com a Costa da Mina desordenada, com sobreposição de naus, prejudicando os negociantes de menor envergadura. Em 1736, o assunto foi levado a Lisboa e chegou-se a propor a criação de uma companhia de comércio portuguesa controlada pela Coroa com o intuito de incentivar e organizar a entrada de escravos na Bahia. Proposta que não foi levada adiante.

Como era de se esperar, nesse tipo segmento do mercado, especialmente sendo pré-capitalista, o comércio marítimo de escravos era extremamente concentrado. Isso pode ser constatado mesmo para depois de 1743, quando a Coroa, mais incisiva nas suas ações, pôs fim à liberdade de resgatar escravos na Costa da Mina, impondo normas para a atividade de maneira reduzir as perdas dos comerciantes menores. Contudo e apesar disso, o mercado pré-capitalista – por exemplo, com escassez de linhas de crédito – sobrepujou aquelas medidas e continuou concentrado nas mãos de poucos negociantes. Em 1751, a frota de comércio com a Costa da Mina somava 24 navios, dos quais 4 negociantes dominavam, cada um, 3 embarcações. Assim, ao menos quatro empresários possuíam metade da frota e, portanto, ascendência sobre o tráfico de escravos na Costa da Mina. Tal perfil permaneceria no século XIX. Entre 1788 e 1819, cerca de 10% das empresas que mais fizeram viagens à África responderam por aproximadamente 36% do total de viagens.[248] A isso se acrescenta o controle da comunidade de negociantes em Salvador sobre os negócios do comércio de escravos que ultrapassavam o porto da cidade.[249]

Os grandes negociantes de Salvador, a exemplo dos de outras praças americanas como a do Rio de Janeiro, procuraram estabelecer pactos com famílias da nobreza da terra; leia-se mandatários rurais, muitas vezes via casamentos. Ao lado disso, quando possível, adquiriam ofícios da Coroa. Por exemplo, Pedro Rodrigues Bandeira, um dos principais comerciantes de meados do século XVIII, em 1760, casou-se com a filha de um senhor de terra e dono dos ofícios de tabelião e escrivão dos órfãos. Ainda na década de 1760, Luís Coelho Ferreira – atuante no negócio de comprar e vender almas trazidas via Atlântico e na sua distribuição para Minas Gerais e Goiás – arrematou a propriedade do ofício de guarda-mor da alfândega da Bahia.[250]

Ao longo do século XVIII, no mercado escriturado nos Ofícios de Notas de Salvador, observa-se o avanço dos negócios urbanos (prédios, chãos, lojas etc.) em detrimento das atividades rurais, particularmente aquelas ligadas ao açúcar. Apesar desse movimento em finais do século, os negócios com terras e suas benfeitorias permaneciam representando cerca de 30% dos valores registrados nos cartórios. O fato de os negociantes continuarem a investir parte de seus ganhos na compra de engenhos de açúcar foi um dos motivos para a permanência dessa porcentagem.

Quanto ao mercado de crédito da cidade, em 1751-1760, o Juízo dos Órfãos, as ordens terceiras e as irmandades, entre elas a Santa Casa de Misericórdia, respondiam por cerca de 76% dos empréstimos registrados nos cartórios. Nas décadas seguintes, até 1791-1800, observa-se um contínuo decréscimo dessas instituições e sua substituição especialmente por negociantes. Na última década dos Setecentos, elas respondiam apenas por 23% do crédito. Esse fenômeno sugere a mudança do mercado de crédito, porém, nos parâmetros de uma economia pré-industrial. No caso, as instituições ligadas à administração do bem comum, o Juízo dos Órfãos e as de base religiosa, cedem espaço para o capital usurário.[251]

No final do século XVIII, as atividades econômicas acima mencionadas davam vida a uma sociedade com traços desenhados por aquilo que estamos chamando de Antigo Regime nos trópicos ou, que é o mesmo, uma sociedade perfeita segundo os parâmetros católicos da época. Isso é visto, especialmente, pela composição de sua própria demografia. Conforme o mapa populacional de 1775, o número de habitantes da cidade de Salvador era de 33.635, distribuídos da seguinte forma: 14.695 escravos (43,7% do total); 7.940 pardos e pretos, portanto, forros (23,6% do total); 10.660 designados como brancos (31,69% da população total). Por esses números, sempre duvidosos, temos que Salvador na altura era uma cidade negra, pois ao menos 22.635 (67,29%) dos seus habitantes eram pretos ou pardos, independentemente do seu estatuto jurídico e político. Dessa população negra (22.635 habitantes), mais de um terço (7.940 pessoas) havia saído da escravidão, portanto, receberam de seus antigos senhores a *dádiva* da alforria.[252] Assim, estamos diante de uma sociedade não só escravista, mas, também, dominada por relações de dependência pessoal ou de reciprocidade desigual, e essa reciprocidade tem como melhor expressão a possibilidade de um sujeito conceder ao outro a manumissão. Ainda, tal reciprocidade desigual modelava a lógica da sociedade, basta insistir que ela foi responsável pela produção do estatuto social de quase um quarto da população da cidade. Trata-se, portanto, de uma cidade onde a população entende a vida através do filtro de que a sociedade perfeita é a hierarquizada. Apesar de a maior parte da população ter saído das senzalas ou ainda viver nelas, a ordem pública, mesmo que com fissuras, prevalece.

Quanto à economia açucareira, como afirmei, provavelmente, as primeiras décadas dos Setecentos não foram as mais felizes; contudo, ao final do século, o cenário começou a mudar. Em 1781, segundo o publicista baiano José da Silva Lisboa, os dois principais produtos da capitania eram o açúcar e o tabaco. O plantio da cana-de-açúcar era feito com o recurso de escravos e de lavradores sem terra e a produção do fumo consistia em uma das bases para a aquisição de escravos nos portos africanos. Para esses portos também se exportava farinha de mandioca, base da alimentação da capitania.[253]

Considerando somente o número de engenhos no recôncavo da Bahia, estima-se que em 1710 existiam 146 engenhos; em 1816, esse número chegou a aproximadamente 400 fábricas. Nas áreas rurais, em termos de distribuição da posse de escravos, salvo engano, continuamos a presenciar o mesmo cenário do século

XVII: predomínio das pequenas propriedades de até nove cativos, em comparação com aquelas presentes nas Antilhas inglesas. Conforme as estimativas para os anos de 1816 e 1817, dois terços dos senhores de engenhos possuíam um número de escravos entre 20 e 59, correspondendo a 65% da população cativa do recôncavo baiano açucareiro.[254] Assim, esses engenhos eram também cultivados por lavradores sem terra e suas famílias.

Em algumas freguesias, um quarto dos lavradores de cana tinha de um a quatro cativos; ou seja, essas lavouras contavam também com o trabalho familiar. Ao lado da atividade açucareira, permanecia, desde o século XVII, uma vasta agricultura voltada para a produção de alimentos e de tabaco baseada na combinação do trabalho escravo com o de famílias livres, incentivada pelo crescimento demográfico, especialmente de Salvador.

* * *

O século XVIII, na economia de Pernambuco, à semelhança da Bahia, é percebido pela historiografia como "uma época de descenso", marcada pela queda do preço do açúcar e aumento do preço dos escravos. A combinação desses movimentos, vividos desde o início da centúria, implicou conjunturas desfavoráveis para a lavoura e engenhos da região. Curiosamente, como vimos, a economia dos engenhos de açúcar do Rio de Janeiro, ao menos nas primeiras décadas dos Setecentos, salvo engano, não presenciou a mesma ruína observada no norte. Essa discrepância torna-se mais curiosa já que a economia açucareira do Rio, além de presenciar as mesmas conjunturas de preços, tinha um agravante: seu açúcar era de qualidade muito inferior ao baiano e ao pernambucano. Talvez a maior proximidade da nobreza da terra fluminense com as datas mineiras tenha contribuído para seu fôlego. De qualquer forma, trata-se de uma questão a ser desenvolvida.

Seja como for, a historiografia referente a Pernambuco e capitanias adjacentes compreende o período considerado como "uma época de desenvolvimento da produção voltada para os mercados internos de abastecimento da América, em especial das Minas Gerais". Entre a produção, destaca-se a pecuária e seus derivados, particularmente a carne-seca.[255] Essas atividades tinham como consumidor final especialmente os escravos e as camadas populares, para os quais a carne salgada era item fundamental da dieta. O movimento aqui descrito refere-se à criação de mecanismos de produção e acumulação de riquezas não só voltados para os diversos mercados regionais de abastecimento, mas também para o consumo popular e de escravos. Curiosamente, os ganhos com essas atividades se traduzirão, mais uma vez, na sociedade perfeita, ou seja, que via na diferença social um ideal a ser alcançado.

Na verdade, como sublinhei no capítulo anterior, desde fins do século XVII, percebe-se o avanço dos currais em áreas como Ceará e Rio Grande do Norte, tendo como eixo a praça do Recife. Esse movimento será ainda mais incrementado depois da chamada "Guerra dos Mascates" (1710-1711) e da elevação daquela vila à condição de município, com sua respectiva Câmara.

Ao longo dos Setecentos, temos o espraiamento das atividades mercantis baseadas na produção de carne e seus subprodutos, e que foram desenvolvidas parte na região costeira da América portuguesa situada entre o cabo de São Roque no Rio Grande do Norte e o delta do Parnaíba, no Piauí. Entre tais áreas, temos a formação de núcleos portuários distribuídos entre os territórios do Rio Grande do Norte, Siará-Grande e São José do Piauí, sendo tais povoados ligados pelas fazendas de pecuária, produção de carne salgada e as respectivas atividades mercantis além de outros subprodutos do gado, como o couro.[256]

Nesse processo multiplicaram-se os chamados "portos do sertão", ou entrepostos, que ligavam os povoados do Sertão com Recife, sobretudo para o abastecimento de carne salgada. Os

A consolidação da *sociedade perfeita* nos trópicos   301

portos do sertão localizavam-se nas capitanias do Rio Grande do Norte, Siará-Grande e São José do Piauí. O comércio dos currais do sertão era feito com as minas pelo Caminho Velho (de tal comércio), pelo Caminho Geral do sertão e pelo rio São Francisco. O consumo de carnes frescas ocorria nas próprias capitanias do norte; o mesmo não se passava com a carne salgada. Esta era exportada por Recife e participava do consumo escravo no âmbito da América lusa, alcançando os mercados de Salvador e do Rio de Janeiro. Entre seus consumidores, também, estavam os envolvidos no comércio atlântico de escravos.[257]

Mapa 9 – Estradas dos sertões do norte com algumas de suas feiras de gado e portos produtores de carne-seca (século XVIII)

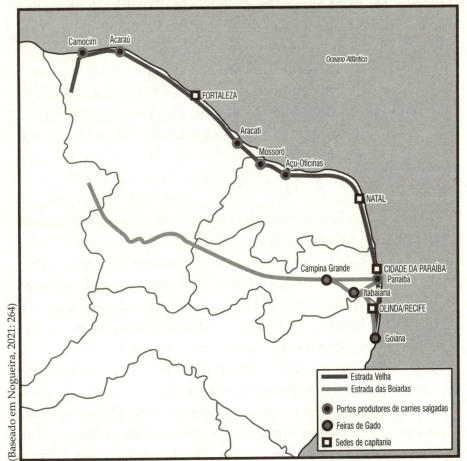

(Baseado em Nogueira, 2021: 264)

Por meio dessas atividades, fortunas como as de Domingos Ferreira Maciel foram alargadas. Maciel era dono de currais e arrematante de contratos da Coroa, como o do gado. Seu raio de ação, por meio da pecuária, compreendia Recife, o Sertão e as Minas. Para a última região, além de equinos, vendia também escravos.[258] Outro exemplo é a fortuna de José Vaz Salgado, negociante de origem reinol atuante na praça de Recife. Ao longo de sua vida, ele esteve vinculado ao comércio de escravos, ao domínio de várias fazendas de gado no Ceará, no Rio Grande do Norte e à comercialização de carne salgada. Na verdade, ele, como outros homens de negócio de Recife, controlava a atividade da carne salgada da sua produção ao comércio. Além disso, seguindo o padrão de outras áreas dessa sociedade do Antigo Regime dos trópicos, tinha um engenho de açúcar em Pernambuco e a propriedade do ofício de selador e feitor da alfândega do Recife.[259]

A partir do mercado de carnes e de tabaco, observa-se a centralidade de Pernambuco, integrando atividades econômicas exercidas em diferentes capitanias do norte. Por seu turno, esse papel será completado pela autoridade política da referida capitania, em meados do século, sobre o governo da capitania da Paraíba, em 1755, e a incorporação da donataria de Itamaracá em 1763.

Apesar de alguns estudos sobre Pernambuco sublinharem "o definhamento da economia açucareira da capitania" e o domínio da nobreza da terra, talvez tal fenômeno deva ser melhor analisado. Estudos recentes sugerem a continuidade da nobreza da terra no mando político e social de Pernambuco ao longo do século XVIII. Um dos motivos é a existência de indícios de que o senhorio dos engenhos de açúcar continuava a ser motivo de disputas entre famílias na justiça. Por outro lado, a capitania, no século XVIII, permaneceu como uma sociedade rural em que o domínio fundiário pertencia à nobreza da terra. O grupo, como senhores de terras, continuou exercendo o mando político sobre as populações. Nem poderia ser muito diferente, pois o Estado, com as suas burocracias impessoais, ainda não existia para dar um sentido às relações sociais cotidianas. No início do século XVIII, a capitania de Pernambuco possuía 13.580 fogos, desses os principais núcleos urbanos eram Recife e Olinda com seus 450 e 660 fogos, respectivamente.[260] Portanto, a maior parte da população da capitania estava sob a tutela dos mandatários rurais; como, aliás, ocorria em outras partes da América lusa. Daí que a aquisição de engenhos ou de grandes extensões de terras não consistia apenas em promoção social ou simbólica, ela resultava, também, na possibilidade de controlar a sociedade e manter sua ordem hierárquica. Destarte, apesar de um possível descenso do açúcar, tal sociedade continuava perfeita, pois sua hierarquia social permanecia preservada.

Outrossim, famílias de potentados rurais pernambucanas insistiam na política de ampliação de terras em Pernambuco e em capitanias próximas como Ceará e Rio Grande do Norte. Esse foi o caso, por exemplo, de um segmento da família Carneiro Cunha, senhora de engenhos em Pernambuco que, ao longo da primeira metade do século XVII, adquiriu terras, por sesmarias e compras, nas capitanias do Ceará e Rio Grande do Norte, em alguns casos alegando a montagem de fazendas de criar. No Rio Grande do Norte, a família Carneiro Cunha entrou em conflito com aldeias indígenas, sob a tutela dos jesuítas, retirando dos indígenas parte de suas terras.[261]

CONCLUSÃO

A complexidade do processo de histórico da formação da sociedade da América lusa, entre os séculos XVI e XVIII, é ilustrada quando decompomos os dados demográficos entre 1700 e 1808. No período, a população americana mais do que decuplicou e isso ocorreu, principalmente, como resultado da tendência de alta do tráfico atlântico de escravos. Estima-se que, no primeiro quartel do século XVIII, entraram no Brasil 476 mil africanos. Entre 1801 e 1825, esse número chegou a 1.236.500 cativos. Tais números sugerem que, em finais do século XVIII, a população da América lusa, especialmente nas áreas de escravidão mercantil, era predominantemente de origem africana. A América lusa povoada por sociedades indígenas no século XVI fora substituída por populações majoritariamente negras e mestiças. Essa hipótese é reforçada por estimativas demográficas relativas a algumas áreas desta América. Conforme os mapas de população referentes às capitanias de Pernambuco, Paraíba, Rio Grande e Ceará feitos no ano de 1762 para 1763, naquelas capitanias viviam 169.582 almas, das quais 63.038 (37,2%) eram negros e pardos; sendo 23.869 (14,1% do total geral) forros. A cidade de Salvador da Bahia contava com cerca de 33.635 habitantes em meados da década de 1770; esse número a transformou na segunda maior população urbana das Américas, só ultrapassada pela Filadélfia, com suas 40 mil pessoas. Em 1810, há estimativas sobre a composição da Bahia em negros, mulatos e brancos: os dois primeiros grupos representavam 78,6% do cômputo geral, e, desses, 31,6% eram livres e 47% escravos.

A presença da população de origem africana é perceptível no Rio de Janeiro, então cabeça do vice-reinado em 1799. Nesse ano, o centro da cidade contava com 43.376 habitantes, dos quais 19.578 (45,13%) foram classificados como *brancos* e mais da metade – ou seja, 23.798 – identificados como *escravos* e *libertos*. Os libertos somaram 8.812 pessoas (20,3% do total da população carioca), entre as quais 4.227 eram pardas e 4.585, pretas.

A classificação social e jurídica do crescimento demográfico apresentada demonstra que esse crescimento não ocorreu no vazio, mas numa sociedade de Antigo Regime. Esses números atestam o crescimento e consolidação demográfica e social de um novo grupo: os *forros*. Ou seja, milhares de homens e mulheres que romperam a elástica barreira estamental da escravidão e, com isso, alteraram a hierarquia social de tipo antigo. A esta transformação de fundo na estratificação social, acresce-se a formação de negociantes de grosso trato em diferentes praças americanas. A constituição dessas comunidades mercantis residentes resultou, em parte, do estabelecimento de caixeiros de negociantes reinóis nestes trópicos. Caixeiros que souberam usar seus recursos, diante de seus patrões e da nobreza da terra, para acumular riquezas. Nesse sentido, as comunidades de negociantes de grosso trato residentes surgiram das fissuras do domínio que os grandes negociantes reinóis tinham sobre a Conquista.

No decorrer do século XVIII, aumentou o fluxo de caixeiros de Portugal para o Brasil e, depois de anos – com sorte –, o seu retorno ao Reino na condição de negociantes enriquecidos. Um fluxo que, grosso modo, pode ser resumido na vinda de caixeiros de origem camponesa para a América escravista, transformando-se, aqui, em negociantes, e no retorno e fixação no Reino como rentistas. Esses movimentos estavam subordinados à lógica do Antigo Regime presente nos dois lados do Atlântico: na Conquista e no Reino. No Reino, a volta dos caixeiros, quando transformados em ricos negociantes, contribuiu para a reprodução econômica e social do Antigo Regime em Portugal, já que, quase sempre, as suas fortunas acumuladas nos negócios do Brasil transformavam-se, no retorno, em imóveis urbanos e rurais. Assim, em Portugal, eles deixavam o comércio para viver de rendas e, com isso, fortaleciam as seculares estruturas sociais lusas. A reiteração dessas estruturas era garantida, ainda, pelas contínuas remessas da riqueza americana para Portugal.

Na Conquista americana, a escravidão foi retroalimentada pela multiplicação de pequenos senhores forros donos de cativos. O Antigo Regime nos trópicos era, ainda, retroalimentado pela absorção, em maior ou menor grau, dos grandes negociantes pelas famílias de mandatários rurais e a sua transformação em senhores de terras. Vejamos isso mais devagar.

A manumissão em larga escala na América lusa, como resultado da *dádiva* senhorial na sua relação com o cativo, criou o *forro* como segmento social e, ao mesmo tempo, sedimentou a lógica da sociedade estamental. Para tanto, basta lembrar que a alforria destaca o poder de alguns ao concederem a vida/liberdade a outros, sendo esta *graça* impagável. Assim, a manumissão insere-se na lógica da antropologia católica da *autoridade* de uns sobre outros, ou de que *a sociedade perfeita é a hierarquizada*. Esse sistema de representação também era compartilhado por recém-egressos das senzalas que, depois, se tornaram senhores de escravos.

Em 1775, no mapa dos moradores da Penha, uma freguesia de Salvador da Bahia, foram listados 234 domicílios, dos quais 134 (47,2% do total) eram chefiados por pardos, pretos e cabras (frutos da miscigenação de negro com pardo). Desses três últimos grupos, 34,3% eram senhores e concentravam 27,4% dos cativos da região. Algo semelhante foi constatado em outras partes da América: ou seja, a possibilidade de forros ingressarem no grupo *senhorial* e de se perceberem como senhores de vidas humanas, portanto, superiores à população escrava e a muitos livres.

Porém, a situação dos forros era mais complexa, pois não raro, fossem pretos ou pardos, eram vistos pelas elites locais de algumas áreas e pela Coroa como ameaças à ordem escravista e à hierarquia social. Por outro lado, o bom comportamento e sua relação com potentados podiam levar ao *desaparecimento de sua cor* e outros aspectos que os pudesse relacionar ao cativeiro. Não por acaso, muitos adotavam práticas senhoriais, tornavam-se senhores, e fortaleciam as relações clientelares com mandatários locais. Aliás, a desconfiança diante dos forros e, ao mesmo tempo, suas ações para se firmarem como grupos senhoriais são reações esperadas em uma sociedade que via na diferença a perfeição. Trata-se, pois, de um fenômeno que ainda tem muito a ser estudado.

Ao longo do século XVIII, ocorreu o alastramento da economia e sociedade de Antigo Regime nos trópicos em toda América lusa. Isso foi feito via multiplicação da produção de diferentes gêneros e mercados regionais voltados, principalmente, para o abastecimento das áreas de mineração de Minas Gerais, Mato Grosso e Goiás. Essa imensa cadeia interligada de mercados e comunidades políticas tinha, ao mesmo tempo, por eixos, ao menos, três praças atlânticas: Recife, Salvador da Bahia e Rio de Janeiro. Por essas praças, a América se ligava às demais geografias da Monarquia lusa, e também com o mercado internacional. Na base daqueles mercados e repúblicas, temos a rede de paróquias e a autoridade de potentados regionais controlando vastos territórios e seus moradores. Afinal, não existia um Estado com as burocracias para dar sentido à sociedade. Predominava a lógica do favor, do *muito obrigado*.

Em outras palavras, o *achamento* do ouro custeou a expansão da economia brasileira graças à montagem de uma miríade de produções e mercados regionais interligados e em meio à Monarquia pluricontinental lusa, cuja base era o consumo dos escravos, das camadas populares e do comércio atlântico de almas; isso bem mais do que as exportações para o mercado europeu. As diferentes produções regionais estavam, em maior ou menor grau, assentadas no trabalho compulsório e na concentração de terras, e eram atravessadas por mercados pré-capitalistas, com suas tensões entre redes comerciais e entre *bandos* da nobreza da terra.

O Antigo Regime católico punha em movimento essas engrenagens. Basta lembrar o papel da *justiça distributiva* na concessão de ofícios fazendários e sesmarias regulando a economia. As *dádivas* concedidas pelo rei a poucas famílias, em detrimento das demais, formalizavam a *sociedade perfeita*. Porém, essa sociedade era vivida por pessoas e, portanto, sujeita a fissuras e mudanças. Daquelas fissuras, caixeiros de empresários reinóis se transformaram em negociantes de grosso trato na América; forros, em senhores de cativos; e a nobreza da terra foi retroalimentada pelo comércio. Em fins dos Setecentos, a sociedade perfeita, pois desigual, deixou seus ares quinhentistas e se tornou criação e modelo social seguido por esses agentes e demais segmentos da população de então.

Nas entranhas dessa economia, uma hierarquia social movida por reciprocidades desiguais: pactos e favores pessoais entre seus grupos sociais. A nobreza da terra, os escravos, os negociantes, os lavradores sem terras e demais grupos e suas famílias sabiam que viviam numa sociedade desigual, mas também conheciam as obrigações e direitos costumeiros de uns para com os outros. Com esses conhecimentos, agiam e procuravam melhorar suas vidas, mudando, com isso, a dinâmica da sociedade, mesmo que continuasse nos parâmetros do Antigo Regime.

Por seu turno, a *justiça distributiva* não derivava do acaso, mas de finas negociações entre redes políticas que atravessavam o Atlântico ligando as Conquistas ao Reino. Mais do que isso, a gestão da América lusa resultava de negociações entre o centro e suas repúblicas no Atlântico. O *achamento* do ouro procedeu de barganhas entre potentados paulistas e a Coroa. Em meados do século XVII, ainda bem antes daquele achamento, as negociações entre Câmaras e a Coroa, mediadas por governadores, tiveram como resultado a recriação da economia escravista de exportação.

* * *

Em fins do século XVIII, o Rio de Janeiro possuía uma comunidade mercantil que tinha em suas mãos as artérias da economia do centro-sul do Brasil. Os maiores homens de negócio de grosso trato da praça carioca, cerca de 15 firmas, controlavam simultaneamente o comércio de escravos, o crédito, o comércio externo, o abastecimento interno etc. O conde de Resende, vice-rei do Brasil (1790-1801), propôs a esses empresários a criação de uma caixa de empréstimos para movimentar a economia do centro-sul; a resposta que ouviu foi que a caixa não era necessária, pois eles já financiavam a região.[262] Alguns desses negociantes haviam começado como caixeiros e/ou consignatários de grandes negociantes reinóis. Além disso, ao longo de suas vidas, estabeleceram pactos com a nobreza da terra, não raro via matrimônios. Ou ainda, coerentes com princípios de Antigo Regime, adotaram o *estilo de vida da nobreza*, no caso da nobreza da terra desses trópicos, adquirindo terras e, com isso, a possibilidade de comandar a vida das populações, quer escravas, quer de libertos e livres. Entre os negociantes que recusaram a proposta do vice-rei encontramos os irmãos reinóis Antônio Ribeiro de Avelar, Brás Carneiro Leão e Francisco Pinheiro Guimarães, antigo caixeiro de Antônio Durão de Oliveira. Esses personagens, ou mais precisamente, o complexo de relações sociais que lhes dava vida foi mostrado neste livro.

Uma outra forma de apresentação do Brasil de fins do século XVIII é através das impressões dos governadores e publicistas, imbuídos do olhar crítico do espírito das luzes da época. Em março de 1775, Manuel da Cunha Menezes, governador da Bahia, enviou para Lisboa parte dos mapas de população da capitania e escreveu suas observações sobre a região.[263] Um dos pontos sublinhados é o de a capitania ter um território extremamente dilatado para a população de apenas 220.665 almas, fato que dificultava a defesa militar e outros serviços públicos. A penúria de pessoal é agravada ainda mais pela presença de um grande número de *privilegiados* na população livre. Além dos clérigos existem nove corporações, desde moedeiros (os responsáveis pela fabricação da moeda da Monarquia) até grupos de caráter religioso cruzadista (como os Síndicos de Jerusalém), que gozam de uma série de isenções. Essas corporações espelhavam a sociedade de Antigo Regime da época, ou seja, uma sociedade cuja população estava dividida por critérios políticos e sociais. Daí a possibilidade de nela existirem as mais variadas corporações privilegiadas. Segundo o governador, essas corporações estão compostas por "muitas famílias e das principais, cujos chefes procuram os ditos privilégios com despesa e trabalho somente para as livrarem de entrarem no serviço militar e público de Sua Majestade". Em outra passagem, governador retoma o mesmo tema, agora sobre o ponto de vista fiscal: "sendo isentas muitas famílias poderosas das contribuições para o Estado e sua defesa, resulta recair todo o peso sobre os mais pobres, ficando os tributos em dobro para eles".[264] Porém, o mesmo Manuel da Cunha Menezes evidencia a importância dos privilégios na manutenção da ordem pública da época. Para ele, a questão é apenas o número de corporações privilegiadas. Elas precisam ser reduzidas a somente dois grupos, moedeiros e da Santa Casa de Misericórdia. Além disso, ele inclui também os caixeiros e comerciantes como isentos do serviço militar. Na mesma correspondência, o governador critica ainda o excessivo número de ofícios da Coroa na capitania.

> Por toda a capitania há uma multiplicidade de corpos destinados unicamente ao governo e a administração da justiça e fazenda, para os quais inventarão perto de 500 ofícios. A maior parte desses ofícios, ao invés de contribuir para o bom governo dos Povos e boa administração da justiça, só serve para os oprimir com emolumentos, propinas, e outras contribuições e agravar os rendimentos da Coroa absorvendo uma grande soma do real patrimônio. A maior parte dos oficiais vive em opulência e ociosidade.[265]

Conforme o ilustrado governador, esses oficiais vivem à margem da lavoura e do comércio, únicas fontes de riqueza, onerando a sociedade. Na verdade, como observamos ao longo do livro, os oficiais mais graduados estavam inseridos naquelas duas atividades e aproveitavam de sua posição na administração para interferirem, em proveito próprio, no mercado. Ainda, nesse ponto, cabe lembrar que, em fins do século XVIII, há uma tendência de as Coroas europeias ampliarem a centralidade política através da substituição dos ofícios, resultado de relações pessoais, pela burocracia impessoal. Nos Setecentos, o Estado, alicerçado em burocracias impessoais e regulado pela lei, dava os seus primeiros passos.

Em 1779, o marquês de Valença, então governador da Bahia, escreve sobre os excessos dos religiosos.[266] Para começar, reprova o seu grande número e modo de vida. Na década a população eclesiástica de Salvador mais os seus agregados e escravos somavam 2.275 (cerca de 7% do total dos habitantes da cidade).

> Tem esta capitania frades que inundam o recôncavo. Muitos deles vivendo em suas residências, ao invés de levarem uma vida monástica. Nesta parte do mundo, [eles] são religiosos por trazerem algumas vezes o hábito, porque se o não trouxerem, em coisa alguma tinham diferença de um pai de família.

O marquês de Valença completa a crítica observando que muitos dos padres moram em seus engenhos e neles erguem oratórios sem a devida permissão do bispo. Os que vivem nos mosteiros e conventos levam consigo um imenso número de servos para seu serviço pessoal.

Permanecia a prática das famílias da nobreza da terra de dirigir filhos para o clero, porém, segundo as notícias anteriores, nem todos desempenhavam totalmente as funções esperadas pela Coroa.

Por último, temos as observações feitas, em 1781, por José da Silva Lisboa,[267] integrante da mesa de inspeção do açúcar e do tabaco. Numa carta dirigida a Lisboa sublinha o apego da população baiana à escravidão. Segundo ele,

> É prova de mendicidade extrema o não ter um escravo. É indispensável ter ao menos dois negros para carregarem uma cadeira ricamente ornada, um criado para acompanhar esse trem. Quem saísse a rua sem esta corte de africanos, está seguro de passar por um homem abjeto e de economia sórdida.[268]

Desse modo, o publicista critica a escravidão como mecanismo usado por todos que almejavam ter dignidade social. Completando tal raciocínio, o publicista esclarece a sua tese sobre a escravidão: "a maior parte dos [escravos] é bem inútil ao público e só destinada para servir aos caprichos e voluptuosas satisfações dos seus senhores". Em outras palavras, ele acreditava que a escravidão podia ser útil ao público. Apesar disso, o escravo começava a ser visto como ser humano, aos poucos deixando para trás as ideias de *animal vocal* ou *semovente* presentes nas Ordenações Filipinas de 1595.

Enfim, esses comentários atestam que a sociedade brasileira não era petrificada, mas estava em contínuo movimento, contendo mudanças e resistências.

Este livro não é um ensaio. Seu ponto de partida são documentos que consultei ao longo de três décadas. Nomes, números e situações foram ganhando vida, aos poucos, como sabem os que se debruçam sobre fontes primárias, pois o documento não fala sozinho, temos que fazer a pergunta certa para que ele se digne a se manifestar...

Trabalhei, especialmente, no Rio de Janeiro. Foi essa região que investiguei, procurando entender um pouco mais a formação e a lógica da sociedade brasileira entre os séculos XVI e XVIII. Na época, parti dos pressupostos ensinados pela chamada Escola dos Annales, especialmente de Marc Bloch, quais sejam: o entendimento de uma sociedade historicamente dada deve ser feito por meio da investigação de uma região; através desse procedimento, temos a possibilidade de apreender os mecanismos básicos das relações sociais que dão vida à sociedade considerada. Por seu turno, para desvendar mecanismos das estruturas econômicas, recorri aos procedimentos da micro-História italiana. Esse foi o caso do comércio atlântico de escravos no porto do Rio de Janeiro de inícios do século XVII; em suas engrenagens, me deparei com o parentesco e outras práticas políticas.

Ao longo dos capítulos, através do confronto de estudos sobre outras partes do país, ficou claro que o Brasil, como sociedade, compartilhava as mesmas práticas sociais, entre elas: a ideia de pertencimento à Monarquia, o município, os ofícios régios, a escravidão, a concentração de terras, as relações de clientela e o medo do sobrenatural. Mais do que isso, os homens e as mulheres da época explicavam suas relações sociais valendo-se da visão de mundo com base no catolicismo, ou seja, na ideia de que a *sociedade perfeita é naturalmente desigual*, pois a criação da humanidade e do mundo derivou da superioridade de Deus.

Mesmo assim, reafirmo que o livro contém algumas hipóteses que tenho a esperança de ver confirmadas em pesquisas realizadas em outras regiões, sobre outros potentados, sobre outros seres humanos, livres, libertos e escravos. Sei que há mais relações entre as capitanias da América portuguesa, há também mais fissuras no sistema, há, enfim, mais conexões sociais do que, neste momento, pude apresentar. Fica o convite para os pesquisadores brasileiros: mãos à obra, há muito para ser feito.

NOTAS

1. Neste livro, o conceito de "república" aparece como sinônimo de comunidade política dirigida por uma assembleia eleita; em geral, designa um município, com exceção, por exemplo, da República holandesa, no caso sete províncias dos Países Baixos de 1581. A expressão em latim *respublica* deve ser entendida como *bem comum* da população.
2. Émilie Durkheim, *As formas elementares da vida religiosa*, São Paulo, Martins Fontes, 1996.
3. Pierre Bourdieu, *A economia das trocas simbólicas*, São Paulo, Perspectiva, 1992.
4. A. Hespanha, "Os Poderes, os modelos e os instrumento de controle: a Monarquia – legislação e agentes", in Nuno Gonçalo Monteiro (org.), *História da vida privada em Portugal*, Lisboa: Círculo de Leitores, 2011, p. 12.
5. cf. Joaquim R. Carvalho e José P. de M. Paiva, *Reportório das visitas pastorais da diocese de Coimbra, séculos XVII, XVIII e XIX*, Coimbra, Publicações do Arquivo da Universidade de Coimbra, 1985.
6. Expressão de época para designar domínios de uma dada casa aristocrática.
7. F. Braudel, "Civilização material, economia e capitalismo: séculos XVI-XVIII – O Tempo do Mundo", in *Civilização material e capitalismo*, Lisboa, Martins Fontes, 2009, v. 3, pp. 12-39.
8. Aristocracia inglesa titulada pelo rei.
9. Immanuel Wallerstein, *O sistema mundial moderno*, Porto, Afrontamento, v. 1, s/d; Dale W. Tomich, *Pelo prisma da escravidão*, São Paulo, Edusp, 2011, pp. 33-4; Dale W. Tomich, *Slavery in the Circuit of Sugar, 1830-1848*, Suny Press, 2016, p. 17.
10. Witold Kula, *Teoria econômica do sistema feudal*, Lisboa, Presença, 1979.
11. Jerzy Lukowski, *The European Nobility in the Eighteenth Century*, London, Red Globe, 2003, p. 75.
12. Francesca Trivellato, *The Sepharic Diaspora, Livorno, and Cross-Culture Trade in the Early Modern Period*, Connecticut, Yale University Press, 2009, pp. 104 e 114.
13. Ângela Barreto Xavier e Antônio M. Hespanha, "As Redes Clientelares", in Antônio M. Hespanha (coord.), *História de Portugal: Antigo Regime*, Lisboa, Estampa, 1993, v. IV, pp. 381-93, especialmente pp. 382-6.
14. Luís Thomaz, *De Ceuta a Timor*, Lisboa, Difel, 1994, p. 57.
15. Bernardo Vasconcelos Souza, "Idade Média (séculos XI-XVI)", in Ruy Ramos, (coord.), *História de Portugal*, Lisboa, Esfera dos Livros, 2010, p. 113.
16. Morgadio é o sistema vincular de herança.
17. Morgado é o conjunto dos bens vinculados e administrados pelo herdeiro preferencial e isso como resultado do sistema de morgadio.
18. Cf. V. M, Godinho, *Ensaios II*, Lisboa, Liv. Sá da Costa, 1968; Nuno Gonçalo Monteiro, "Idade Moderna (séculos XV-XVIII)", in Ruy Ramos (coord.), *História de Portugal*, Lisboa: Esfera dos Livros, 2010, p. 207.
19. Arquivo da Diocese de Luanda (ADL), Freguesia de N. S. da Conceição, Livro de Registro de Batismo, 1770-1786, fl. 15 [grifos de Roberto Guedes Ferreira].
20. ADL, Freguesia de N. S. dos Remédios, Livro de Registro de Batismo, 1802-1804, fl. 254 [grifos de Roberto Guedes Ferreira].
21. Padre D. Raphael Bluteau, *Vocabulario Portuguez, e Latino*, Lisboa Ocidental, Oficina de Pascoal da Sylva, 1721, Tomo VIII, p. 234.
22. António Brásio, *Monumenta Missionária Africana*, v. 6, 1611-1621, p. 33.
23. Joaquim José da Cunha Azeredo Coutinho, "Análise sobre a Justiça do Comércio do Resgate dos Escravos", em *Obras Econômicas*, São Paulo, Companhia Editora Nacional, 1966, pp. 238, 239, 253, 260, 262, 274-8.

[24] Roquinaldo do Amaral Ferreira, "A primeira partilha da África: decadência e ressurgência do comércio português na Costa do Ouro (ca. 1637-ca. 1700)", em *Varia Historia*, Belo Horizonte, v. 26, n. 44, pp. 479-498, jul./dez. 2010, p. 481.

[25] Cf. John Kelly Thornton, *Africa and the Africans in the Making of the Atlantic World, 1400-1800*. Cambridge, Cambridge University Press, 1992, *passim*. Editado em português com o título *A África e os africanos na formação do mundo atlântico, 1400-1800*. Rio de Janeiro, Campus/Elsevier, 2004, *passim*.

[26] Randy J. Sparks, *Where the Negroes were Masters. An African Port in the Era of the Slave Trade*. Cambridge, Massachusetts; London, England, Harvard University Press, 2014, p. 64.

[27] Harris Memel-Fôte, "Culture et nature dans les représentations africaines de l´esclavage et de la traite négrière. Cas des sociétés lignagéres", in Isabel de Castro Henriques e Louis Sala-Molins (orgs.), *Déraison, esclavage et droite. Les fondements idéologiques e juridiques de la traite négreère et de l ésclavage*, Col. Mémoire des peuples. La route de l´esclavage, Éditions Unesco, 2002, pp. 195-202.; Harris Memel-Fôte, *L'esclavage dans les sociétés lignagères de l'Afrique noire. Exemple de la Côte d'Ivoire précoloniale, 1700-1920*, Paris, École des Hautes Etudes en Sciences Sociales (Thèse pour le doctorat d'État ès lettres et sciences humaines), 1988, *passim*.

[28] Eric Williams, *Capitalismo e escravidão*, Rio de Janeiro, Editora Americana, 1975. (1. ed. 1944)

[29] Entre os autores que seguem tal ideia, ver: Sean Stilwell, *Slavery and Slaving in African History*, Cambridge, Cambridge University Press, 2014; John Kelly Thornton, *A África e os africanos na formação do mundo atlântico, 1400-1800*, Rio de Janeiro, Campus/Elsevier, 2004; Randy J. Sparks, *Where the Negroes were Masters. An African Port in the Era of the Slave Trade*, Cambridge, Massachusetts; London, England, Havard University Press, 2014.

[30] A cadeia de adiantamento-endividamento era o sistema de crédito que fazia o resgate atlântico funcionar a partir do Brasil. Comerciantes de grande envergadura no Brasil adiantavam na forma de produtos (armas, cachaça, fumo, farinha etc.), letras de câmbio, ouro, dinheiro etc. – as mercadorias que faziam o negócio girar. Nos portos africanos, os comerciantes locais que recebiam as mercadorias americanas, europeias ou asiáticas controladas pelo capital residente no Brasil as repassavam aos comerciantes do interior (geralmente chamados de pombeiros, tangomãos, feirantes, sertanejos), que, por fim, adquiriam cativos dos africanos que controlavam a produção de cativos. Era dessa maneira que funcionava a cadeia de adiantamento-endividamento de mercadorias.

[31] Fernando Novais, *Portugal e Brasil na crise do sistema colonial (1777-1808)*, 4. ed., São Paulo, Hucitec, 1986, p. 105.

[32] Cf. Dom Luís Simões Brandão, *Memorial a El Rey*, 2 Novembro 1715, Biblioteca Pública de Évora, Secção dos Reservados, Cod. CXVI / 2-15, N° 15-i, pp. 73-6.

[33] Joseph Miller, *The Way of Death. Merchant Capitalism and the Angolan Slave Trade*, 1730-1830, Wisconsin, Wisconsin University Press, 1988, pp. 40-70.

[34] Biblioteca Pública de Évora, Seção de Reservados, BPE, Secção dos Reservados, Cod. CXVI / 2-15, n. 11, fl. 29.

[35] Daniel B. Domingues Silva, "The Supply of Slaves from Luanda, 1768–1806: Records of Anselmo da Fonseca Coutinho", in *African Economic History*, v. 38, 2010, pp. 53-76.

[36] Roberto Guedes e Ana Paula Bôscaro, "Cabeças: disseminação, desigualdade e concentração no mercado de cativos (Luanda, c. 1798-1804)", in *Clionacanaris*, v. 3, 2012, pp. 1-34.

[37] Arquivo da Cúria Metropolitana do Rio de Janeiro, Livro de Registros de Batismo da Freguesia de São José, 1751-1762 [grifos de Roberto Guedes Ferreira].

[38] João Pacheco Oliveira, "Os indígenas na fundação da colônia: uma abordagem crítica", in João Fragoso e Fátima Gouvêa (coords.), *O Brasil Colonial*, Rio de Janeiro, Civilização Brasileira, 2014, v. 3, p. 176.

[39] Maria do Socorro Ferraz, "A sociedade colonial em Pernambuco. A conquista do sertão de dentro e do sertão de fora", in João Fragoso e Fátima Gouvêa (coords.), *O Brasil Colonial*, Rio de Janeiro, Civilização Brasileira, 2014, v. 1, p. 173.

[40] Pero de Magalhães Gandavo, *Tratado da Terra do Brasil & História da Província Santa Cruz a que vulgarmente chamamos Brasil, 1575*, Rio de Janeiro, Jorge Zahar, 2004, p. 58.

[41] V. M. Godinho, *Ensaios II*, Lisboa, Liv. Sá da Costa, 1968, pp. 254-91.

[42] Paulo Knauss Mendonça, *O Rio de Janeiro da Pacificação: franceses e portugueses na disputa colonial*, Rio de Janeiro, Secretaria Municipal de Cultura do Rio de Janeiro, 1991, p. 24.

⁴³ Para as estimativas da população das cidades nos períodos considerados ver: para Salvador em 1587, ver: Thiago Nascimento Krause, *A formação de uma nobreza ultramarina: Coroa e elites locais na Bahia seiscentista*, Rio de Janeiro, 2015, Tese de doutorado, PPGHIS - Universidade Federal do Rio de Janeiro, p. 9; Salvador, década de 1600: Diogo de Campos Moreno, *Livro que dá razão do Estado do Brasil – 1612*, Recife, Arquivo Público Estadual, 1955, p. 140; em relação a Olinda, ver: Pero de Magalhães Gandavo, *Tratado da Terra do Brasil & História da Província Santa Cruz a que vulgarmente chamamos Brasil*, 1575, Rio de Janeiro, Jorge Zahar, 2004, p. 58; Rio de Janeiro, ver: Fernão Cardim, *Tratados da terra e gente do Brasil*, Belo Horizonte/São Paulo, Itatiaia/Edusp, 1980, p. 170.

⁴⁴ Cf. M. Regina Celestino de Almeida, *Metamorfoses indígenas: identidade e cultura nas aldeias coloniais do Rio de Janeiro*, Rio de Janeiro, Arquivo Nacional, 2003.

⁴⁵ João Pacheco Oliveira, "Os indígenas na fundação da colônia: uma abordagem crítica", in João Fragoso e Fátima Gouvêa (coords.), *O Brasil Colonial*, Rio de Janeiro, Civilização Brasileira, 2014, v. 1, p. 194.

⁴⁶ Cartas Jesuíticas – Avulsas. 1550-1568. Rio de Janeiro: Biblioteca de Cultura Nacional, Publicações da Academia Brasileira, 1931, p. 220; Cf. M. Regina Celestino de Almeida, *Metamorfoses indígenas: identidade e cultura nas aldeias coloniais do Rio de Janeiro*, Rio de Janeiro, Arquivo Nacional, 2003, p. 61.

⁴⁷ Elisa F. Garcia, "Trocas, guerras e alianças na formação da sociedade colonial", in João Fragoso e Fátima Gouvêa (coords.), *O Brasil Colonial*, Rio de Janeiro, Civilização Brasileira, 2014, v. 1, pp. 319-24.

⁴⁸ M. Regina Celestino de Almeida, *Metamorfoses indígenas: identidade e cultura nas aldeias coloniais do Rio de Janeiro*, Rio de Janeiro, Arquivo Nacional, 2003, p. 63.

⁴⁹ Cartas Jesuíticas – Avulsas. 1550-1568. Rio de Janeiro, Biblioteca de Cultura Nacional – Publicações da Academia Brasileira, 1931, p. 341 [adaptado por mim].

⁵⁰ Diogo de Campos Moreno, *Livro que dá razão do Estado do Brasil – 1612*, Recife, Arquivo Público Estadual, 1955, p. 111,

⁵¹ Diogo de Campos Moreno, *Livro que dá razão do Estado do Brasil – 1612*, Recife, Arquivo Público Estadual, 1955, p. 112.

⁵² Atas da Câmara de São Paulo, v. 1, pp. 39-41. Apud Silvana Godoy, *Mestiçagem, guerras de conquista e governo dos índios: a vila de São Paulo na construção da monarquia portuguesa na América (séculos XVI e XVII)*, Rio de Janeiro, 2017, Tese de doutorado, PPGHIS – Universidade Federal do Rio de Janeiro, p. 139.

⁵³ Silvana Godoy, *Mestiçagem, guerras de conquista e governo dos índios: a vila de São Paulo na construção da monarquia portuguesa na América (séculos XVI e XVII)*, Rio de Janeiro, 2017, Tese de doutorado, PPGHIS – Universidade Federal do Rio de Janeiro, p. 145.

⁵⁴ BNRJ, Anais da Biblioteca Nacional. 1935, v. LVII, 264 e 265.

⁵⁵ Fernão Cardim, *Tratados da terra e gente do Brasil*, Belo Horizonte/São Paulo, Itatiaia/Edusp, 1980, p. 170.

⁵⁶ Fernão Cardim, *Tratados da terra e gente do Brasil*, Belo Horizonte/São Paulo, Itatiaia/Edusp, 1980, pp. 173-174.

⁵⁷ Fernão Cardim, *Tratados da terra e gente do Brasil*, Belo Horizonte/São Paulo, Itatiaia/Edusp, 1980; Diogo de Campos Moreno, *A relação das praças fortes do Estado do Brasil – 1609*, Introdução de José Antônio Gonçalves de Mello, Recife, Revista do Instituto Arqueológico, Histórico e Geográfico Pernambucano, v. LVII, 1984, p. 202.

⁵⁸ Gabriel Soares de Souza, *Tratado Descritivo do Brasil em 1587*, São Paulo, Hedra, 2010, pp. 145-65.

⁵⁹ Evaldo Cabral de Mello, *Bagaço da Cana*, São Paulo, Companhia das Letras, 2012, pp. 88 e 107.

⁶⁰ Cf. Avanete Pereira de Sousa, *A Bahia no século XVIII: poder político local e atividades econômicas*, São Paulo, Alameda, 2012.

⁶¹ Arquivo Histórico Ultramarino (AHU), CU, RJ, AV, cx. 1, doc. 12, 05/03/1619.

⁶² Arquivo Geral do Rio de Janeiro (AGRJ), Acordões e Vereanças, 1935, 8.

⁶³ AHU, CU, RJ, CA, cx. 9, doc. 1813, 09/11/1692.

⁶⁴ AHU, CU, RJ, CA, cx. 9, doc. 1813, 09/11/1692.

⁶⁵ AHU, CU, RJ, CA, cx. 24, doc. 5369-5380, 04/02/1726.

⁶⁶ Bruno Feitler, *Nas malhas da consciência: Igreja e Inquisição no Brasil, Nordeste, 1640-1750*, São Paulo, Ed. Unifesp, 2021, p. 50.

67 BNRJ, DH 392-393 - Carta Patente de Capitão da ordenança da Vila do Penedo, do Rio São Francisco, provido em Francisco Mendes Dantas - pelo vice Rei Dom Vasco Mascarenhas - Conde de Óbitos pelo vice Rei - 11/07/1674.
68 Arquivo Público Estadual da Bahia (APEB), Livro 18A, Imagem 164, Dinheiro à razão de juros ou de crédito 23/08/1702, disponível em British Library (https://eap.bl.uk/project/EAP703).
69 AHU, CU, RJ, CA, cx. 6, doc. 975-977, 23/01/1664; AHU, CU, RJ, CA, cx. 10, doc. 1901-1921, 28/01/1694.
70 AHU, CU, RJ, AV, cx. 3, doc. 277, 16/12/1655.
71 "Renda que o Príncipe ou outra pessoa assina a alguém em uma ou mais vidas." (Padre D. Raphael Bluteau, *Vocabulario Portuguez, e Latino*, Lisboa Ocidental, Oficina de Pascoal da Sylva, 1721, Tomo VIII, p. 92.)
72 AHU, CU, RJ, CA, cx. 3, doc 440-448, 1646.
73 AHU, CU, RJ, CA, cx. 15, doc. 2968, 08/01/1706.
74 AHU, CU, RJ, AV, cx. 2, doc. 170, 21/08/1646.
75 AHU, CU, RJ, AV, cx. 2, doc. 170, 21/08/1646.
76 AHU, CU, BA, coleção Luísa da Fonseca, doc. 2737-2738, 22/07/1676.
77 AHU, CU, BA, coleção Luísa da Fonseca, doc. 2737-2738, 22/07/1676.
78 Ilana Blaj, *A trama das tensões: o processo de mercantilização de São Paulo colonial (1681-1721)*, São Paulo, Humanitas/FFLCH/USP/Fapesp, 2002, pp. 187-94.
79 Arquivo Nacional (AN), RJ, 1ON, Livro 49, p. 56; AGRJ, Códice 42-3-56, p. 121,20/11/1669.
80 AN, RJ, 1ON, Livro 49, 01/09/1669 p. 48v.
81 AN, 4ON, Livro 86, 17/02/1774, p. 72v; AN, 4ON, Livro 86,19/02/1779, p. 79v.
82 AHU, CU, RJ, CA, cx. 15, doc. 3206, 30/03/1709; AHU, CU, RJ, AV, cx. 17, doc. 03523.
83 AN, RJ, 1O Escritura de Perdão, ?/?/1685.
84 AN, RJ, 1ON, Livro 82, 02/10/1714, 82, p. 231.
85 AHU, CU, RJ, CA, cx. 9, doc. 1670-78, 15/12/1688.
86 AHU, CU, RJ, AV, cx. 5, doc. 537, 28/11/1690.
87 Os fidalgos em Portugal pertenciam formalmente à *casa* do rei, ou seja, eram cavaleiros de uma *casa* comandada pelo rei.
88 AN, RJ, 2ON, 34, 26/09/1724 p. 197v.
89 AHU, CU, RJ, CA, cx. 21, doc. 4718-4719, 29/10/1725; AHU, CU, RJ, CA, cx 30, doc. 6971-6980, 18/09/1731.
90 Cf. Nuno Gonçalo Monteiro, *O crepúsculo dos grandes*, Lisboa, Imprensa Nacional e Casa da Moeda, 1998; Hamish Scott (ed.), *The european nobilities*, London, Longman, 2005, v. 1., pp. 1-52; Hamish Scott, "Dynastic Monarchy and the Consolidation of Aristocracy", in Robert von Friedeburg e John Morril, *Monarchy transformed. Princes and Their Elites in Early Modern Western Europe*, Cambridge University Press, 2017.
91 AGRJ Cod 42-3-55, 1O, p. 172-175.
92 Arquivo da Cúria do Rio de Janeiro (ACRJ), Freguesia da Sé, LOL, Test. Miguel Aires Maldonado, 10/02/1732.
93 AN, RJ, 1ON, Livro 128, 08/06/1714, p. 82 .
94 Partido de cana: lavoura de cana-de-açúcar realizada em terras próprias ou de outras pessoas. O partido de cana quando feito em áreas alheias gerava uma relação social fundiária, baseada no costume ou registrado em Cartório, entre lavrador e o dono da terra, geralmente, um senhor de engenho. Nesse contrato era estipulado o tempo, as formas de pagamentos e demais condições no uso da terra. Em geral, o lavrador se obrigava a dar uma parte da sua safra de cana-de-açúcar para ser moída no engenho do senhor da terra. A repetição de tais relações podia gerar normas costumeiras que interfeririam na lógica do sistema agrário considerado.
95 ACRJ, Freguesia de Jacarepaguá, LOL, Test. Carlos Soares Teles de Andrade, ?/05/1776.
96 ACRJ, Freguesia de Irajá, LOL, Test., Inês Moreira da Costa, 19/05/1732.
97 "Espécie de contrato, em virtude do qual se pagam os réditos de uma propriedade ao senhor dela, com obrigação de a beneficiar. O contrato enfiteutico é uma alienação, porque não o pode desfazer o proprietário da fazenda enquanto se pagarem os réditos dela". (Padre D. Raphael Bluteau, *Vocabulario Portuguez, e Latino*, Lisboa Ocidental, Oficina de Pascoal da Sylva, 1721, Tomo III, p. 63.)
98 APEB, Livro 51, Imagem 209, 07/08/1728, disponível em British Library (https://eap.bl.uk/project/EAP703).
99 AN, RJ, 1ON, Livro 26A, 22/01/1610, p. 23. Escritura de venda de um partido de canas que fazem Afonso Gonçalves e sua mulher Maria Gonçalves a Pero da Silveira.

[100] BNRJ, RJ, 4ON, Mss. 12,3,16, ; 01/08/1688, p. 190.
[101] AGRJ, Códice 2-4-9, 01/03/1707.
[102] ACRJ, Freguesia da Sé, LOL, Test. capitão Inácio de Andrade Souto Maior, 21/03/1703.
[103] Um cruzado equivalia a 440 réis.
[104] Uma Capela correspondia a 10 missas anuais, portanto, o imóvel destinado para tanto devia render, ao menos, o equivalente ao custo de missas por ano.
[105] ACRJ, Freguesia da Sé, LOL, Test Belchior Fonseca Doria, 21/05/1702.
[106] AHU, CU, RJ, AV, cx. 2, doc. 135, 18/01/1645.
[107] Victor Oliveira, *Retratos de Família: sucessão, terras e ilegitimidade entre a nobreza da terra de Jacarepaguá, séculos XVI-XVIII*, Rio de Janeiro, 2014, Dissertação de mestrado, PPGHIS - Universidade Federal do Rio de Janeiro.
[108] AGRJ, Livro 15 de Batismo de escravos da Freguesia de Maripicu. 15/03/1728. Batizando Tomas e [ilegível] filhos de Inês, escrava da Guiné do capitão Manuel Pereira Ramos, padrinhos João Pereira Ramos e Maria Pereira Ramos, filhos do capitão Manuel Pereira Ramos.
[109] Evaldo Cabral de Mello, *Bagaço da cana*, São Paulo, Cia. das Letras, 2012, p. 22.
[110] Antônio Knivet, "Notável viagem que, no ano de 1591 e seguintes, fez Antônio Knivet, da Inglaterra ao mar do sul, em companhia de Thomas Candish", in *Revista do Instituto Histórico e Geográfico Brasileiro*, t. 56, v. 48, Rio de Janeiro, IHGB- Instituto Histórico e Geográfico Brasileiro, 1878, pp. 214-22 e 225.
[111] AHU, CU, RJ, AV, cx. 1, doc. 4, 06/10/1635.
[112] AHU, CU, RJ, AV, cx. 1, doc. 38, 06/10/1635.
[113] AHU, RJ, CA, cx. 2, doc. 268, 24/10/1643.
[114] AGRJ, Cod. 42-3-55.1, ON, maço A. Ano de 1612, p. 15.
[115] AGRJ, Cod. 42-3-55.1, ON, maço A. Ano de 1635, p. 79.
[116] AHU, CU, BA, coleção Luísa da Fonseca, cx. 8, docs. 994-995, 29/11/1642.
[117] AHU, CU, BA, coleção Luísa da Fonseca, cx. 8, docs. 994-995, 29/11/1642; AHU, CU, BA, coleção Luísa da Fonseca, cx. 8, docs. 980, 22/09/1642; AHU, BA, coleção Luísa da Fonseca, cx. 8, doc. 979, 22/09/1642 [adaptado por João Fragoso].
[118] AHU, BA, coleção Luísa da Fonseca, cx. 8, docs. 994-995. Bahia 29/11/1642.
[119] AGRJ, RJ, Acórdãos e Vereanças, 1635-1650, 1935, pp. 41-2.
[120] AGRJ, RJ, Acórdãos e Vereanças, 1635-1650, 1935, pp. 61-3.
[121] AGRJ, RJ, Acórdãos e Vereanças, 1635-1650, 1935, p. 62.
[122] AHU, CU, RJ, Códice 1279 – Relação de todos os contratos e mais rendas na capitania do Rio de Janeiro por suas origens e criações, 1733, pp. 12-3.
[123] AHU, Códice 1.279– Relação de todos os contratos e mais rendas na capitania do Rio de Janeiro por suas origens e criações, 1733, pp. 14-5.
[124] AGRJ, RJ, Acórdãos e Vereanças, 1635-1650, 1935, pp. 73-5.
[125] AHU, CU, RJ, AV, cx. 2, doc. 135, 18/01/1645.
[126] AHU, CU, RJ, AV, cx. 2, doc. 135, 18/01/1645.
[127] AHU, CU, RJ, CA, cx. 3, doc. 311-312, 16/07/1644.
[128] AHU, CU, RJ, AV, cx. 3, doc. 206, 07/07/1651.
[129] AHU, CU, RJ, AV, cx. 3, doc. 313, 24/10/1657.
[130] Interpretação de Thiago Krause apresentada oralmente. Confrontar também Thiago Nascimento Krause, *A formação de uma nobreza ultramarina: Coroa e elites locais na Bahia seiscentista*. Rio de Janeiro, 2015, Tese de doutorado, PPGHIS - Universidade Federal do Rio de Janeiro.
[131] AHU, CU, RJ, AV, cx. 3, doc. 243, 29/10/1653.
[132] AHU, CU, RJ, AV, cx. 3, doc. 289, 21/03/1656.
[133] Cf. Stuart Schwartz, *Burocracia e sociedade no Brasil Colonial*, São Paulo, Perspectiva, 1979.
[134] Ilana Blaj, *A trama das tensões: o processo de mercantilização de São Paulo colonial (1681-1721)*, São Paulo, Humanitas/FFLCH/USP/Fapesp, 2002, pp 327-329.
[135] AHU, CU, BA, LF, cx. 17, doc. 2001, 08/02/1664 [grifo meu].
[136] AHU, CU, RJ, AV, cx. 4, doc. 373, 01/08/1669.
[137] AHU, CU, RJ, AV, cx. 4, doc. 373, 01/08/1669.
[138] AHU, CU, RJ, AV, cx. 4, doc. 412, 14/07/1676.
[139] AHU, CU, RJ, CA, cx. 4, doc. 428, 07/08/1678.
[140] AHU, CU, RJ, CA, cx. 3, doc. 1103, 18/11/1669; AHU, CU, RJ, AV, cx. 4. doc. 434, 22/06/1679; AHU, CU, RJ, CA, cx. 7, doc. 1373, 06/10/1679.

[141] AHU, CU, RJ, CA, cx. 8, doc. 1367, 28/01/1679.
[142] AGRJ, Cod. 42-3-55, p. 1148.
[143] Cf. R. J. D. Flouy, *Bahian society in the Mid-Colonial Period: the sugar planters, tobacco growers, merchants, and artisans of Salvador and the Recôncavo, 1680-1725*, University of Texas PHD Tesis, 1978.
[144] AHU, CU, RJ, CA, cx. 3, doc. 1133-34, 31/01/1671; AHU, CU, RJ, CA, cx. 7, doc. 1187, 15/05/1673.
[145] A palavra "fábrica" significava oficina. "Fábrica das baleias" produzia insumos derivados das baleias, como o óleo. Ver "fábrica" em Padre D. Raphael Bluteau, *Vocabulario Portuguez, e Latino*, Lisboa Ocidental, Oficina de Pascoal da Sylva, 1721, Tomo IV, p. 3.
[146] AHU, CU, RJ, CA, cx. 7, doc. 1286-89, 09/09/1676.
[147] AHU, CU, RJ, CA, cx. 10, doc. 2050, 25/02/1697.
[148] Thiago Nascimento Krause, *A formação de uma nobreza ultramarina: Coroa e elites locais na Bahia seiscentista*, Rio de Janeiro, 2015, Tese de doutorado, PPGHIS - Universidade Federal do Rio de Janeiro, pp. 20-1 e 25-6.
[149] Gustavo Acioli Lopes, *Negócio da Costa da Mina e comércio atlântico: tabaco, açúcar, ouro e tráfico de escravos – Pernambuco (1654-1760)*, São Paulo, 2008, Tese de doutorado em História, Faculdade de Filosofia, Letras e Ciências Humanas, Universidade de São Paulo USP, 2008, pp. 25-6; George Cabral de Souza, "Nos sertões e no Atlântico. A trajetória de um grande comerciante na América portuguesa do século XVIII", in Breno Almeida Vaz Lisboa et al. (org.), *Essa parte tão nobre do corpo da monarquia. Poderes, negócios e sociabilidades em Pernambuco colonial. Séculos XVI-XVIII*, Recife, Ed. Universitária da UFPE, 2016 p. 235.
[150] Gustavo Acioli Lopes, *Negócio da Costa da Mina e comércio atlântico: tabaco, açúcar, ouro e tráfico de escravos – Pernambuco (1654-1760)*; São Paulo, 2008, Tese de doutorado em História, Faculdade de Filosofia, Letras e Ciências Humanas, Universidade de São Paulo, pp. 95-6 e 100.
[151] Cf. Pedro Puntoni, *A Guerra dos Bárbaros: povos indígenas e a colonização do sertão nordeste do Brasil, 1650-1720*, São Paulo, Hucitec/Edusp, 2002.
[152] Gabriel Parente Nogueira, *Às margens do império: a pecuária das carnes salgadas e o comércio nos portos da porção oriental da costa leste-oeste da América portuguesa nas dinâmicas de um império em movimento*, Fortaleza, 2021, Tese de doutorado, Programa de Pós-graduação em História, Universidade Federal do Ceará, p. 160.
[153] Cf. Gabriel Parente Nogueira, *Às margens do império: a pecuária das carnes salgadas e o comércio nos portos da porção oriental da costa leste-oeste da América portuguesa nas dinâmicas de um império em movimento*, Fortaleza, 2021, Tese de doutorado, Programa de Pós-graduação em História, Universidade Federal do Ceará, especialmente pp. 166-77.
[154] Cf. Gabriel Parente Nogueira, *Às margens do império: a pecuária das carnes salgadas e o comércio nos portos da porção oriental da costa leste-oeste da América portuguesa nas dinâmicas de um império em movimento*, Fortaleza, 2021, Tese de doutorado, Programa de Pós-graduação em História, Universidade Federal do Ceará, especialmente p. 179.
[155] Cf. Eduardo Neumann, "'Muchos Yndios que na cautibados', escravização e traficantes indígenas na América meridional (século XVIII)", in Kuhn e Eduardo Neumann (orgs.), *História do extremo sul: a formação da fronteira meridional na América*, Rio de Janeiro, Mauad X, 2022.
[156] Eduardo Neumann, "'Muchos Yndios que na cautibados', escravização e traficantes indígenas na América meridional (século XVIII)", in Kuhn e Eduardo Neumann (orgs.), *História do extremo sul: a formação da fronteira meridional na América*, Rio de Janeiro, Mauad X, 2022, p. 31.
[157] AHU, CU, RJ, CA, cx. 9. doc. 1739, 02/12/1689.
[158] AHU, CU, RJ, CA, cx. 9. doc. 1739, 02/12/1689.
[159] AHU, CU, RJ, CA, cx. 9, doc. 1766-1769, 02/04/1691.
[160] AHU, CU, RJ, CA, 1766-1769, 02/04/1691; AHU, CU, RJ, CA, docs. 2010-2013 e 2117, 04/08/1688.
[161] Gabriel Parente Nogueira, *Às margens do Império: a pecuária das carnes salgadas e o comércio nos portos da porção oriental da costa leste-oeste da América portuguesa nas dinâmicas de um império em movimento*, Fortaleza, 2021, Tese de doutorado, Programa de Pós-graduação em História, Universidade Federal do Ceará, p. 185.
[162] Alexandre V. Ribeiro, *O Tráfico Atlântico de escravos e a praça mercantil de Salvador (c.1680 – c.1830)*, Rio de Janeiro, 2005, Dissertação de mestrado, PPGHIS - Universidade Federal do Rio de Janeiro, p. 127.

163 Arthur A. S. de Carvalho Curvelo, *Governar Pernambuco e as "capitanias anexas". O perfil dos governadores, a comunicação política e as jurisdições dos governadores da capitania de Pernambuco (c. 1654-c.1756)*, Lisboa, 2019, Tese de doutorado, Programa Interuniversitário de Doutoramento em História - Universidade de Lisboa, p. 159.

164 Cf. Roberto Guedes Ferreira, *As mil e uma desigualdades da escravidão (Rio de Janeiro, 1700-1850)*, Rio de Janeiro, Departamento de História da UFRRJ, 2022 (projeto aprovado pelo Edital Faperj "Programa de Apoio a Projetos Temáticos no Estado do Rio de Janeiro" – faixa A).

165 Cf. Maria Verônica Campos, *Governo de mineiros: "de como meter as minas numa moenda e beber-lhe o caldo dourado", 1693 a 1737*, São Paulo, 2002, Tese de doutorado, Programa de Pós-graduação em História Social da USP; Adriana Romeiro, *Paulistas e emboabas no coração das Minas: ideias, práticas e imaginário político no século XVIII*, Belo Horizonte, Ed. UFMG, 2008.; Carla Maria Carvalho de Almeida e Mônica Ribeiro de Oliveira, "Conquista do centro-sul: fundação da Colônia de Sacramento e 'achamento' das Minas", in João Fragoso e Fátima Gouvêa (coords.), *O Brasil Colonial*, Rio de Janeiro, Civilização Brasileira, 2014, 3v.

166 AHU, CU, RJ, CA, cx. 7, doc. 1216-1218, 22/05/1674.

167 AHU, CU, RJ, CA, cx. 7, doc. 1216-1218, 22/05/1674.

168 AHU, CU, RJ, CA, cx. 10, doc. 1836-1869, 08/01/1693.

169 Texto adaptado por João Fragoso.

170 AHU, CU, RJ, CA, cx. 10, doc. 1836-1869, 08/01/1693 [adaptado por João Fragoso].

171 AHU, CU, Códice 232, folhas 223 e 224, 15/12/1703; AHU, CU, RJ, CA, cx. 13, doc. 2434-2500, 1700; AHU, CU, RJ, CA, cx. 27, doc. 6180-6186, 1729.

172 AHU, CU, Códice 232, folhas 223 e 224, 17/02/1705; AHU, CU, Códice 232, folha 230, 22/06/1706 [texto adaptado por João Fragoso].

173 AHU, CU, Códice 232, folha 238 e 239, 28/02/1707.

174 AHU, CU, Códice 232, folha 179, 02/03/1702 [adaptado por João Fragoso].

175 AHU, CU, RJ, AV, cx. 14, doc. 2919-2925, 1704.

176 Maria Verônica Campos, *Governo de mineiros: "de como meter as minas numa moenda e beber-lhe o caldo dourado", 1693 a 1737*, São Paulo, 2002, Tese de doutorado, Programa de Pós-graduação em História Social da USP, p. 141.

177 AHU, CU, BA, CA, Notícia sobre a freguesia de S. Bartolomeu da vila de Maragogipe, anexo ao doc. 2666 (?), 1757.

178 Adriana Romeiro, *Paulistas e emboabas no coração das Minas: ideias, práticas e imaginário político no século XVIII*, Belo Horizonte, Ed. UFMG, 2008, pp. 131-3.

179 AHU, CU, RJ, CA, cx. 12, doc. 2419-2423, 15/12/1700; AHU, CU, RJ, CA, cx. 14, doc. 2894, 16/03/1705.

180 AHU, CU, RJ, CA, cx. 12, doc. 2968, 08/08/1706.

181 AHU, CU, Códice 232, folha 249, 18/02/1709; AHU, CU, RJ, CA, cx. 15, doc. 2988, 14/09/1706.

182 AN, 1ON, Livro 68, p. 79v, 24/07/1697; AN, 2ON, p. 14, 28/02/1711; AN, 1ON, Livro 62, p. 42, 02/05/1698.

183 AHU, CU, RJ, CA, cx. 10, doc. 1110, 09/01/1716.

184 AHU, CU, Códice 232, folha 255, 30/03/1704 [grifo meu].

185 AHU, CU, RJ, CA, cx. 15, doc. 3226-3227, 12/08/1709.

186 AHU, CU, RJ, CA, cx. 16, doc. 3317-3335, 06/02/1714.

187 AN, 1ON, Livro 88, p. 206v, 13/07/1720.

188 Antonio Carlos Sampaio, *Na encruzilhada do Império: hierarquias sociais e conjunturas do econômicas no Rio de Janeiro (c. 1650 – c. 1750)*, Rio de Janeiro, Arquivo Nacional, 2003, p. 149.

189 AHU, CU, Códice 232, folha 187, 22/02/1703; AHU, CU, Códice 232, folha 189, 31/03/1703; AHU, CU, Códice 232, folha 283, 19/02/1703. Sobre o desenvolvimento da produção de alimentos no Rio de Janeiro para o abastecimento interno e o tráfico atlântico de escravos, ver Antonio Carlos Sampaio, *Na encruzilhada do Império: hierarquias sociais e conjunturas do econômicas no Rio de Janeiro (c. 1650 – c. 1750)*, Rio de Janeiro, Arquivo Nacional, 2003, pp. 125-33.

190 Antonio Carlos Sampaio, *Na encruzilhada do Império: hierarquias sociais e conjunturas do econômicas no Rio de Janeiro (c. 1650 – c. 1750)*, Rio de Janeiro, Arquivo Nacional, 2003, p. 149.

191 AHU, CU, RJ, CA, cx. 45, doc. 10641-10658, 06/07/1739.

192 AHU, CU, RJ, CA, cx. 24, doc. 5369-5380, 06/02/1714.

[193] Alexandre V. Ribeiro, *O Tráfico Atlântico de escravos e a praça mercantil de Salvador (c.1680 – c.1830)*, Rio de Janeiro, 2005, Dissertação de mestrado, PPGHIS - Universidade Federal do Rio de Janeiro, pp. 28 e 127.

[194] Alexandre V. Ribeiro, *O Tráfico Atlântico de escravos e a praça mercantil de Salvador (c.1680 – c.1830)*, Rio de Janeiro, 2005, Dissertação de mestrado, PPGHIS - Universidade Federal do Rio de Janeiro, p. 23.

[195] Instituto Histórico e Geográfico Brasileiro (IHGB), Registro de cartas comerciais escritas de Luanda, nos anos de 1697 a 1701, lata 72, pasta 8.

[196] Cf. Roquinaldo Ferreira, *Cross-Cultural Exchange in the Atlantic World: Angola and Brazil during the Era of the Slave Trade*, Cambridge, Cambridge University Press, 2012.

[197] Para os governadores Artur Sá de Meneses e Luís Lopes Pegado, ver, respectivamente, IHGB, Registro de cartas comerciais escritas de Luanda, nos anos de 1697 a 1701, lata 72, pasta 8, 04/10/1698, folha 21, e Rio de Janeiro-Luanda, 15/08/1700, folha 69, verso.

[198] Para o conde Ericeira e o visconde de Asseca, ver, respectivamente, IHGB, Registro de cartas comerciais escritas de Luanda, nos anos de 1697 a 1701, lata 72, pasta 8, 20/05/1699, folha 39, verso, e Rio de Janeiro-Luanda, 20/12/1698, folha 26.

[199] Para a Confraria do Santíssimo do Sacramento da Candelária, ver IHGB, Registro de cartas comerciais escritas de Luanda, nos anos de 1697 a 1701, lata 72, pasta 8, Rio de Janeiro – Luanda, 15/08/ 1700, folha 69, verso.

[200] IHGB, Registro de cartas comerciais escritas de Luanda, nos anos de 1697 a 1701, lata 72, pasta 8: cartas de Luanda, 3/01/1698, folha 5 (sobre aguardente); Luanda, 30/01/1698, folha 8, verso, e 9 (produtos ingleses, da Índia e a participação de Pernambuco); Rio de Janeiro, 15/09/1799, folha 48 e 48, verso (sobre marmeladas e açúcar).

[201] Denise Viera Demétrio, *Senhores governadores: Arthur de Sá e Menezes e Martim Correia Vasques. Rio de Janeiro, c. 1697-c. 1702*, Niterói, 2014, Tese de doutorado, Universidade Federal Fluminense, p. 258.

[202] AHU, CU, RJ, AV. cx. 5, doc. 489, post. 1683.

[203] Manolo Florentino, *Aspectos do tráfico negreiro na África Ocidental (c.1500-c.1800)*, in "O Brasil Colonial, 1º. vol.", in João Fragoso e Fátima Gouvêa, (coords.), *O Brasil Colonial*, Rio de Janeiro, Civilização Brasileira, 2014, 3v, pp. 234 e 236.

[204] Alexandre V. Ribeiro, *O Tráfico Atlântico de escravos e a praça mercantil de Salvador (c.1680 – c.1830)*, Rio de Janeiro, 2005, Dissertação de mestrado, PPGHIS - Universidade Federal do Rio de Janeiro, pp. 62-63.

[205] Carta de Gomes Freire ao governador de Pernambuco, 06/03/1735, Arquivo Nacional – Correspondência dos Governadores e Vice-Reis, Códice 84, v. 5, fls. 163v-169.

[206] Carta de Gomes Freire ao governador de Angola [Rodrigo Cesar de Meneses], 25/01/1735, Arquivo Nacional – Correspondência dos Governadores e Vice-Reis, Códice 84, v. 5, p. 148v.

[207] AN, Códice 157. Fianças de Embarcações que saem do porto do Rio de Janeiro, v. 1 a 7 (1724- 1730).

[208] Cf. William Michael Donovan, *Commercial Enterprise and Luso-Brazilian Society during the Brazilian Gold Rush: the mercantile House of Francisco Pinheiro and the Lisbon to Brazil Trade, 1695-1750*, Baltimore, 1990, Tese de PhD, Johns Hopkins University.

[209] AHU, CU, RJ, CA, cx 26, doc. 5.924, 1728; AHU, CU, RJ, Códice 1279 – Relação de todos os contratos e mais rendas na capitania do Rio de Janeiro por suas origens e criações, 1733, pp. 12-13; AHU, CU, RJ, CA, cx. 26, doc. 5882-5887, 10/03/1728.

[210] Cf. Luís Lisanti, *Negócios Coloniais: uma correspondência comercial do século XVIII*, Brasília, São Paulo, Ministério da Fazenda/Visão Editorial, 1973, 5v.

[211] Luís Lisanti, *Negócios Coloniais: uma correspondência comercial do século XVIII*, Brasília/São Paulo, Ministério da Fazenda/Visão Editorial, 1973, liv. III, pp. 479-480.

[212] AHU, CU, RJ, CA, cx. 27, doc. 6152, ano de 1729.

[213] AHU, CU, RJ, CA, cx. 34, doc. 7550, 18/08/1732. Ver também AHU, CU, RJ, AV, cx. 38, doc. 4009, 12/03/1746 [destaques meus].

[214] AHU, CU, RJ, CA, cx. 32, doc. 7550, 18/08/1732.

[215] AHU, CU, AV, cx. 36, doc. 4.048, 03/08/1746.

[216] AHU, CU, BA, AV, cx. 115, doc. 8992, 30/05/1753.

217 AHU, CU, RJ, CA, cx. 66, doc. 15.513, ano 1752.
218 AHU, CU, Códice 1269 - Mapas Cronológicos dos Contratos do Ultramar, dispostos por ordem cronológica.
219 AHU, CU, RJ, AV, cx. 46, doc. 4714, 01/06/1753.
220 AHU, CU, RJ, CA, cx. 70, doc. 16195-16208, 06/11/1753.
221 AHU, CU, RJ, CA, cx. 19, doc. 4152-4158, 20/09/1723.
222 AHU, CU, RJ, CA, cx. 59, doc. 13523-13526, 31/03/1746.
223 AHU, CU, RJ, CA, cx. 67, doc. 15624-15625, 20/09/1752.
224 AHU, CU, RJ, CA, cx. 57, doc. 13401-13404, 30/05/1748; AHU, CU, RJ, CA, cx. 44, doc. 4475 [ant. 12/01/1751]; AHU, CU, RJ, CA, cx. 52, doc. 5242, 01/08/1757.
225 AHU, CU, RJ, AV, cx. 82, doc. 7326, 26/06/1783.
226 AHU, CU, RJ, AV, cx. 129, doc. 10279, 28/02/1787.
227 ACRJ, Freguesia da Sé, LOL, Test. de José de Andrade Soutomaior, 25/06/1752; AHU, CU, RJ, AV, cx. 125, doc. 10015, 21/01/1785.
228 AHU, CU, RJ, AV, cx. 47, doc. 4776, 09/06/1754; AHU, CU, RJ, AV, cx. 98, doc. 8466, 29/08/1775; AHU, CU, RJ, AV, cx. 131, doc. 10404 - 07/01/1788; AHU, CU, RJ, AV, Cx. 179, doc. 13104. 27/01/1800.
229 ACRJ, Freguesia da Sé, LOL, Test. Miguel Aires Maldonado, 10/02/1732; ACRJ, Freguesia da Sé, LOL, Test., Francisca Muniz, 10/11/1748; AHU, CU, RJ, AV, cx. 63, doc. 5996, 08/08/1761. Requerimento de Manoel Correia Vasques.
230 AN, 4ON, Livro 86, p. 72v, 17/02/1774; AN, 4ON, Livro 86, p. 79v, 19/02/1774.
231 AN, 1ON, Livro 71, p. 104v, 15/09/1705.
232 Couto Reis, *Manuscritos de Manoel Martins do Couto Reys, 1785*, Rio de Janeiro, Arquivo Público do Estado do Rio de Janeiro.
233 ACRJ, Freguesia da Sé, LOL, Test. Joana Soberal, 11/07/1705; AN, 1ON, Livro 88, 19/11/1718; AHU, CU, RJ, AV, cx. 125, doc. 10015, 21/01/1785.
234 Cf. Rosa Colgost, "La 'gran obra' de la propriedad. Lo motivos de un debate", in Rosa Colgost e José Miguel Campos Lana, *Cerrados, debates abiertos: anasils histórica y propriedad de la tierras em Europa (siglos XVI-XIX)*, Navarra, Universidad Publica de Navarra, 2007; Manoela Pedrosa, *Engenhocas da Moral: redes de parentela, transmissão de terras e direitos de propriedade na Freguesia de Campo Grande*, Rio de Janeiro, Arquivo Nacional, 2011.
235 AHU, CU, CA, cx. 163, doc. 21203, Mapas descritivas da População das freguesias do distrito de Guaratiba de 1797 – Freguesia de Campo Grande; ACRJ, Freguesia de Campo Grande, Livros de Batismos de livres e de escravos.
236 Cf. Carla Maria Carvalho de Almeida e Mônica Ribeiro de Oliveira, "Conquista do centro-sul: fundação da Colônia de Sacramento e 'achamento' das Minas", in João Fragoso e Fátima Gouvêa (coords.), *O Brasil Colonial*, Rio de Janeiro, Civilização Brasileira, 2014, v. 2.
237 Carla Maria Carvalho de Almeida, "Ricos e Pobres Minas Gerais Colonial – produção e hierarquia social no mundo colonial, 1750-1822", Belo Horizonte, Argumentum, 2010, pp. 82-83.
238 Ilana Blaj, *A trama das tensões: o processo de mercantilização de São Paulo colonial (1681-1721)*, São Paulo, Humanitas/FFLCH/USP/Fapesp, 2002, pp. 291-2.
239 Cf. Maria L. Marcílio, *Crescimento demográfico e evolução agrária paulista, 1700-1836*, São Paulo, Edusp, 2000; Carlos A. Bacelar, *Viver e sobreviver em uma vila colonial – Sorocaba, séculos XVIII e XIX*, São Paulo, Annablume/Fapesp, 2001, p. 102; Maria Aparecida M. Borrego, *A Teia Mercantil: negócios e poderes em São Paulo Colonial, 1711-1765*, São Paulo, 2006, Tese de doutorado em História, Faculdade de Filosofia, Letras e Ciências Humanas, Universidade de São Faculdade de Filosofia, Letras e Ciências Humanas, USP, p. 109.
240 Cf. Martha Daisson Hameister, *O continente do Rio Grande de São Pedro: os homens, suas redes de relações e suas mercadorias semoventes (c. 1727 – c. 1763)*, São Leopoldo, Casa Leira, 2022; Tiago Luís Gil, *Coisas do caminho: tropeiros e seus negócios do Viamão a Sorocaba (1780-1810)*, Rio de Janeiro, 2009, Tese de doutorado, PPGHIS - Universidade Federal do Rio de Janeiro.
241 Cf. Martha Daisson Hameister, *O continente do Rio Grande de São Pedro: os homens, suas redes de relações e suas mercadorias semoventes (c. 1727 – c. 1763)*, São Leopoldo, Casa Leira, 2022.
242 Cf. Kuhn, F. *Gente da Fronteira; Família, Sociedade e Poder no Sul da América Portuguesa – século XVIII*, Niterói, 2006, Tese de doutorado, Universidade Federal Fluminense; Tiago Luís

Gil, *Infiéis Transgressores: elites e contrabandistas nas fronteiras do Rio Pardo (1760-1810)*, Arquivo Nacional, 2005; Tiago Luís Gil, *Coisas do caminho: tropeiros e seus negócios do Viamão a Sorocaba (1780-1810)*. Rio de Janeiro, 2009, Tese de doutorado, PPGHIS - Universidade Federal do Rio de Janeiro, pp. 277 e 296-7.

[243] Cf. Silvana Godoy, *Itu e Araritaguaba na rota das monções*, Campinas, 2002, Dissertação de mestrado, Unicamp.

[244] Silvana Godoy, *Itu e Araritaguaba na rota das monções*, Campinas, 2002, Dissertação de mestrado, Unicamp, p. 178.

[245] Silvana Godoy, *Itu e Araritaguaba na rota das monções*, Campinas, 2002, Dissertação de mestrado, Unicamp, pp. 65 e 183.

[246] Alexandre V. Ribeiro, *O Tráfico Atlântico de escravos e a praça mercantil de Salvador (c.1680 – c.1830)*, Rio de Janeiro, 2005, Dissertação de mestrado, PPGHIS - Universidade Federal do Rio de Janeiro, p. 53.

[247] Pierre Verger, *Fluxo e refluxo do tráfico de escravos entre o Golfo de Benin e a Bahia de Todos os Santos*, São Paulo, Corrupio, 1987, pp. 19-20; Alexandre V. Ribeiro, *O Tráfico Atlântico de escravos e a praça mercantil de Salvador (c.1680 – c.1830)*, Rio de Janeiro, 2005, Dissertação de mestrado, PPGHIS - Universidade Federal do Rio de Janeiro, pp. 31-32.

[248] Alexandre V. Ribeiro, *O Tráfico Atlântico de escravos e a praça mercantil de Salvador (c.1680 – c.1830)*, Rio de Janeiro, 2005, Dissertação de mestrado, PPGHIS - Universidade Federal do Rio de Janeiro, pp. 33-6 e 75.

[249] Cf. Pierre Verger, *Fluxo e refluxo do tráfico de escravos entre o Golfo de Benin e a Bahia de Todos os Santos*, São Paulo, Corrupio, 1987; Daniele Santos de Souza, *Tráfico, escravidão e liberdade na Bahia nos "anos de ouro" do comércio negreiro (c.1680-c.1790)*, Salvador, Programa de Pós-graduação em História da Universidade Federal da Bahia, 2018.

[250] Alexandre V. Ribeiro, "O Comércio de escravos e a elite baiana no período colonial", in João Fragoso, Carla Almeida e Antonio C. Sampaio, *Conquistadores e Negociantes: histórias de elites no Antigo Regime nos Trópicos*, Rio de Janeiro, Civilização Brasileira, 2007, pp. 330-2.

[251] Cf. Alexandre V. Ribeiro, *A cidade de Salvador: estrutura econômica, comércio de escravos e grupo mercantil (c.1750 – c.1800)*, Rio de Janeiro, 2009, Tese de doutorado, PPGHIS - Universidade Federal do Rio de Janeiro.

[252] Alexandre V. Ribeiro, *A cidade de Salvador: estrutura econômica, comércio de escravos e grupo mercantil (c.1750 – c.1800)*, Rio de Janeiro, 2009, Tese de doutorado, PPGHIS - Universidade Federal do Rio de Janeiro, p. 279.

[253] AHU, CU, BA, CA, C\cx. 57, doc. 10907, 18/10/ 1781. Carta muito interessante do advogado da Bahia José da Silva Lisboa.

[254] Stuart Schwartz, *Segredos internos: engenhos e escravos na sociedade colonial, 1550-1835*, São Paulo, Companhia das Letras, 1988, pp. 364-5.

[255] Cf. Nogueira, Gabriel Parente. *Às margens do império: a pecuária das carnes salgadas e o comércio nos portos da porção oriental da costa leste–oeste da América portuguesa nas dinâmicas de um império em movimento*, Fortaleza, 2021, Tese de doutorado, Programa de Pós-graduação em História, Universidade Federal do Ceará.

[256] Gabriel Parente Nogueira, *Às margens do império: a pecuária das carnes salgadas e o comércio nos portos da porção oriental da costa leste-oeste da América portuguesa nas dinâmicas de um império em movimento*. Fortaleza, 2021, Tese de doutorado, Programa de Pós-graduação em História, Universidade Federal do Ceará, p. 8.

[257] Gabriel Parente Nogueira, *Às margens do império: a pecuária das carnes salgadas e o comércio nos portos da porção oriental da costa leste-oeste da América portuguesa nas dinâmicas de um império em movimento*. Fortaleza, 2021, Tese de doutorado, Programa de Pós-graduação em História, Universidade Federal do Ceará, pp. 257 e 325.

[258] Gabriel Parente Nogueira, *Às margens do império: a pecuária das carnes salgadas e o comércio nos portos da porção oriental da costa leste-oeste da América portuguesa nas dinâmicas de um império em movimento*. Fortaleza, 2021, Tese de doutorado, Programa de Pós-graduação em História, Universidade Federal do Ceará, p. 258.

[259] George Cabral de Souza, "Nos sertões e no Atlântico. A trajetória de um grande comerciante na América portuguesa do século XVIII", in Breno Almeida Vaz Lisboa Et al. (orgs.), *Essa parte*

tão nobre do corpo da monarquia" – Poderes, negócios e sociabilidades em Pernambuco colonial: séculos XVI-XVIII, Recife, Editora Universitária da UFPE, 2016, pp. 212-88.

[260] Ana Lunara Morais, *Em busca da perpetuação: reprodução social e poder económico da nobreza da terra nas Capitanias do Norte, séculos XVI-XVIII*, Évora, 2021, Tese de Doutorado, Universidade de Évora, p. 293.

[261] Ana Lunara Morais, *Entre veados, carneiros e formigas: conflito pela posse de terra na ribeira do Ceará-Mirim, e concepções de mentalidade possessória, 1725-1761*, Natal, 2014, Dissertação de mestrado, Programa de Pós-graduação em História da Universidade Federal do Rio Grande do Norte, pp. 148-70.

[262] Carta do Conde de Rezende D. Rodrigo de Souza Coutinho, 30/09/1799; Resposta de vinte comerciantes. José da Motta et al., Correspondência dos Vice-reis, Códice 68, v. 15, fl. 330-332. Arquivo Nacional.

[263] AHU, CU, BA, CA, cx. 47, doc. 8745-8752, 03/03/1775.

[264] Texto adaptado por João Fragoso.

[265] Texto adaptado por João Fragoso.

[266] AHU, CU, BA, CA. cx. 54, doc. 10319 -10335, 10/09/1779.

[267] AHU, CU, BA, CA. cx. 57, doc. 10907, 18/10/1781.

[268] Texto adaptado por João Fragoso.

BIBLIOGRAFIA COMENTADA

O livro foi escrito para um público geral. Por isso, poupei o leitor de extensas notas e intermináveis citações. A exceção ocorreu quando mencionei e transcrevi documentos. A seguir, apresento a bibliografia consultada e destaco as obras que considero importantes na produção deste livro.

No último meio século, a historiografia ocidental sobre a Época Moderna (séculos XV-XVIII) foi sacudida por diversas mudanças, dentre as quais destaco algumas tendências iniciadas nas décadas anteriores cujo eixo era a crítica ao etnocentrismo (Lévi-Strauss, 1975 [1952]). A partir daí, conceitos e explicações com base na superioridade da sociedade europeia ocidental sobre as demais perderam sentido. De igual modo, foram fragilizadas abordagens sobre a dinâmica social com base na superioridade ou excelência de um grupo social sobre outro. Na crítica imediata ao etnocentrismo, temos, por exemplo, o uso do conceito de "sociedade primitiva" e/ou "periférica" para as situadas fora da Europa Ocidental, especialmente seu noroeste. A rubrica de "sociedade primitiva" servia para classificar, principalmente, as sociedades dos continentes africano e americano nos séculos XV e XVI ou as que ficaram à margem do domínio europeu; por sua vez, o conceito de "sociedade periférica" referia-se às áreas conectadas pela expansão comercial europeia a partir dos séculos XV e XVI. Com as críticas ao etnocentrismo, cada vez mais percebeu-se que tais sociedades, com ou sem nexos com a Europa Ocidental, eram habitadas por populações capazes de serem agentes de suas histórias. Além disso, os conceitos criados a partir das análises das sociedades ditas primitivas e/ou periféricas contribuíam, decisivamente, para a compreensão das complexas sociedades europeias, a exemplo do conceito de "*dádiva*" produzido por Mauss (Mauss, 2003 [1925]), apreendido por Malinowiski em suas pesquisas de campo na Oceania nos anos 1910 e 1920 (Malinowiski, 2018 [1922]), entre outros pesquisadores. O conceito de *dádiva*, entendido como reciprocidade desigual, servirá de base, por exemplo, para os estudos do feudalismo e do Antigo Regime europeu (Xavier e Hespanha, 1993).

À semelhança da crítica à superioridade europeia, uma nova leitura sobre os chamados "grupos subalternos" (camponeses, trabalhadores urbanos, escravos etc.) situados na Europa ou fora dela nas últimas décadas começou a tomar corpo (Levi, 1985; Gutman, 1976; Genovese, 1988 [1974]). *Descobriu-se* que, por exemplo, os camponeses franceses e os escravos africanos no Novo Mundo tinham vontades e, portanto, eram capazes de ser protagonistas de suas histórias e da sociedade na qual viviam. Isso ocorria apesar de eles viverem em sociedades desiguais e hierarquizadas, marcadas pelo controle da riqueza social nas mãos das elites sociais e econômicas. Compreendeu-se que os chamados grupos subalternos eram sujeitos no processo histórico e atuavam de maneira a melhorar as suas condições de vida. Essa ação se dava, apesar de intelectuais das elites sociais produzirem ideologias para explicar as desigualdades sociais, procurando naturalizá-las. Nesse instante, é importante sublinhar que lavradores sem terra, servos, escravos e outros valiam-se, muitas vezes, da reinterpretação das ideologias dos ditos intelectuais. Enfim, as estruturas sociais em movimento apresentavam fissuras e contradições. Essas fissuras geravam mudanças na dinâmica das próprias estruturas, conferindo-lhes, portanto, uma história. Aliás, uma das novidades desse meio século historiográfico foi a descoberta de que os homens e as mulheres, para produzirem sua vida material, precisavam entender, de alguma forma, tal produção social. A excessiva ênfase à economia caía por terra.

Entre os trabalhos que surgiram a partir das preocupações citadas temos os estudos na tradição dos Annales – a exemplo de P.

Goubert (1968) e E. Le Roy Ladurie (1966); da Escola de Cambridge, lembro os estudos de P. Laslett (1972); também destaco o novo marxismo inglês de pesquisadores como E. Thompson (1998) e da micro-História italiana de E. Grendi (2009), G. Levi (1985), C. Ginzburg (1991a), entre outros. Nessas abordagens, é preciso mencionar a influência da Antropologia na História. As interpretações referentes ao Rio de Janeiro, nos dois últimos capítulos, resultaram de pesquisas inspiradas em procedimentos da micro-História.

Considerando esse pano de fundo historiográfico, temos a crítica ao conceito de "absolutismo" como eixo interpretativo da Europa da época, mas também a crítica às abordagens que sublinhavam o domínio do noroeste europeu, entre os séculos XV e XVIII, na dinâmica das histórias das sociedades do Novo Mundo, da África e da Ásia. São mudanças ainda em curso que, apesar de lentas, têm sido utilizadas nos trabalhos acerca das Monarquias europeias do século XVII. Com isso, cada vez mais, tem-se rompido com o conceito de "absolutismo", sintoma da preguiça historiográfica (Asch, 2015). Da mesma forma, sabe-se que a contribuição da *periferia* para a formação do capitalismo foi *periférica* (O'Brien, 1982) e, ainda, que o domínio europeu sobre o Índico dos séculos XVI e XVII é, no mínimo, uma ilusão historiográfica (Subrahmanyam, 1995; 2012).

LEITURAS TEÓRICAS

Para as **reciprocidades desiguais**, base das hierarquias sociais nas sociedades feudais e de Antigo Regime, ver especialmente Mauss (2003) e Malinowiski (2018). Sobre **mercados pré-capitalistas** ver K. Polanyi (1980), M. Godelier (1969), W. Kula (1979) e F. Braudel (1985). Para **sistemas de conhecimento** no funcionamento das sociedades sugiro E. Durkhein (1996), P. Bourdieu (1992), A. Hespanha (2011), B. Clavero (1990). Ainda no âmbito dos sistemas de conhecimento, temos os referentes à **cultura popular,** entendida como visão de mundo produzida por camponeses e demais grupos subalternos, para os quais indico C. Ginzburg (1987, 1991b), E. Thompson (1998) e Natalie Davis (1990). Para estudos que resultaram em aportes teóricos para explicar a **economia no final da Idade Média e Antigo Regime**, ver E. Labrousse (1962), P. Kriedte (1985), W. Abel (1980).

LEITURAS CLÁSSICAS SOBRE A EUROPA MODERNA

Os livros da geração dos Annales da década de 1950 e 1960 continuam insuperáveis para aqueles que pretendem conhecer a Europa Moderna e, em especial, para os que almejam aprender sobre métodos, técnicas e fontes. Entre tais estudos, são basilares os de P. Goubert (1968), L. R. Ladurie (Ladurie, 1966), P. Vilar (1962); os de F. Braudel sobre o Mediterrâneo na época de Filipe II (Braudel, 1976) e *Civilização material e capitalismo* (1985). A estes acrescento os estudos de Slicher Van Bath (1984) sobre história agrária.

Leituras revisionistas sobre monarquia, aristocracia e poder local

A passagem dos anos 1980 para os 1990 foi caracterizada pela propagação de publicações que renovaram os estudos acerca da formação do Estado na Europa Moderna, criticando a ideia de "absolutismo" e sublinhando a importância dos poderes locais (aristocracia, comunas urbanas e aldeias) na administração do cotidiano. Dentre esses estudos, temos os de Hespanha (1994 [1989]) e J. H. Elliott (1992 e 2009). Ambos retomaram algumas ideias de Otto Brunner (1992 [1939]) sobre a fragilidade das Coroas e a importância dos poderes locais.

TEXTOS GERAIS SOBRE A EUROPA MODERNA

O conjunto de livros sobre Europa da Época Moderna que compõe a coleção História Universal da editora espanhola Siglo XXI, da década de 1980, permanece como obra de referência. Entre os autores sobre os séculos XVI e XVII, podemos citar J. H. Elliott publicado em 1988 e o de G. Parker em 1981. Temos ainda os manuais da Cambridge e da Oxford e os mais gerais e clássicos como os de P. Kriedte (1985) e H. Kamen (1984). Os textos que serviram de base para a redação do primeiro e do segundo capítulo são apresentados nos vários tópicos da bibliografia a seguir sobre Europa e Portugal.

PORTUGAL DA ÉPOCA MODERNA (SÉCULOS XV-XVIII)

Nas últimas décadas, a historiografia portuguesa foi impactada pelas pesquisas de António Manuel Hespanha e de Joaquim Romero Magalhães (Magalhães, 1993). Apresentei, diversas vezes, a importância das pesquisas de Hespanha para compreensão da Monarquia e da disciplina social no Antigo Regime; é, portanto, desnecessário retomar o tema. A contribuição de Magalhães renovou os estudos acerca dos municípios portugueses, entendendo-os como comunidades políticas com capacidade de autogoverno e, consequentemente, sua relevância na gestão do cotidiano político e econômico das populações. Nos anos de 1990, Hespanha capitaneou uma nova geração de pesquisadores que inovavam os estudos sobre o Antigo Regime luso; entre eles, Nuno Gonçalo Monteiro (1998) com sua pesquisa referente às famílias da primeira nobreza lusa e suas relações com a Coroa; nelas temos, por exemplo, a dependência da nobreza com relação às mercês da Coroa e, através dela, a dependência das conquistas ultramarinas. Ainda nessa década, seguindo a tradição de estudos de ponta de Vitorino Magalhães Godinho (1968a, 1968b, 1975, 1987), temos os trabalhos de Luiz Thomaz (1994) e de Sanjay Subrahmanyam (1995) que contribuíram para redimensionar o papel do Império ultramarino luso, especialmente no Índico. Por fim, nas últimas décadas, foram publicadas cuidadosas coleções sobre História de Portugal e seu Império ultramarino, como as coordenadas por José Mattoso (1993) e as de A. Joel Serrão e A. Oliveira Marques (2005), Ruy Ramos (2010) e Nuno Gonçalo Monteiro (2011).

LEITURAS SOBRE A AMÉRICA LUSA NA ÉPOCA MODERNA

A difusão dos cursos de pós-graduação, em especial os de doutorado, ocorreu no Brasil na década de 1980, daí nossa historiografia profissional estar ainda em construção. Portanto, a construção de um conhecimento mais sólido dos séculos XVI ao XVIII está em curso. Na verdade, a sociedade brasileira ainda terá que esperar alguns anos para ter à sua disposição um maior conjunto de pesquisas sobre aquele período. Para explicar o chamado "Brasil colonial", ainda hoje recorremos a textos que, apesar de toda sua genialidade e erudição, são ensaios sem grande base empírica. Entre tais estudos, destaco os de Gilberto Freyre (1987 [1933]), Sérgio Buarque de Holanda (2015 [1936]), Caio Prado Junior (1977 [1942]), Celso Furtado (1976 [1954]). Muitos desses modelos explicativos datam das décadas entre 1930 e 1960, época marcada pelas lutas contra o colonialismo e o chamado "capitalismo em sua fase imperialista". Até pouco tempo prevalecia soberana a hipótese de que a economia brasileira – conhecida como "colonial" – resumia-se à imagem de um "grande canavial". Tal interpretação pressupunha que o funcionamento e as conjunturas dessa economia dependiam dos humores das grandes praças comerciais situadas no noroeste europeu e dos preços do açúcar nelas determinados. Para alguns dos textos inspirados em autores como Caio Prado e Celso Furtado, grosso modo, os grupos sociais da América lusa se resumiam, fundamentalmente, a escravos e senhores de engenho. Lavradores (com ou sem terra), forros e comerciantes estavam ausentes, ou quase, naquelas interpretações. Somente a partir, principalmente, dos trabalhos de Ciro Cardoso (1973a, 1973b), Jacob Gorender (1978) e Antônio Barros de Castro (1980, 1984), é que as referidas hipóteses começaram a ser alteradas; a partir daí, vislumbrou-se a possibilidade de a economia brasileira ser menos caudatária de interesses externos, o que implica reconhecer que, na América lusa, havia espaço para uma dinâmica própria. Ainda na década de 1970, a hipótese sobre a montagem da economia e sociedade na América lusa no contexto da formação do capitalismo do século XVI, alcança, nas publicações de Fernando Novais (1983 [1979]), seu auge. Ainda hoje, esse trabalho serve de pano de fundo para diversas pesquisas. Em 1988, Stuart Schwartz (1988) publicava em português os seus estudos sobre sociedade escravista na Bahia dos séculos XVI ao XVIII, texto até hoje referência obrigatória.

Os estudos acerca da produção e dos mercados voltados ao abastecimento interno e sobre seus grupos sociais começaram a se multiplicar com os trabalhos de Maria Odila Dias (1972). Especialmente as pesquisas de Maria Yedda Linhares em parceria com Francisco Carlos Teixeira da Silva (Linhares, 1979; Linhares e Silva, s/d) trouxeram várias inovações temáticas, metodológicas e interpretativas. Ainda no campo da inovação na década de 1970, vale destacar as pesquisas acerca da atuação de negociantes no abastecimento interno de Maria Petrone (1976); e os estudos pioneiros de Maria L. Marcílio sobre demografia (Marcílio, 2000 [livro a partir da tese de livre-docência de 1974])

Na década de 1990, os primeiros resultados de pesquisas doutorais – cuja marca é o amplo trabalho em arquivos – começaram a pôr em dúvida os modelos explicativos dos anos de 1930 a 1960. Dentre esses novos trabalhos, destaco o de Manolo Florentino (1995), que demonstrou empiricamente que o comércio atlântico de escravos para o Sudeste brasileiro era controlado por negociantes de grosso trato residentes no Rio de Janeiro. Com isso, o autor atestou o controle interno, e não de negociantes europeus, sobre o mecanismo central da economia escravista da área e período. Cabe lembrar que, anos antes, Verger (1987 [1968]) defendia a mesma tese para Bahia do século XVIII. Ainda na década de 1990, minhas pesquisas de doutoramento demonstraram que o referido grupo de comerciantes de escravos também controlava outros setores fundamentais da economia da região, como o crédito e a produção de alimentos. Além disso, essas pesquisas confirmaram o vigor das produções e mercados regionais voltados ao abastecimento interno. A tese e depois livro de Sheila Castro Faria sobre Campos de Goitacazes no século XVIII evidenciou, numa mesma área, as estreitas relações entre a produção mercantil de abastecimento e a lavoura de açúcar (Faria, 1998). Por seu turno, Hebe Mattos, em seu mestrado e depois no doutorado (1987 e 1995, respectivamente), trouxe à baila lavradores pobres e pardos, estes um segmento saído da escravidão; evidenciando, dessa forma, a complexidade da sociedade escravista. Produzido na década de 1990, o estudo pioneiro de John Monteiro sobre a escravidão indígena em São Paulo dos séculos XVII e XVIII (Monteiro, 1994) revolucionou a compreensão da América lusa e ampliou um campo de pesquisa, na época, pouco trilhado: o das populações indígenas. Na década seguinte, esse campo contou com trabalhos seminais, como o de Maria Regina Celestina de Almeida (2003)

A maior profissionalização das pesquisas, na década de 1990, é perceptível na multiplicação de trabalhos com maior base empírica e mais atentos às discussões da historiografia internacional. Nesse cenário renovador, os estudos sobre a dinâmica entre os municípios, a produção para o comércio interno e a Monarquia ultramarina se tornaram mais frequentes. Alguns desses trabalhos são referência para os que pretendem entender melhor sobre a sociedade da América lusa. Entre outros tantos, sublinho o trabalho de Maria Fernanda Bicalho sobre o Rio de Janeiro e a dinâmica imperial lusa no século XVIII (Bicalho, 1997); o estudo pioneiro de Maria de Fátima Gouvêa sobre política e administração na Monarquia pluricontinental lusa, especialmente a ideia de *redes governativas*, entendida como elos entre personagens centrais na condução da política ultramarina (Gouvêa, 2001, 2010); o trabalho de Ilana Blaj acerca do processo de mercantilização de São Paulo (Blaj, 2002); o de Avanete Sousa sobre o mercado de Salvador da Bahia no século XVIII e o caráter pré-industrial do abastecimento das cidades (Sousa, 2012); o estudo de Antônio Jucá de Sampaio sobre os comerciantes e a praça mercantil do Rio de Janeiro entre 1650 e 1750, que revela a interação entre produção e comércio de alimentos na viabilização das *redes econômicas* ao redor daquela praça atlântica, e ainda o desenvolvimento na cidade da produção de alimentos para o abastecimento interno e o tráfico de escravos no século XVIII (Sampaio, 2003); Helen Osório destaca a ligação entre o extremo sul da América lusa e os mercados do centro da mesma América (Osório, 2007); Carla Almeida evidencia a dinâmica econômica das Minas Gerais na segunda metade do século XVIII, quando a mineração cedeu lugar à produção de alimentos como item principal na exportação da capitania (Almeida, 2010); quanto à alforria e forros, merecem destaque as inovadoras pesquisas de Roberto Guedes Ferreira (2008) e de Márcio Soares (2009). Mais recentemente, Roberto Guedes Ferreira tem aprofundado a investigação sobre as ligações entre alforria e a sedimentação da sociedade escravista, tendo como objeto a transformação dos forros em senhores de escravos (Ferreira, 2022).

Na continuidade do século XXI, diversas pesquisas estão contribuindo para melhor conhecimento da economia e da sociedade brasileira entre os séculos XVI e XVIII. Por exemplo, a investigação de Maria Verônica Campos e de Adriana Romeiro (Campos, 2002; Romeiro, 2008) sobre as negociações entre os potentados paulistas e a Coroa lusa no *achamento* dos metais de Minas Gerais. Ainda no tema da mineração, mas evidenciando as ligações com o abastecimento interno, sublinho os trabalhos a seguir: de Silvana Godoy para as rotas entre São Paulo e Cuiabá (2002); os de Thiago Gil

(2009) e de Martha Hameister (2022) sobre o comércio do atual Rio Grande do Sul e as regiões mineiras. Na década de 2010, emergiu a renovação do conhecimento sobre as capitanias situadas no nordeste: George Cabral de Souza (2012 e 2016) estuda a praça comercial do Recife do século XVIII e suas conexões com o Atlântico e o sertão. Thiago Krause (2015) e Ana Lunara de Morais (2021) estudam a *nobreza da terra*, respectivamente em Salvador da Bahia do século XVII e em Pernambuco entre os séculos XVI e XVIII. Ambos contribuem para uma nova visão acerca das elites sociais locais da América lusa daqueles séculos, até então identificadas e simplificadas com a rubrica de "senhores de engenho"; com isso, dão continuidade aos estudos pioneiros de Evaldo Cabral de Mello sobre o tema (Cabral de Mello, 2007 [1975]; 2003 [1995]). Ainda a respeito do Nordeste, temos o estudo de Gabriel Nogueira (Nogueira, 2021) que destaca os então chamados "Portos do Sertão" (áreas comerciais e pecuaristas), disseminados pelos atuais estados do Rio Grande do Norte, chegando ao Piauí, com eixo em Recife e cujo alcance chegava à Minas Gerais e praças do Atlântico.

Evidentemente, comentar a bibliografia utilizada demanda escolhas. Quer por esquecimento, quer por necessidade de finalizar, nem todos que serviram de baliza para este livro foram citados nesta enxuta sugestão de aprofundamento.

REFERÊNCIAS BIBLIOGRÁFICAS

FONTES PRIMÁRIAS
Manuscritas e publicadas

ARQUIVO DA CÚRIA do Rio de Janeiro (ACRJ). Freguesias de Sacramento (Sé), Campo Grande, Candelária, Guaratiba, Iguaçu, Inhaúma, Itaipu, Irajá, Jacarepaguá, Jacutinga, Sacramento (Sé), São Gonçalo, São João de Meriti. Livros de Batismo, Casamento e Óbito (testamento), séculos XVII e XVIII.

ARQUIVO DA DIOCESE de Luanda/Angola (ADL). Freguesia de N. S. da Conceição, Livro de Registro de Batismo, 1770-1786; Freguesia de N. S. dos Remédios, Livro de Registro de Batismo, 1802-1804.

ARQUIVO GERAL do Rio de Janeiro (AGRJ). Prefeitura do Distrito Federal - Diretoria de Estatística e Arquivo. *O Rio de Janeiro no século. XVII – Acórdãos e Vereanças do Senado e da Câmara, 1635-1650*. Rio de Janeiro: Prefeitura do Distrito Federal, 1935.

ARQUIVO GERAL do Rio de Janeiro (AGRJ). Códices: Cartório do Primeiro Ofício de Notas, documentos e registros originais do século XVII – cod. 42-3-55.

ARQUIVO NACIONAL (AN) – Rio de Janeiro. Correspondência dos governadores e vice-reis, Códice 84v. 5.

ARQUIVO NACIONAL (AN) – Rio de Janeiro: 1º. Ofício de Notas (1 ON) e 4º. Ofício de Notas (4 ON).

ARQUIVO PÚBLICO Estadual da Bahia (APEB) – Livros dos Ofícios de Notas de Salvador. In: British Library. Disponível em: https://eap.bl.uk/project/EAP703. Acesso em: dez. 2023.

INSTITUTO HISTÓRICO Geográfico do Brasil. Registro de cartas comerciais escritas de Luanda nos anos de 1697 a 1701 - Lata 72 - Pasta 8.

BRANDÃO, Dom Luís Simões. "Memorial a El Rey", 02 Novembro 1715. Biblioteca Pública de Évora, Secção dos Reservados, Cod. CXVI / 2-15, Nº 15-i, p. 73-76.

BRÁSIO, António (org.) *Monumenta Missionária Africana, (1611-1621)*. v. 6. Lisboa: Agência Geral do Ultramar, 1955.

BIBLIOTECA PÚBLICA de Évora, Seção de Reservados, BPE, Secção dos Reservados, Cod. CXVI / 2-15, n. 11, fl. 29.

REIS, Couto. Manuscritos de Manoel Martins do Couto Reys, 1785. Rio de Janeiro. Arquivo Público do Estado do Rio de Janeiro.

https://www.slavevoyages.org. Acesso em: abr. 2023.

Obs.: A documentação sobre os livros de notas do Rio de Janeiro está distribuída entre Arquivo Nacional, Arquivo Geral do Rio de Janeiro e Biblioteca Nacional do Rio de Janeiro. Parte dessa documentação está disponível no Banco de Dados da Estrutura Fundiária do recôncavo da Guanabara", criado pelo Professor Maurício Abreu da UFRJ (https://mauricioabreu.com.br/escrituras).

Cronistas e publicistas

AZEREDO COUTINHO, Joaquim José da Cunha. "Análise sobre a Justiça do Comércio do Resgate dos Escravos". In: *Obras Econômicas*. São Paulo: Companhia Editora Nacional, 1966, pp. 238, 239, 253, 260, 262, 274-278.
BLUTEAU, Padre D. Raphael. *Vocabulario Portuguez, e Latino*. Lisboa Ocidental: Oficina de Pascoal da Sylva, 1721, Tomo VIII, p. 234.
CARDIM, Fernão *Tratados da terra e gente do Brasil*. Belo Horizonte/São Paulo: Itatiaia/Edusp, 1980.
CARTAS JESUÍTICAS – Avulsas. 1550-1568. Rio de Janeiro: Biblioteca de Cultura Nacional – Publicações da Academia Brasileira. Rio de Janeiro: Academia Brasileira-Oficina Industrial Gráfica, 1931.
GANDAVO, Pero de Magalhães *Tratado da Terra do Brasil & História da Província Santa Cruz a que vulgarmente chamamos Brasil*, 1575. Rio de Janeiro: Jorge Zahar, 2004.
KNIVET, Antônio. "Notável viagem que, no ano de 1591 e seguintes, fez Antônio Knivet, da Inglaterra ao mar do sul, em companhia de Thomas Candish". *Revista do Instituto Histórico e Geográfico Brasileiro*, t. 56, v. 48, Rio de Janeiro, IHGB- Instituto Histórico e Geográfico Brasileiro, 1878.
MORENO, Diogo de Campos. *A relação das praças fortes do Estado do Brasil – 1609*. Introdução de José Antônio Gonçalves de Mello. *Revista do Instituto Arqueológico, Histórico e Geográfico Pernambucano*, v. LVII, Recife, 1984.
_____. *Livro que dá razão do Estado do Brasil: 1612*. Recife: Arquivo Público Estadual, 1955.
NOBREGA, Manuel da. *Cartas jesuítas 1549-1560*. Belo Horizonte/São Paulo: Itatiaia, Edusp, 1988.
SALVADOR, Frei Vicente. *História do Brasil, 1500-1627*. Belo Horizonte/São Paulo: Itatiaia, Edusp, 1982.
SOUZA, Gabriel Soares de. *Tratado Descritivo do Brasil em 1587*. São Paulo: Hedra, 2010.

TEXTOS TEÓRICOS E METODOLÓGICOS

BOURDIEU, Pierre. "Modos de Dominação". In: *A produção da crença*: contribuição para uma economia dos bens simbólicos. Porto Alegre: Zouk, 2018.
_____. *A economia das trocas simbólicas*. São Paulo: Perspectiva, 1992.
BRAUDEL, F. *Civilização material e capitalismo*: o tempo do mundo. Lisboa: Edições Cosmos, 1985, 3v.
CLAVERO, Bartolomé. *Antidora*: Antropologia católica de la economía moderna. Milano: Giuffré, 1990.
COLGOST, Rosa. "La "gran obra" de la propriedad. Los motivos de un debate". In: COLGOST, Rosa; LANA, José Miguel Campos. *Cerrados, debates abiertos*: análisis histórico y propriedad de la tierras em Europa (siglos XVI-XIX). Navarra: Universidad Publica de Navarra, 2007.
DAVIS, N. Z. *Culturas do povo, sociedade e cultura no início da França moderna*. Rio de Janeiro, 1990.
DURKHEIM, Émilie. *As formas elementares da vida religiosa*. São Paulo: Martins Fontes, 1996.
GENOVESE, Eugene. *A Terra Prometida*. São Paulo: Paz e Terra, 1988 [1974].
GINZBURG, C. *O queijo e os vermes*. São Paulo: Cia. das Letras, 1987.
_____. "O nome e o como". In: *A micro-História e outros ensaios*. Lisboa: Difel, 1991a.
GODELIER, M. *Racionalidade e Irracionalidade na Economia*. Rio de Janeiro: Tempo Brasileiro, 1969.
GRENDI, Edoardo. *Microanálise e História Social*. In: OLIVEIRA, Mônica Ribeiro; ALMEIDA, Carla Maria Carvalho. *Exercícios de micro-história*. Rio de Janeiro: Ed. FGV, 2009.
GUTMAN, H. *The Black Family in Slavery and Freedom, 1750-1925*. New York: Vintage Books, 1976.
HESPANHA, A. "Os Poderes, os modelos e os instrumento de controle: A Monarquia – legislação e agentes". In: MONTEIRO, Nuno Gonçalo (org.). *História da Vida Privada em Portugal*. Lisboa: Círculo de Leitores, 2011.
KRIEDTE, P. *Feudalismo Tardio y Capital Mercantil*. 3 ed. Barcelona: Crítica, 1985.
LABROUSSE, E. "La Crisis de la Economia Francesa al Final del Antiguo Regime y al Principio de la Revolución". *Fluctuacines Economicas y História Social*: Madrid: Tecnos, 1962.
LEVI, Giovanni. *Centro e Periferia di uno Stato Assoluto*. Turin: Rosemberg & Seller, 1985.
LÉVI-STRAUSS, Claude. *Raça e História*. Lisboa: Presença, 1975 [1952].

MALINOWISKI, Bronislaw. *Argonautas do Pacifico Ocidental*. São Paulo: Ubu, 2018 [1922].
MAUSS, Marcel. *Sociologia e Antropologia*. São Paulo: Cosac & Naif, 2003 [1925].
O'BRIEN, Patrick. "European Economic Development: the Contribution of the Perifery". *Economic History Review*, v. XXXV, n. 1, 1982.
POLANYI, K. *A grande transformação: as origens de nossa época*. Rio de Janeiro: Campus, 1980.
THOMPSON, E. *Costumes em Comum*: estudos sobre a cultura popular tradicional. São Paulo: Cia. das Letras, 1998.
TOMICH, Dale W. *Pelo Prisma da escravidão*. São Paulo: Edusp, 2011.
_____. *Slavery in the Circuit of Sugar, 1830-1848*. 2. ed. Albany: Suny Press, 2016.
WALLERSTEIN, I. *O Sistema Mundial Moderno*. Porto: Afrontamento, v. I, s/d.
XAVIER, Ângela Barreto; HESPANHA, Antônio M. "As Redes Clientelares". In: HESPANHA, Antônio M. (coord.). *História de Portugal:* Antigo Regime. Lisboa, Estampa, 1993, v. IV, pp. 381-93, especialmente 382-386.

EUROPA MODERNA
Sociedade, economia e textos gerais

ABEL, W. *Agricultural Fluctuations in Europa*: from the thirteenth to the twenty centuries. London: Methuem, 1980.
ASTON, T. H.; PHILPIN, C. H. E. (ed.). *Brenner Debate*: estrutura de clases agrarian y desarrollo economic en la Europa Preindustrial. Barcelona: Critica, 1985.
BATH, B. H. Slicher Van. *História agrária da Europa Ocidental (500-1850)*. Lisboa: Presença, 1984.
BOIS, Guy. *La Gran Depresíon Medieval*: sigos XIV-XV. Valencia: Universitat de Valencia, 2009.
BRAUDEL, F. "Civilização material, economia e capitalismo: séculos XVI-XVIII – O Tempo do Mundo". In: *Civilização material e capitalismo*. Lisboa: Martins Fontes, 2009, v. 3.
_____. *Civilização material e capitalismo*. Lisboa: Cosmos, 1985, 3 v.
BRAUDEL, F. *El Mediterráneo y o Mundo Mediterráneo en la Época de Felipe II*. México: Fondo de Cultura Economica, 1976, 2v.
BRUNNER, Otto. *Land and Lordship: Structure of Governance in Medieval Austria*. Filadelfia: University of Pensylvania Press, 1992 [1939].
BURCKHARDT, Jacob. *A cultura do Renascimento*. Brasília: UNB, 1991.
CIPPOLLA, C. et. al. *La Decadencia Económia de los Imperios*. 4. ed. Madrid: Alianza Editorial, 1981.
CIPPOLLA, C. M. *História econômica da Europa pré-índustrial*. Lisboa: Edições 70, 1984.
CLAVERO, Bartolomé. *Antidora*: Antropologia católica de la economía moderna. Milano: Giuffré, 1990.
DOMINGUEZ ORTIZ, Antonio. *Las classe privilegiadas en el Antiguo Régimen*. Madrid: Istmo, 1973.
DUBY, G. *Economia rural e vida no campo no Ocidente Medieval*. Lisboa: Edições 70, 1988.
ELLIOTT, J. H. *La Europa Dividida, 1559-1598*. Ciudad de México: Siglo XXI, 1988.
EZQUERRA, Alfred A. et al. *La Economía en la españa moderna*. Madrid: Istmo, 2006.
FLORESTÃN, Alfredo (coord.). *Historia de España en la Edad Moderna*. Barcelona: Ariel, 2004.
GOODY, Jack; THIRSK, Joan; THOMPSON, E. P. (ed.). *Family and Inheritance, rural society in Western Europe 1200-1800*. Cambridge: Cambridge University Press, 1976.
GOUBERT, Pierre. *Cent Mille Provinciaux au XVII siecle*: Beauvais et le Beauvaisis de 1600 a 1730. Paris: Flamarion, 1968.
_____. *El Antiguo Régimen*. Madrid: Siglo XXI, 1984.
HEAL, F.; HOLMES, C. *The Gentry in England – 1500-1700*. Stanford University, 1994.
HESPANHA, A. "Os Poderes, os modelos e os instrumento de controle - A Monarquia – legislação e agentes". In: MONTEIRO, Nuno Gonçalo (org.). *História da vida privada em Portugal*. Lisboa: Círculo de Leitores, 2011.
HILL, C. *O século das revoluções 1603-1714*. Campinas: Unesp, 2012.
KAMEN, Henry. *La sociedade europea (1500-1700)*. Madrid: Alianza, 1984
KINDER, H.; HILGEMANN, W. *Atlas histórico mundial*. Madrid: Istmo, 1990, v.1.
KRIEDTE, P. *Feudalismo Tardio y Capital Mercantil*. 3. ed. Barcelona: Crítica, 1985.
KULA, W. *Teoria econômica do sistema feudal*. Lisboa: Presença, 1979.
LABROUSSE, E. "La Crisis de la Economia Francesa al Final del Antiguo Regime y al Principio de la Revolución". *Fluctuacines Economicas y História Social*. Madrid: Tecnos, 1962.

LADURIE, E. Le Roy. *Les Paysan du Languedoc*. Paris: SEVPEN, 1966.
_____. *História dos camponeses franceses: da peste negra à Revolução*. Rio de Janeiro: Civilização Brasileira, 2007, 2v.
LEVI, Giovanni. *Centro e periferia di uno Stato Assoluto*. Turin: Rosemberg & Seller, 1985.
LUKOWISKI, Jerzy. *The European Nobility in the Eighteenth Century*. Hampshire: Palgrave Macmillan, 2003.
MISKIMIN, H. A. *A economia do renascimento europeu – 1300-1600*. Lisboa: Estampa, 1984.
O'BRIEN, Patrick. "European Economic Development: the Contribution of the Perifery". *Economic History Review*, v. XXXV, n. 1, 1982.
ORTIZ, A. D. *Las Classes Privilegiadas en el Antiguo Régimen*. Madrid: Istmo, 1973.
LASLETT, P.; R.Wall (ed.). *Household and Family in Past Time*. London: Cambridge University Press, 1972.
PARKER, G. *Europa en Crisis, 1598-1648*. Ciudad de México: Siglo XXI, 1981.
RUDÉ, G. *Europa en el siglo XVIII*. Madrid: Alianza, 1978.
SCOTT, Hamish (ed.). *The european nobilities*. 2. ed. London: Longman, 2005, v. 1.
_____. *The Oxford Handbook of Early Modern European History, 1350-1750*. Oxford: Oxford University Press, 2015, v. I e II.
STONE, Lawrence. *La Crisis de la Aristocracia, 1558-1641*. Madrid: Alianza 1982, cap. 1 e 2.
SUBRAHMANYAM, Sanjay. *Impérios em Concorrência*: histórias conectadas nos séculos XVI e XVII. Lisboa: ICS, 2012.
_____. "Uma história de três impérios: mongóis, otomanos e Habsburgos em contexto comparativo". In: XAVIER, Ângela B.; SILVA, Cristina N. (orgs.). *O governo dos outros*: poder e diferença no Império português. Lisboa: ICS, 2016.
TRIVELLATO, Francesca. *The Sepharic Diaspora, Livorno, and Cross-Culture Trade in the Early Modern Period*. New Raven: Yale University Press, 2009.
VILAR, P. *La Catalogne dans L'Espagne Moderne*. Paris: SEVPEN, 1962, 3v.
WIESNER-HANKS Merry E. *Early Modern Europe, 1450-1789*. Cambridge History of Europe. Cambridge: Cambridge University Press, 2006.
WILSON, Harles e PARKER, Geoffrey. *Uma Introduccion a las Fuentes de la Historia Economica Europeia 1500-1800*. Madrid: Siglo XXI, 1985.
YUN CASALILLA, Bartolomé. *La gestión del poder. Corona y economías aristocráticas en castilla (siglos XVI-XVIII)*. Madrid: Akal, 2002.
_____. *Marte contra Minerva*: el precio del império español, c. 1450- 1600. Barcelona: Critica, 2005.

Política, Monarquia e Igreja

ANDERSON, P. *Linhagens do estado absolutista*. Rio de Janeiro: Brasiliense, 1985.
ASCH, R. G. "Monarchy in Western and Central Europa". In: SCOTT, Hamish (ed.). *The Oxford Handbook of Early Modern European History, 1350-1750*, 2015, v. II.
CARVALHO, Joaquim R; PAIVA, José P. de M. *Reportório das visitas pastorais da Diocese de Coimbra, séculos XVII, XVIII e XIX*. Coimbra: Publicações do Arquivo da Universidade de Coimbra, 1985.
ELIAS, N. *O processo civilizador*. Rio de Janeiro: Jorge Zahar, 1993, v. 2.
ELLIOTT, J. H. "A Europe of Composite Monarchies". *Past and Present*, n. 137, 1992.
_____. "La crisis general en retrospectiva: um debate interminável". In: ELLIOTT, J. H. *España, Europa y el Mundo de Ultramar, 1500-1800*. Madrid: Taurus, 2009.
FEBREV, L. *Martin Lutero*: un destino. Ciudad de México: Fundo de Cultura Económico, 1992.
FRIEDEBURG, Robert von; MORRIL, John. "Introduction: Monarchy Transformed - princes and their elites in early Modern Western Europe". *Monarchy transformed. Princes and Their Elites in Early Modern Western Europe*. Cambridge: Cambridge University Press, 2017.
GELDEREN, Martin Van; SKINNER, Quentin. *The values of Republicanism in Early Modern Europe*. Cambridge: Cambridge University Press, 2002, v. 1.
HESPANHA, Antônio, M. *As vésperas do Leviathan*. Coimbra: Liv. Almedina, 1994 [1989].
KANTOROWICZ, Ernest H. *Os dois corpos do rei*: um estudo sobre teologia política medieval. São Paulo: Cia. das Letras, 1998.
MULLET, M. *A Contra-Reforma*, Lisboa: Gradiva, 1985.

PUJOL, Gil Xavier. "Centralismo e localismo? Sobre as relações políticas e culturais entre Capital e territórios nas Monarquias Européias dos séculos XVI e XVII". *Penélope*, n. 6, Lisboa, pp. 119-142, 1991.
SCOTT, Hamish. "*Dynastic Monarchy and the Consolidation of Aristocracy*". In: FRIEDEBURG, Robert von; MORRIL, John. *Monarchy transformed. Princes and Their Elites in Early Modern Western Europe*. Cambridge: Cambridge University Press, 2017.
SKINNER, Quentin. *Visions of Politics*. Cambridge: Cambridge University Press, 2002, v. 2 e 3.
_____. *El nacimento del Estado*. Buenos Aires: Gorla, 2003.
_____. *As fundações do pensamento político moderno*. São Paulo: Cia das Letras, 2006.

Cultura popular

BAKHTIN, M. *A cultura popular na Idade Média e no Renascimento*. Brasília: Universitária de Brasília, 1993.
BURKE, P. *Cultura popular na Idade Moderna*. São Paulo: Cia. das Letras, 1989.
DARNTON, Robert. *O grande Massacre dos Gatos*. Rio de Janeiro: Graal, 1986.
DAVIS, N. Z. *Culturas do povo, sociedade e cultura no início da França moderna*. Rio de Janeiro: Paz e Terra, 1990.
GINZBURG, C. *O queijo e os vermes*, São Paulo: Cia. das Letras, 1987.
_____. *Os andarilhos do bem*: feitiçarias e cultos agrários nos séculos XVI e XVII. São Paulo: Cia. das Letras, 1988.
_____. *História noturna*. São Paulo: Cia. das Letras, 1991b.
THOMPSON, E. *Costumes em comum*: estudos sobre a cultura popular tradicional. São Paulo: Cia. das Letras, 1998.

PORTUGAL NA ÉPOCA MODERNA

GODINHO, V. M. *A economia dos descobrimentos henriquinos*. Lisboa: Liv. Sá da Costa, 1968a.
_____. *Ensaios II*. Lisboa: Liv. Sá da Costa, 1968b.
_____. *Estrutura da antiga sociedade portuguesa*. Lisboa: Arcádia, 1975.
_____. *Os descobrimentos e a economia mundial*. Lisboa: Presença, 1987.
MAGALHÃES, Joaquim Romero. *O Algarve econômico, 1600-1773*. Lisboa: Editorial, 1993.
MATTOSO, José. *História de Portugal*. Lisboa: Estampa, 1993.
MONTEIRO, Nuno Gonçalo. *O crepúsculo dos grandes*. Lisboa: Imprensa Nacional e Casa da Moeda, 1998.
_____. "Idade Moderna (séculos XV-XVIII)". In: RAMOS, Ruy (coord.). *História de Portugal*. Lisboa: Esfera dos Livros, 2010, pp. 199-438.
_____ (org.). *História da vida privada em Portugal*. Lisboa: Círculo de Leitores, 2011.
RAMOS, Ruy (coord.). *História de Portugal*. Lisboa: Esfera dos Livros, 2010.
SOUZA, Bernardo Vasconcelos. Idade Média (séculos XI-XVI). In: RAMOS, Ruy (coord.). *História de Portugal*. Lisboa: Esfera dos Livros, 2010, pp. 17-198.
SERRÃO, Joel; MARQUES, A. H. (orgs.). *Nova história da expansão ultramarina*. Lisboa: Estampa, 2005.
SUBRAHMANYAM, Sanjay. *O Império Asiático Português, 1500-1700*: uma História Política e Econômica. Lisboa: Difel, 1995.
THOMAZ, Luís. *De Ceuta a Timor*. Lisboa: Difel, 1994.

ÁFRICA

A bibliografia básica se apresenta por tema específico e, para certos assuntos, é dividida entre obras clássicas (por originalidade e/ou impacto historiográfico) e recentes, com prioridade, mas não exclusividade, para obras sobre o Brasil até o século XVIII. A apresentação é esquemática e por isso ressalvamos que os temas podem se mesclar nas abordagens dos autores mencionados.

Sobre catolicismo e sua relação com escravidão na África e no Brasil (em português)

DAVIS, David Brion. *O problema da escravidão na cultura ocidental*. Rio de Janeiro: Civilização Brasileira, 2000.
FARIA, Sheila de Castro. *A colônia em movimento*: fortuna e família no cotidiano colonial. Rio de Janeiro: Nova Fronteira, 1998.

FINLEY, Moses. *Escravidão antiga e ideologia moderna*. Rio de Janeiro: Graal, 1991.
FLORENTINO, Manolo; GÓES, José Roberto Pinto de. *A paz das senzalas*: famílias escravas e tráfico atlântico, c.1790-c.1850. Rio de Janeiro: Civilização Brasileira, 1997.
FRAGOSO, João; SAMPAIO, Antonio C. Jucá de; GUEDES, Roberto (orgs.). *Arquivos paroquiais e história social na América lusa, Séculos XVII e XVIII*: métodos e técnicas de pesquisa na reinvenção de um corpus documental. Rio de Janeiro: Mauad, 2014.
FREYRE, Gilberto. *Casa-grande e senzala*: formação da família brasileira sob o regime da economia patriarcal. Rio de Janeiro: José Olympio, 1987 [1933].
GÓES, José Roberto P. *O cativeiro imperfeito*. Niterói, 1993. Dissertação (Mestrado) – Instituto de Ciências Humanas e Filosofia, Universidade Federal Fluminense.
GORENDER, Jacob. *O escravismo colonial*. São Paulo: Ática, 1988 [1978].
HEYWOOD, Linda M. *Jinga de Angola: A rainha guerreira da África*. São Paulo: Todavia, 2019.
LARA, Silvia H. *Campos da violência*: escravos e senhores na capitania do Rio de Janeiro, 1750-1808. Rio de Janeiro: Paz e Terra, 1988.
MARQUESE, Rafael de Bivar. *Feitores do corpo, missionários da mente*: senhores, letrados e o controle dos escravos nas Américas (1660-1860). São Paulo: Companhia das Letras, 2004.
MATTOSO, Kátia M. Q. *Ser escravo no Brasil*. São Paulo: Brasiliense, 1982.
OLIVEIRA, Anderson José Machado de. *Devoção Negra*: santos pretos e catequese no Brasil Colonial. Rio de Janeiro: Quartet/Faperj, 2008.
PAIVA, E. F. *Escravidão e universo cultural na colônia*: Minas Gerais, 1716-1789. Belo Horizonte: Editora da UFMG, 2001.
SAPEDE, Thiago Clemente. *Muana Congo, Muana Nzambi Ampungu*: poder e catolicismo no reino do Congo pós-restauração (1769-1795). São Paulo: Alameda, 2014.
SCHWARTZ, Stuart. *Segredos internos*: engenhos e escravos na sociedade colonial, 1550-1835. São Paulo: Companhia das Letras, 1988.
SOARES, Márcio de Sousa de. *A remissão do cativeiro*: a dádiva da alforria e o governo dos escravos nos Campos dos Goitacazes, c.1750-c.1830. Rio de Janeiro: Apicuri, 2009.
SOARES, Mariza de Carvalho. *Devotos da cor*: identidade étnica, religiosidade e escravidão no Rio de Janeiro, século XVIII. Rio de Janeiro: Civilização Brasileira, 2000.
SOUZA, Marina de Melo e. *Além do visível*: poder, catolicismo e comércio no Congo e em Angola (séculos XVI e XVII). São Paulo: Edusp/Fapesp, 2018.
VAINFAS, Ronaldo. *Ideologia e escravidão*: os letrados e a sociedade escravista do Brasil colonial. Petrópolis: Vozes, 1986.
ZERON, Carlos Alberto de M. Ribeiro. *Linha de fé*: a Companhia de Jesus e a escravidão no processo de formação da sociedade colonial. São Paulo: Edusp, 2011.

Sobre resgate de cativos para o Brasil (em português)

CLÁSSICAS

ALENCASTRO, Luís Felipe de. *O trato dos viventes*: tráfico de escravos e paz lusitana no Atlântico Sul. São Paulo: Companhia das Letras, 2000.
CARREIRA, António. *As companhias pombalinas de navegação, comércio e tráfico de escravos entre a costa africana e o nordeste brasileiro*. Porto: Centro de Estudos da Guiné Portuguesa, 1969.
CONRAD, Robert Edgar. *Tumbeiros*: o tráfico de escravos para o Brasil. São Paulo: Brasiliense, 1985.
FLORENTINO, Manolo. *Em costas negras*: uma história do tráfico entre a África e o Rio de Janeiro, séculos XVII e XIX. Rio de Janeiro: Arquivo Nacional, 1995.
LAPA, José Roberto do Amaral. *A Bahia e a Carreira da Índia*. São Paulo: Companhia Editora Nacional, Edusp, 1968.
TAUNAY, Affonso de E. *Subsídios para a história do tráfico africano no Brasil*. São Paulo: Imprensa Oficial do Estado, 1941.
WILLIAMS, Eric. *Capitalismo e escravidão*. Rio de Janeiro: Editora Americana, 1975 [1944].
VERGER, Pierre. *Fluxo e refluxo do tráfico de escravos entre o Golfo de Benin e a Bahia de Todos os Santos*. São Paulo: Corrupio, 1987 [1968].

RECENTES

BÔSCARO, Ana Paula. *Sociedade Traficante*: o comércio interno de escravos no centro-sul brasileiro e suas conexões na primeira metade do século XIX. Juiz de Fora, 2021. Tese (Doutorado) – Universidade Federal de Juiz de Fora.

CALDEIRA, Arlindo Manuel. *Escravos e traficantes no império português*: o comércio negreiro português no Atlântico durante os séculos XV a XIX. Lisboa: A Esfera dos Livros, 2013.
CURTO, José C. *Álcool e escravos*: o comércio luso-brasileiro do álcool em Mpinda, Luanda e Benguela durante o tráfico atlântico de escravos (c. 1480-1830) e o seu impacto nas sociedades da África Central Ocidental. Lisboa: Vulgata, 2000.
FERREIRA, Roquinaldo do Amaral. A primeira partilha da África: decadência e ressurgência do comércio português na Costa do Ouro (ca. 1637-ca. 1700). *Varia Historia*, Belo Horizonte, v. 26, n. 44, jul./dez. 2010, p. 479-8.
OLIVEIRA, Marcelo Rodrigues de. *Divisão naval da costa d'leste*: a expansão da Guerra Cisplatina para o litoral africano (1825-1830). Rio de Janeiro: Arquivo Nacional, 2023.
RODRIGUES, Jaime. *De costa a costa*: escravos, marinheiros e intermediários do tráfico negreiro de Angola ao Rio de Janeiro (1780-1860). São Paulo: Companhia das Letras, 2005.

Sobre produção e comércio de cativos, religiosidade e escravidão em sociedades africanas na Época Moderna (em inglês e francês)

CLÁSSICAS

BALANDIER, Georges. *La vie quotidienne au royaume de Kongo du XVIe au XVIIIe siècles*. Paris: Hachette, 1965.
BIRMINGHAM, David. *Trade and Conflict in Angola*. Oxford: Clarendon Press, 1966.
CRAEMER, Willy de; VANSINA, Jan; FOX, Renee. Religious Movements in Central Africa: a theoretical study. *Comparative studies in society and history*, v. 18, n. 4, 1976, pp. 458-75.
CURTIN, Philip D. *The Atlantic Slave Trade*: a Census. Madison: University of Wisconsin Press, 1969.
_____. *Economic Change in Precolonial Africa. Senegambia in the Era of the Slave Trade*. Madison: University of Wisconsin Press, 1975.
ELTIS, David. *Economic Growth and the Ending of the Transatlantic Slave Trade*. New York: Oxford Academic Press, 1987.
GASTON, Martin. *Nantes au XVIIIe siècle*: L'ère des négriers. (1714-1774). Paris: Lib. Félix Alcan, 1931.
KLEIN, Herbert. *The Midlle Passage:* Comparative Studies in the Atlantic Slave Trade. Princeton: Princeton University Press, 1978.
LAW, Robin. *The Slave Coast of West Africa, 1550-1750*: the Impact of the Atlantic Slave Trade on an African Society. Oxford: Clarendon Press, 1981.
LOVEJOY, Paul. *Transformation in Slavery*: a History of Slavery in Africa. London: Cambridge University Press, 1983.
MILLER, Joseph. *Way of Death*: Merchant Capitalism and the Angolan Slave Trade, 1730-1830. Wisconsin: University of Wisconsin Press, 1988.
PATTERSON, Orlando. *Slavery and Social Death*: a Comparative Study. Cambridge (MA-EUU): Havard University Press, 1982.
RICHARDSON, David. A New Assessment of the Transatlantic Slave Trade. In: RICHARDSON, David. (eds). *Extending the Frontiers. Essays on the New Transatlantic Slave Trade Database*. New Haven & London: Yale University Press, 2008.
THORNTON, John. *Warfare in Atlantic Africa, 1500-1800*. London: University College of London Press/Routledge, 1999.

RECENTES

CANDIDO, Mariana. *An African Slaving Port and the Atlantic World World*. Benguela and its Hinterland. Cambridge: Cambridge University Press, 2013.
FERREIRA, Roquinaldo. *Cross-Cultural Exchange in the Atlantic World*: Angola and Brazil during the Era of the Slave Trade. Cambridge: Cambridge University Press, 2012.
FROMONT, Cécile. *The Art of Conversion. Christian Visual Culture in the Kingdown of Kongo*. Virginia: Univesity of Carolina Press, 2014.
GUEDES, Roberto; BÔSCARO, Ana Paula, Cabeças: disseminação, desigualdade concentração no mercado de cativos (Luanda, c. 1798-1804). *Clionacanaris*, v. 3, pp. 1-34.
MEMEL-FÔTE, Harris. Culture et nature dans les représentations africaines de l'esclavage et de la traite négrière. Cas des sociétés lignagères. In: HENRIQUES, Isabel de Castro;

SALA-MOLINS, Louis (orgs.). *Déraison, esclavage et droite*. Les fondements idéologiques e juridiques de la traite négreère et de l'ésclavage. Paris: Éditions UNESCO, 2002, pp. 195-202. (Col. Mémoire des peuples. La route de l´esclavage)

SPARKS, Randy. *Where the Blacks were Masters*: An African Port in the Era of the Slave Trade. Cambridge, Massachusetts, and London, England: Havard University Press, 2014.

STILWELL, Sean. *Slavery and Slaving in African History*. Cambridge: Cambridge University Press, 2014.

SILVA, Daniel B. Domingues. The Supply of Slaves from Luanda, 1768-1806: Records of Anselmo da Fonseca Coutinho. *African Economic History*, v. 38, pp. 53-76, 2010.

TESES

MEMEL-FÔTE, Harris. *L'esclavage dans les sociétés lignagères de l'Afrique noire. Exemple de la Côte d'Ivoire précoloniale, 1700-1920*. Paris, 1988. Thèse pour le doctorat d'État ès Lettres et Sciences Humaines – École des Hautes Etudes en Sciences Sociales.

THOMPSON, Estevan. *The Making of Quilengues*: Violence, Enslavement and Resistance in The Interior of Benguela, 1600-1830. Toronto: York University, PHD, 2001.

Sobre produção e comércio de cativos, religiosidade e escravidão em sociedades africanas na Época Moderna

ALFAGALI, Crislayne. *Ferreiros e fundidores da Ilamba*. Uma história social a fabricação de ferro e da real fábrica de Nova Oeiras (Angola, segunda metade do século XVIII). Luanda: Fundação Dr. Agostinho Neto, 2018.

CANDIDO, Mariana. *Fronteiras da escravidão*: escravatura, comércio e identidade em Benguela, 1780-1850. Benguela: UKB/Ondjiri Editores, 2017.

CAPELA, José. *Donas, senhores e escravos*. Porto: Afrontamento, 1995.

COUTO, *Os capitães-mores em Angola no Século XVIII*. Lisboa: Instituto de Investigação Científica de Angola, 1974.

HEINTZE, Beatrix. *Angola nos séculos XVI e XVII*: estudos sobre fontes, métodos e história. Luanda: Kilombelombe, 2007.

MEILLASSOUX, Claude. *Antropologia da escravidão*: o ventre de ferro e o dinheiro. Rio de Janeiro: Zahar, 1996 [1986].

MILLER, Joseph C. *Poder político e parentesco*: os antigos estados Mbundu em Angola. Luanda: Ministério da Cultura/ Arquivo Histórico Nacional, 1995.

PARÉS, Luís Nicolau. *O rei, o pai e a morte*: a religião vodum na antiga costa dos escravos na África ocidental. São Paulo: Companhia das Letras, 2016.

RODRIGUES, Eugénia. *Portugueses e africanos nos Rios de Sena*: os Prazos da Coroa em Moçambique nos séculos XVII e XVIII. Lisboa, Imprensa Nacional-Casa da Moeda, 2013.

SERRANO, Carlos. *Os senhores da terra e os homens do mar*: Antropologia política de um reino africano. Luanda: Kilombelombe, 2015.

THORNTON, John. *A África e os africanos na formação do mundo atlântico*. Rio de Janeiro: Campus, 2004 [1992].

VENÂNCIO, Carlos. *A economia de Luanda e hinterland no século XVIII*: um estudo de sociologia histórica. Lisboa: Estampa, 1996.

TESES

CARVALHO, Ariane. *Guerras nos sertões de Angola*: sobas, guerra preta e escravização (1749-1797). Rio de Janeiro, 2020. Tese (Doutorado) – Universidade Federal do Rio de Janeiro.

CORREA, Carolina P. Cambambe. *Angola, no contexto do comércio Atlântico de escravos (1790-1850)*. Rio de Janeiro, 2019. Tese (Doutorado) – Universidade Federal do Rio de Janeiro.

SANTOS, Catarina M. Um governo polido para Angola. Lisboa/Paris, 2005. Tese (Doutorado) – Faculdade de Ciências Sociais e Humanas, Universidade Nova de Lisboa.

WEBER, Priscila Maria. "Angola" como conceito: uma análise da obra história geral das guerras angolanas de Oliveira de Cadornega (século XVII). Porto Alegre, 2018. Tese (Doutorado) – Escola de Humanidades, PUC-RS.

Sobre vínculos umbilicais entre Brasil e África, principalmente Angola

BOXER, Charles. *Salvador de Sá e a luta pelo Brasil e Angola (1602-1686)*. São Paulo: Cia. Editora Nacional/Edusp, 1973.
COSTA E SILVA, Alberto da. *Um rio chamado Atlântico*: a África no Brasil e o Brasil na África. Rio de Janeiro: UFRJ/Nova Fronteira, 2003.
CURTO, José C; LOVEJOY, Paul (orgs). *Enslaving Conections*: Changing Cultures of Africa and Brazil during the Era of Slavery. New York: Humanity Books, 2004.
GUEDES, Roberto (org.). *África*: brasileiros e portugueses (séculos XVI-XIX). Rio de Janeiro: Mauad/Faperj, 2013.
GUEDES, Roberto; DEMETRIO, Denise; SANTIROCCHI, Ítalo (orgs.). *Doze capítulos sobre escravizar gente e governar escravos: Brasil e Angola, séculos XVII-XIX*. Rio de Janeiro: Mauad, 2017.
HEYWOOD, Linda (org.). *Diáspora negra no Brasil*. São Paulo: Contexto, 2013.
PANTOJA, Selma; SARAIVA, José F. (orgs.). *Angola e o Brasil nas rotas do Atlântico Sul*. Rio de Janeiro: Bertrand Brasil, 1999.
RODRIGUES, José Honório. *Brasil e África*: outro horizonte. 2. ed. Rio de Janeiro: Civilização Brasileira, 1964, 2v.

TESES

MARQUES, Alexandre Bittencourt L. *No "coração das terras" – Os sertões da Capitania de Pernambuco e do reino de Angola*: representações, conexões e trânsitos culturais no Império Português (1750-1808). Évora, 2019. Tese (Doutorado) – Universidade de Évora.
MOBLEY, Christina Frances. *The Kongolese Atlantic*: Central African Slavery & Culture from Mayombe to Haiti. Durham, 2015. Thesis (PhD) – Department of History in the Graduate School of Duke University.
PANTOJA, Selma. *O encontro nas terras de além-mar:* os espaços urbanos do Rio de Janeiro, Luanda e Ilha de Moçambique na era da ilustração. São Paulo, 1994. Tese (Doutorado) – Faculdade de Filosofia, Letras e Ciências Humanas, Universidade de São Paulo.

AMÉRICA LUSA ENTRE OS SÉCULOS XVI E XVIII

Textos clássicos e de debate historiográfico recente

BICALHO, Maria Fernanda Baptista. *A cidade e o Império*: o Rio de Janeiro na dinâmica Colonial Portuguesa: séculos XVII e XVIII. Rio de Janeiro: Civilização Brasileira, 1997.
CABRAL de MELLO, Evaldo. *Olinda restaurada*: guerra e açúcar no Nordeste, 1630-1654. São Paulo: Editora 34, 2007 [1975].
_____. *A fronda dos mazombos*: nobres contra mascates, Pernambuco, 1666-1715. São Paulo: Editora 34, 2003 [1995].
CARDOSO, Ciro Flamarion S. "Observações sobre preparatório da discussão sobre o modo de produção colonial". In: PARAIN, C. et. al. *Sobre o feudalismo*. Lisboa: Estampa, 1973a.
_____. "Sobre los modos de producción coloniales de América". In: ASSADOPRIAN, Carlos Sempat et al. *Modos de producción coloniales de América Latina*. Córdoba: Cuadernos de passado y Presente, 1973b.
CASTRO, Antônio Barros. "A economia política, o capitalismo e a escravidão". In: LAPA, José Roberto (org.). *Modos de produção e realidade nacional*. Petrópolis: Vozes, 1980.
_____. "As mãos e os pés do senhor de engenho: dinâmica do escravismo colonial". In: PINHEIRO, Paulo Sérgio (coord.). *Trabalho escravo, economia e sociedade*. Rio de Janeiro: Paz e Terra, 1984.
CASTRO, Hebe Maria Mattos de. *Ao sul da história*. São Paulo: Brasiliense, 1987.
_____. *Das cores do silêncio*: os significados da liberdade no sudeste escravista. Rio de Janeiro: Arquivo Nacional, 1995.
DIAS, Maria Odila. "A Interiorização da Metrópole". In: MOTA, Carlos Guilherme (org.). *1822: Dimensões*. São Paulo: Perspectiva, 1972, pp. 160-84.
FERRAZ, Maria do Socorro Ferraz. "A sociedade colonial em Pernambuco. A conquista do sertão de dentro e do sertão de fora". In: FRAGOSO, João; GOUVÊA, Fátima (coords.). *O Brasil Colonial*. Rio de Janeiro: Civilização Brasileira, 2014, v. 1, pp. 171-227.

FLORENTINO, Manolo. *Em costas negras*: uma história do tráfico atlântico de escravos entre a África e o Rio de Janeiro – séculos XVIII e XIX. Rio de Janeiro: Arquivo Nacional, 1995.

FLOUY, R. J. D. *Bahian society in the Mid-Colonial Period*: the sugar planters, tobacco growers, merchants, and artisans of Salvador and the Recôncavo, 1680-1725. Austin, University of Texas PHD Tesis, 1978.

FRAGOSO, João; FLORENTINO, Manolo. *O arcaísmo como projeto*: sociedade agrária e elite mercantil em uma economia colonial tardia (Rio de Janeiro, c. 1790 – c. 1840). 4ª ed. rev. Rio de Janeiro: Civilização Brasileira, 2001 [1993].

FRAGOSO, João; BICALHO, Fernanda; GOUVÊA, Fátima (orgs.). *O Antigo Regime nos trópicos: a dinâmica imperial portuguesa (séculos XVI-XVIII)*. Rio de Janeiro: Civilização Brasileira, 2001.

FRAGOSO, João. *Homens de Grossa Aventura*: acumulação e hierarquia na praça mercantil do Rio de Janeiro (1790-1830). Rio de Janeiro: Arquivo Nacional, 1992.

FREYRE, Gilberto. *Casa-grande e senzala*: formação da família brasileira sob o regime da economia patriarcal. Rio de Janeiro: José Olympio, 1987 [1933].

FURTADO, Celso. *Formação econômica do Brasil*. São Paulo: Cia. Editora Nacional, 1976 [1954].

GORENDER, Jacob. *O escravismo colonial*. São Paulo: Ática, 1988 [1978].

HOLANDA, Sérgio Buarque. *Raízes do Brasil*. São Paulo: Cia das Letras, 2015 [1936].

LINHARES, Maria Yedda L. *História do abastecimento*: uma problemática em questão (1530-1918). Brasília: Binagri Edições, 1979.

LINHARES, Maria Yedda L.; SILVA, Francisco Carlos Teixeira. *História da agricultura brasileira*. São Paulo: Brasiliense, s/d.

MONTEIRO, John. *Negros da Terra*: índios e bandeirantes nas origens de São Paulo. São Paulo: Companhia das Letras, 1994.

NOVAIS, Fernando A. *Portugal e Brasil na crise do antigo sistema colonial (1777-1808)*. São Paulo: Hucitec, 1983 [1979].

PRADO Jr. Caio. *Formação do Brasil Contemporâneo*. São Paulo: Brasiliense, 1977 {1942].

SAMPAIO, Antonio Carlos. *Na encruzilhada do Império*: hierarquias sociais e conjunturas do econômicas no Rio de Janeiro (c. 1650 – c. 1750). Rio de Janeiro: Arquivo Nacional, 2003.

SCHWARTZ, Stuart. *Burocracia e sociedade no Brasil colonial*. São Paulo: Perspectiva, 1979.

_____. *Segredos internos*: engenhos e escravos na sociedade colonial, 1550-1835. São Paulo: Companhia das Letras, 1988.

VERGER, Pierre. *Fluxo e refluxo do tráfico de escravos entre o Golfo de Benin e a Bahia de Todos os Santos*. São Paulo: Corrupio, 1987 [1968].

América lusa, séculos XVI – XVIII

ALVEAL, Camem. *Senhorios coloniais*: direitos e chicanas forenses na formação da propriedade na América portuguesa. Niterói: Proprietas, 2022.

ALMEIDA, Carla Maria Carvalho de. *Ricos e Pobres Minas Gerais Colonial*: produção e hierarquia social no mundo colonial, 1750-1822. Belo Horizonte: Argumentum, 2010.

_____; OLIVEIRA, Mônica Ribeiro de. "Conquista do centro-sul: fundação da Colônia de Sacramento e 'achamento' das Minas". In: FRAGOSO, João; GOUVÊA, Fátima (coords.). *O Brasil Colonial*. Rio de Janeiro: Civilização Brasileira, 2014, v. 2.

ALMEIDA, M. Regina Celestino de. *Metamorfoses indígenas*: identidade e cultura nas aldeias coloniais do Rio de Janeiro. Rio de Janeiro: Arquivo Nacional, 2003.

_____. "Catequese, Aldeamentos e missionação". In: FRAGOSO, João; GOUVÊA, Fátima (coords.). *O Brasil Colonial*. Rio de Janeiro: Civilização Brasileira, 2014, v. 1.

BACELAR, Carlos A. *Os senhores da terra*: família e sistema sucessório entre os senhores de engenho do oeste paulista, 1765-1855. Campinas: Ed. Unicamp, 1997.

_____. *Viver e sobreviver em uma vila colonial – Sorocaba, séculos XVIII e XIX*. São Paulo: Annablume/Fapesp, 2001.

BLAJ, Ilana. *A trama das tensões*: o processo de mercantilização de São Paulo colonial (1681-1721). São Paulo: Humanitas/FFLCH/USP/Fapesp, 2002.

BORREGO, Maria Aparecida M. *A Teia Mercantil*: negócios e poderes em São Paulo Colonial, 1711-1765. São Paulo, 2006. Tese (Doutorado em História) – Faculdade de Filosofia, Letras e Ciências Humanas, Universidade de São Paulo.

CABRAL de MELLO, Evaldo. *Bagaço da cana*. São Paulo: Cia das Letras, 2012.
CAMPOS, Maria Verônica. *Governo de mineiros*: "de como meter as minas numa moenda e beber-lhe o caldo dourado", 1693 a 1737. São Paulo, 2002. Tese (Doutorado) – Faculdade de Filosofia, Letras e Ciências Humanas, Universidade de São Paulo.
CURVELO, Arthur A. S. de Carvalho. *Governar Pernambuco e as "capitanias anexas"*. O perfil dos governadores, a comunicação política e as jurisdições dos governadores da capitania de Pernambuco (c. 1654-c.1756). Lisboa, 2019. Tese (Doutorado) – Programa Interuniversitário de Doutoramento em História, Universidade de Lisboa.
DEMÉTRIO, Denise Viera. *Senhores governadores*: Arthur de Sá e Menezes e Martim Correia Vasques. Rio de Janeiro, c. 1697-c. 1702. Niterói, 2014. Tese (Doutorado) – Universidade Federal Fluminense.
DONOVAN, William Michael. *Commercial Enterprise and Luso-Brazilian Society during the Brazilian Gold Rush*: the mercantile House of Francisco Pinheiro and the Lisbon to Brazil Trade, 1695-1750. Baltimore, 1990. Tese (PhD) – Johns Hopkins University.
FARIA, Sheila de Castro. *A colônia em movimento*: fortuna e família no cotidiano colonial. Rio de Janeiro: Nova Fronteira, 1998.
FEITLER, Bruno. *Nas alhas da onsciência*: Igreja e Inquisição no Brasil, Nordeste, 1640-1750. São Paulo: Ed. Unifesp, 2021 [e-book].
FERRAZ, Maria do Socorro. "A sociedade Colonial em Pernambuco. A conquista dos sertões de dentro e de fora". In: FRAGOSO, João; GOUVÊA, Fátima (coords.). *O Brasil Colonial*. Rio de Janeiro: Civilização Brasileira, 2014, v. 1.
FERREIRA, Roberto Guedes. *Egressos do Cativeiro*: trabalho, família, aliança e mobilidade social (Porto Feliz, São Paulo, c. 1798-c. 1850). Rio de Janeiro: Faperj/Mauad, 2008.
_____. *As mil e uma desigualdades da escravidão (Rio de Janeiro, 1700-1850)*. Rio de Janeiro: Departamento de História da UFRRJ, 2022.
FLORENTINO, Manolo. Aspectos do tráfico negreiro na África Ocidental (c.1500-c.1800). In: FRAGOSO, João; GOUVÊA, Fátima (coords.). *O Brasil Colonial*. Rio de Janeiro: Civilização Brasileira, 2014, v. 1, pp. 229 e 270.
FRAGOSO, João. *À Espera das frotas terra micro-história tapuia e a nobreza principal da (Rio de Janeiro, c. 1600-c. 1750)*. Rio de Janeiro, 2005. Tese de Titular (Conferência – texto apresentada para concurso de Professor Titular) – Universidade Federal do Rio de Janeiro.
_____; GOUVÊA, Fátima (coords.). *O Brasil Colonial*. Rio de Janeiro: Civilização Brasileira, 2014, 3v.
FURTADO, Júnia. *Homens de egócios*: a interiorização da metrópole e do comércio nas Minas setecentistas. São Paulo: Hucitec, 1996.
GARCIA, Elisa F. "Trocas, guerras e alianças na formação da sociedade colonial". In: FRAGOSO, João; GOUVÊA, Fátima (coords.). *O Brasil Colonial*. Rio de Janeiro: Civilização Brasileira, 2014.
GIL, Tiago Luís. *Infiéis transgressores*: elites e contrabandistas nas fronteiras do Rio Pardo (1760-1810). Rio de Janeiro: Arquivo Nacional, 2005.
_____. *Coisas do caminho*: tropeiros e seus negócios do Viamão a Sorocaba (1780-1810). Rio de Janeiro, 2009. Tese (Doutorado) – PPGHIS - Universidade Federal do Rio de Janeiro.
GODOY, Silvana. *Itu e Araritaguaba na rota das monções*. Campinas, 2002. Dissertação (Mestrado) – Unicamp.
_____. *Mestiçagem, guerras de conquista e governo dos índios*: a vila de São Paulo na construção da monarquia portuguesa na América (séculos XVI e XVII). Rio de Janeiro, 2017. Tese (Doutorado) – PPGHIS - Universidade Federal do Rio de Janeiro.
GOUVÊA, Maria de Fátima S. "Poder Político e administração na formação do complexo atlântico português (1645-188)". In: FRAGOSO, João; BICALHO, Fernanda; GOUVÊA, Fátima (orgs.). *O Antigo Regime nos trópicos*: a dinâmica imperial portuguesa (séculos XVI-XVIII). Rio de Janeiro: Civilização Brasileira, 2001.
GOUVÊA, Fátima. "Redes governativas portuguesas e centralidades régias no mundo português, (c. 1690 - c. 1750)". In: FRAGOSO, João; GOUVÊA, Fátima (orgs.). *Na trama das redes*: política e negócios no Império Português. Séculos XVI-XVIII. Rio de Janeiro: Civilização Brasileira, 2010.
HAMEISTER, Martha Daisson. *O continente do Rio Grande de São Pedro*: os homens, suas redes de relações e suas mercadorias semoventes (c. 1727- c. 1763). São Leopoldo: Casa Leira, 2022.

LISANTI, Luís, *Negócios Coloniais*: uma correspondência comercial do século XVIII. Brasília/São Paulo: Ministério da Fazenda/Visão editorial, 1973, 5v.

MATHIAS, Carlos L. K. *As múltiplas faces da escravidão*: o espaço econômico do ouro e sua elite pluricontinental na formação da sociedade mineira setecentista, c. 1711- c. 1756. Rio de Janeiro: Mauad X, 2012.

MENDONÇA, Paulo Knauss. *O Rio de Janeiro da pacificação: franceses e portugueses na disputa colonial*. Rio de Janeiro: Secretaria Municipal de Cultura do Rio de Janeiro, 1991.

KRAUSE, Thiago Nascimento. *A formação de uma nobreza ultramarina*: Coroa e elites locais na Bahia seiscentista. Rio de Janeiro, 2015. Tese (Doutorado) – PPGHIS - Universidade Federal do Rio de Janeiro.

KUHN, F. *Gente da fronteira*: família, sociedade e poder no sul da América portuguesa – século XVIII. Niterói, 2006. Tese (Doutorado) – Universidade Federal Fluminense.

_____; NEUMANN, Eduardo (orgs.). *História do extremo sul, a formação da fronteira meridional na América*. Rio de Janeiro: Mauad X, 2022.

LOPES, Gustavo Acioli. *Negócio da Costa da Mina e comércio atlântico*: tabaco, açúcar, ouro e tráfico de escravos. Pernambuco (1654-1760). São Paulo, 2008. Tese (Doutorado) – Faculdade de Filosofia, Letras e Ciências Humanas, USP.

MACHADO, Ana Paula. *O Governo dos Engenhos no recôncavo da Guanabara:* Rio de Janeiro, 2020. Tese (Doutorado) – Universidade Federal do Rural Rio de Janeiro.

MACHADO, Rubens. *O Morgado de Marapicu em perspectiva*: a política administrativa do Morgado de Marapicu (1772-1940). Niterói, 2019. Tese (Doutorado) – Universidade Federal Fluminense.

MARCÍLIO, Maria L. *Crescimento demográfico e evolução agrária paulista, 1700-1836*. São Paulo Edusp, 2000.

MORAIS, Ana Lunara. *Entre veados, carneiros e formigas*: conflito pela posse de terra na ribeira do Ceará-Mirim, e concepções de mentalidade possessória, 1725-1761. Natal, 2014. Dissertação (Mestrado) – Programa de Pós-graduação em História da Universidade Federal do Rio Grande do Norte.

_____. *Em busca da perpetuação*: reprodução social e poder econômico da nobreza da terra nas capitanias do norte, séculos XVI-XVIII. Évora, 2021. Tese (Doutorado) – Universidade de Évora.

NEUMANN, Eduardo. "'Muchos Yndios que na cautibados', escravização e traficantes indígenas na América meridional (século XVIII)". In: KUHN, F.; NEUMANN, Eduardo (orgs.). *História do extremo sul, a formação da fronteira meridional na América*. Rio de Janeiro: Mauad X, 2022.

NOGUEIRA, Gabriel Parente. *Às margens do império*: a pecuária das carnes salgadas e o comércio nos portos da porção oriental da costa leste-oeste da América portuguesa nas dinâmicas de um império em movimento. Fortaleza, 2021. Tese (Doutorado) – Programa de Pós-graduação em História, Universidade Federal do Ceará.

OLIVEIRA, João Pacheco. "Os indígenas na fundação da colônia: uma abordagem crítica". In: FRAGOSO, João; GOUVÊA, Fátima (coords.). *O Brasil Colonial*. Rio de Janeiro: Civilização Brasileira, 2014, pp. 167-228.

OLIVEIRA, Victor. *Retratos de família*: sucessão, terras e ilegitimidade entre a nobreza da terra de Jacarepaguá, séculos XVI-XVIII. Rio de Janeiro, 2014 – Dissertação (Mestrado) – PPGHIS - Universidade Federal do Rio de Janeiro

OSÓRIO, Helen. *Estancieiros, lavradores e comerciantes na constituição da estremadura na América*. Rio Grande de São Pedro, 1737-1822. Porto Alegre: UFRGS, 2007.

PEDROSA, Manoela, *Engenhocas da Moral*: redes de parentela, transmissão de terras e direitos de propriedade na Freguesia de Campo Grande. Rio de Janeiro: Arquivo Nacional, 2011.

PETRONE, Maria S. *O Barão de Iguape*. São Paulo: Cia. Editora Nacional, 1976.

PRADO, Fabrício. *Colônia de Sacramento*: o extremo sul da América portuguesa no século XVIII. Porto Alegre: Edição do Autor, 2002.

PUNTONI, Pedro. *A Guerra dos Bárbaros*: povos indígenas e a colonização do sertão nordeste do Brasil, 1650-1720. São Paulo: Hucitec/Edusp, 2002.

_____. PUNTONI, Pedro. *O Estado do colonial, 1548-1700*. São Paulo: Alameda, 2013.

OLIVEIRA, João Pacheco. "Os indígenas na fundação da colônia: uma abordagem crítica". In: FRAGOSO, João; GOUVÊA, Fátima (coords.). *O Brasil Colonial*. Rio de Janeiro: Civilização Brasileira, 2014, v. 1.

RIBEIRO, Alexandre V. *O Tráfico Atlântico de escravos e a praça mercantil de Salvador (c.1680-c.1830)*. Rio de Janeiro, 2005. Dissertação (Mestrado) – PPGHIS - Universidade Federal do Rio de Janeiro.

_____. "O Comércio de escravos e a elite baiana no período colonial". In: FRAGOSO, João; ALMEIDA, Carla; SAMPAIO, Antonio C. *Conquistadores e negociantes*: histórias de elites no Antigo Regime nos trópicos. Rio de Janeiro: Civilização Brasileira, 2007.

_____. *A cidade de Salvador*: estrutura econômica, comércio de escravos e grupo mercantil (c.1750-c.1800). Rio de Janeiro, 2009. Tese (Doutorado) – PPGHIS - Universidade Federal do Rio de Janeiro.

RICUPERO, Rodrigo. *A formação da elite colonial*: Brasil, c. 1530-c. 1630. São Paulo: Alameda, 2009.

ROMEIRO, Adriana. *Paulistas e emboabas no coração das Minas*: ideias, práticas e imaginário político no século XVIII. Belo Horizonte: Ed. UFMG, 2008.

SOARES, Márcio de Sousa. *A remissão do cativeiro*: alforria nos Campos dos Goitacases, c. 1750-c.1830. Rio de Janeiro: Apicuri, 2009.

SOUSA, Avanete Pereira de. *A Bahia no século XVIII*: poder político local e atividades econômicas. São Paulo: Alameda, 2012.

SOUZA, Daniele Santos de Souza. *Tráfico, escravidão e liberdade na Bahia nos "anos de ouro" do comércio negreiro (c.1680-c.1790)*. Salvador: Programa de Pós-graduação em História da Universidade Federal da Bahia, 2018.

SOUZA, George Cabral de. *Tratos e Mofatras*: o grupo mercantil do Recife colonial (c.1654-c. 1759). Recife: EDUFPE, 2012.

_____. "Nos sertões e no Atlântico. A trajetória de um grande comerciante na América portuguesa do século XVIII". In: LISBOA, Breno Almeida Vaz et al. (org.). *Essa parte tão nobre do corpo da monarquia*: poderes, negócios e sociabilidades em Pernambuco colonial – séculos XVI-XVIII. Recife: Editora Universitária da UFPE, 2016.

STRAFORINI, Rafael. *Tramas que brilham*: sistema de circulação e produção do território brasileiro no século XVIII. Rio de Janeiro, 2007. Tese (Doutorado) – Departamento de Geografia, Universidade Federal do Rio de Janeiro

O AUTOR

João Fragoso é professor titular de História, por concurso, da Universidade Federal do Rio de Janeiro desde 2005 e no magistério superior federal desde 1986. Pesquisador 1B CNPq. Entre seus prêmios: Arquivo Nacional de Pesquisa (1º. Lugar - 1991) concedido ao livro *Homens de grossa aventura: acumulação e hierarquia na praça mercantil do Rio de Janeiro, 1790-1830* (1998); Comenda da Ordem do Mérito Científico – Presidência da República (2010); Jabuti – Ciências Sociais (1º. Lugar – 2015), com Maria de Fátima Gouvêa, pela coleção *O Brasil Colonial* (2014).